现代实用商务礼仪

——从学校到职场

李 慧　刘灿亮　潘锦文　主 编

北京邮电大学出版社
www.buptpress.com

内 容 提 要

生活在现代社会，拥有良好的礼仪，无疑会为你增加处世资本，提高做人身价和社交品位。本书通过必要的礼仪辅导和训练，可以让你成为处处给人好感的现代人、文明人和有品位、有素养的人。本教材通过对礼仪的介绍，首先告诉大学生校园礼仪是什么，如何在学校时刻开始关注校园礼仪，进而形成良好的礼仪习惯。为今后就业和社交活动奠定基础。接着教材针对在今后就业和社交活动的一些常用礼仪做介绍，希望能沟通对学生今后生活提供帮助。

本教材选报的优势是针对大学生从学校走入社会的必备指引，让学生成功求职，快速融入职场，并获得职场和社会认可，提高自身素质和修养的必要指南。教材编写者争取与企业资深经理人合作，争取达到教材内容与企业前言要求同步。

图书在版编目（CIP）数据

现代实用商务礼仪：从学校到职场 / 李慧，刘灿亮，潘锦文主编. -- 北京：北京邮电大学出版社，2015.9
ISBN 978-7-5635-4491-2

Ⅰ．①现… Ⅱ．①李… ②刘… ③潘… Ⅲ．①商务－礼仪－教材 Ⅳ．①F718

中国版本图书馆 CIP 数据核字（2015）第 187927 号

书　　名：	现代实用商务礼仪——从学校到职场
作　　者：	李　慧　刘灿亮　潘锦文　主　编
责任编辑：	满志文
出版发行：	北京邮电大学出版社
社　　址：	北京市海淀区西土城路 10 号（邮编：100876）
发 行 部：	电话：010-62282185　传真：010-62283578
E-mail：	publish@bupt.edu.cn
经　　销：	各地新华书店
印　　刷：	北京鑫丰华彩印有限公司
开　　本：	787 mm×1 092 mm　1/16
印　　张：	19
字　　数：	473 千字
版　　次：	2015 年 9 月第 1 版　2015 年 9 月第 1 次印刷

ISBN 978-7-5635-4491-2　　　　　　　　　　定价：39.80 元
· 如有印装质量问题，请与北京邮电大学出版社发行部联系 ·

前　言

　　现代社会我们都会努力增加自己的处世资本,提高自己做人身价和社交品位,而在这其中商务礼仪发挥着重要的作用。对于很多大学生来说,校园礼仪缺失是较普遍存在的现象,这种无规矩的状态进入社会后仍然延续,导致很多企业对刚入职的大学生采取回避态度。而本教材编写的直接目的就是为了解决这一问题:如何规范大学生行为,帮助其认识社会规范,如何引导学生通过正确塑造自己,礼貌表达自己?这些现代实用礼仪,都将帮助大学生能够顺利从学校到职场,融入社会,获得社会认可和赞扬。

　　现代大学生在学习专业知识同时,不能忽略基本素质的培养,礼仪是表现其素质的最直接形式。本教材通过对礼仪的介绍,告诉大学生校园礼仪是什么,如何在学校时刻开始关注校园礼仪,进而形成良好的礼仪习惯,为今后就业和社交活动奠定基础。同时,教材针对在就业和社交活动的一些常用礼仪做了介绍,希望能够对学生今后生活提供帮助。

　　本教材希望成为大学生提高自身素质修养的必要指南,从学校走入社会的必备指引,让学生成功求职,快速融入职场,并获得职场和社会认可。教材编写者积极与企业资深经理人合作,努力达到教材内容与企业前沿要求同步。

　　教材从规范学生校园礼仪入手,到大学生求职礼仪的介绍,最后到职场和现代生活礼仪为脉络,分为十单元组织编写,其中第一单元"知礼 行礼 做人 立事",是对礼仪进行概述,介绍了什么是礼仪,礼仪的作用是什么;第二单元"做个文明有修养的当代大学生"介绍了学生应该遵守的基本校园礼仪,让学生认识到学校也有应该遵守的礼仪规范;第三单元过渡到大学生求职礼仪,让学生适应从学校到职场的转变;第四、五单元则主要针对职场礼仪进行介绍,分别为职业形象礼仪和职业仪态礼仪;第六单元介绍在工作中如何进行有效沟通;第七单元介绍日常行为礼仪;第八至十单元为商务活动礼仪、行业礼仪、涉外礼仪。希望通过本书的学习,学习者能够体会到修养体现到社会生活的各个方面,个人修养的提高其实是人生修炼的过程。

　　本书融入了我们多年的教学经验和成果,坚持以引导学生思考和提高读者的实践技能为主要编写目的,统一规范编写格式,为教师提供多样化的教学手段。本书由广东理工职业学院的李慧、刘灿亮和广东财经大学华商学院潘锦文主编,李慧负责拟定编写大纲并全书的统稿和定稿,刘灿亮参与统稿和定稿。编者具体分工:广东理工职业学院的李慧编写第一、二、三单元,广东财经大学华商学院的潘锦文编写第四、五单元;广东理工职业学院刘灿亮编写第六、七、十单元,广东科贸职业学院孙伶俐编写第八单元,深圳市杰特企业管理顾问有限公司的经理张杰编写第九单元。在撰写教材过程中,参考了许多专家和学者的著作,并尽可能对参考、引用的内容及观点作出解释。他们的著作和成果给了作者很大的启迪和帮助,在此表示由衷的感谢。由于编者水平有限,加上时间仓促,不妥乃至错误在所难免,敬请读者批评斧正。

编　者

目 录

第一单元	知礼 行礼 做人 立事	1
模块一	知礼	3
模块二	行礼	7
模块三	做人 立事	10
第二单元	**做一个文明有修养的当代大学生**	**14**
模块一	校园礼仪	17
模块二	课堂礼仪	25
模块三	图书馆礼仪	27
模块四	食堂餐厅礼仪	29
模块五	宿舍礼仪	32
第三单元	**大学生求职礼仪**	**36**
模块一	求职前充分准备	38
模块二	面试中沉着应对	73
模块三	面试后追踪	82
第四单元	**职业形象礼仪**	**85**
模块一	职业仪容礼仪	87
模块二	职业着装礼仪	103
模块三	办公室职业礼仪	131
模块四	求职面试礼仪	142
第五单元	**职业仪态礼仪**	**148**
模块一	站姿仪态礼仪	150
模块二	坐姿	154
模块三	蹲姿	158
模块四	行姿	160
模块五	手姿	164
模块六	表情	168
第六单元	**沟通礼仪**	**173**
模块一	沟通概述	174

模块二	语言礼仪	182
模块三	电话礼仪	188
模块四	演讲礼仪	193

第七单元　日常行为礼仪 198

模块一	会面礼仪	199
模块二	乘车礼仪	208
模块三	乘坐飞机礼仪	215

第八单元　商务活动礼仪 218

模块一	商务接待、拜访与馈赠礼仪	219
模块二	商务会议与谈判礼仪	227
模块三	特定商务活动礼仪	234

第九单元　行业礼仪 247

模块二	汽车服务行业礼仪	254
模块三	旅游服务礼仪	270

第十单元　涉外商务礼仪 274

模块一	涉外礼仪的基本原则	275
模块二	涉外商务迎送、会见和洽谈礼仪	279
模块三	涉外商务宴请礼仪	284
模块四	涉外礼仪禁忌	290

第一单元
知礼 行礼 做人 立事

本章导学

学习目标：
1. 认知礼仪的内涵、起源和作用，做到知礼。
2. 认知商务礼仪的内涵，并按照商务礼仪原则行礼。
3. 认知商务礼仪在做人和立事方面的促进作用。

重要知识点：
礼仪　商务礼仪　素质　修养　尊重　真诚　平等

[导入]

用于国人自省的几个有关礼仪修养的事例

反省一：中国人，你为什么这么着急地推搡别人

去见一位老前辈，他年纪很大了，腿脚不便，但精神很好。我们几个人很小心地扶着老人上车，这时候后面急吼吼地驶来辆车，"嘟嘟嘟"地鸣笛。

我们匆匆上车离开，但心里极不愉快。后来说起这事，一个朋友说："后面的车，不应该在这种情况下鸣笛。我在俄罗斯待了几年，遇到这种情况，都是耐心地等一下，俄罗斯人很从容的，不像中国人这样急。更何况你后面的车再怎么催，我们也得扶老人上车吧？对老人多一点忍让，这很难吗？"

另一个女孩赞同地说："我也喜欢俄罗斯，在俄罗斯时，走路或是上电梯，男人都面带微笑给你让路，女士优先，让你有种受到尊重的感觉。可回到国内，看到的男人眼中，充满了不友善。"

另一个女孩说："许多中国男人，完全没有尊重女性的概念。我遇到过好几次了，明明我正对着电梯门等，后面来几个男人，电梯门一开就用力把我挤开，你推我搡地冲进电梯，进去就迅速按上升键。好像那是他家的专属电梯，恨不得就他一个人上去，总是抑制不住把别人关在外面的冲动。"

又一个朋友说:"这种事,陈丹青早就抱怨过了。陈丹青说,他母亲没有为美国增加过一分钱的财富,可是她能享受美国的福利制度,她在美国每月可拿700多美元的养老金。陈丹青给老太太在上海买了房子,想让老太太回国。可老太太回来没几天,说什么都要回美国。陈丹青问她为什么,老太太说:'在中国,我走路上电梯、上车或是去医院,后面总有人用力推我。而我在美国生活了二十年,只被人推了两次,回头一看,都是中国人推的!'"

反省二:在这样的路上超车是不礼貌的

再说超车这件小事儿。《华商报》曾经报道,梁晓声访问法国,他跟两个老作家一同坐车到郊区,那天刮着风,不时有雨滴飘落。前面有一辆旅行车,车上坐着两个漂亮的法国女孩,不停地从后窗看他们的车,前车车轮碾起的尘土扑向他们的车窗,加上雨滴,车窗被弄得很脏。

梁晓声想超车,就问司机:"能超车吗?"

司机的回答是:"在这样的路上超车是不礼貌的。"

正说着,前面的车停了下来,下来一位先生,先对后车的司机说了点什么,然后让自己的车靠边,让他们先过。梁晓声问司机:"他刚才跟你说什么了?"司机转述了那位先生的话:"一路上,我们的车始终在前面,这不公平!车上还有我的两个女儿,我不能让她们感觉这是理所当然的。"

梁晓声说,这句话让他羞愧了好几天。

梁晓声为什么羞愧?因为他来自所谓的礼仪之邦,却久已习惯了路上鸣笛催促老人的车辆,习惯了跟女人争抢电梯座位的情景。此时忽然见到如此有教养的人,心里顿时产生巨大的失落。

教养,在西方被写为"manner",指的是礼貌、规矩、态度、生活方式、习惯、风度……很长一段时间以来,"教养"这个词,所表征的是一种贵族精神的残余,简述之,就是友善与真诚、悲悯与同情、荣誉与尊严,面对任何困难绝不轻言放弃,即使遭受挫折仍以微笑面对人生。

这些品质,不是老师在课堂上能教出来的,必须要自己潜心砥砺,自我磨炼,才能够自然而然地形成。这些无法靠外界灌输的内在气质,就称为教养。

反省三:穿着打扮彰显礼仪素质

我有个朋友,旅居莫斯科时,买了些家具,由厂家派人上门安装。到了时间,门铃响起,打开门,就看到三个西装革履、一尘不染,皮鞋擦得锃亮,头发梳理得整洁光滑,手里还拿着黑色的公文包的年轻男子。

当时他心里就犯起嘀咕,这几个公务员打扮的人,莫非是走错门了?就问道:"你们找谁?"

三名男子回答:"我们是来给你安装家具的。"

"安装家具?这几人的衣装,比中国的大老板都笔挺,这模样怎么安装家具?"他虽然心里狐疑,但还是让三个男人进来了。

三人进来后就问:"请问洗手间在哪里?"

他拿手一指,三人进入洗手间,稍后出来,已经换上了工装裤,鞋子也换过了。然后立即干脆利索地干活,很快家具就组装好了,三名男子详细地向主人叮嘱相关事宜后,又进入洗手间,出来时个个衣衫光鲜,整洁干净,便告辞而去。

朋友说:俄罗斯人,很拿自己当回事。他在俄罗斯,极少看到有人玩手机,他们都是看书。俄罗斯的书价极昂贵,一个油漆工会坐在阴凉的地方认真地读哲学书。有的普通工人家里,藏有几千册图书,比中国许多大学教授家里的书都多。

俄罗斯人极重仪表。路上的人,无一不是打扮得体,背直腰挺,单看外表,根本无法区别他们的身份,只知道他们都是极富个人荣誉感的人。

近日,媒体称有中国乘客在飞机上把开水浇到空姐身上,中国游客在洗手盆洗脚、洗鞋,这种行为,明显不妥当。可在谴责他们之时,你可曾想过自己,你开车礼让过路人吗?你是不是能够礼貌地超车,而非不耐烦地鸣笛催促?教养的缺失,不是某一个或两个人的事儿,太多的中国人,都需要补上这一课。

……

在以上故事中,国人的礼仪和素质如何?
礼仪素质是如何体现在我们的生活中的?
你有怎样的评论和见解?

模块一　知礼

人们常说:"知书达理。"知书,就是要读书;达理,就是有礼貌。知书与达理的关系是,读书人能更自觉地文明有礼,文明有礼的人更会喜欢读书。中华民族有五千年的文明历史,中国被誉为"礼仪之邦"。礼既是国家的政治理念,也是老百姓的行为规范。中国人以文明有礼受到世界人民的尊重。

一、礼仪的内涵

1. 礼、礼貌、礼节与礼仪

(1) 礼

礼的本意为敬神,后引申为表示敬意的通称。礼的含义比较丰富,它既可以指表示敬意和隆重而举行的仪式,也可泛指社会交往中的礼貌礼节,是人们在长期的生活实践中约定俗成、共同认可的行为规范,还特指奴隶社会、封建社会等级森严的社会规范和道德规范。在《中国礼仪大辞典》中,礼定义为特定的民族、人群或国家基于客观历史传统而形成的价值观念、道德规范以及与之相适应的规章制度和行为方式。礼的本质是"诚",有敬重、友好、谦恭、关心、体贴之意。"礼"是人际间乃至国际交往中,相互表示尊重、亲善和友好的行为。

(2) 礼貌

礼貌:是指人们在交往过程中相互表示敬意和友好的行为准则与精神风貌,是一个人在待人接物时的外在表现。它通过仪表及言谈举止来表示对交往对象的尊重。它反映了时代的风尚与道德水准,体现了人们的文化层次和文明程度。

(3) 礼节

礼节:是指人们在日常生活中,特别是在交际场合中,相互表示问候、致意、祝愿、慰问以及给予必要的协助与照料的惯用形式。礼节是礼貌的具体表现,具有形式化的特点,主要是指日常生活中的个体礼貌行为。

(4) 礼仪

礼仪包括"礼"和"仪"两部分。"礼"即礼貌、礼节;"仪"即"仪表"、"仪态"、"仪式"、"仪容",是对礼节、仪式的统称。

礼仪:人们在各种社会的具体交往中,为了相互尊重,在仪表、仪态、仪式、仪容、言谈举止等方面约定俗成的、共同认可的规范和程序。

从广义的角度看,它泛指人们在社会交往中的行为规范和交际艺术。从狭义的角度看,通常是指在较大或隆重的正式场合,为表示敬意、尊重、重视等所举行的合乎社交规范和道德规范的仪式。

2. 礼、礼貌、礼节、礼仪之间的关系

礼是一种社会道德规范,是人们社会交际中的行为准则。礼、礼貌、礼节、礼仪都属于礼的范畴,礼貌是表示尊重的言行规范,礼节是表示尊重的惯用形式和具体要求,礼仪是由一系列具体表示礼貌的礼节所构成的完整过程。"礼貌"、"礼节"、"礼仪"三者尽管名称不同,但都是人们在相互交往中表示尊敬、友好的行为,其本质都是尊重人、关心人。三者相辅相成,密不可分。有礼貌而不懂礼节,往往容易失礼;谙熟礼节却流于形式,充其量只是客套。礼貌是礼仪的基础,礼节是礼仪的基本组成部分。礼是仪的本质,而仪则是礼的外在表现。礼仪在层次上要高于礼貌、礼节,其内涵更深、更广,它是由一系列具体的礼貌、礼节所构成;礼节只是一种具体的做法,而礼仪则是一个表示礼貌的系统、完整的过程。

二、礼仪的起源与发展

关于礼的起源,说法不一。归纳起来有五种起源说:一是天神生礼仪;二是礼为天地人的统一体;三是礼产生于人的自然本性;四是礼为人性和环境矛盾的产物;五是礼生于理,起源于俗。

从理论上说,礼的产生,是人类为了协调主客观矛盾的需要。

首先,礼的产生是为了维护自然的"人伦秩序"的需要。人类为了生存和发展,必须与大自然抗争,不得不以群居的形式相互依存,人类的群居性使得人与人之间既相互依赖又相互制约。在群体生活中,男女有别,老少有异,既是一种天然的人伦秩序,又是一种需要被所有成员共同认定、保证和维护的社会秩序。人类面临着的内部关系必须妥善处理,因此,人们逐步积累和自然约定出一系列的"人伦秩序",这就是最初的礼。

其次,起源于人类寻求满足自身欲望与实现欲望的条件之间动态平衡的需要。人对欲望的追求是人的本能,人们在追寻实现欲望的过程中,人与人之间难免会发生矛盾和冲突,为了避免这些矛盾和冲突,就需要为"止欲制乱"而制礼。

从具体的仪式上看,礼产生于原始宗教的祭祀活动。

原始宗教的祭祀活动是最早也是最简单的以祭天、敬神为主要内容的"礼"。这些祭祀活动在历史发展中逐步完善了相应的规范和制度,正式形成为祭祀礼仪。随着人类对自然与社会各种关系认识的逐步深入,仅以祭祀天地鬼神祖先为礼,已经不能满足人类日益发展的精神需要和调节日益复杂的现实关系。于是,人们将敬神致福活动中的一系列行为,从内容和形式上扩展到了各种人际交往活动,从最初的祭祀之礼扩展到社会各个领域的各种各样的礼仪。

礼仪在其传承沿袭的过程中不断发生着变革。从历史发展的角度来看,其演变过程可以分四个阶段。

1. 礼仪的起源时期——夏朝以前(公元前21世纪前)

礼仪起源于原始社会,在原始社会中、晚期(约旧石器时代),出现了早期礼仪的萌芽。整个原始社会是礼仪的萌芽时期,礼仪较为简单和虔诚,还不具有阶级性。内容包括:制定了明确血缘关系的婚嫁礼仪;区别部族内部尊卑等级的礼制;为祭天敬神而确定的一些祭典仪式;制定一些在人们的相互交往中表示礼节和恭敬的动作。

2. 礼仪的形成时期——夏、商、西周三代(公元前21世纪至前771年)

人类进入奴隶社会,统治阶级为了巩固自己的统治地位,把原始的宗教礼仪发展成符合奴隶社会政治需要的礼制,"礼"被打上了阶级的烙印。在这个阶段,中国第一次形成了比较完整的国家礼仪与制度。如"五礼"就是一整套涉及社会生活各方面的礼仪规范和行为标准。古代的礼制典籍也多撰修于这一时期,如周代的《周礼》《仪礼》《礼记》就是我国最早的礼仪学专著。在汉以后2000多年的历史中,它们一直是国家制定礼仪制度的经典著作,被称为礼经。

3. 礼仪的变革时期——春秋战国时期(公元前771—前221年)

这一时期,学术界形成了百家争鸣的局面,以孔子、孟子、荀子为代表的诸子百家对礼教给予了研究和发展,对礼仪的起源、本质和功能进行了系统阐述,第一次在理论上全面而深刻地论述了社会等级秩序划分及其意义。

孔子对礼仪非常重视,把"礼"看成是治国、安邦、平定天下的基础。他认为"不学礼,无以立"、"质胜文则野,文胜质则史。文质彬彬,然后君子"。他要求人们用礼的规范来约束自己的行为,要做到"非礼勿视,非礼勿听,非礼勿言,非礼勿动"。倡导"仁者爱人",强调人与人之间要有同情心,要相互关心,彼此尊重。

孟子把礼解释为对尊长和宾客严肃而有礼貌,即"恭敬之心,礼也",并把"礼"看作是人的善性的发端之一。

荀子把"礼"作为人生哲学思想的核心,把"礼"看作是做人的根本目的和最高理想,"礼者,人道之极也"。他认为"礼"既是目标、理想,又是行为过程。"人无礼则不生,事无礼则不成,国无礼则不宁。"

管仲把"礼"看作是人生的指导思想和维持国家的第一支柱,认为礼关系到国家的生死存亡。

4. 强化时期——秦汉到清末(公元前221—公元1911年)

在我国长达2000多年的封建社会里,尽管在不同的朝代礼仪文化具有不同的社会政治、经济、文化特征,但却有一个共同点,就是一直为统治阶级所利用,礼仪是维护封建社会的等级秩序的工具。这一时期的礼仪的重要特点是尊君抑臣、尊夫抑妇、尊父抑子、尊神抑人。在漫长的历史演变过程中,它逐渐成为妨碍人类个性自由发展、阻挠人类平等交往、窒息思想自由的精神枷锁。

纵观封建社会的礼仪,内容大致有涉及国家政治的礼制和家庭伦理两类。这一时期的礼仪构成中华传统礼仪的主体。

5. 现代礼仪的发展

辛亥革命以后,受西方资产阶级"自由、平等、民主、博爱"等思想的影响,中国的传统礼仪规范、制度受到强烈冲击。"五四"新文化运动对腐朽、落后的礼教进行了清算,符合时代要求的礼仪被继承、完善、流传,那些繁文缛节逐渐被抛弃,同时接受了一些国际上通用的礼仪形式。新的礼仪标准、价值观念得到推广和传播。新中国成立后,逐渐确立以平等相处、友好往来、相互帮助、团结友爱为主要原则的具有中国特色的新型社会关系和人际关系。改革开放以来,随着中国与世界的交往日趋频繁,西方一些先进的礼仪、礼节陆续传入我国,与我国的传统礼仪一道融入社会生活的各个方面,构成了社会主义礼仪的基本框架。许多礼仪从内容到形式都在不断变革,现代礼仪的发展进入了全新的发展时期。大量的礼仪书籍相继出版,各行各业的礼仪规范纷纷出台,礼仪讲座、礼仪培训日趋火红。人们学习礼仪知识的热情空前高涨。讲文明、讲礼貌蔚然成风。今后,随着社会的进步、科技的发展和国际交往的增多,礼仪必将得到新的完善和发展。

三、礼仪的作用

1. 教育功能

礼仪是人类社会进步的产物,是传统文化的重要组成部分。礼仪蕴含着丰富的文化内涵,体现着社会的要求与时代精神。礼仪通过评价、劝阻、示范等教育形式,纠正人们不正确的行为习惯,指导人们按礼仪规范的要求去协调人际关系,维护社会正常生活。让国民都来接受礼仪教育,可以从整体上提高国民的综合素质。

2. 沟通功能

礼仪行为是一种信息性很强的行为,每一种礼仪行为都表达一种甚至多种信息。在人际交往中,交往双方只有按照礼仪的要求,才能更有效地向交往对象表达自己的尊敬、敬佩、善意和友好,人际交往才可以顺利进行和延续。热情的问候、友善的目光、亲切的微笑、文雅的谈吐、得体的举止等,不仅能唤起人们的沟通欲望,彼此建立起好感和信任,而且可以促成交流的成功和范围的扩大,进而有助于事业的发展。

3. 协调功能

在人际交往中,不论体现的是何种关系,维系人际之间沟通与交往的礼仪,都承担着十分重要的"润滑剂"作用。礼仪的原则和规范约束着人们的动机,指导着人们立身处世的行为方式。如果交往的双方都能够按照礼仪的规范约束自己的言行,不仅可以避免某些不必要的感情对立与矛盾冲突,还有助于建立和加强人与人之间相互尊重、友好合作的新型关系,使人际关系更加和谐,社会秩序更加有序。

4. 塑造功能

礼仪讲究和谐,重视内在美和外在美的统一。礼仪在行为美学方面指导着人们不断地充实和完善自我,并潜移默化地熏陶着人们的心灵。人们的谈吐变得越来越文明,人们的装饰打扮变得越来越富有个性,举止仪态越来越优雅,并符合大众的审美原则,体现出时代的特色和精神风貌。

5. 维护功能

礼仪作为社会行为规范,对人们的行为有很强的约束力。在维护社会秩序方面,礼仪起着法律所起不到的作用。社会的发展与稳定,家庭的和谐与安宁,邻里的和谐,同事之间的信任与合作,都依赖于人们共同遵守礼仪的规范与要求。社会上讲礼仪的人越多,社会便会更加和谐稳定。

模块二 行礼

[导入]

无 礼

古代的时候,有一个男人,他想要去一座寺庙,于是来到了一个陌生的城镇。走着走着,他越来越迷路,不知道该往哪里走。这时,他身边刚好有一个老伯伯走过,他一把挡在老伯伯前,大声吼道:"喂,老头儿!快告诉我××寺庙在哪里?还有多远啊?"老伯伯望了望他,平静地说:"无礼(五里)。"于是那个男人往前走了五里,可是还看不到他想到的那座寺庙。这时候,他寻思着老伯伯的话,突然明白了什么……

(资料来源:http://wenku.baidu.com/view/0ee93e3a87c24028915fc368.html)

一、商务礼仪

商务礼仪是指在人们商务交往中适用的礼仪规范,是在商务交往中,以一定的、约定俗成的程序、方式来表示尊重对方的过程和手段。学习并正确的运用商务礼仪既是一个人内在修养和素质的外在表现,又是人际交往中适用的一种艺术、一种交际方式或交际方法,是人际交往中约定俗成的示人以尊重、友好的习惯做法。在人际交往中进行相互沟通就一定要掌握商务礼仪的技巧。

从个人的角度来看,掌握一定的商务礼仪有助于提高人们的自身修养、美化自身、美化生活,并能很有效地促进社会交往,改善人际关系,还有助于净化社会风气。商务礼仪是在商务活动中体现相互尊重的行为准则。商务礼仪的核心是一种行为的准则,用来约束我们日常商务活动的各个方面。商务礼仪的核心作用是为了体现人与人之间的相互尊重。这样我们学习商务礼仪就显得更为重要。在商务交往中涉及的礼仪很多,但从根本上来讲还是人与人之间的交往,所以我们习惯把商务礼仪界定为商务人员交往的艺术。

从企业的角度来说,掌握一定的商务礼仪不仅可以塑造企业形象,提高顾客满意度和美誉度,还能达到提升企业的经济效益和社会效益的目的。商务礼仪是企业文化、企业精神的重要内容,是企业形象的主要附着点。但凡国际化的企业,对于商务礼仪都有高标准的要求,都把商务礼仪作为企业文化的重要内容,同时也是获得国际认证的重要软件。商务礼仪是构成形象的一个更广泛的概念,而形象就是商务人士的第一张名片。在当今竞争日益激烈的社会中,越来越多的企业对企业自身的形象以及员工的形象越来越重视。专业的形象和气质以及在商务场合中的商务礼仪已成为在当今职场取得成功的重要手段,同时也是企业形象的重要表现。

学习商务礼仪,不仅是时代潮流,还是提升竞争力的现实所需。

二、商务礼仪的原则

商务礼仪是一种随着历史发展而约定俗成的交往礼仪,但是它与其他的社会规范相比,又有自己的独特性。一般认为,商务礼仪在运用过程中应该遵守尊重、宽容、真诚、平等、适度、从俗的原则。

1. 尊重原则

每个人都有自尊心，都希望得到他人的尊重。尊重是相互的，不是单向的，它包括自尊与尊人两个方面。自尊指的是对自我的尊重，是自我意识的表现。一个人能尊重自己、接纳自己，保持自己的人格和尊严，就称为自尊。我们不但要自尊，还要尊人。尊人讲的是对待他人的态度，这种态度要求承认和尊重他人的人格、感情、爱好习惯和职业、社会价值以及应享有的权利和利益。

在商务交往活动中，尊重是相互的，彼此尊重是商务主体与商务客体继续沟通与合作的前提。相互尊重是个人修养的基本表现。在商务活动中，讲究礼貌并不是虚伪的客套，而是为了表达对别人的尊重，只有这样才能得到对方的真诚回报。人们相互尊重才能营造融洽的沟通氛围，保持和谐的人际关系，塑造良好的社会风气。

尊重与敬意是个人修养的情感基础，尤其要注意在商务交流中居于首位的是尊重人的人格。人格作为一个人的主体灵魂，是个人在社会生活中主体地位和价值的表征，所以要以尊重人的人格为尊重原则的第一要义。尊重还包括尊重人的人身自由及其他各项权利，包括尊重人的隐私权，了解和尊重不同国家与地区的不同礼节方式和风俗习惯。尊重具体表现为善于接受对方、欣赏对方和赞美对方，对彼此相互尊重，能够保持和谐的人际关系，促进双方的深入交流。

 案例

孟子休妻

战国时期的思想家、政治家和教育家孟子，是继孔子之后儒家学派的主要代表人物，被后世尊奉为仅次于孔子的"亚圣"。

孟子一生的成就，与他的母亲从小对他的教育是分不开的。孟母是一位集慈爱、严格、智慧于一身的伟大的母亲，早在孟子幼年时，便为后人留下了"孟母三迁""孟母断织"等富有深刻教育意义的故事。孟子成年娶妻后，孟母仍不断利用处理家庭生活的琐事等去启发他、教育他，帮助他从各方面进一步完善人格。

有一次，孟子的妻子在房间里休息，因为是独自一个人，便无所顾忌地将两腿叉开坐着。这时，孟子推门进来，一看见妻子这样坐着，非常生气。原来，古人称这种双腿向前叉开坐为箕踞，箕踞向人是非常不礼貌的。孟子一声不吭就走出去，看到孟母，便说："我要把妻子休回娘家去。"孟母问他："这是为什么？"孟子说："她既不懂礼貌，又没有仪态。"孟母又问："你因为什么而认为她没礼貌呢？""她双腿叉开坐着，箕踞向人，"孟子回道："所以要休她。""那你又是如何知道的呢？"孟母问。孟子便把刚才的一幕说给孟母听，孟母听完后说："那么没礼貌的人应该是你，而不是你妻子。难道你忘了《礼记》上是怎么教人的？进屋前，要先问一下里面是谁；上厅堂时，要高声说话；为避免看见别人的隐私，进房后，眼睛应向下看。你想想，卧室是休息的地方，你不出声、不低头就闯了进去，已经先失了礼，怎么能责备别人没礼貌呢？没礼貌的人是你自己呀！"

这一席话说得孟子心服口服，再也没提什么休妻子回娘家的话了。

2. 宽容的原则

宽即宽待，容即包容。宽容是待人的一般原则，也是一个人修养的具体表现。宽容原则就是既要严于律己,又要宽以待人。作为商务人员,在商务交往中要保持豁达大度的品格或态度,善解人意,容忍和体谅他人,不能总以自己的标准去衡量一切。宽容也是一种美德,宽容意味着交往主体要有容人的雅量和主动为他人考虑的品德,是对交往对象的人生观、价值观和个性差异等给予充分理解与尊重。以宽容的态度待人处世并不是懦弱的表现,而是一种有气度的行为,有气度的行为往往具有巨大的感化力量。宽容别人不但能缓和气氛,有助于改善交流环境,展现出自己的良好修养,而且能在相当程度上潜移默化地影响对方,促进双方商务交流的顺利进行。

3. 真诚的原则

诚信,即诚实守信。诚实是指待人真诚、不欺骗、说话客观公正,守信是指人说话算话,言行一致。注重商务交流中的个人修养一定要用行为去实践,确确实实地去做,诚信兼备,言出必行。信誉是交流的基础,商务交流更应诚实守信,以获得他人的信赖。古人云:守礼者,定知廉耻,讲道义。个人修养绝不是外表的伪饰,真正掌握个人修养精髓的人是发自内心地表现出对他人的尊重、友好、表里如一、待人真诚的良好修为,展示出商务交流中的品德修养,从而构建出和谐、融洽的人际关系。

4. 平等原则

商务交往是建立在平等的基础上的,商务交往的双方在道德和人格上是平等的,平等是人与人交往时建立情感的基础,是保持良好人际关系的诀窍。一个具有良好个人修养的商务人士会在商务交流中不自以为是,不厚此薄彼,更不以貌取人或以职业、地位和权势压人,而是时时刻刻平等谦虚地待人。在商务交往中要实现和谐融洽的关系,必须给予对方充分的尊重,切不可盛气凌人、摆架子,处处居高临下,尤其是大公司、大企业更要注意自己员工与管理者的修养和形象,不要给人以歧视、蔑视他人的印象。

5. 适度原则

适度原则是指在商务交往中要把握与特定环境相适应的交往感情尺度。在不同的交往背景下,人们必须掌握交流的各种尺度,不得随意逾越。在商务交往中对人要热情友善,对人热情的表现要有一定的分寸,恰到好处,使人感到能够自然适应。同时还要注意言行适度。言行适度要求人们在交流中为了保证取得交流的效果,必须注意语言技巧,即语言使用合乎规范,特别要注意把握分寸,做到大方得体。在商务交流中,既要彬彬有礼,又不能低三下四;既要热情大方,又不能阿谀奉承,这也是个人修养的一种表现。

 案例

鞋匠的儿子林肯

在林肯当选美国总统的那一刻,整个参议院的议员们都感到尴尬,因为林肯的父亲是个鞋匠。当时美国的参议员大部分出身于名门望族,自认为是上流社会优越的人,从未料到要面对的总统是一个卑微的鞋匠的儿子。

林肯首次在参议院演说之时,就有参议员想要羞辱他。

当林肯站在演讲台上的时候,一个态度傲慢的参议员站起来,说:"林肯先生,在你开始演讲之前,我希望你记住,你是一个鞋匠的儿子。"

所有的参议员都大笑起来,为自己虽然不能打败林肯但能羞辱他开怀不已。等到大家的笑声止歇，林肯说："我非常感激你使我想起我的父亲。他已经过世了，我一定会记住你的忠告，我永远是鞋匠的儿子。我知道，我做总统永远无法像我父亲做鞋匠那样做得那么好。"

参议院陷入一片静默。林肯转过头来对那个傲慢的参议员说："就我所知，我父亲以前也为你的家人做过鞋子，如果你的鞋子不合脚，我可以帮你修理，虽然我不是伟大的鞋匠，但我从小就跟父亲学到了做鞋的技术。"

然后他对所有的参议员说："参议院里的任何人，如果你们穿的那双鞋是我父亲做的，而它们需要修理，我一定尽可能帮忙。但是有一件事是可以确定的，我无法像他那么伟大，他的手艺是无人能比的。"说到这里，林肯流下了眼泪，所有的嘲笑声都化成了赞叹的掌声。

6. 从俗的原则

由于国情、民族、文化背景的不同，必须坚持入乡随俗，与绝大多数人的习惯做法保持一致，切勿目中无人、自以为是。

模块三　做人 立事

[导入]

礼仪与做人

交往礼仪是人们在社会交往中必须遵守的基本道德规范，一个懂得并自觉遵守基本交往礼仪的人，常常会赢得别人的喜爱和尊重，使自己的人际关系和谐融洽，人们都愿意接近并帮助他，做事往往顺风顺水；反之，一个不守礼仪的人往往会引起周围人的反感，使人际关系变得紧张，使别人对他敬而远之，这样的人往往没有人愿意成为他的朋友，久而久之会变得孤独而无助，做事处处受阻。

某班新学期来了两个新生，一个叫张明礼，另一个叫吴李仪。张明礼长相平平，属于不太招人注意的那一类人，入学之初的张明礼没有引起老师和同学的关注。张明礼似乎从不会为什么事生气，无论同学、老师跟他说什么，他总是微微笑着专注地听别人说话，不时礼貌地点点头。在校园见到任何老师，他都会礼貌地问好。张明礼好像特别喜欢搞卫生，在宿舍抢着打扫宿舍，在教室抢着扫地、擦黑板，时间一长，值日生总是很喜欢他。不知不觉间，老师和同学根本不觉得他是新生，感觉他一直就是这个班上的老生，偶尔见不到他，大家还有些不习惯。

吴李仪则占尽了先天优势，人长得高挑帅气，满身的名牌显示着不一般的家庭背景。进校第一天，班主任照例热情地领着吴李仪去领床上用品，给他安排床位。领完行李，班主任和他父母抱起了他的日常用品，吴李仪却安然自得地甩着手跟在后面。宿舍只剩下两个上床，老师给他选了个靠后窗的上床，吴李仪死活不干，非要住靠后窗的下床，班主任不得不做下床同学的工作，把下床让给了他。劳动委员安排吴李仪参加公区卫生值日，每次轮到他，班上就被扣分，他压根儿就不去扫。宿舍值日就更不用说了，每次轮到吴李仪宿舍值日时，舍长只有忍气吞声自己赶紧把值日做了，否则班会点评全宿舍肯定抬不起头来。吴李仪从没跟舍长说过一个"谢"字。三餐列队时，哪怕他最后来，他也要跑去排在最前面。周末到了，其他同学从班主任那里领了出门卡总会高高兴兴地跟老师道声"再见",吴李仪总是板着个脸扯了出门卡就走。时间一长,班上同学没一个爱搭理吴李仪。久而久之,吴李仪觉得这个班上的人都欺负生人,他在这班上始终找不到自己的位置,似乎老师不疼同学不爱,最后待不下去自己转学了。

两位新生的不同结局警示我们,恪守校园礼仪,对于中小学生处好师生关系、同学关系具有极其重要的作用。

礼仪不仅影响着中小学生的校园生活,而且对一个人未来成长就业也会产生重要影响。有一批应届毕业生22个人,实习时随导师到北京某部委实验室参观。22位同学坐在会议室等待部长的到来,这时有秘书给大家倒水,同学们表情木然地看着她忙活,其中一位同学还问了句:"有绿茶吗?天太热了。"秘书回答说:"抱歉,刚刚用完了。"林晖看着有点别扭,心里嘀咕:"人家给你倒水还挑三拣四。"秘书到他面前时,林晖轻声说:"谢谢,大热天的,辛苦了。"秘书抬头看了他一眼,满含着惊奇,虽然这是很普通的客气话,但却是她今天听到的唯一一句礼貌语。

门开了,部长走进来和大家打招呼,不知怎么回事,没有一个人回应。林晖左右看了看,犹犹豫豫地鼓了几下掌,同学们这才稀稀落落地跟着拍手。部长挥了挥手:"欢迎同学们到这里来参观。平时这些事一般都由办公室负责接待,因为我和你们导师是老同学,非常要好,所以这次我亲自来给大家讲一些有关情况。我看同学们好像都没有带笔记本,这样吧,王秘书,请你去拿一些我们部里印的纪念手册,送给同学们作纪念。"接下来,更尴尬的事情发生了,大家都坐在座位上,很随意地用一只手接过部长双手递过来的手册。部长脸色越来越难看,来到林晖面前时,已经快要没有耐心了。就在这时,林晖礼貌地站起来,身体微微前倾,双手握住手册,恭敬地说了一声:"谢谢您!"部长闻听此言,不觉眼前一亮,伸手拍了拍林晖的肩膀:"你叫什么名字?"林晖照实作答,部长微笑点头,回到自己的座位上。早已汗颜的导师看到此景,微微松了一口气。

两个月后,在毕业分配表上,林晖的去向栏里赫然写着国家某部委实验室。有几位颇感不满的同学找到导师:"林晖的学习成绩最多算是中等,凭什么选他而没选我们?"导师看了看这几张尚属稚嫩的脸,笑道:"是人家点名来要的。其实你们的机会完全一样,你们的成绩甚至比林晖还要好,但是除了学习之外,你们需要学的东西太多了,礼仪是人生第一课。"

在社会交往中,个人礼仪往往可以看出一个人的思想道德水平、文化修养、家庭教养、交际能力,直接影响着个人的成长、发展以及事业的成败和家庭的幸福;在国际交往中,礼仪检阅着一个国家的社会文明程度、道德风尚、生活习惯和国民素养,在对外经济政治交往中发挥着越来越重要的作用。

交往礼仪绝非小事,我们只有从小重视礼仪学习,自觉恪守礼仪规范,不断提高自身修养,才能很好地适应未来社会的发展要求,才能在国际交往中不辱国格。

五会素质不是空头口号,学会做人,先学礼仪。

(资料来源:育才教育集团网站)

讨论

在以上故事中,是如何体现礼仪和做人的?
你有怎样的评论和见解?

随着市场经济的深入发展,各种商务活动日趋繁多,礼仪也在其中发挥着越来越大的作用。商务礼仪的作用主要在于内强素质、外强形象的表现,具体表述为几个方面:提高个人素质是商务人员的一种个人修养及其表现,有助于建立良好的人际沟通,维护个人和企业形象。中国古代思想家荀子说过"人无礼则不立,事无礼则不成,国无礼则不宁。"

人在本质上是社会性动物,现代人类多数时间生活在群体中,人际交往成为现代人类最基本的生存内容和生存形式,交往能力是现代人最为重要的素质和能力。

一、学习商务礼仪提高个人修养

1. 规范人的行为

礼仪最基本的功能就是规范各种行为。在商务交往中,人们相互影响、相互作用、相互合作,如果不遵循一定的规范,双方就缺乏协作的基础。在众多的商务规范中,礼仪规范可以使人明白应该怎样做,不应该怎样做,哪些可以做,哪些不可以做,有利于确定自我形象,尊重他人,赢得友谊。

2. 提高人的素质

市场竞争最终是人员素质的竞争,对商务人员来说,商务人员的素质就是商务人员个人修养的表现。修养体现在细节上,细节展示素质。所谓个人素质,就是在商务交往中待人接物的基本表现,比如吸烟,一般有修养的人在外人面前是不吸烟的;有修养的人在大庭广众之下是不高声讲话的;在商务交往中,首饰佩戴也要讲究一定的原则:必须符合身份,以少为佳,一般不多于三种,每种不多于两件,同时要注意与服装搭配的和谐。质地和色彩要和谐,和谐产生美。如要佩戴戒指,一般拇指不戴,食指戴戒指是想找对象,求爱;中指戴戒指已经有对象了;无名指表示已经结婚了;小拇指戴戒指表示是单身主义者。

3. 树立人的形象

一个人讲究礼仪,就会在众人面前树立良好的个人形象;一个组织的成员讲究礼仪,就会为自己的组织树立良好的形象,赢得公众的赞许。现代市场竞争除了产品竞争外,还体现在形象竞争。一个具有良好信誉和形象的公司或企业,容易获得社会各方的信任和支持,就可在激烈的竞争中处于不败之地。所以,商务人员时刻注重礼仪,既是个人和组织良好素质的体现,也是树立和巩固良好形象的需要。

4. 增进人的感情

在商务活动中,随着交往的深入,双方可能都会产生一定的情绪体验。它表现为两种情感状态:一种是感情共鸣,另一种是情感排斥。礼仪容易使双方互相吸引,增进感情,促进良好的人际关系的建立和发展。反之,如果不讲礼仪,粗俗不堪,那么就容易产生感情排斥,造成人际关系紧张,给对方留下不好的印象。

二、运用商务礼仪推动事业成功

1. 获得信任

礼仪是一种信息,通过这种信息可以表达出尊敬、友善、真诚等感情,使别人感到温暖。在商务活动中,恰当的礼仪可以获得对方的好感、信任,进而有助于事业的发展。

2. 塑造企业形象

商务人员通过塑造自己的形象,来代表企业实力和信誉状况。商务人员的形象为所代表的企业传递了无声的商业信息。作为商务人员,要积极学习和掌握现代商界共同遵守的礼仪规范,做到注重礼仪修养,树立良好的个人形象。商务人员通过诚挚的商务接待、拜访、谈判、宴请、社交等活动,为企业树立高效、讲信誉等企业形象。

3. 赢得发展机会

一个人的言谈举止影响着别人对他的看法,这些看法影响一个人的人际关系,甚至会影响个人的发展和提升。同样,恰当的举止和优雅的服饰,可能会使人更好地展示自己的优势和长处,赢得更多的机会。对于一个管理者来说,良好的举止可以使管理工作更有效,使自己的人际关系更加和谐,更加容易得到上级的赞赏和下级的理解与支持;对于一个员工来说,可以让自己赢得更多的学习和工作机会,更容易与一个集体融洽地相处,使领导更赏识自己,使个人生活更幸福,也更容易获得升迁的机会;对于一个集体来说,有着良好的礼仪规范,就意味着这个集体有着更强的凝聚力与更多的生存和发展机会,更容易做到全员公关,从而树立组织的良好形象。

4. 促进事业发展

商务礼仪的重要功能是对人际关系的调解,具有很强的凝聚情感的作用。如果商务人员都能够自觉主动地遵守商务礼仪规范,按照商务礼仪规范约束自己,就容易使人感情得以沟通,建立起相互尊重、彼此信任、友好合作的关系,进而有利于各种事业的发展。

 案例

仅仅因为一口痰吗?

这是一场艰难的谈判。一天下来,美国约瑟先生对对手——中国某医疗机械厂的范厂长,既恼火又钦佩。这个范厂长对即将引进的"大输液管"生产线行情非常熟悉,不仅对设备的技术指数要求高,而且价格压得很低。在中国,约瑟似乎没有遇到过这样难缠而有实力的谈判对手。他断定,今后和务实的范厂长合作,事业是很顺利的。于是信服地接受了范厂长那个偏低的报价。"Ok!"双方约定第二天正式签订协议。天色尚早,范厂长邀请约瑟到车间看一看。车间井然有序,约瑟边看边赞许地点头。走着走着,突然,范厂长觉得嗓子里像有条小虫在爬,不由得咳了一声,便急急地向车间一角奔去。约瑟诧异地盯着范厂长,只见他在墙角吐了一口痰,然后用鞋底擦了擦,油漆地面留下了一片痰渍。约瑟快步走出车间,不顾范厂长的竭力挽留,坚决要回宾馆。第二天一早,翻译敲开范厂长的门,递给他一封约瑟的信:"尊敬的范先生,我十分钦佩您的才智与精明,但车间里你吐痰的一幕使我一夜难眠。恕我直言,一个厂长的卫生习惯,可以反映一个工厂的管理素质。况且,我们今后生产的是用来治病的输液管。贵国有句谚语:人命关天!请原谅我的不辞而别,否则,上帝会惩罚我的……"范厂长觉得头"轰"的一声,像要炸了。

人常说,大智不拘小节。虽然别人可以这样看待,但自己却不能这样原谅自己,尤其是在社交活动中。因为有些小节,恰恰暴露出人礼仪修养上的差距。而又恰是对方所重视的,这就形成了影响合作的大障碍。医疗机械的生产,对环境和员工的卫生习惯要求很高,约瑟的"苛求"并不过分,完全是对企业和产品负责、对公众负责的表现。这也表现了他的科学管理及文明修养的水准。对比之下,范厂长的水平就差了,尽管范厂长有谈判的才能,但文明水准相差太大,又怎么能实现和谐的长远合作呢?因此,在社会交往中,言谈举止中的礼仪是非常重要的。

参考文献:

陈荣铎.商务礼仪.旅游交易出版社,2001.

第二单元
做一个文明有修养的当代大学生

本章导学

学习目标：
1. 学习校园礼仪，规范校园行为，创建和谐文明校园。
2. 规范课堂行为，营造尊师好学的课堂氛围。
3. 理解图书馆八字礼仪规范，做到文明入馆。
4. 遵守食堂秩序，打造餐厅文明就餐环境。
5. 规范宿舍行为，创造文明和谐宿舍。

重要知识点：

校园基本礼仪　课堂礼仪　图书馆礼仪　食堂餐厅礼仪　宿舍礼仪

 [导入]

大学校园里的"课桌文化"和"厕所文化"

100多个工人用了120袋洗衣粉，历时300多个小时，花费100 000元人民币，而这些代价的付出只为清洗教学楼里的所谓"课桌文化""厕所文化"，还校园以文明、清洁！

8月13日，笔者跟随后勤服务总公司修缮中心副主任郭强到清洁现场，工人们竟然在用铁刷子打磨椅背上的"文字"！一个工人无奈地摇着头说："各种清洁剂几乎都试过了，都不行！只能用铁砂子'刮骨'。即使这样，打磨过的地方还是留下了难看的伤疤。"在查看一间正在清洁的厕所时，我们也遇到类似的情景。一个工人半开玩笑半调侃道："看看，水龙头把上都是脚印，一米多高的墙面上也是脚印，他们在干啥哟？要换是我娃干的，我给他一巴掌！"

同时，据笔者现场观察，大多数工人的手掌都被铁刷子磨出了血泡。

悲哉！我们应该为那些创造所谓"课桌文化"、"厕所文化"的人感到愧疚！这难道就是当代大学生所应体现的素质吗？在学校处于本科教学评建的攻坚阶段，明年又是百年校庆的特殊时期，我们的"课桌文化""厕所文化"是不是应该收敛一点，甚至就此画上句号了呢？

成才必先立德,立德必先立品。"课桌文化""厕所文化"看似小事,实则反映了一个大学生的品位和素质。"课桌文化""厕所文化"之类,本应为一个合格的大学生所不为,而今却被一些人视为正常。

无论过去如何,我们立即从点滴做起,从小做起吧,让课桌和厕所保持整洁吧!上课和自习时,请关掉手机,因为老师的讲解会因那一声"悦耳"的铃声而打断,同学的思考也会因此而受到影响;吃过饭请把碗放回收碗处,别忘了还有人等着坐在位子上吃饭;阅览室里,请不要打瞌睡,因为这样不仅浪费了自己的时间,而且还因占用位置影响了其他同学看书;在公众场合,请不要衣冠不整;夜深了,请小点声,人们想要进入甜美的梦乡……

(资料来源:庞胜苗.四川农业大学校刊网络版)

学校为什么要花费大量人力、物力清理校园?
你如何看待大学校园里"课桌文化"和"厕所文化"?
你有什么启示?

大学生是社会的希望、国家的栋梁、祖国建设的主力军。这一群体素质的高低将直接影响着整个国民素质的水平。21世纪是知识经济时代,是综合国力竞争的时代,更是人才素质竞争的时代。

大学阶段是人形成正确的人生观、价值观的关键时期,对大学生实施文明礼仪教育,提高大学生的人文素质,不仅是个体道德品质和个性形成的需要,也是社会发展的迫切要求。青年学生是跨世纪的接班人,未来社会的文明进步程度与他们的文明水准有着直接的关系。因此,提高自身修养,开展文明礼仪教育,让青年学生从身边做起,从实际出发,对于青年学生健康成长成才、顺利步入社会以及社会和谐风气的形成、整体国民素养的提高等具有重要的现实意义。

1. 大学生学习礼仪是适应现代信息社会的需要

现代信息社会飞速发展的传播沟通技术与手段日益改变着人们传统的交往观念和交往行为,对人类社会交往的内容和方式提出了更高要求。这种交往方式要求我们自身必须提高修养,加强礼仪知识的学习,才能在快节奏的人际交往中脱颖而出,获取得更多的机会,在强手如林的社会里有一个立足之地。

2. 大学生表现的礼仪体现了学校的教育理念和成果

高校是为社会培养和输送高等人才的主要场所,它在教会学生知识的同时,还承担着培养和提高学生综合素质的重任,在一个学校的教育理念中,如果重视礼仪教育,必然会倡导礼仪教育,会在师生中形成注重礼仪的氛围,这种氛围必然会影响到每一位师生的言行举止。尤其对于学生而言,他们是未来社会建设的主力军,毕业后必然会将这种行为和风尚展示和传播给社会,不注重和倡导礼仪教育则适得其反。因此,每一位青年学生的礼仪素养的高低都集中反映了高校的教育理念和培养成果。

3. 礼仪教育有利于提高大学生的文明素养

礼仪教育是高校育人工作的组成部分,也是社会主义精神文明教育体系中最基础的内容。讲文明、讲礼貌是人们精神文明程度的实际体现。普及和应用礼仪知识,是加强社会主义精神文明建设的需要。通过礼仪教育,让大学生能够正确认识一个人的言谈、举止,仪表和服饰能反映出一个人的思想道德修养、文明程度和精神面貌,是现代社会所需人才的基本素质之一。进一步说,每个人的文明程度不仅关系到自己的形象,同时也影响到整个学校的精神面貌乃至整个社会的精神文明。

4. 礼仪的运用能促进大学生建立良好的人际关系

大学期间能否与他人建立良好的人际关系,不仅对大学生的成长和学习有着十分重要的影响,也决定着他们毕业后是否能够顺利融入社会。良好的人际关系对于一个人的成功起着举足轻重的作用。大学生如果能掌握基本礼仪规范及交往技巧,遵循相互尊重、诚信真挚、言行适度、平等友爱等原则,就能很快与交往对象建立起和谐、良好的人际关系。

可是现代的大学生素质如何呢?以上案例中的大学校园里出现的校园不文明行为绝对不是少数院校存在的问题,它是一个极其普遍的现象。通过对全国各地大学生礼仪素质的调查来看,当前大学生的礼仪修养现状不容乐观,甚至令人担忧。现在的大学生在礼仪修养方面的表现可以概括为以下几个方面。

1. 缺少尊重意识

一些大学生缺少对他人的尊重意识,有一种唯我独尊的心态,不尊重长辈,不敬重老师,甚至流行所谓"跟着感觉走",自我感觉良好,崇尚个性张扬。在生活中人际关系恶化,矛盾重重,导致难以融入集体之中,难以建立和谐的人际关系。

2. 缺少公德意识

一些学生遵守社会公德的意识薄弱,在公共场所旁若无人接电话,高声谈笑,甚至相互争吵打斗,缺乏遵守公共秩序的意识;在图书馆内大声喧哗,随便打电话;在墙壁上留下乌黑的鞋印,缺少爱护公共财产的意识;在教室、操场、楼道里随地乱扔纸屑、果皮、随处吐痰、乱丢垃圾,缺少讲究公共卫生的意识。

3. 缺少友善意识

一些学生与人相处,缺少友好善良的愿望,缺少对他人的理解和宽容,同学间发生矛盾纠葛,在场的同学不是调解相劝,而是火上浇油、起哄参与。对学校管理工作的意见,不是冷静分析,而是头脑发热、夸大甚至违背事实,而对自己的草率行为给学校和自己带来的消极影响却满不在乎。

4. 缺少仪容意识

一些学生缺少对形象美的正确认识和追求,对美的仪表、仪态方面的客观标准认识模糊,盲目追求社会上所谓的潮流,以时髦、前卫、新奇为美,浓妆艳抹、服饰怪异,完全没有大学生应有的形象和仪容意识。

很可怕的事实是,大学生礼仪知识的缺乏和提高礼仪修养的意识不强。

调查发现,大学生对礼仪知识的了解非常少,有了解的也十分肤浅,只停留在表面和一些形式化的东西上,更有甚者认为礼仪没什么可学的,都是一些小事情,不屑一顾。同时,他们对目前大学生的礼仪现状也不够满意,平时对自己的礼仪要求也不够严格,没有养成良好的行为习惯,真讲究起礼仪来又觉得很拘束很做作。

这个问题的产生与我们国家长久以来的应试教育有关。严格来讲礼仪修养应该是从小培养,但由于应试教育的导向,很多家长只注重孩子专长的培养,而忽视了行为习惯的培养和道德教育。只要孩子学习好,家长们就众星捧月,百依百顺,其他方面的缺失都无所谓,不在乎,这必然导致有些孩子心理不健全。有些成绩好的同学专横跋扈,骄傲任性;学习不好的同学平时不受重视,自卑、压抑、懒散、不思进取。这种对教育的曲解,这种只治标不治本的教育理念,必然会产生巨大的不良后果。回顾一下我国的教育历程,从小学到大学,没有把礼仪知识和礼仪行为作为一门课程来学习和训练。这当然有客观存在的一些原因,但在当前的政治经济形势下,再不重视这样的问题,再不亡羊补牢,那是很让人担忧的事情。为数不少的大学生从小就没有养成好习惯,没有提高礼仪修养的意识,认为这是小事情,没有关系。

针对当前大学生礼仪修养现状,我们认为加强礼仪修养的教育是提高大学生基本素质的重要途径。

高等教育要加大专项礼仪、专业礼仪学习和培训的力度。各高校要实施素质教育,并落在实处,礼仪修养的教育是必不可少的一课。对大学生的礼仪教育,可结合社会需要、未来岗位和学生自身特点,主要是对一些专项礼仪与专业礼仪的培养和训练。

例如,大学生要学会与各种各样的人相处,要有一定的交流、沟通能力,这就需要学习人际交往方面的礼仪知识和进行专门的技能训练。大学生要有一定的表达能力,那就要进行语言表达礼仪知识的学习和专门训练。现在网络成为大学生学习生活中不可缺少的一部分,但我们发现很多大学生沉迷于网络,有的甚至在网上从事一些不健康、不文明的活动。同时,网络陷阱、网络诈骗也时有发生,这就是网络礼仪失缺的一个有力证明。网络礼仪是礼仪知识中新的内容,是科技发达的产物。大学生必须要懂得网络礼仪,这不仅关系到大学生自身形象,同时还关系到我们这个社会乃至国家的国际影响。因此各高等院校在大学生基础课程教育中,要开设礼仪修养教育课,要以讲座的形式,有针对性地进行礼仪知识教育和礼仪行为的培训。对高职高专的学生来说更应该将礼仪修养的培训学习作为必修课,并占一定的教学时间。各高校要以礼仪修养的学习和培养为切入点,全方位推进素质教育,将素质教育落在实处,取得实效。

同时要加大社会宣传力度,逐步形成学礼仪、讲礼仪、用礼仪的社会风气和校园文化。现在各行各业、各个城市都在积极组织争创文明单位、文明城市、争做文明市民的活动。绿化城市、美化城市蔚然成风。但人的文明程度是否真正提高了呢?这其中存在很大差异。因此创建文明,硬指标重要,软指标更重要,必须让软指标不软,才能让硬指标更硬。人的文明程度就是一个软指标,我们怎样让人更加文明,人的礼仪修养、综合素质如何得到更大提升,这是问题的根本。因此全社会要加大宣传力度,要持之以恒,要有激励人们做文明市民的长效机制。从根本上,让人人都很自然地、自觉地来学礼仪、讲礼仪、用礼仪,形成社会风气,让一些不良行为、不文明现象没有条件、没有土壤、没办法滋生。

模块一 校园礼仪

[导入]

大学里的十五个奇怪现象

一怪:恋爱无忌

走在大学里,看看周围成双成对。现在的学校环境都特别优美,如人工湖、小树林等,一到晚上都是情侣们约会的好去处。上高中时,有点早恋的苗头是老师、家长的严打对象。到了大学似乎百无禁忌,大家都对这个见怪不怪了。前些日子吃班饭,辅导员开始就说了一句:"希望四年之后吃散伙饭,大家都带着家属来啊!"

二怪:奢侈浪费

现在学校里都流行聚餐,如庆功宴、散伙饭之类的,不去都不行,如果不吃,同学之间的感情就建立不起来似的。还必须在外面找饭店、订包间,一顿饭动辄数百元。桌子上堆得满满的菜没动几口,酒倒是一箱一箱地喝。不管男的女的,逢人就干。干完啤酒上白酒,喝到最后连可乐都干了。一屋子的男男女女横七竖八的,到了最后,几个人掺在一起摇摇晃晃地回去了,知道的是喝醉了,不知道的还以为是市井小混混。家里有点钱的都买名牌,不管真的假的,满校园都是名牌,一身的名牌抵得上一个普通工人一个月的工资。

三怪:手机号码随时换

现在手机大降价,学生也是人手一部手机,相对于上班族几百年不换一次手机号,学生换手机号就相当频繁了,追求新鲜事物的他们,158、156、150……尝试新鲜,又不怕老朋友找不到,反正有QQ,QQ号一般都是用了好几年的老号。

四怪:贫困生出手阔绰

现在的助学贷款非常好办理,出个证明就成了。不过似乎许多贫困生的证明恐怕是假的。例如,一个贫困生顿顿凉菜就馒头,可他一身的衣服全是品牌,连套袖都是品牌的,手里拿的虽然是最不起眼的手机,但人家一个月话费比常人手机还贵呢!因为他业务忙啊,还参加跆拳道协会,买一大堆用具,这叫贫困生吗?以前由各学校要建贫困生楼,在网上招来一片叫骂,当时也很气愤认为这是侮辱人格,可现在觉得有必要了,太有必要加强对他们的监督和审查了。

五怪:"中性"崛起

这两年特别流行"超女"、"想唱就唱"、"好男儿"之类的节目。在大众中引起了很大的连锁反应,大街上突然冒出了好多不男不女的人,让人分不清性别。女生剪板寸头、带宽框眼镜、穿中性服装,男声留长发、打耳洞、扎小辫、穿得光鲜明亮。

六怪:校园腐败

一个小姑娘多次参加什么学生会、班委会、学生团体的竞选落榜,后来才慢慢了解到大学里也是要找人拉关系的。都说大学是半个社会,一个普普通通的学生会还要找人?那以后找工作得什么样子。关系,无处不在。

各学员之间也是勾心斗角,派系林立,甚至是院系歧视。有一位导员,才28岁,年轻吧!据说是上届的心腹。天天描眉化眼的,穿得像个女流氓。有的学校更有意思,我同学在他们大学参加记者团,一周要交五篇稿,有一条:只能写好不准报忧。后来她拽破头皮也写不出来,无奈之下只好退出。

七怪:天明时节成"老外"

由于教育部对四、六级的重视,以及英语当今在国际上不菲的身价,校园里学英语蔚然成风。每天清晨,草地、台阶、操场、教室里都是一片琅琅的读书声。只是朗读中文的人寥若晨星,学生们说的全是洋话。使你感到有如身在异乡,学生们个个是"老外"。

八怪:难学易考

刚上大学,对大学的教学方式特别的不适应。老师每天来了就是把书上的内容复制的黑板上,讲一遍就走人。刚开始寻思着:大学真是锻炼人啊,都要求自学的!甚至我们的英语从来没有正经的上过,天天在语音室里上课看原声大片,要么就是跑图书馆网上教学,登录一直挂着就可以,大家都在上网玩qq没一个人看教学网页。着急呀!就怕期末考试挂科。现在临近期末考试了,老师们纷纷给上了一堂正正经经的课,考的范围都给你画出来,占多少分值都标出来。想考好,没问题,把这些背下来保你过。难怪这四六级考试,课外班这么火爆,传单都发到了大一寝室,原来如此啊。老师们都热衷于挣外快搞副业。学生们能学什么呢?

九怪:教授评卷各有招

大学考试不同于中学,试题往往没有标准答案,而掌握生杀大权的教授评分标准更是千奇百怪。一位美学教授酷爱书法,常有书法独到的平常答卷得到高分。一位当代文学教授素恶观点雷同,哪怕是自己的观点,凡有抄录嫌疑的考卷一律格杀勿论。一位哲学教授深恨分数对学生之害,于是按交纳卷子顺序给分。如第一位60,第二位61,依次类推。到最高点再反向波动。如此呈波浪前进。更有甚者,采取卷面分数开方乘十的"附加算分法"(如:考了49分,附加后为7 * 10=70分),不一而足。

十怪:社团见首不见尾

高校对社团向来采取宽松政策。因此校园社团品目繁多,常让新生目不暇接。新学期开始,各社团展开广告大战,争取新会员入会。那种繁花似锦的气象,甚是好看。然而随着课业日紧,社团活动日渐枯萎,广告栏也渐冷清下来。社员们哀叹:真是神龙见首不见尾。

十一怪:期末教室人成灾

大学生们空闲的日子宁愿走出书城,去领略社会的风景。于是大部分时间投入采访、维修、业务联系、演出……学期末,则纷纷退下"战潮",回到图书馆"临时抱佛脚",以期顺利过关。于是平日里颇为冷清的图书馆、教室顿时人满为患。即使是没人的桌面,也堆满了占位置的书本,使你觉得校园人口一夜间翻了几番。

十二怪:冷漠无情

大学生对社会公益漠不关心,学校是时不时地能看到一些捐款箱,问津者寥寥无几。不关心社会,不关心时事,天天不是上网就是八卦,哈韩哈日的,难得一些愤青在网上说两句实话还总要遭到一顿唾骂,这年头敢说敢做的反而被扣上"问题青年"的大帽子。

十三怪:懒惰成性

现在的大学生懒啊,衣服不会洗、东西不会收拾、饭不会自己打、笔记不会自己抄、课不会自己上……由此也就催生出了好多业务,壮大了第三产业,真是推动国民经济的发展啊!请钟点工打扫寝室,让父母过来收拾东西,让同学帮着打饭,雇人抄笔记上课。只要你出得起钱,自然有人替你解决。别说这些,考试都不在话下,虽然国家年年查,可依然有人顶风作案,屡禁不止。

十四怪:无偿献血进校园,血库医院赚大钱

每年寒暑假,几乎都是医院或血库里鲜血最紧张的时候,为什么?因为大中学都放假了,血源大大减少了。在中国的大学校园,常常会看到这样的景象:每隔一段时间,食堂门口或宿舍门口常停上一辆采血车,车外拉着一条幅,上印如下大字:"献血光荣,有益健康!"献血的同学们垂着袖子上去,卷着袖子下来,一个个兴高采烈,无上荣耀;抽血的护士白针头进去,红针头出来,一个个面如僵尸,心里却乐开了花:这里血多人傻,快来!

十五怪:毕业立即就失业,N年投资全倒贴

中国特色之一是:失业不叫失业,叫下岗。可是,要下岗也得先上岗呀,令很多大学生悲哀

的是,他们还没有上岗,就已经下岗了。前一段时间,各大网站的首页有条新闻很轰动,湖南一所师范院校的一名历史专业硕士生为了找工作,都向招聘单位下跪磕头了！可怜天下父母心,一辈子拼死拼活好不容易积攒了一点血汗钱,将子女送进大学,满心盼望的是孩子学有所成后自己老有所养,可现实情况却是学校将他们的血汗钱骗得一毛不剩后,还将他们的孩子丢向社会,任他们颠簸浮沉,自生自灭。

(资料来源:http://blog.sina.com.cn/s/blog_5ea5bf250100qd0a.html)

讨论

你赞同以上的总结吗？
你如何看待大学校园的怪现象？
以上的现象中,哪些和我们的校园礼仪有关？

大学生校园礼仪是大学生在校园生活中应该掌握并遵守的礼仪规范。校园文明礼仪建设是传承民族文化、弘扬民族精神的重要举措,是创建文明校园的有效载体。它能够有效地提高师生的文明礼仪水平,进一步树立校园文明礼仪新形象,是构建和谐校园的重要组成部分。

一、校园基本礼仪

1. 真诚友爱

同学之间的深厚友谊是人生最宝贵的财富。真挚的友谊是生活中的一种团结友爱的力量,注意同学之间的礼仪礼貌,是我们获得良好同学关系的基本要求。同学之间如何做到真诚友爱、相互尊重呢？

真诚友爱是一种崇高的道德情感。大学生要树立"心中有他人"的观念,与同学友爱团结。同学之间要平等待人,相互尊重,一言一行、一举一动都要从团结的愿望出发。平时遇见同学一定要打招呼。打招呼的方式很多,可以问好、点头、微笑、招手或喊一声名字等,要做到热情、诚恳。用我们的真诚去爱别人,必然会得到别人真诚的回报。

2. 相互尊重

每位同学都需要被他人关爱,被他人尊重。对于大学生来说,首先要尊重他人的人格。讥笑、轻视、辱骂、讽刺、给同学起绰号,不仅伤害同学的自尊心,还侮辱同学的人格,是不礼貌和不道德的行为,也不利于同学的团结。其次,尊重他人,还表现在尊重别人的隐私。学生具有良好的交往礼仪不仅有利于交往的畅通,也体现着自身的文化修养。现代社会对个人生活隐私保护日益重视。同学之间更要注意相互尊重,对于家庭情况、身体状况等个人信息不要相互打听、传播,在别人不愿意透露的情况下,应表现出尊重的态度,而不是一再地追问。忽略别人的感受随意打探,只会招致他人的不良情绪,甚至伤害彼此的感情。老师和家长也应帮助学生体会隐私概念,适当体验伤及隐私时的痛苦感受,用引导的方式教育孩子。

① 同学间应该彼此尊重,即使关系亲密,也不应随意打探对方的家庭情况。
② 同学的物品不随意使用,别人托付的物品应保管妥当。
③ 同学的手机、电脑存有重要的个人信息,未经允许不得使用。在使用中不随便查看其他内容,用后及时归还主人。
④ 同学生病应该给予适当问候,不要打探对方的具体病情、病因。

3. 乐于助人

乐于助人是中华民族的传统美德,也是校园礼仪中不可缺少的部分。当有同学需要帮助时,应分清是非,弄明情况,如果是对的,应尽力而为,助其一臂之力,忌视而不见、置之不理。如果要自己弄虚作假,或者是违反校纪的事,就要有正确的是非观,不可同流合污。自己需要帮助时不要强求别人,要学会换位思考,多替他人考虑。尽量不给别人造成困难,甚至带来麻烦。

4. 集体意识

每一个人都离不开集体,正像一滴水离不开浩瀚的大海一样。因此,我们每位同学都要有集体意识。在集体生活中,要顾全大局,遵守规章制度,不可我行我素。在我们付出的同时,也将会得到社会的尊重和他人的尊重。

5. 乐于沟通

沟通和交谈是同学之间交流的主要形式之一。交流可以增加同学间的了解、友谊和相互增长知识。同学们之间的交谈应该注意一些问题:首先,说话态度要诚恳谦虚,要语调平和,不可装腔作势;其次,交谈中力求语言文雅,注意场合。

6. 文明借物

同学们经常在一起,难免相互之间借用东西,但是须谨记有借有还,即使随便用一下别人的物品,也应事先打招呼,征得他人同意。借别人的东西要说清楚归还时间,做到按时归还。同时,要爱惜所借物品,不能损坏。万一不小心损坏了,要向同学真诚道歉并请求原谅,必要时应主动赔偿。

二、校园仪表礼仪

 案例

美国大学生的穿衣风格:随心所欲

美国大学生的穿衣不拘一格,平时的穿着打扮不太讲究,但其基本特征是崇尚自然、偏爱宽松、表现个性。美国大学生极力追求服装式样的新颖,为了赶时髦,不断更新服装,而对衣料却不太讲究,他们较喜欢棉织品,贴身吸汗,穿起来很舒服,也好洗涤。在美国,花七八美元就能买一条涤纶裤子,而一条纯棉裤子要花上40美元之多。

牛仔裤+T恤——永恒的时尚: 当前美国校园,19世纪50年代淘金工人穿的牛仔裤仍然风靡不衰。牛仔裤和T恤搭配,再穿上运动鞋,是男女学生的首选着装,这身打扮看上去不但没有粗俗笨拙之感,反而显得精致、活力四射。学生之所以喜欢牛仔服装,除了它所蕴含的叛逆、独立、自由的精神外,还因为它几乎是万能的,冬天可以保暖,夏天可以"避暑",春秋便于出游,不管在哪里,不用担心它会容易脏,不管干什么,不用担心它会开线裂裆。多数学生挑选"石洗"牛仔裤,因为这种裤子穿着更加柔软贴身。牛仔裤的最佳搭配是质地较硬的衬衣、T恤。1899年开始,美国海军把充满阳刚之气的纯白T恤作为官兵的内衣。到20世纪30年代,白T恤成为美国大学生的运动制服,由此,T恤成了青年学生表现自我的最佳园地。现在,T恤成了大学生的最佳文化载体,时尚的T恤上面印有几何图形或透视感很强烈的图案,

有的学生干脆自己动手,在上面按照自己的意愿涂抹,表现出幽默、自嘲、讽刺、惊世骇俗和放荡不羁的情感,把个性展现得淋漓尽致。

休闲服装——理想的选择:因为衣服是人的第二层皮肤,是为了保护皮肤里面的内脏的,所以,美国大学生评价服装的好坏以自己穿上是否舒服为标准。他们很少在穿衣服方面浪费自己的时间和精力,最喜欢穿的服装就是休闲装,因为此种服装式样宽松,身体各个部位的活动都不受约束,穿着更加舒服。穿休闲装当然要配运动鞋和休闲式皮便鞋。黑白休闲服装男女学生都可以穿,且永远不会过时,这种穿法看上去很干净、别致、清纯、活泼。在大学,如果喜欢自己的穿着,觉得穿着很舒服,是没有人介意你在三九天穿短裤去教室上课的。现在女生中很流行露脐装,看上去性感、青春、富有朝气。有的男生上身穿一件又肥又长的T恤,下身穿一条"Bag boy",肥大的裤腿像两个大口袋似的直拖到脚跟。从健康的角度看,宽松的服装有利于人体的血液循环与新陈代谢,也有利于人体四肢的活动。心理学家认为,喜欢穿宽松服饰的人往往性格外向,喜欢自由放任。

穿睡衣上课——没什么大惊小怪的:穿着睡衣在公共场合亮相,是美国大学生"滚下床再滚进教室"的文化产物。时至今日,学生穿着睡衣去上课,乐在其中,蔚然成风,不少学生无论何时何地,都穿着睡衣现身。在课堂上,尤其是在上午较早的课程上,见到学生穿着睡衣坐在那里不足为奇,男女学生甚至穿着睡衣出席非正式的聚会。睡衣是不能和拖鞋一起穿的,那样会被别人认为是去参加"睡衣派对"。现在,一些知名的服饰公司抓住商机,推出不同款式的睡衣,为把睡衣穿出宿舍推波助澜。不过,也不是人人都喜欢这股风潮,乔治亚州的休斯敦、密西根州的南田市、加州的贝克斯菲尔德市等一律禁止学生在校内穿睡衣。

穿拖鞋见总统——这很正常:2005年7月,美国一所著名大学的女子曲棍球队赢得全国比赛冠军,布什总统要接见她们。这些天真烂漫的女大学生竟有几个人穿着夹趾拖鞋到白宫去见总统。在与总统合影时,站在第一排的9名女生中,竟然有4人大大咧咧地穿着拖鞋站在西装革履的布什身边,吸引了不少人的眼球。这些女学生在接受美国全国广播公司《今日秀》节目采访时说,她们那天之所以如此打扮,只是因为觉得夹趾拖鞋很时髦,搭配衣服既漂亮又舒服,且布什总统根本没有向她们提到任何有关鞋子的事情,也没有低头注意到她们的鞋子。队员艾里·约瑟夫说:"我们选择的拖鞋式样是相当得体的,我当时穿的就是一双价值16美元的棕色拖鞋,上面还装饰有人造宝石。其实我们那天穿的拖鞋已经很不错了,要知道,女大学生们经常穿比这随便得多的沙滩拖鞋呢!"22岁的凯特·达蒙利也说:"我认为我们那天穿的鞋子既舒服又漂亮,而且不会显得对白宫不尊重"。

大学礼服——荣誉的象征:自1636年哈佛大学成立后,大学礼服开始在美国流行。目前,美国的大学生通常在毕业、学位授予的庆典上穿大学礼服。大学礼服由长袍、方帽和兜帽三个部分组成。长袍通常为黑色,但有的学校也选择自己学校偏爱的颜色。方帽也称牛津帽,帽子左边垂下流苏,学士帽和硕士帽的流苏为黑色,博士帽的流苏是金黄色。兜帽又称坎肩,上面缝有天鹅绒贴边,贴边的颜色区分学科类别,如文学是白色,理学是金黄色,神学是猩红色,法学是紫色。学士兜帽长3英尺,贴边宽2英寸;硕士兜帽长3英尺半,贴边宽3英寸;博士兜帽长4英尺,贴边宽5英寸。

以上所讲的是美国大学生的日常穿着打扮,如果参加很正式的活动,如听音乐会、找工作面试,着装一般还是很正式的。根据《纽约时报》的报道,一向走野蛮路线的服装连锁店HOT TOPIC公司的销售量陡降,而AMERICAN EAGLE OUTFITTERS服装公司的服装销售量却止跌回,这表明一些学生开始丢弃破烂的牛仔裤和最常穿的印有各种恐怖怪异图案与粗话的T恤,换上传统的衬衫,穿着回归整洁。

学生的着装打扮反映一个学校的精神面貌。学校是一个集体,是培养学生成长的地方,学生的学识水平和世界观的培养直接受制于学校的育人环境。对学生行为习惯和价值观的引领,学校教育和环境影响起着至关重要的作用。因此,学校对学生仪容仪表的规定,是对学生集体价值观培养的基础。大衣冠端正、举止文明、生活俭朴、遵守纪律是对大学生最基本的要求,良好的仪容仪表是大学生应该注意的首要内容。

1. 干净整洁,富有朝气

关于大学生的着装要求,根据教育部颁布的《高等学校学生行为准则》,各高校又都制定了《学生文明行为规范》,其中要求大学生"服饰简洁、大方,在进入教室、图书馆等地,参加集会、演出,参加集体活动以及在各公共场所不穿着跨栏背心、吊带背心、拖鞋、运动短裤、超短裙等不适宜学生穿着的服装"。

大学生作为社会最具希望的一个群体,应该自觉以高标准要求自己。在日常的学习、生活、工作中多穿着便于行动、适合年龄要求的休闲装、便装等;在一些特定的场合,着装上应体现出自己的文化层次、道德水准、审美品位。

学生的服饰应以色彩鲜明、线条流畅、明快简洁为好,以充分显示出朝气蓬勃的精神面貌。在校内,学生穿戴珠光宝气、华丽无比,会显得俗不可耐,与身份不符。当然,衣帽不整、不修边幅或不注意个人卫生,也是不礼貌的。有校服的学生,应按要求穿校服上学。

2. 化妆要自然清新,与校园协调

现今的时代是一个张扬个性的时代,同时又是一个讲究团队精神的时代。大学生化妆应以所在群体为标准,以显示出年轻人的朝气蓬勃、积极奋进的精神风貌。

化妆应以自己面部的客观条件为基础,适当强化和美化,不可以失真;要妆而不露,化而不觉,达到"清水出芙蓉,天然去雕饰"的境界。化妆还应该随着环境、场合、时间、身份的不同而不同。

应该注意的是,大学生在日常学习、生活中,以不化妆为宜;在社交娱乐活动中,适当化妆是可以的。化妆的时候,应以自然,清新为主,切忌人工痕迹过重,那会丧失年轻人自然的美感。

3. 发型简洁,易于梳理

女生的发式以简洁、易梳理为宜,不宜烫发、盘发,以免破坏了女学生清纯、活泼的形象。男生的发式应以整齐、干净、富有朝气为宜,不宜留长发、蓄小胡子,以免破坏了青春、健美的形象。

三、校园语言礼仪

学校是一个既严肃又活泼、既庄严又亲切、既紧张又文明的地方,与此相适应,就要求必须有合适的礼仪规范,这不但是教师为人师表的体现,也是学生养成良好教养以便于融入社会的要求。所以,校园语言礼仪,既是衡量一个学校文明素质的标尺,也是展现一个国家国民素质的社会窗口。

学会文明用语

作为高素质的大学生要学会文明用语,拒绝说脏话、说骂人的话。同学和同学之间、同学和老师之间相互交往时,做到文明用语不离口。在校园里,努力创造一个洁净的语言环境,让大家生活在健康的语言交流的氛围中。

 知识直通车

文 明 用 语

文明礼貌用语十三个字:"请、您好、谢谢、对不起、没关系、再见"。

一、同学们之间的文明用语

1. 上学路上,同学相遇:×××,你好!

2. 课间,碰掉了同学的铅笔盒:哎呀!对不起!(对方)没关系。

3. 在教室,踩着同学的脚了:对不起,看看伤着没有?(对方)没关系。

二、学生对老师的文明用语

1. 遇到老师:老师好!　老师再见!

2. 请求老师帮助:老师,我有一个问题没有听明白,您能不能给我再讲一讲?　谢谢老师。

3. 到办公室找老师:(敲门)报告老师,这是我们班的作业本,全部收齐了。　老师再见。

4. 受到批评、得到表扬、受到冤枉:

(受到批评)老师,您批评得对,我一定改正。

(得到表扬)谢谢老师。

(受到委屈)老师,我也有责任,以后我会注意的。

5. 教师家访:

老师,您请进。老师,您请坐,请喝茶。

妈妈,这是我们的张老师。张老师,这是我妈妈。

6. 在教室、校园里遇到领导或客人、老师来听课或参观:

客人好!校长好!老师好!老师再见!客人再见!

7. 班干部向老师汇报工作:老师,近来班里发生了一些事情,您什么时候有空,向您汇报一下。

三、养成礼貌用语习惯

学会了文明用语,要养成礼貌用语的习惯。做到有意识使用,并时刻使用礼貌用语,让礼貌用语形成习惯。只有每个学生都形成良好的文明用语习惯,才能建设文明的校园。

四、使用礼貌用语的基本要求

使用礼貌用语的基本要求是:真诚友善、谈吐文雅、语言轻柔、词语亲切、音量适中、讲究语言艺术。同学之间共同学习,相互改进。

 知识直通车

杜绝十大校园不文明现象

一、偷窃他人财物(62.5%)。

二、随地吐痰、乱扔垃圾,缺乏环保意识(62.3%)。

三、在会场、自习教室和图书馆内手机不设为振动或频繁接听手机、发消息,扰乱他人(62.1%)。

四、语言不文明,出口成脏(59.6%)。

五、用完洗手间后不冲洗(56.3%)。

六、毁坏公共设施,浪费水、电、粮食(53.2%)。

七、在校园公共场所,情侣过分亲密(486.%)。

八、观看和传播黄色书刊或音像制品(46.8%)。

九、在宿舍打牌、唱歌,看碟时过分喧哗,影响他人正常休息(45.9%)。

十、酗酒、吸烟(44.7%)。

模块二 课堂礼仪

[导入]

九旬院士站着讲课台下学生趴着睡觉

2014年9月16日下午,92岁高龄的国家科技最高奖获得者吴良镛一手拄着拐杖,走上人民大会堂报告台,坚持站着35分钟讲完了以《志存高远 身体力行》为题的报告。就在吴老作报告的过程中,大批后排学生趴在桌上睡去。当天,台下坐着的是首都多所高校近6 000名新入学的研究生。

(资料来源:网易新闻,http://news.163.com/14/0918/14/A6EAR5V600014Q4P.html)

 讨论

在你学校这个现象存在吗?

你如何看待大学生上课睡觉的现象?

大学生课堂礼仪应该是怎样的呢?

学校是一个人成长的地方,校园礼仪是学生和教师应共同遵守的,也是学生的一门必修课。因此,学生在校期间的礼节礼仪要求就显得尤为重要。课堂是学生学习的主要场所。规范的课堂礼仪,不仅有利于学生良好行为习惯和道德品质的养成,还有利于学生更好地学习科学文化知识。

一、尊师好学

 案例

程门立雪

远在北宋时期,福建将东县有个叫杨时的进士,他特别喜好钻研学问,到处寻师访友,曾就学于洛阳著名学者程颢门下。程颢死后,又将杨时推荐到其弟程颐门下,在洛阳伊川所建的伊川书院中求学。

杨时那时已四十多岁,学问也相当高,但他仍谦虚谨慎,不骄不躁,尊师敬友,深得程颐的喜爱,被程颐视为得意门生,得其真传。

一天,杨时同一起学习的游酢向程颐请求学问,却不巧赶上老师正在屋中打盹儿。杨时便劝告游酢不要惊醒老师,于是两人静立门口,等老师醒来。一会儿,天飘起鹅毛大雪,越下越大,杨时和游酢却还立在雪中,游酢实在冻得受不了,几次都想叫醒程颐,都被杨时阻拦住了。

直到程颐一觉醒来,才赫然发现门外的两个雪人!从此,程颐深受感动,更加尽心尽力地教杨时,杨时不负重望,终于学到了老师的全部学问。

之后,杨时回到南方传播程氏理学,且形成独家学派,世称"龟山先生"。后人便用"程门立雪"这个典故,来赞扬那些求学师门诚心专志、尊师重道的学子。

古人曰:"一日为师,终身为父。"可见教师在人们心中的地位。教师的辛勤劳动体现在教学上,学生虚心学习,认真听好教师的每一堂课,取得良好的学习成绩,这是对老师最大的尊重。

 知识直通车

尊师的其他表现

学生和老师谈话时,应主动请老师坐,若老师不坐,学生应该和老师一起站着说话。同老师谈话时,要集中精神,姿势端正,双目凝视老师,有不同看法时,可及时向老师请教、探讨,但不可随意打断老师的讲话。要虚心接受老师批评,不可当场顶撞老师。

见到老师应问好;上下课要起立相送;进老师办公室时要轻轻敲门或喊报告,然后开门进去,行礼后说明来意;在老师办公室、寝室,不能乱翻老师的物品;休息时间最好不打扰老师;到办公室或老师家不宜逗留过久,办完事应尽快离开等。

二、提前到教室

学生应在上课铃响前进入教室,做好课前准备,脱帽端坐恭候老师到来。一般至少提前5分钟到达教室。现在很多大学生把上课迟到看成是很正常的现象,因为高校大规模迟到现象

司空见惯,学生也不以为然了。实际上,上课迟到是不礼貌的表现,因为迟到会打扰正常的上课秩序,既打扰老师正常的讲课思路,也影响到其他同学的听课。如果遇到特殊情况,不得已在老师上课后才进入教室时,若教室有两扇门,请从后门进入,遇到只有一扇门的教室,应该轻轻进入就近找位子坐下。如果因为迟到打扰了老师上课,应注意礼貌道歉。有些老师有要求,应先在教室门口轻轻叩门或喊"报告",得到允许后,才能进入教室,然后要诚实地向老师说明迟到的原因,得到老师谅解和允许后,迅速而轻声地归座。如果有事情要离开,应在不影响老师讲课的情况下,给老师打招呼,获得老师允许后方可离开。

三、规范课堂行为

在课堂上,学生应该集中精力听课,积极回答老师的提问,不做与课堂无关的事情。

(1) 文明着装。上课时应保持仪容整洁,衣着大方,不得穿背心、运动短裤、拖鞋等进入教室。

(2) 整洁卫生。不能将食品带入教学区,不在教室里吃东西。要注意保持教学场所的清洁,不得随地吐痰,乱扔纸屑等杂物。

(3) 尊重老师的劳动。上课时不能做与课堂无关的事情,如看小说、报纸杂志、闲聊、睡觉、拨打和接听手机以及收发短信等。不关手机最失礼,关手机是课堂上的基本礼仪,如果学生实在"日理万机",也应把手机调成振动,课后再回电话给对方。无论如何不要在课堂上接听电话。

(4) 举止要得体。异性同学间的交往要举止得体,课堂上不应过分亲昵。

四、营造教室整洁环境

(1) 减少噪声。不要在教室大声喧哗,人们在教室应该低声交谈,音量以双方听清为准。此外,进入教室尽量轻拿轻放,如需挪动桌椅要将桌椅抬起,否则噪声会影响其他人的学习。

(2) 教室不是吸烟区。社会上的课堂,成年人居多,自然没有人再像中学教师一样去禁止学生吸烟。但是教室也是一个公共场所,既然不能做到征询所有人的意见,就不要在教室吸烟。到吸烟区或者楼道角落吸烟相对来说会比较礼貌。

(3) 保护教室里课桌、黑板等物品,不得在课桌、门窗、墙壁上涂写、刻划,不得随意搬动教学设备和课桌椅,不得私自使用各类教学用计算机、投影仪等。

(4) 节约用电。下课之后协助老师及时关闭电灯、电扇、空调等电器设备。如果在课室里自习,同学们应养成离开时随手关闭电源的习惯。

模块三 图书馆礼仪

[导入]

杭州图书馆10年不拒乞丐 唯一要求是洗手

"我无权拒绝他们入内读书,但您有权选择离开。"杭州市图书馆馆长褚树青的这段话曾在网上爆红,而杭州图书馆允许乞丐和拾荒者入内阅读,也早已是众人皆知之事。

入夏以来,骇人的高温让杭州荣登"四大火炉"之列,杭州图书馆随之出现了越来越多的乞丐及拾荒者的身影,时有市民对此表示不满。对此,褚树青在接受中新网记者采访时表示,希望借助杭州图书馆允许乞丐和拾荒者入内阅读这样的方式告诉市民,人人生而平等。

"杭州图书馆对所有读者免费开放,因此也有了乞丐和拾荒者进门阅览。图书馆对他们的唯一要求就是把手洗干净再阅读。有读者无法接受,于是找到褚树青,说允许乞丐和拾荒者进图书馆是对其他读者的不尊重。褚树青回答:我无权拒绝他们入内读书,但您有权利选择离开。"

(资料来源:南都网新闻)

 讨论

你如何看待图书馆要洗手这件事?
学校图书馆礼仪应该是怎样的呢?

礼仪教育是人的素质教育的重要内容之一,历来为我国思想家和教育家所重视。孔子曰:"质胜文则野,文胜质则史。文质彬彬,然后君子。"学校图书馆拥有着成千上万的馆藏,它是一个知识的海洋,也是一个科学的殿堂,学生们进入图书馆以后,就是进入了"人民的终身学校"。图书馆在丰富学生们知识的同时,也能有效地历练其礼仪修养。那么,学生在图书馆里到底应该具有怎样的礼仪呢?简单地说,就是八个字:轻、静;洁、净;雅、敬;礼、让。

一、轻、静

一个"静"字,常作为警示,贴在图书馆的高墙正中,也凝练地归纳了图书馆应遵守的礼仪。保持图书馆内的安静,要求读者做事要轻手轻脚,说话要轻声细语。

进入图书馆走路要轻,入座起座要轻,翻看书刊要轻。在图书馆要尽量少说话,遇到朋友最好以点头微笑的方式打招呼;如果确实需要与学友交换意见,应简明快捷,附耳低语,较长时间的讨论应到室外。在安静的学习环境里,任何人旁若无人地谈笑,喋喋不休地说话都是很失礼的。哈佛大学的图书馆入口处醒目的提示牌上显示:"请尊重他人,关闭手机、呼机的闹铃。"

二、洁、净

1. 重个人仪表的整洁

仪表就是人的外表,包括容貌、服饰和姿态等。图书馆是公共场所,读者应注意自己的仪表礼仪,塑造自己的最佳形象。

面容清洁,头发梳理整齐,会给人留下生气勃勃、精神饱满的好印象。

保持双手的干净,没有油腻污渍,这样才不至于翻书时把书弄脏。

着装整洁得体,每个纽扣都要扣好,不要披着衣服。

2. 保持馆内环境的干净

图书馆是全校师生共同学习的场所,学生到图书馆有义务讲究卫生、保持整洁。雪雨天进图书馆时,应注意把雨具放在指定地点,还要把鞋底的泥水擦干净,以免溅到其他读者身上或把图书馆的地面弄脏。

在图书馆阅读时,不要乱扔纸屑,不随地吐痰,不大声咳嗽,不吃零食或嚼口香糖,在图书阅览室内边看书边吃东西,不仅影响他人阅读,破坏学习气氛,还易弄脏图书。

离馆时,要把书刊放回原处,不能随便放在桌子上。自己的纸笔要记得带走,废弃的纸张应自觉扔到馆内的垃圾篓或带到馆外扔到垃圾箱内,自觉把桌椅复归到原位。

三、雅、敬

雅指的是自我举止文雅;敬指的是对人恭敬礼让。进入图书馆,应自觉排队,借还图书时,应双手将书递到工作人员手中,并注意使用"您好"、"请"、"帮"、"谢谢"等礼貌用语。如果借还书的人很多,要耐心等待,不可连声催促工作人员,也不可走来走去。言行失当会遭到别人的鄙视和侧目。

爱护图书馆里的公共财物和设备。不摇动桌椅,不在桌、台上乱刻乱画。"窃书不算偷",孔乙己的名言请不要带到图书馆来。将公共图书据为己有,或将书中有精美的插图、精彩的段落的书页撕下来,有失读书人的体面,得不偿失。现在多数图书馆已提供了复印服务,如果确实需要某种资料的话,可征得工作人员同意后,到指定处复印。绝不可为了占有资料而不惜损坏图书。至于有的学生在书上画线、做标记或折页、写字,甚至做出为蒙娜丽莎添上胡须、为莎士比亚戴上太阳镜之类的恶作剧,同样应该受到谴责。

四、礼、让

礼让是中华民族的传统美德。在所有公共场所中都要有一种"礼让"精神。进入图书阅览室,自己找个座位就行,不应为别人占座位。如果临时走开,回来时发现座位上坐了别人,不应赶走人家。倘若确需这个座位,且走时留下了书本,但仍被他人占据,此时不妨轻声商量,互相谅解。图书馆作为公共场所,有空位人皆可坐,但欲坐在别人旁边的空位时,应有礼貌地请问旁边是否有人。

在借书时如果与别人同时看中同一本图书,不要争夺,可向工作人员询问有无复本,或别的版本。如果实在没有,二人应相互谦让,急需者先借,另一人在工作人员那里做预约登记。

模块四　食堂餐厅礼仪

[导入]

6龄童收拾餐具令大学生惭愧

华中师范大学武汉传媒学院食堂内,一名比桌子高不了多少的小女孩收拾大学生用完的餐具,旁边几张桌子摆满了吃剩的碗盘。这张照片被晒到网上后,让不少大学生感到"心酸"和"惭愧"。

记者昨日走访了解到,照片中的小女孩今年6岁,是该学院食堂内一家卖烧鹅饭窗口老板的女儿。只要爸爸很忙,小女孩就会出来帮忙收拾自家餐具。

该校食堂有几名清洁工,负责收拾餐具和洗碗,但是就餐高峰期根本忙不过来。食堂负责人介绍,学校每年都会举办多次活动,呼吁学生餐后自己收拾餐具,还安排学生干部在就餐时间进行监督,但收效甚微,仍有不少学生不会自觉收拾餐具。

这张照片引起学生热议。不少人为自己没有自觉收拾餐具感到惭愧,呼吁主动收拾餐具,方便他人。发微博的学生"@杨天天_羊羊"说:"大一的学弟学妹,趁着刚上大学养成良好的习惯吧。别像我们一样,已经一年了才发现做了这么久的'坏人'。"每次都会主动收拾餐具的"@伍亮WLIANG"说,把餐具端到回收处也是一种情分,是一份对学校大家庭的热爱,"希望大家能做到"。

也有部分学生网友不以为然:"这是食堂应该做的,否则要清洁工干什么。再说食堂是承包给他们的,没见过在饭店吃饭还要自己收拾餐具的。只有服务跟上了才会变得更好。"

记者从武汉大学、华中科技大学、武汉理工大学、中南民族大学等多所高校了解到,食堂一般都实行餐具回收制度,学生在用完餐后都会主动将餐具回收。即便像华中科大这样教职工家属众多的高校,他们在食堂用餐后,也会主动将餐具端到回收点。

(资料来源:凤凰教育)

你饭后对餐具会如何做?
你如何看待餐具要放到回收点这件事?
学校食堂应该遵守什么样的礼仪?

"餐厅礼仪"就是人们在餐厅时所展示出来的仪表和精神风貌,它包括用餐礼仪、谈话礼仪等多方面。民以食为天,相应的,"餐厅礼仪"在我们生活中也发挥着重要作用。良好的餐厅礼仪,不仅可以制造一个良好的用餐环境,让用餐者有愉快的心情,有助于消化吸收,更能为我们今后的工作、交往带来意想不到的便利。大学生还处于不断学习知识的阶段,身体也处于青春期,恰当的餐厅礼仪可以使我们保持轻松、舒适的心情,提高学习效率,有助于生长发育,如果养成良好的习惯,将来我们步入工作岗位,可以让同事、领导产生好的印象,对一个人的气质培养也很有作用。学校食堂就餐人数多,就餐时间集中,工作人员往往比较繁忙,作为学生,应注意就餐的礼节。

一、遵守秩序,自觉排队

按规定时间就餐,遵守秩序,互相礼让,自觉按先后次序排队购买饭菜,不要硬挤或插队,更不应打闹、起哄和出现其他不文明行为。食堂加塞的行为不应该发生在大学生身上。工作人员忙不过来时,要耐心等待,不要敲柜台、餐具,或挥舞手臂,也不要"师傅、师傅"地叫个不停,更不能隔柜台伸手拉工作人员的衣袖、衣角,这些做法都是失礼的。轮到自己打饭时,要客气地讲话。打饭后,应礼貌地说声"谢谢"。

二、注意公共卫生和环境

要注意公共卫生。进食堂不可随地吐痰,不可向地面泼水、扔杂物,如果有无法吃的饭、菜,要倒进指定的泔水桶里,不要往洗碗池、洗手池里倒。骨、刺以及无法吃的其他东西,不要随地乱吐,可以放到餐具里或吐到自己准备的其他盛具里。

同时,进餐厅不能大声喧哗,要保持食堂安静。吃东西或喝汤时要小口吞咽,闭嘴咀嚼,尽量不发出响声。

三、节约粮食

"粒粒皆辛苦",进餐时应注意节约粮食。例如,馒头不小心掉在地上,应捡起,不要碍于面子而显得过于"大方""潇洒",一脚踢开,以显示自己多么"高贵"。所购买的饭菜,以吃饱为度,不要超量购买,以免吃不完而造成浪费。剩余的饭菜倒在学校指定的地方,方便统一处理。

四、饭菜问题礼貌指出

吃饭时,如发现饭菜有异物或质量问题时,可找有关管理人员有礼貌地说清楚,以帮助食堂改进工作,提高服务质量。不可感情冲动,大发脾气,失去理智,吵闹不休。如果一味坚持粗暴无理的态度,不但不利于问题的解决,而且还会引起食堂工作人员的反感,降低学生的人格。特殊情况下,还会引发学生与食堂工作人员关系的恶化。

五、其他礼仪

如果和师长在一起吃饭,要请长辈先入座。

坐在座位上的时候,两脚自然并拢,双腿自然平放,坐姿自然,背直立。

和师长、同学以及熟悉的人在一起吃饭,先吃完的时候要会说"大家慢慢吃"。

 知识直通车

餐厅文明标语

自觉排队,文明就餐

爱护公共设备,尽你我应有的责任

滴水凑成河,粒米凑成箩

节约用水一点一滴,珍惜粮食一颗一粒

用膳后应自觉清理剩菜残羹

文明用餐,保持好心情

相互礼让,自觉排队

为了你和他人健康,不要在饭堂内吸烟

一粒米,千滴汗,粒粒粮食汗珠换

病从口入,饭前洗手

陶冶健康情操,建设文明餐厅

爱护公共设施,提高自我修养

当知盘中餐,粒粒皆辛苦
餐厅是我家,清洁靠大家
文明就餐礼貌待人
勤俭节约是中华民族的传统美德
有序用餐,文明用餐
良好的卫生习惯是身体健康的保障
珍惜粮食,远离浪费
一粥一饭当思来之不易,一丝一缕恒念物力维艰
尊敬他人就是尊敬自己,与人方便就是与己方便
盘内一分钟,厨内更多功
食不净则多病,食不尽则多蝇
即使饥肠辘辘,也要风度依然
饭菜穿肠过,礼让心中留
粒米虽小君莫扔,勤俭节约留美名
粒米虽小犹不易,莫把辛苦当儿戏
节约光荣,人见人赞;浪费可耻,谁闻谁恶

模块五　宿舍礼仪

[导入]

近四成大学生认为宿舍关系不融洽

前不久,复旦大学的寝室投毒案受到全社会的关注,之后南京航空航天大学一大学生因琐事被室友刺死继而令舆论哗然,而就在4月25日,安徽审计学院又出现了一起寝室血案。从清华大学的朱令铊中毒事件,到云南大学的马加爵事件,再到如今的复旦大学寝室投毒案,中国高校接连出现"同室操戈"的寝室悲剧,不得不让人在震惊的同时感叹着"同窗共读,相煎何急"!

同窗共读的美好情谊自古传诵,为什么如今却沦落到"同学间感谢不杀之恩"的地步?大学生的寝室关系究竟应该如何处理?西南大学学生通讯社特针对此问题进行了调查。调查发现,近四成大学生认为自己的寝室关系不够融洽,寝室关系已成为摆在当代大学生面前的一道槛。

一、个体差异巨大矛盾重重,寝室关系成"危险关系"

西南大学学生通讯社调研部随机对300名在校大学生进行了调查。在本次的受访者中,仅有12%的同学对自己的寝室关系表示很满意,28%的同学表示比较满意。近四成的同学认为自己的寝室关系不够融洽,近七成的女生对自己寝室的人际关系不太满意,甚至还有16%的同学认为自己的寝室关系有点紧张或者很紧张。

在受访同学中,大部分认为同寝室间的同学有着较大的个体差异,不同的生活习惯和价值

观的冲突是引起寝室矛盾的根源,而部分"极品室友"的"奇葩"行为更是进一步激化了寝室矛盾。被调查的同学中,78%的同学认为个别同学的行为让人无法接受。

不可否认,现今大学生的寝室关系已经不是只有同窗之谊那么单纯美好。文化差异与生活习惯的冲突、性格与兴趣的多样化、同寝室间的各种竞争等使得如今的大学寝室成为学生矛盾的聚集地与爆发地,寝室关系一不小心也会演变成为"危险关系"。

二、冰冻三尺非一日之寒,寝室关系缘何复杂

复旦大学寝室投毒案只是极端个案,但当今中国大学生寝室关系变得愈发复杂与微妙也是一个不争的事实。冰冻三尺非一日之寒,大学生寝室关系的复杂也绝非只是短时间的突发因素促成的。

调查问卷和访谈同时显示:部分大学生会不自觉地按照自身条件将自己归类,倾向于与同类属的同学交往,而那些经济情况较差的学生则会产生一定的自卑心理,从而影响了交往的广度和深度。同时,地区经济发展的不平衡或地域文化的不同也促成或加深了来自不同地区学生间的隔阂,有时甚至会发生宿舍的人际冲突。

此外,互联网的广泛普及与应用,虽然一定程度上开阔了学生的视野,拓宽了人际交往的领域,但有时候反而成为现实中人与人交往的阻碍。此次调查发现,上网时间明显多于与寝室同学交流的同学占被调查人数的32%,二者时间差不多的占44%。相当多的大学生自我控制能力较差,有的学生为了逃避现实人际交往中遇到的困难和矛盾,过分沉溺于网上不良信息而忽略了与周围人的交流和沟通,从而拉远了人与人之间的心理距离,以至于产生自闭心理,宿舍人际关系因此而淡化。

三、与其"同室操戈",何不保护好这份难得的记忆

当大学寝室关系复杂引发人们紧张情绪的时候,雅安地震中,一位抱6台笔记本电脑、3台单反,手拎1只小龟冲出宿舍的"中国好室友"——黄昱舟横空出世,给人们打了一针强心剂。

寝室是学生在学校与同学相处时间最长、相互了解最深的地方,对学生的成长和成才起着极其重要的作用。搞好大学生寝室关系自然也意义重大。比起"同室操戈",为什么不选择珍惜来之不易的缘分,同室友一起"辞香到尽头"呢?

(资料来源:新华网新闻)

 讨论

你的宿舍关系如何?

学校宿舍应该遵守什么样的礼仪?

宿舍是大学生共同生活的场所,学生有接近2/3的时间是在宿舍里。所以这里生活得怎样,直接影响同学之间的人际关系状况以及学习状况。宿舍是学生共同的家,也是反映学生精神文明礼仪修养的一个窗口,一定要格外重视。建立"文明、和谐、学习"型的宿舍环境,需要大家注意如下礼仪。

一、共同维护宿舍管理规定

(1) 共同维护学校宿舍管理规定。为了加强学生宿舍的管理和文明建设,保证全体学生有一个文明、整洁、舒适、安全的生活和学习环境,学校会制定学生宿舍管理办法。所有学生要

遵守学校宿舍管理办法。

(2) 宿舍内部成员之间共同协商形成内部规定,共同遵守宿舍内部规定。

二、相互关心,干预有度

宿舍成员应相互关心,有困难一起解决。但是关心也应有个限度,如果过分热心于别人的私事,也可能会导致侵犯他人的个人权利。假如有意或无意地干预别人的私事,也可能会造成难堪的后果。正确的做法是:

(1) 集体宿舍人多,信件也多,不可以私拆、私藏别人的信。

(2) 不可以私翻、私看别人的日记。有的学生没养成随时收拾东西的习惯,连日记本也随便丢在枕边或课桌上,甚至翻开放在那里。即使碰到这种情况,别的同学也不应以任何借口去私自翻阅。

(3) 不可以打探同学的隐私。有的学生对自己的某种情况,或家中的某件事,不愿告诉别人,也不愿细谈。这是属于个人隐私,他有权保密,应受到尊重。在集体生活中,每位同学都要尊重别人的隐私权、人格,凡是别人不愿谈的事,不要去打听。

(4) 有某同学离校去处理个人私事,也没必要去打听、追根寻源,只要知道某同学向班主任或学校请了假就行了。

(5) 当同学有亲友来访,谈一些私事时,其他同学要适当回避。不要在一旁暗听,更不要插嘴、询问。

三、文明串门

应在有同学相邀,或在得到该室其他同学允许时,才可以串门。进门后,应主动向其他同学打招呼,并且只能坐在邀请自己的同学的铺位上,不能随处乱坐。不能乱用别人物品,不能乱翻别人的东西。讲话声音要轻,时间要短,不能坐得太久,以免影响其他同学的正常作息。到异性同学的宿舍去,除注意上述要求外,还要注意,进门前要打招呼,在得到该室同学允许后方可进去。要选择好时间,不要选择在多数同学要处理生活问题的时候,更不要熄灯后过去。谈吐要文雅,逗留时间要更短暂。

接待亲友或外人来访时,在进入前自己应先向在室内的同学打招呼。进室后,自己应主动为同学作介绍,如果是异性亲友或外人来访,自己更要先打招呼,说明情况,要在同室人有所准备之后再进。同室同学也要礼貌待人,这样既尊重了来人,也尊重了同学。

不要随便留人住宿,更不要留不明底细的人住宿,以免出问题。

四、保持宿舍干净整洁

(1) 保持宿舍内外整洁,经常打扫寝室,包括地面、桌椅、橱柜和门窗等。

(2) 衣服、水杯、饭盒、热水瓶等,要统一整齐地放在规定的地方。

(3) 被褥要折叠得整齐美观,并统一放在一定位置上,蚊帐钩挂好,床单不许露出床边,床上不许放置其他物品,床上用品要保持干净、整洁。

(4) 自己重要的书、衣服、用品等,不要乱丢乱放,要放在自己的橱柜内。

(5) 换下的脏衣服、脏鞋袜等必须及时洗干净,以免时间长了影响宿舍里的空气质量。

(6) 宿舍内外不应该乱写乱画,乱倒水,要保持干净。

(7) 严禁在宿舍区随地大小便;如果是住楼上,严禁向楼下倒水。
(8) 任何时候都严禁在寝室炒菜做饭。
(9) 严禁吸烟、酗酒、赌博,这是作为学生这个身份必须严格做到的。

五、其他礼仪

(1) 在寝室走廊不准大声喧哗、吵闹、吹口哨,不要影响他人休息。
(2) 尽量和室友保持一致,不打扰其他人休息,不给舍友造成麻烦。

 知识直通车

宿舍文明标语

明亮清雅之居　同心同德之果
宿舍是我家　清洁靠大家
文明和睦卫生　创建美好宿舍
一屋不扫　何以扫天下
擦去一块污渍　净化自己的心灵
无人房间灯不亮　人走灯灭成习惯
保护自然资源　请节约用水
保持环境清洁　做一位可爱的人
宿舍之文源于友爱　宿舍之明源于洁净
宿舍是我家　和睦相处你我他
珍惜同学相处情　倾献关爱互帮助
文明促和谐进步　骄奢败道德新风
搭建心灵家园　共创和谐宿舍
文明礼貌是文明共处的金钥匙
恶语不出口　苟言不留

第三单元
大学生求职礼仪

本章导学

学习目标：
1. 学习校园礼仪，规范校园行为，创建和谐文明校园。
2. 规范课堂行为，营造尊师好学的课堂氛围。
3. 理解图书馆八字礼仪规范，做到文明入馆。
4. 遵守食堂秩序，打造餐厅文明就餐环境。
5. 规范宿舍行为，创造文明和谐宿舍。

重要知识点：

校园基本礼仪　　课堂礼仪　　图书馆礼仪　　食堂餐厅礼仪　　宿舍礼仪

[导入]

2015年大学生就业压力依然较大　毕业生须做好求职准备

随着国家和地方经济增速进入新常态，宏观就业压力不减，2015年大学生就业需求在结构性方面有变化，民营中小企业和二、三线城市需求明显上升；鼓励高校毕业生下基层就业仍然是国家重要的政策导向。同时，随着我国最近推出的一系列国际经济发展战略，外语外贸类专业需求可能会有所增长。

从2014年11月20日开始，教育部、国资委将联合举办"全国大中型企业面向应届高校毕业生网上双选月"。4天后，"全国教育系统2015届高校毕业生网上招聘活动"也将举行。

随着一大拨线上线下就业招聘活动的密集"来袭"，2015年大学生就业季大幕正式开启。那么，2015年就业形势如何？应届毕业生就业有哪些新政？从哪儿获取最权威的就业信息？11月19日下午，教育部全国高等学校学生信息咨询与就业指导中心主任张凤有做客教育部新闻办官方微博，介绍了2015年大学生就业创业新政。

大学生就业压力依然较大

据介绍，2015年大学生就业总量压力依然较大，2015届大学毕业生总数将超过2014年。

随着国家和地方经济增速进入新常态,宏观就业压力不减,因此2015年就业需求与2014年相比没有明显的起伏。

不过,张凤有表示:"2015年就业需求在结构性方面有变化,民营中小企业和二、三线城市需求明显上升。"此外,随着国家最近推出的国际经济发展战略,如"一带一路"、"互联互通"、亚太自由贸易区等,外语外贸类专业需求可能会有所增长。

鼓励高校毕业生下基层就业仍然是国家重要的政策导向。2015年,国家基层就业政策在保持连续性和稳定性的同时,又新增了一项利好消息:从今年起,高校毕业生在中西部地区和艰苦边远地区县以下基层单位从事专业技术工作,申报相应职称可不参加职称外语考试或放宽外语成绩要求。

同时,国家也积极鼓励高校毕业生自主创业。据介绍,2015年继续执行的优惠政策主要包括:税收优惠、小额担保贷款和贴息支持、免收有关行政事业性收费、享受创业培训补贴、有关机构提供免费创业服务、除直辖市外大部分省对毕业生创业落户取消限制等。

"总体来说,就业形势依然复杂严峻,我们期望毕业生朋友及早认清就业形势和个人的综合情况,做好求职准备。"张凤有说。

国企仍然受热捧

第三方调查机构麦可思日前发布的"2015届大学毕业生求职期待分析"显示,近四成毕业生期待进入国企。一些网友在提问中也表示,"择业时会特别看中企业性质"。还有学生表示困惑:"很多单位都说自己是国企,怎么分辨?"

记者注意到,当前民营中小企业的用人需求已经有所显现。例如,据江苏省教育厅提供的数据,该省2015年计划招聘江苏高校毕业生量比2014年实际招聘江苏高校毕业生量增加19.0%,很大程度上是源于其服务业的迅速发展,而对用人需求增量较大的交通运输、仓储、物流和邮政业等并不是国企的优势领域。

然而调查显示,对民营企业和个体类用人单位,只有24%的高职高专毕业生、15%的本科毕业生以及7%的硕士毕业生将其视为希望签约的雇主类型。

对此,张凤有表示:"这反映了毕业生对就业的期望值与社会需求有明显差别。"他建议:"关于企业的性质,可以通过'全国企业信用信息公示系统'进行查询。但国企毕竟是少数,要把求职眼光放宽一些,民营企业同样大有可为。"

就业维权别忽略

对于初入社会的毕业生来说,在求职过程中如何维护自身的合法权益也是大家关心的问题。

张凤有建议,毕业生在签订就业协议或劳动合同时,首先要注意与用人单位签订的协议或合同是否符合《劳动合同法》,对单位的相关信息、合同期限、工作内容、地点、时间及劳动报酬和社会保险是否都有明确规定,还应重点关注劳动合同内对试用期的说明。如果就业时发生纠纷,毕业生应先向学校联系咨询,寻求帮助。同时,毕业生有权向用人单位的上级主管部门提出申诉,也可提交给当地的劳动争议仲裁机构进行调解和仲裁,或直接向人民法院提起诉讼。对用人单位违反劳动保障法律、法规和规章的情况,高校毕业生可向人力资源和社会保障部门举报、投诉。

随着互联网越来越发达,网络求职发挥的作用日益增加。该怎样选择求职网站,怎样辨别信息真伪?对此,张凤有建议,毕业生可浏览中央有关部门主办的全国性就业信息网站、地方有关部门主办的就业信息网站、各高校就业信息网站及校内论坛求职版面、其他专业性就业网站等。

（资料来源：中国经济网教育频道）

[讨论]

你如何看待新的就业形势？

应对新的就业形势，你做好准备了吗？

你对求职方面有什么规划或想法？

据人力资源和社会保障部数据，2013年全国有699万名高校毕业生，比2012年增加19万人，是新中国成立以来大学毕业生人数最多的一年。据教育部统计的2010年、2011年入学情况，研究生、本科生和专科生共计720万人左右，即2014年高校毕业生将达到720万人左右，比2013年增加21万人，将再一次刷新应届毕业生人数。加上近三年未实现就业者、社会失业人员等，预计待就业人数会超过1000万人，就业形势极为严峻。2013年的史上"最难就业年"将让位于2014年。此外，由于国际经济困局、我国产业结构调整、大学专业设置、个人素质等因素，2014年大学毕业生已经面临"就业寒冬"。2015年大学生就业压力依然较大，国家就业相关部门已经提醒毕业生须做好求职准备。

除去需求和供给严重错位（产业结构与人才结构出现整体性错位）、供需双方意愿性错位（毕业生扎堆在一、二线城市，三线城市职位乏人问津）这些外在客观因素的不利影响之外，导致大学毕业生求职失败的一个极为重要的原因，还在于自身素质的不足，其中求职应聘礼仪的缺失给大学毕业生的求职应聘带来诸多不利影响。

美国职业学家罗尔斯说："求职成功是一门高深的学问。"心理学家奥里欧文说："大多数人录用的是有礼节的人，而不是最能干的人。"求职者在面试中表现出来的礼仪水平，不仅反映出求职者的人品和修养，而且直接影响面试官的最终决定。在面试中，一个仪表出众、懂得礼仪的人，更能得心应手，也比别人有更大的成功机会。因此，越来越多的有识之士重视面试礼仪。大学毕业生在面试时，为了求职成功，应该多注意学习求职礼仪。面试是决定大学生求职成功与否的决定性因素，我们如果掌握了面试礼仪的技巧，就能为获得这份工作打下良好的基础。因此，懂得社交礼仪和外事礼仪是十分必要的。我们在面试时要遵守社交礼仪的基本原则：尊重原则、遵守原则、适度原则、自律原则。这是大学生在面试时的出发点和应遵从的指导思想，是保证面试成功的基本条件。

模块一　求职前充分准备

[导入]

面试先玩职场游戏　大学生求职须充分准备

"人力资源管理的几大模块是什么？""如果你的学生打架，家长来找你理论，你会如何处理？"你能相信这些不着边际的问题来自于同一场招聘会吗？不仅如此，在这场招聘会上，每位身着正装的大学生求职者不仅要面对来自7个不同企业的面试官的刁难，还要面对台下几百名"考官"。12月7日晚,一场特殊的招聘会在四川外国语学院举行。

面试先玩职场游戏

12月7日晚7点,这场特殊的招聘会在川外准时举行,"招聘"单位有7个,分别是:中国银行沙坪坝支行、西南航空、万达期货、课堂内外杂志社、重庆万达艾美酒店、重庆外商服务公司。招聘会开始不久,面对应聘的7名大学生,考官出的题就把他们搞蒙了。这个面试题是一个职场游戏,要求7名应聘者蒙上眼睛,在10分钟内进行协作,将一条长绳围成一个正方形。

考试开始!应聘者迅速在台上讨论、尝试,台下的上百名大众评委也时刻关注着长绳何时才能在7名应聘者手中变成正方形。然而,对于7名专业考官来说,应聘者手中的绳子是否方正并不重要,他们注意的是各个选手合作完成游戏时,所表现出来的个人素质。

川外学生工作处就业指导服务中心主任张雪松告诉记者,这个看似简单的游戏其实是由人力资源管理专业的老师精心设计的,其本意与面试中常见的"无领导小组讨论"很类似。面试官可以在这短短十分钟的情景中,通过观察几位求职者的语言与行动,了解各位求职者的沟通能力、领导能力、执行能力、协调能力、组织能力以及团队合作意识。

刁钻问题考倒应聘者

四号应聘者雷可是川外国际商学院的学生,她"应聘"的是重庆外商服务有限公司的人力资源专员职位。对于这个初出茅庐的求职者,来自重庆外商服务有限公司招聘部的负责人谢朝辉毫不客气,一连抛出两个棘手的职场问题:"你进入公司后发现老板并不认同人力资源管理的专业知识,工作中不相信你,你会怎么办?""你进入公司后发现公司士气低落,同事们都对你的积极态度冷嘲热讽,并且想拉你一同消极怠工,你会如何处理?"

这让毫无职场经验的雷可犯了难,她思索了一会,答道:"我相信老板招我进公司,就是希望我能做出一定成绩,我想我的努力会让他最后相信我的。"然而面试官立马接着问:"你凭什么让他相信你?"雷可有些措手不及,不过还是淡定地回答道:"我想时间会证明一切。"然而这样的回答让面试官并不满意。

评委评价:求职需要充分准备

在近两个小时的应聘会中,7名应聘者无人被录取也无人被淘汰,因为这原本就是一场模拟招聘会,川外学生工作处就业指导服务中心主任张雪松老师称,这是川外举办模拟招聘会的第6年,此举就是希望学生在应聘前做好充足的准备。

而在此次模拟招聘会中,充当面试官的评委也发现了大学生在求职中所出现的一些问题。中国银行沙坪坝支行副行长周霖就称:"从这次比赛中可以看到,很多大学生求职者对于所应聘的单位了解太少,准备工作做得不充分。因为对企业不了解,没有充分准备的求职者很容易被面试官有针对性的问题问倒。"

同样,重庆万达艾美酒店副总经理梁志文也向记者表达了类似的观点:"我们更欢迎对企业有充分了解的求职者。相应地,我们不鼓励海投简历,大学毕业生在求职的时候最好要有长远的眼光,要有自己的职业规划。"

(资料来源:重庆晨报)

讨论

你如何看待面试先玩职场游戏?
求职时我们到底该准备什么?

你是否准备好了？

知书达礼，待人以礼，应是当代大学生的基本素养，也是大学生在求职过程中不可忽视的重要环节。每个即将毕业的大学生都希望求到一份既与所学专业相吻合，又与自己志向相一致的理想工作。然而在求职中仅靠专业知识和热情是不够的，还必须利用面试这个重要环节让用人单位喜欢自己。据报载，在人才招聘会上，言谈儒雅、服饰得体、礼仪到位的大学生更能受到用人单位的青睐。也就是说，在就业竞争日趋激烈的背景之下，社会对大学生的个人素质提出了更高的标准和更加具体的要求。因此就有必要对大学生求职礼仪加以普及与规范，大力普及求职礼仪教育，这不仅是素质教育的要求，而且也是当前提升大学生就业能力的时代要求。

一、客观认识自己

著名的古希腊哲学家苏格拉底曾提出过这样一个经典命题——认识你自己。这个观点的哲学意义旨在告诉人们，人是可以且应该被自己认知的，人对自己正确的认知可以指导人的实践活动。"认识你自己"看似简单，但是静下心来思索，自己是否曾经做到了认识自己？从哪些方面认识自己？却好像也不那么容易回答上来。如果你正在找工作，你就要认真思索如何才能做到"认识你自己"。

1. 客观地认识自己是职业精准定位的前提

我们看向远方，很容易看见别人和远处的风景，却很难看清自己和脚下的路。客观认识自己并知道如何走好脚下的路并非易事，这是一个从自我混沌走向清醒理智的过程，也是一个心智逐渐成熟的过程。在职场中，快乐的人往往能客观地认识自己，明确自己要选择怎样的路，所以他们自信、坦荡、充实、快乐。

① 只有客观地认识自己，才有可能不断地战胜并超越自我。

② 只有通过客观地认识自己，才能更好地拥有尊严，因为自己知道有所为、有所不为。

③ 只有通过客观地认识自己，才更加懂得沟通，倾听他人的思想，表达自己的意愿。

④ 只有通过客观地认识自己，才会付出切实的努力并得到成功，而不会在努力之后才发觉梦想遥不可及。

⑤ 只有通过客观地认识自己，才是真正的成熟，而不至于在物质生活丰富之后，灵魂却走向没落。

漫无目的地找工作总是事倍功半，没有方向地碰运气总是令人沮丧。磨刀不误砍柴工，谋定而后动，才能对自己的职业有精准的定位，才能找到并拥有适合的平台，快意工作、乐享生活。如果我们没有客观地认识自己，对自己的职业也谈不上精准的定位，那么，即使我们盲目地积累人脉，别人也很难记得我们。如当我们没有清晰的职业定位，便盲目地去参加各类专业讨论和学术活动时，想要学知识是可以实现的，但是想要拓展人脉，却只能是徒劳的。因为他们甚至不记得昨天晚上是在和谁交流。

2. 客观认识自己的方法

北宋诗人苏轼的一句"不识庐山真面目，只缘身在此山中"。本是借着眼前的景色说明诗人游山的体会，却恰当地解释了我们多数人无法客观地认识自己的原因。因为客观地认识自己包含了多个维度和多个层次的内容，如外貌特征、健康状况、肤色体形、情绪变化、好恶需求、价值取向，以及家庭身份、社会身份等。

知识直通车

巴纳姆效应

巴纳姆效应是1948年由心理学家伯特伦·福勒通过试验证明的一种心理学现象,它主要表现为:每个人都会很容易相信一个笼统的、一般性的人格描述特别适合他。即使这种描述十分空洞,他仍然认为反映了自己的人格面貌,哪怕自己根本不是这种人。而要避免巴纳姆效应,就应该客观真实地认识自己,相信自己。星座测试、血型测试和人格测试等都有其一定的依据,但那些测试结果不应成为我们对自我认知的全部内容。如果我们真的想将自我认知的结果和我们的职业发展联系在一起,而不是只拿来饭后消遣闲聊,就别再将自我认知完全寄希望于这些做法上。真正客观地认识自己需要一个漫长的过程,我们不应该躲避。一个人是否成熟,从某种角度上就是看他自我认知的程度如何。

(1) 认知不足,避开劣势

每个求职的人都希望得到一个薪酬高、福利好、工作内容少、时间短的工作。但是,公司能够带给你的,与你能够带给公司的必须要是相匹配的。如果求职者的能力不足以满足公司的需要,那么这样的"好"工作自然不会凭空而来。因此,就需要求职者首先认识到自己的不足之处,看到自己是否具备过硬的技能,这样才能很好地"定位"自己。当然,对于那份"好"的追求与期盼,不能从心理上磨灭,一定要以此为动力,激励自己不断充实自己的能力。等到能力具备,"好"的工作自然也会到来。这都是建立在充分地认识自己的基础之上的。

了解并接受自己劣势的过程很苦闷,但这也是我们踏入真正客观认识自己的重点。只有敢于接受自己以往的失败,找到失败的原因并分析自身的劣势,才有可能在今后遇到类似情形时懂得如何避开它们。蔡桓公忌医的故事很多人都读过,蔡桓公因为不能接受自己的身体出现丝毫健康问题,三番五次拒绝扁鹊的谏言,最终错过了治疗的黄金时间,命丧黄泉。

(2) 明确优势,充分发挥

有许多的求职者,尤其是那些没有过求职经验的毕业生,在求职过程中,往往会因为把工作看得过分神圣,或因为缺乏经验、心里没底而不能正视自己的长处。甚至有些人,在求职面试过程中,因为过分紧张而不能发挥出自己的正常水平。这些都是因为他们没有认识到自己的优点。中国有句古话,叫做"恢宏志士之气,不宜妄自菲薄"。意思是说,有志之士的气概需要表达出来,而不应该随便看轻自己。在求职过程中,如果觉得自己能力不足,一定要做到坦然,如果是有能力的,那么一定要做到自信。对于自己在哪方面有长处,自己具备哪方面的能力,那就需要求职者充分地"认识自己"了。

我们要接受自己过往的失败,更要正视自己获得的成功。我们要客观地看待和正视自己过往所取得的业绩,不要夸大或缩小它们,而要通过理智和客观的分析来明确自身的优势,进而才可能知道如何在将来更多的机会中发挥它们。每个人对成功的定义不同,可以按照自己的理解,在过往的工作和生活中搜寻较为典型的、自认为突破自我的事例。

人可能很难面对真实的自己,尽管有时候我们关起房门,关掉所有的通信工具,如手机、电话、网络,甚至是关闭窗户和灯光,可我们还是难以做到,为什么?因为我们可能发现自己一无是处,也可能因为我们还不会面对自己,刚开始一尝试就总感到大脑一片空白、无所适从。但是我们需要不断地去尝试,扪心自问我们曾经做过哪些事情,产生过怎样的结果,付出过哪些努力,哪些事让我们值得骄傲和自豪。总之,在自己的过往历史的大是大非中发现真实的自己,扬长避短,尽量找平台和机会将优势发挥得淋漓尽致。在这样一个发现并认识自己、找到并发挥自身优势的过程中,要学会欣赏自己,才能活出真我的风采,才会沿着既定的道路,坚定地朝向自己心中的目标,不断前行。

(3) 持续学习,积累素材

持续学习可以更新我们的认知,充实我们的精神生活,提高我们的物质生活水平,改善我们工作和生活的环境,令我们更受欢迎以及使我们备受尊重。总之,唯有持续学习才能保证我们的价值得到不断地提升。

水不见了,其实只是变成水蒸气转换成另外一种形式存在;金钱耗费掉了,也只是以某种形式暂时存放在别人的口袋,但是时间一旦流逝就将永远跟我们说再见,所以当我们还年轻,我们就要好好利用"年轻"这个资本,否则就将一无所有。认识自我并不是静坐在一个角落做冥思苦想状,而是多尝试、积累经验并吸取教训,勤于实践和思考,逐步积累并充分认识自我的原始素材,避免自信或自卑的两种极端,用鲜活的数据和证明验证自己的判断。比如,我们可能积极地在公司的内刊上发表文章时受到同事们的认可,才意识到自己的文字编辑能力很强;或许在热心帮助主管服务好客户后,发现自己的说服能力有极大的优势;也可能在行政部门人手不足时帮忙设计并制作了司机的最新培训课程后,才发现原来自己对公众演讲和人员培训有与生俱来的天赋;或许我们在参与了一次行业协会的组织活动后坚持与几位业内朋友保持联系,并因此得到一个宝贵的信息资源让我们如沐春风,我们在后来的某一刻才突然意识到自己的社交能力很强。

别一看到"学习"两个字就感到头疼或绕着走开,也别看到"持续学习"四个字就恨得牙根儿痒痒或是嗤之以鼻。我们的意识里都有个想象中的自己,那个形象和真实的我们相去甚远,也正是那个存在于我们意识里的自己阻碍了我们去面对和认识真正的自己。而我们每天都在或多或少地发生着改变,我们周围的人和物也在不动声色地改变着,如果只是单纯地用我们意识中那个静止的自我来看待新世界和新变化,必将遭到冷落或淘汰。学习并不是说要像在校园里那样,上课或者参加无聊的考试,走入社会的我们应该早就明白学习才真正拉开序幕,在工作中学习,在与人交往中学习,在挑战中发现自我,在尝试中突破自我,在一次次的自我设限后一次次突出重围中超越自我。

(4) 在与他人交往中认识自己

人生下来就和这个社会有了联系,在人的成长过程中,性格逐步形成和完善,而人对自我的认知并非会随着自己性格的形成和完善而加深,唯有积极与他人交往,在"你"来"我"往中才会有更多的性格特征展现出来,才能更清楚地认识自己。有的人在生活中和工作中展现出来的性格完全不同,所以我们如果要实现快乐工作,就要在工作中积极与同事和上下级相处,在这个过程里,我们会发现自己或许是擅长组织协调的工作,或许是天生的精通技术和研发的人才,或许在人际交往方面总能得心应手,或许自己内心深藏着极其不安分的创业意愿,或许自己的秉性非常适合团队协同作战。正如站在一个房间里,若要看清自己,除了足够亮的光线以外,我们还需要很多面镜子,每一个与我们交往的人都会映射出我们的一个侧面,在不断地探索中,我们一定可以认清自己。

在工作中与他人的交往日益重要,无论是基层员工还是高级管理人员,不能获得他人的喜欢和认可一定是我们自身的方法和本身存在某些隐性的缺点,我们的个性需要进一步完善。

当然,任何打击和挫败都不应阻止我们停止与他人交流,因为只有在交流中才能使情况得以改善。如果你认为自己很慷慨,那么在同事们遇到难题时,你是否会发自内心地愿意给予他们帮助或指导?如果你认为自己很谦虚,那么在面对同事质疑你所擅长的领域中存在某些细节问题时,你是否能够认真听取?如果你认为自己很成熟,那么在努力完成业绩并满怀期待希望得到领导的首肯时,领导却显得冷淡和平静,你是否会极度失落和灰心丧气?如果你认为自己很乐观,那么在大家对公司的产品销量日渐下滑都感到担心和焦虑时,你是否会依然冷静分析市场并主动献计献策,而非随波逐流或是为自己找后路?

知识直通车

约哈里之窗——利用反馈客观认知自己

约哈里之窗(Johari Window)由美国心理学家乔瑟夫·勒夫(Joseph Luft)和哈里·英格拉姆(Harry Ingram)在20世纪50年代提出,故就以他俩的名字合并为这个概念的名称。当时他们正在从事一项组织动力学的研究。发展至今,约哈里之窗与组织发展更为相关,因为它现在的研究重点主要是人的软技能、行为习惯、移情作用、人际合作、人际发展以及组织间发展等。在他们的早期出版物上,这一模型还曾被写为"JoHari"。现在,约哈里之窗已经成了一个广泛使用的管理模型,用来分析以及训练个人发展的自我意识,增强信息沟通、人际关系、团队发展、组织动力以及组织间关系。

约哈里之窗也被称为"自我意识的发现—反馈模型"或"信息交流过程管理工具"。是对如何提高人际交往成功的效率提出来的,用来解释自我和公众沟通关系的动态变化,是一个介绍自我和相互了解的模型。此理论已被引入到人际交往心理学、管理学、人力资源等领域。

约哈里之窗是一种关于沟通的技巧和理论。它实际上包含的交流信息有:情感、经验、观点、态度、技能、目的、动机等,作为这些信息主体的个人往往和某个组织有一定的联系。根据这个理论,人的内心世界被分为四个区域:开放区、盲目区、隐秘区、未知区。

开放区(公开):代表所有自己知道、他人也知道的信息。

盲目区(盲点):代表关于自我的他人知道而自己不知道的信息。

隐秘区(隐私):代表自己知道而他人不知道的信息,这些信息有的是知识性的、经验性的,甚至是创造性思维的结果。

未知区(潜能):这个区域指的是自己不知道,他人也不知道的信息,是潜意识、潜在需要。这是一个大小难以确定的潜在知识。

通过建立在任务、信任基础上的交流,扩大开放区,缩小盲目区和隐蔽区,揭明未知区,这就是知识组织的功能。

所谓公开,就是自己知道别人也知道的关于自己的事情;所谓盲点,就是自己不知道而别人知道的关于自己的事情;所谓隐私,就是自己知道而别人不知道的关于自己的事情;而自己不知道别人也不知道的关于自己的事实,称为未知之事,未知之事即为隐藏潜能。

约哈利之窗不是静止的而是动态的,我们可以通过内、外部的努力改变约哈利之窗四个区域的分布。也就是当我们公开的、隐私的事实放大了,那么我们的盲点和隐藏潜能相对就变小了。

盲点、隐私这些制约和影响我们潜能发挥的根本性因素,必须依据全新的团队互动式学习方法,理性而大胆地应用教练技巧中的反问、回应、分享等手段,才可以不断冲破我们内心的本能阻力,使个人和组织思维中盲点越来越少,隐私充分披露,从而达到个人素质提升和组织效能的根本改变。

(5) 发掘自身潜质,挑战自己

客观认识自我不等于忽视自身潜质,认识自我也包含了认识自身的潜质,了解自己经由努力是否可以达成梦想,了解自己应朝着怎样的方向努力并不断发挥自己的优势,了解自己应采取怎样的形式来避开自己的不足。这也是客观认识自我的一个难点。历史课再难也只是在针对已经过去的人与事展开讨论和梳理,无论是众说纷纭还是百家讲堂都能轻松面对,但认识自我比较难,因为自我时刻在发生着变化。正如射击比赛中初级比赛是针对静止的事物,靠距离的远近拉开差距,而射击比赛中高级比赛是针对动态的事物,拥有深厚的射击技巧并持续地关注目标才能获胜。很多人以为在针对自己过往的成败进行一番"客观"的分析后得出结论就万事大吉了,之后,只要遇到超越现有能力的情形就选择逃避,这样就大错特错了。真正地全面认识自我包括认识自己的潜在特质,深知自身的自制力和专注力,熟悉自身的上升空间有多大,勇于接受挑战并避开过高估计自身的水平。人的快乐来自于超越自我、战胜自我。所以,我们应好好认识并端详自己的潜质,那里面蕴藏着太多快乐的秘密。

(6) 了解真正的兴趣,坚定自己

很多人把自己的职业发展方向和应有的职业定位统统交给了身边的亲友,让其指点或规划,结果干一行恨一行,到头来大家都不愉快。尤其是当我们工作了几年之后,可能会蓦然回首,发现自己虽然从事着和大学专业完全吻合的工作,但是我们的兴趣点根本不在这上面,我们想要做的根本还没来得及积累更多的经验。经常就是这样,自己擅长的不见得自己喜欢,所以我们需要尽力找到自己喜欢并擅长的事情,这样才能实现快乐工作。只擅长但不够喜欢,我们会发现很难在工作中投入激情和精力;只喜欢不擅长,我们会发现总是充满挫败感和迷茫无助。如果上面的两种情况任由选择,从长期发展的角度来看,我们最好选择后者,因为兴趣是最好的老师,挫败和迷茫无助的感觉总是暂时的,任何行业里的专家都是通过一定的时间和精力换来的,唯有兴趣可以支撑我们走得更远。

人生最大的问题,就是不知道自己的兴趣,无从找到自己的目标,使得生活缺乏应有的激情和希望。我们谁也无法真正穿越到从前,但是我们中谁都可以选择从现在开始,书写一个全然不同的结局。了解自己真正的兴趣,发现可以让自己全身心投入的一份工作或者事业,避免在大好的时光里迷失自我或是走太多不必要的弯路。除非我们一辈子都没机会发现自己真正的兴趣,否则,在我们真正感兴趣的事情面前,我们一定会难以割舍,所以,尽早发现自己真正的兴趣其本身就是一件幸事,因此,能够为自己梦想而努力的人都是幸福和快乐的。山阻石拦大江毕竟东流去,雪辱霜欺梅花依旧向阳开。让我们勇敢去追随内心的大海和阳光,朝向梦想,拼尽全力去拥抱吧!

了解真正的兴趣,避免迷失自我和少走弯路就需要我们针对以上六个方面的内容不断问自己:

- 我是一个什么样的人,我想要成为什么样的人?
- 我的价值体系是否完善,我会采用什么途径实现我的梦想?
- 我的职业兴趣在哪里,我的职业定位是否和我的职业兴趣密切关联?
- 我是否真正针对目标制订了切实可行的计划?

- 我如何提升自己的专注力?
- 我如何才能不断磨炼我的意志,让自己做事情可以坚持到底?

综上所述,通过这些多维度、多层面客观地认识自己,不断认识真实的自己,对自我的评判和现实中的自己日渐接近,持续更新并完善对自己的认知,认识自我的标准和目标,需要我们逐步完成,让我们一起努力吧!

(7)通过专业测试软件帮助认知自己

为了方便求职者认知自己,了解自己,更好地根据自身因素选择职业,很多公司研发制作了专业的测评软件,例如,北森的人才测评软件、清华的人才测评软件。人才测评软件一般包含多个方面的测试,比如,心理测试、性格测试、综合能力测试等。标准化的测验可以帮助我们更加准确地认识自己,是一个很好的评估工具。标准化测验标志过程的严谨性和科学性可以提高我们认识自我的准确性,提供给我们更有意义的结果和结果解释,从而为我们的职业生涯规划和职业决策提供更科学的参考意见。需要特别指出的是即使是标准化的测验,也不可能完全准确地测出个体的相应的心理特质。影响测验结果准确性的因素有多种,测验的使用人群以及测验时被试的状态等因素都会影响测验结果的准确性。

3. 明确求职定位与需求

案例

女大学生小燕的职业定位

定位人物:小燕

基本情况:本科,自动化专业,学习成绩一般,硕士研究生没有考上。喜欢演讲,曾经在学校的比赛中获得二等奖。英语成绩不佳,尤其是口语很弱。

第一步:了解自己,把自己已有的与工作有关的特点全部找出来。

主要从以下四个方面搜索自己的特点。小燕发现自己还是有很多特点:

知识方面:自动化专业知识较多,此外还有演讲知识、文书写作知识、历史知识。

技能方面:很强的沟通能力、说服能力,一定的动手操作能力、计算机操作能力。

经验方面:在学校主要参加了演讲社团,暑期还曾经在一家调查公司做访问员,得到领导的夸奖,做过家教,为一名高三的学生辅导语文。

个性方面:外向、活泼、热情,做事情速度比较快,有一定的责任感,但是坚持性不够。喜欢的事情做得比较好,不喜欢的事情做得不太好,有些任性。能吃苦,有较强的压力承受能力。

小技巧:如何知道自己的特点是不是工作需要的呢?

一是多看单位的招聘广告,尤其是技能要求和个性要求。

二是看业内的成功人士、同专业的师哥师姐,看他们的起步和发展有哪些特点。

三是询问专业的职业咨询机构,了解各种职业的要求。

第二步:比较一下自己的特点与自己想做的工作、想去的单位差距有多远,然后确定一个或者两个目标。

小燕有三个选择:

(1)国营企业做与本专业有关的工作。

(2)民营企业做与本专业有关的工作。

(3) 民营企业做公关、销售、行政方面的工作。

小燕根据各方面的条件和招聘单位的偏好,确定的求职目标是离自己最近的目标:到民营企业做公关、销售和行政方面的工作。

小技巧:在确定目标远近的时候,不仅要看自己的特点,还要看竞争这个职位的对手的特点;不仅要看用人单位现在的招聘广告,还要看他们往年实际招聘的情况。

第三步:根据自己的求职目标,确定其主要需求和自己的特点最吻合的地方作为自己的定位。

小燕认为,对于民营企业公关、销售、行政工作这些职位来讲,企业的需求是需要一个人完成人际沟通,提高服务质量,降低成本;而自己相对应的特点是有热情、善于交流、有进取意识、花钱比较仔细。

于是,面向民营企业的公关、销售和行政职位,小燕的定位是:一个善于沟通、有热情、花钱比较仔细的大学生。

小技巧:给自己定位的关键特征不要超过7个,因为人的短时记忆的限度就是这么多。多了容易造成混乱和排斥。

第四步:根据自己的定位,确定合适的表现方式。

小燕准备把自己的这些特征通过简历和面试的各个部分表现出来。

简历部分:重点加强了做社会工作部分的描述,这些工作都能够体现自己的善于沟通、有热情、花钱比较仔细的特点。在结尾描述自己个性的时候,还加入了家庭对于自己这些特点的培养,删去了考研究生部分,因为她认为这会干扰用人单位对自己定位的接受。

面试的时候:小燕没有借别人的职业装,而是穿了一身较为正规的见老师才穿的衬衣、西裤,整体感觉比较清新、大方、俭朴。

小燕回答用人单位问的"请说说你大学期间比较有成就的事情和比较失败的事情"的时候,她也重点突出了自己的工作能力,对于结果的看法,传达着自己的定位。

小技巧:表现自己的时候不要在乎别的同学身上有没有这些特点,重点要根据用人单位的需要适当地展现出来。表现自我的关键不在于独特和别致,而在于各个环节的协调一致和重点突出。

小燕经过两个月的求职,在遭遇五次失败后,正式被一家民营企业聘为总经理助理。

为什么有的大学毕业生在投出无数简历后却得不到一个回应?为什么很多职场新人在忙碌了一段时间后,才发觉自己一直在做着一份不适合自己的工作?缺乏准确的职业定位是其中的主要原因。很多人不清楚自己的优、劣势,不知道自己能胜任怎样的工作,也因此为自己今后的职业生涯发展设置了许多障碍。其实,求职必须在了解自我的基础上进行,只有科学定位,才能避免求职的盲目性。一般来讲,准确的职业定位源于对自己性格、能力、特长等的一个全面、系统、客观的评价,并可以通过类似职业倾向性的综合测评来帮助自己评估。只有当明确一个恰当的认知和定位后,才能最终选定最适合自己的职业。

定位是什么?定位有两层含义:①确定自己是谁,适合做什么工作;②告诉别人你是谁,你能够帮助单位做什么。看看商品定位你可能就会明白是怎么回事,同样是宝洁公司出品的洗发香波,海飞丝定位于"去头屑",飘柔的定位是"柔顺头发",潘婷则定位于"营养头发"。不同的定位主要来自商家对于市场需求的理解,同时来自产品内在的品质。

用人单位面试官最不喜欢的求职者有两种:一种是"只要单位要我,让我干什么都行"的人;另一种是要高职位、高薪水,但是能力和岗位需求明显有差异的人。对于第一种连自己是谁、想干什么都不知道的学生,用人单位不会愿意要,哪怕你的学习成绩非常好;而第二种,对于知道自己是谁、但是不符合企业要求的毕业生,单位也不会要。企业会说,这样的学生可能会不稳定、抱怨很多、缺乏团队精神,所以不符合企业要求。

客观地认识自己是任何人都无法逃脱的一课。拉姆·查兰在《执行如何完成任务的学问》一书中也曾经这样讲过:认识你自己——千百年来,这一直是古人向我们提出的最伟大的建议,只有当认识自己之后,你才能客观地评价和对待自己的优点和缺点。你知道自己行为上的不足之处以及情感上的缺陷,而且你也有办法来克服这些不足——取人之长,补己之短。自我觉察使你能够从失败中总结教训,它将使你能够不断成长。

认识自己是一个长期的、无止境的过程,像苏格拉底这样智慧的人都自称自己对自己一无所知。我们更应该不断地督促自己、砥砺自己,不仅是在求职中,在工作中、学习中、生活中,也要以此为铭,做到"时时勤拂拭,勿使惹尘埃"。

"自我定位"就是要找准自己的位置,弄清楚自己想做什么(工作),能做什么(工作),要找到二者的结合点,在此基础上确定自己的职业目标。

二、全面了解外界

1. 了解人才市场就业信息

[导入]

一名中大女生向广东省人社厅厅长寄出邀请信——
邀官员逛人才市场了解就业性别歧视

羊城晚报讯 记者黄玉杰报道:"您好,我是中山大学一名应届毕业生。今年是'最难就业年',我和同学们在各类人才市场上期待找一个心仪合适的工作机会时,却发现就业市场上仍有10%的岗位都在拒绝女性。我想邀请人社厅厅长您看看这不合理的现象……"8月7日,这封特殊的信件,被寄往了广东省人力资源与社会保障厅厅长林应武。

这封信的寄信人正是去年找工作时,遭遇20多家企业因其性别为女而拒绝录用的女大学生郑楚然。她表示,自己去年本科毕业求职时,最高纪录是一天内被28个岗位拒绝录用,原因都是"限招男性"。去年10月至今年6月,来回跑南方人才市场招聘会的郑楚然还是遇到同样的问题。她说,自己统计发现,在约350个摊位里面,可以发现30个以上的岗位都打着"限男性"和"男性优先"的招聘广告,比例约为10%。这些广告基本上是招聘"业务员"、"司机"、"编辑"等不属于国家规定的、禁止女职工从事的第四级体力劳动强度的工种。

今年6月底,郑楚然在人才市场另一场招聘会现场发现,某杂志社"限招男性"编辑。对方说:"这份工作要经常出差,会很累"。郑楚然认为,这是赤裸裸的就业歧视。

郑楚然特别渴望女性能够和男性一样,有平等的"就业机会"。"所以这次真诚邀请省人社厅厅长一起走访人才市场,了解女性的就业困境。"郑楚然说。

(资料来源:羊城晚报)

讨论

你如何看待人才市场状况?
对于性别歧视问题你有什么思考?

人才市场,又称劳动力市场、劳动市场、劳工市场、职业市场、就业市场、求职市场、招聘市场、人力市场等,是指劳工供求的市场。人才市场是运用市场机制开展人才交流,配置人才资源,实行人才社会化服务的机构、场所及相关活动的总和。在人才市场上求职者与用人单位在自愿的基础上,通过双向选择,进行联系、洽谈和签约,它反映了用人单位和求职者之间的供求关系。人才市场上是中国特色的人力资源服务业态,是中国改革开放的产物。

(1) 了解市场就业信息的途径。

1) 出版物和新闻媒介。《中国大学生就业》、《出国与就业》、《就业与保障》、《就业指导杂志》等专门针对大学生就业发行的出版物,此外《中国人事报》、《毕业生就业指导》、《广东毕业生就业指引》等报刊的求职信息也种类繁多,包罗万象。报刊的就业信息就非常广泛,如《广州日报》、《南方人才市场报》、《羊城晚报》和《南方日报》都分别开辟了"求职广场"、"招聘指南"、"今日择业"和"人才大市场"等求职专栏。

2) 各式各样的供需见面会、招聘洽谈会。

3) 学校。不少学校都成立了专门的学生就业指导办公室,但其中传媒应是最重要的渠道,因为它不仅是最新最快的政策和就业市场信息的新闻报道,而且其招聘广告更是个巨大的信息员,从中可拓宽求职者的就业思路,令求职者有的放矢。

由此可见,收集就业信息范围必须越大越好,越具体越好,越早越好。"兵马未动,粮草先行",善于捕捉和分析求职信息,主动权就能掌握在自己手里,求职成功的把握就大很多。否则事到临头,难以把握,只好凭自己的想象和猜测,"跟着感觉走",使求职陷入困境;或是被动地服从他人之命,依据社会上流行的看法来盲目选择。

(2) 利用人才市场求职。

在社会主义市场经济体制下,人才市场为企业和求职者提供了相互认知的桥梁,发挥着重要的人力资源配置作用,成功、有效地帮助了数以万计的人找到了理想的工作,也为企业选拔了合适的人才。但求职者想要成功就业,还需要注意一些问题。

1) 选择最适合的人才市场。选择合适的人才市场,可以节约时间和精力,达到事半功倍的效果。首先,求职者应选择信誉好的人才市场,这样的人才市场信息量大、服务规范、成功率高;其次,要根据自己的工作目标、地点、目标行业等因素来选择人才市场。

2) 将个人信息在人才市场上备案。一般的人才市场都建有人才信息库,企业可以通过人才信息库检索自己需要的人才。为了增加求职者的就业机会,求职者可以事先将个人资料交给人才市场的工作人员,放入人才信息库。

3) 提前准备。各人才市场举办招聘会的时间一般是固定的,我们可以通过网络、海报、电视、电话咨询等方式获知举办时间。在招聘会开始前,求职者应该提前对人才市场情况进行了解,提前准备好求职信、简历等求职材料。进入人才市场的时间也不宜太晚,及时进入,可以有充足的时间收集信息,了解行情,掌握到会单位的情况。

4) 注意防骗。近年来一些不法分子利用招聘会行骗的事情有事发生,其手法并不高明,却总能得手,主要是不少求职者缺乏必要的自我保护意识。大学生在求职过程中一定要注意提高警惕,保护自己。

 案例

大学生求职受骗案例分析

随着大学毕业生数量的增加和就业压力的不断增大,大学生的就业焦虑情绪也越来越高,求职心情非常迫切。许多毕业生为了找到一份满意的工作,遍投简历,广搜信息,只要是符合自己意愿的招聘信息,就积极行动,绝不放过,但这也给不法分子造成了可乘之机。有的不法之徒利用大学生求职心切的心理,巧设名目,设置求职陷阱,给大学生再次求职蒙上难以抹去的阴影,造成恶劣的社会影响。据公安部门统计,这种案件在近两年内呈急剧上升趋势。面对这些问题,除了学校要加强安全防护措施外,大学生自身在求职过程中更要注意提高警惕,增强安全自我防范意识。

一、毕业生求职过程中的受骗案例

(一)利用招聘,诱骗大学生踏入非法"传销"陷阱

案例:张某是某高校美术专业的毕业生。一天,张某接到朋友周某从广州打来电话,希望他来公司工作。张某来到广州后,周某让他签订了一份合同书,并让他要交押金3 000元,并承诺如辞职离开公司,押金随时如数退还。张某认为周某与自己是朋友,又有合同和承诺,便拿出3 000元交了押金。当天下午,周某就带着三人开始岗前"培训"。"培训"主要是讲怎样赚钱,怎样暴富和赚钱要不择手段以及"发展下线、金字塔"理论等。经过几天"培训"、"洗脑"后,公司让他"上班",就是打电话、动员蒙骗认识的、想找工作的人来"工作"。大学生被非法传销组织所骗受困的原因主要有:一是大学生自身防范意识薄弱,轻信他人上当受骗;二是对同学、朋友的介绍过于信任,没想到熟人还会骗自己;三是就业压力过大,择业时放松了必要的警惕,轻信以用人单位身份出现的非法传销公司;四是个别学生存在不劳而获的思想,被非法传销组织宣传的高额回报引诱,甘愿从事非法传销活动。

(二)收取保证金,诈骗大学毕业生

案例:韩某,大学毕业生,在人才交流市场,经过初步了解,他与某家公司达成就业协议。但韩某了解到,进这家公司,每人要收取200元的服装保证金,用于制作工作服,离开公司的时候,200元可以原封退还。一个月后,韩某按照公司的约定来到公司的办公地点参加培训,但却发现,该公司和主管人员早已经人去楼空,才知自己已经上当受骗。据了解,在这起诈骗案中,有150多名求职者上当受骗,其中大多数都是刚刚毕业的大学生。

在就业过程中,以上类似的诈骗案很多,骗子往往打着招聘的幌子,要么收取"报名费",要么收取"保证金"、"培训费",很多大学生为了获得工作的机会,对于明知道是无理的要求,也不敢拒绝。但骗子们往往就抓住了大学生的这种心理,开始行骗。

(三)盲目签约,不合理条款上当

案例:王某,大学毕业生,由于急于找到工作,没来得及仔细推敲合同里的条款,结果不但失去了这份工作还付了一笔违约金。据其称,他与公司签合同时还未毕业,但公司要求其进入实习期。在4个月的实习期里他卖力地工作,却只能得到300多元钱的"实习工资"。实习结束后,他以为工作已经敲定,打算回学校修完剩下的一些课程,9月再回到公司正式上班。但当他向公司请假时,公司却以合同中"工作前两年不得连续请假一周以上"的条款为由,认定王某违约,索要违约金,王某只好交了2 000元的违约金。

在大学生择业的过程中,像王某这种情况比较普遍,由于就业形势比较严峻,大学生在求

职过程中往往处于弱势地位,很多用人单位都提出了一些明显的不合理条款,如违约金、服务期等。对于毕业生来讲,虽然知道这些附加条款是显失公平的,但也不敢明确表示异议。现实生活中,在职场上把"试用期"当成"剥削期"已经成了一些无良老板逃避法定义务的惯用伎俩。

(四)女大学生求职安全危险增多

案例:女大学生王某,几天前到省会某地做家教时被杀害。由于过分地轻信他人,该同学在未经认真核实的情况下,只身去应聘家教,结果遇害。另一相关的案例是:女大学生吴某,根据广告找到一家俱乐部做高级商务公关,在交纳400元"制卡费"后,却发现工作是三陪。

近年来,女大学生在就业过程中遇到不法侵害的事情层出不穷,这也给我们敲响了警钟,安全问题要时刻牢记,危险离我们并不遥远,就业机会有无数,但生命只有一次。

(五)利用求职者个人信息进行诈骗

案例:毛某,是大学毕业生的家长,日前在家中接到一个长途电话,称其在儿子在车祸中撞伤,正在医院抢救,急需手术费5万元。毛某闻讯立即拨打儿子手机却怎么也打不通,相信真的出事了。就在此时,一个自称是儿子学校领导的人又打来电话,证实确有其事,并留下一个账号。毛先生连忙筹集了5万元汇过去。几小时后,毛先生终于打通儿子电话,方知上当受骗。

近期以来,套取并利用求职者信息进行诈骗的案件屡见不鲜。毕业生在求职过程中,往往要填写一些表格,其中涉及很多个人信息,尤其是网上求职,要求填写的内容更是事无巨细,从个人电话号码,到家长姓名、家庭住址、家庭电话、父母情况一应俱全。许多毕业生粗心大意,随意填写,结果给骗子留下了可乘之机。

(六)未签劳动合同,自身利益受损

案例:应届毕业生王某与某私企达成工作意向,双方签订了《高校毕业生就业协议》。一个月后,王某毕业,并顺利进入用人单位开始工作。但该企业始终不愿意与小王签订《劳动合同》,得到的答复是:双方在《就业协议书》中并没有明确要求何时签订劳动合同,更何况关于工资、劳动期限等条款在《就业协议书》中已有约定,双方没有必要为此再另行签订《劳动合同》。王某觉得双方确实没有约定什么时候签订劳动合同,而单位不签劳动合同似乎也有道理,就不再向单位提起此事。不料一日忽然被裁员,公司一分赔偿金也没给,王某后悔莫及。

《就业协议书》与《劳动合同》存在着不同,《就业协议书》作为一份简单的格式文本,很多诸如工作岗位、工作条件等劳动合同必备条款并不在《就业协议书》中直接体现。因此,单凭《就业协议书》对于学生正式报到就业后的劳动权利无法全面保障。

二、毕业生求职中的安全应对策略

求职大潮风起浪涌,既蕴含着无数机遇,又隐藏着险滩暗礁,毕业生只有牢牢系好求职安全带,不断增强安全防范意识,才能够做到一帆风顺。

(一)层层过滤,确保就业信息的真实性、准确性和可靠性

学校就业信息网上发布的就业信息,都经过了严格核实,包括核实用人单位的工商许可证、营业执照以及通过电话向当地有关部门核实等,基本上确保了就业信息的真实性、准确性、安全性。对于通过其他渠道获得的就业信息,一定要想方设法,通过各种途径进行核实。

(二)在面试过程中,要时刻保持安全的警惕性

在求职过程中,毕业生更应保持高度的警惕性,擦亮眼睛,识别就业陷阱的迷惑。

1. 当前往面试的第一天或职前训练的前几天,要留意该单位是否继续隐瞒工作性质及业

务性质。

2. 面试地点偏僻、隐密或是转换面试地点的状况，或是要求夜间面试者，皆应加倍小心。面谈地点不宜太隐密，过于隐密地点不要去。对于用人单位约学生面试的地点，如果不是学校就业指导中心发布的信息，是学生从其他渠道获得的信息，用人单位约学生到宾馆或其他非公开、非正式场合见面，绝对不能贸然前往。

3. 面试时，要注意以下环节：一是应详记该单位及主试官的基本情况及特征；二是对方所提工作内容空泛不具体时，不要被夸大言词所迷惑；三是身份证、毕业证书及印章等证件，不宜给对方，不可轻易出示银行账号号码及密码，以免不法之徒有机可乘；四是主试官说话轻浮、暧昧不清，眼神不正常等都是危险的前兆；五是如果有不安全、不对劲的感觉或不正常的状况，要以某种借口来迅速离开该单位为宜；六是拒绝不合理的邀约及要求；七是在面试时尽量不要随便喝饮料或吃东西。

4. 在进行面试的过程中，如果遇到用人单位要学生交保证金或其他培训费用（如报名费、训练费、材料费等）时，一定要慎重，千万不要为了保住工作而盲目交费。

5. 面试最好有同学陪同前往，并备有适当的防范器物。尤其是女性，要避免夜间到荒僻的地点面试。如果无法结伴而行，至少要将自己的行踪告知辅导员或同学，最好是让辅导员或同学知道面试的时间与地点。

6. 面试前后随时与学校辅导员、同学、家长保持联系，并告知面试场所地址及电话号码。

7. 要求提供亲友名单、身份证号码（复印件）均可能有诈财之患，要注意避免。

在求职过程中，毕业生为了预防"陷阱"，要做到：一忌贪心，看到"高薪"字眼首先要掂量一下自己，然后再摸清对方的背景；二忌急心，急于找工作的心理让一些人找到了借机骗财的机会，这些人以各种名义收取应聘者的费用后，便人去楼空；三忌糊涂心，求职者要对自己的职业生涯发展脉络有个清楚的构想，只要仔细研究还是能识别招聘中的大多数欺骗的幌子。要时刻提醒自己，不缴不知用途的款，不购买自己不清楚的产品，不将证件及信用卡交给该公司保管，不随便签署文件，不为薪资待遇不合理的公司工作。

（三）求职后，要谨慎行事，学会用法律保护自己

在找到合适的工作单位，双方达成就业意向后，毕业生需要签订就业协议书。就业协议书的签订在形式上宣告了就业工作花开有果，尘埃落定。但近来，就业协议引发的纠纷屡有发生。有的毕业生正式到单位报到后，单位却一改初衷，擅自降低劳动报酬，变更原来双方约定的工作岗位，更有甚者以"试用期"（或见习期）为由不签订劳动合同，使得毕业生长期处于"试用期"，做最累的工作拿最低的报酬，从而使利益受到侵害。所以，在签订就业协议以前，一定要反复斟酌，多方面考察，方可落笔。

三思后行，面试后认真核查以下事项：

1. 上网或通过其他途径查看，该单位（特别是企业单位、公司）登载的营业项目、报上刊登的项目、面试现场所见三者是否相符。

2. 登录有关部门的网站查看，或与亲友交谈，看看该公司是否被列入黑名单之中。

3. 问问自己，面试的职务内容是否与自己找工作时的初衷相符，并且所获得的待遇是否合乎期待值。

4. 当面试当天或初进该单位的数天内，求职者即需要付给该单位一笔钱者，就要特别注意。

2. 了解用人单位

择业的目的,不仅仅是使自己有一份工作,拿一份工资,更重要的是寻求实现自身个人价值和社会价值的最佳机会,因此,择业时要注意关注用人单位提供给员工的培训、发展机会。与此同时,每位大学生也要自觉地把择业作为成才过程的一个环节,以长远眼光来看待一次择业行动。从这一意义上说,择业是实现人生梦想的一次全力出击,每位大学生都要好好地思考自己的人生道路。当然,做到一次成功择业对大学生而言,并不容易,更不用说,在我们周围,跳槽事件频频发生。我们要以寻求理想的职业为目标,当理想的职业由于各种因素限制而与自己无缘时,在未来的实际工作中,我们也不能放弃追求,而要进一步充实完善自己,为理想的实现做好准备。

(1) 了解用人单位的基本情况

在求职面试前对用人单位了解越多,越能增加我们面试成功的几率。了解用人单位的情况包括用人单位的基本情况、单位历史、人才观和企业文化、单位未来发展发现等,尽可能地让自己头脑中有一个完整的单位形象。如果我们能够对用人单位现在存在的问题,有一个思考或者解决方案,或者说对未来单位发展有独到见解,在面试中展示出来,势必会给用人单位留下深刻印象,面试成功的几率会增大。

(2) 了解用人单位独特的个性

在大学生就业过程中,有一种现象令人匪夷所思。那就是大学生们看重择业,却很少去认真分析自己应聘单位的情况,对应聘单位的了解大多是"皮毛"而已,这反映出大学生们择业的"盲目"、"浮躁"或者说"急功近利"的心态。事实上,对应聘单位不了解,不仅影响择业的成功,还可能给未来的工作带来不可估计的负面效应。把自己"交付"给一家自己知之甚少的单位,与它风雨同舟,是否觉得太"草率"?事先收集好用人单位信息,对自己未来的工作作一番模拟,可以增添我们应聘的信心,同时建立起与用人单位的良好沟通,准确地将对方需要的信息传递给对方。

每个企业都和人一样,有自己的个性。具体来说,这既包括企业的组织结构、业务流程等硬件,又包含企业文化、发展策略等软环境。美国硅谷很多小公司没有固定的上下班时间,员工可以穿着短裤、拖鞋在没有多少办公家具、乱糟糟的办公室里到处溜达。在这里,所有的传统都被轻蔑地唾弃,昨天的发明是明天的垃圾;在这里,创造力得到了最大限度的发挥。与之形成很大反差的是,世界上一些著名大公司员工崇尚的是职业素养、团队精神和努力工作,以及与之相伴的优雅舒适的生活方式。

用人单位的这种个性,将体现在其招聘人才的标准中。大学生了解用人单位的个性,可以使择业的目标更为清晰、更为准确。而另外,了解用人单位的文化与个性,也有助于我们充分展示与这一单位择才标准吻合的优势和特长,做到扬长避短。对一个用人单位一无所知而去应聘,是不可能有高的成功率的。因为无论什么样的毕业生都不可能适合所有的用人单位,所以,毕业生应该事先确定自己的择业范围,使自己的专业或特长能与之相适应。

 案例

不同公司的个性

联合技术公司:除了专业对口、学习成绩优良以外,选拔那些能吃苦耐劳、脚踏实地的大学生已成为联合技术公司的另一条重要择才标准。联合技术公司的产品通常是工业产品,其技术质量的各项指标要求都很高,误差系数都以百万分之几作为衡量单位。无论是奥的斯电梯、开利空调系统,还是普惠发动机,所安装的建筑或设备都是百年大计的工程。保证这些产品的质量,不但需要专业技能,还需要员工的高度合作精神和开拓创新精神。除此之外,员工的敬业精神、责任感、使命感和事业心同样必不可少。联合技术公司的职业道德规范、员工对话系统、环境安全健康工作标准系统以及各种培训课程,都是通过各级主管在工作中的示范表率作用来培养员工的这方面职业水准。多年实践表明,这种培养方法对那些具有吃苦耐劳精神、脚踏实地风格的员工的效果最为明显。前面提及的优良学习成绩,实际上也在一定程度上反映了这种要求。吃苦耐劳的精神和脚踏实地的作风,是学生在长年累月的学习生活中不断磨炼而形成的,很难通过短期的职业培训来造就。因此,联合技术公司选拔那些能吃苦耐劳、脚踏实地的大学生,为公司注入"新鲜血液",其目的是希望这样的学生能较快适应公司的文化,在联合技术公司的业务工作中迅速成长。

埃森哲中国有限公司:团队中既需要有领导才能的"领袖人物",也需要具有牺牲精神的"孺子牛"。而安盛咨询所希望吸纳的人才,是两者兼顾的。因为安盛咨询的作业方式,是以一个团队的形象出现在客户面前。在任何一个项目中,每个人都有机会成为项目成员,而在某一个阶段又成为"小组领导"。"领导能力"(Leadership Skill)是安盛咨询考核员工的一个重要方面,也是"提升"(Promotion)的重要考核标准。所以,学会如何与人配合,是第一步,渐渐地成长到如何领导一个小组,进而领导一个项目,是一个循序渐进的过程。而其最基本的要点就是团队精神。

欧莱雅公司:在面试时,我们会问应聘者过去的学习经历、社会实践经历、成绩和得失、与周围人相处的情况等,这些问题都属于面试中的常规问题,就是通过这些看似常规的问题的交谈,来发现考察应聘者,挖掘他们的基本特征,包括沟通、团队协作等方面的能力和个性,看他是否符合普通评判标准。所谓普通评判标准,就比如沟通时清晰阐述观点,简洁回答问题,能快速领悟你的要求,这些个人素质方面的差异,往往会在面试中起到重要的作用。

还有一个很重要的方面,就是欧莱雅的择才标准:富有胆识和想象力,富有创造力,同时具备实干精神,就是我们常说的"诗人+农民"的标准。欧莱雅是一家著名时尚公司,我们需要的人才要有创造性和前瞻性,化妆品是介于个人护理和时尚间的一个行业,时尚是一种美的感受,是一种人的追求。在这个行业去引领时尚的话,要求我们的员工对美、对人文有深刻的理解,要求人有丰富的想象力和创造力。这种想象力是要对整个概念的原创,是要有深度的,甚至要挑战现有的概念。这并不仅仅是在营销上,还包括产品的研发,想象力与创造力及对艺术本身的爱好会转化为对产品的创新的一种驱动。所以这一素质是我们必须要的。这就好比在时尚行业里面那些设计时尚的设计师,他们通过对衣裳、对色彩来表达人在这一阶段对生活的追求和对自身价值的体现。所以,欧莱雅要求员工,特别是市场营销人员要有这一方面的素质。这就是我们要求的"诗人"素质。当然,这并不是要求人们真的去写诗。

另外,化妆品是个极具竞争的行业,员工充满概念,最终还是要落实到业务上,这就是农民的概念。充满想象力还要脚踏在地上,所谓脚踏实地就是能够非常接近客户,哪怕你充满想象力,你在客户面前也要非常谦虚地倾听客户的需求,发现他们的需求,理解他们的需求,要能够非常勤劳地工作。这个行业与零售业是息息相关的,周末要求员工去站柜台,这是很辛苦的。非常勤奋的能够解决问题和能够接近客户的素质,我们叫做"农民"。同时公司资源的管理要非常勤俭,对资源的管理就像农民一样珍惜自己的金钱。每一分钱都要花到对的地方,要能够最有效地发挥这些财力。还有坚持不懈,种地很辛苦但你必须坚持不懈地做下去,且要适应天气的变化。

另外,欧莱雅看重对时尚、人文和美具有深刻感知、富有表现和感染力的人才。欧莱雅所强调的时尚感,并不是简单地反映在员工的穿着打扮上,你可以看到一个新进公司的员工,一年后在衣着方面变得时尚了,但我们更强调的是在这方面的感觉,要感觉敏锐,会积极去观察,感受时尚,有充分的想象力并懂得举一反三。当然这些要求会根据不同的部门各有偏重,像市场部,员工的时尚感就非常重要,因为我们从事的就是时尚商品的商务工作。另外在人力资源部,这一点对招聘负责人也非常重要,在招聘时自己首先就必须对市场营销与时尚有一个正确的感知和理解,否则无法判断。比如,一个穿着时尚的应聘者并不等于他有时尚的灵感和从事时尚行业的市场营销能力。

所以,欧莱雅虽然是一家化妆品公司,但并不意味着我们会非常关注应聘者的外表或衣着,个人形象对面试不会有太多的影响。欧莱雅是一家从事美的事业的公司,外表方面,完全可以让员工加入公司后,在美的环境中熏陶形成。作为人力资源部的工作人员,尽量不以第一印象来作判断,是我们的重要素质。我们会尽量通过事实判断,深入探讨,看应聘者是否符合岗位要求。所以与外表或衣着等细节相比,我们的目光会更侧重于个性,技术和技巧等方面是可以通过公司有针对性的培训来达到一定的高度,但人的个性具有相当的特殊性,很难通过培训来塑造。

欧莱雅是个时尚类的公司,以市场营销为导向,注重品牌的管理和创新,员工有无丰富的想象力,是否对时尚感兴趣,对社会生活是否热情,是否愿意不断追求创新,这对工作的成效有很大的影响,在欧莱雅,时尚是工作,也是生活。我们一般通过考察学生在学校中从事过什么社会工作,在工作中起什么作用来考察学生的个性。相对学习成绩来说,我们更注重个性。如果有两个学生来市场部应聘,其中一个成绩是95分,但他个性内向、保守、羞涩、不积极热情,不善于表达,另一个成绩是85分,可他却对事物充满好奇,善于表达,喜欢创造,我们会倾向于选择后者。当然,同时我们也会防止一种偏见,因为有的人沟通能力很好,但是执行能力不高,即能说不能干。强烈的责任心和苦干精神是必须的。

每个用人单位由于经营业务、组织结构、文化背景的不同,而对人才有不同的要求,大学生在求职时,应该对自己所要寻找的单位,进行一定的分析。否则,就会陷入盲目求职。

知识直通车

用人单位喜欢的求职者

对于一个想获得理想工作的求职者来说,弄清用人单位喜欢的求职者类型是很有必要的。如果我们连用人单位喜欢什么样的求职者都不知道,应聘成功的希望也不大。一般来说,求职者喜欢以下类型的求职者:

(1) 有事业心和责任感的求职者;
(2) 有勤奋精神的求职者;
(3) 有团队协作能力的求职者;
(4) 基础扎实、知识面较宽的求职者;

(5) 有奉献精神和创新精神的求职者;
(6) 有组织管理能力的求职者。

3. 了解招聘者

招聘者又称面试官,是面试我们的人。面试官是指具备一定识人能力,能够根据公司战略、产品特性、业务发展及人才市场供给状况,有效地甄选适合公司要求人才的专业人员。面试官分为专业面试官和业务型面试官。我们要给面试官留下深刻而良好的印象,才能提高面试成功几率。

(1) 了解招聘者组成情况

我们要了解招聘单位面试官的情况,了解面试官由哪些人组成,由谁主考。面试官通常因单位情况和招聘职位的性质而定,我们可以通过向老职工咨询得到一定的信息,再根据面试官人员的组成情况确定面试的策略。或者在面试现场询问面试官的身份,然后根据面试官的身份选择我们要重点展示的内容。比如,如果面试官是以后工作领域的上司,我们就可以对这个领域的专业知识进行阐述,来突出自己的专业性。而如果面试官是人力资源部的主管,我们再展示你的高深的专业知识,人力资源部的领导可能就不感兴趣了。相反我们可以展示乐于协作、踏实肯干的精神。

(2) 了解招聘者想了解什么

在招聘过程中,招聘者常常要求职者回答各种各样的问题,其实,这些问题背后,都潜藏着企业希望了解的真正内容。

你了解公司吗?——希望了解你对公司和行业是否进行过足够多的研究?是否了解公司今后大的定位和方向?

你了解这一工作吗?——希望你能对想要应聘的工作和即将承担的责任有一个总的了解。回答的好坏关系着你对此工作是否真的感兴趣;是否具备相关技能或迫切希望开发这些技能。

你能够做好这一工作吗?——需要了解你以往的具体经验,看看你过去如何解决问题。

你具备这些品质吗?——想要衡量你所拥有的无形品质,如创造性、精力、诚实,而这些东西是从你简历上了解不到的。以此来了解你是否适合公司,是否适合共事。

你会与我的团队好好合作吗?——许多工作需要团队来实现目标,通过这一问题来确定你是不是一个好的团队合作者,这一点对于面试官很重要。

知识直通车

面试官最常问的5个问题

一般在面试时,面试官基本上问的问题差不多,所以在面试之前,对这些问题的答案提前准备一下,这样在面试时才能从容镇定,回答才会游刃有余。现将面试官最常问的5个问题以及巧妙回答整理如下:

问题一:请你自我介绍一下?

回答提示:一般人回答这个问题过于平常,只说姓名、年龄、爱好、工作经验,这些在简历上都有,其实,企业最希望知道的是求职者能否胜任工作,包括:最强的技能、最深入研究的知识领域、个性中最积极的部分、做过的最成功的事、主要的成就等,这些都可以和学习无关,也可以和学习有关,但要突出积极的个性和做事的能力,说得合情合理,企业才会相信。企业很重视一个人的礼貌,求职者要尊重考官,在回答每个问题之后都说一句"谢谢"。企业喜欢有礼貌的求职者。

问题二:你对薪资的要求?

回答提示:如果你对薪酬的要求太低,那显然贬低自己的能力;如果你对薪酬的要求太高,那又会显得你分量过重,公司受用不起。一些雇主通常都事先对求聘的职位定下开支预算,因而他们第一次提出的工资往往是他们所能给予的最高工资。他们问你只不过想证实一下这笔钱是否足以引起你对该工作的兴趣。

回答样本一:"我对工资没有硬性要求。我相信贵公司在处理我的问题上会友善合理。我注重的是找对工作机会,所以只要条件公平,我不会计较太多。"

回答样本二:"我受过系统的软件编程的训练,不需要进行大量的培训。而且我本人也对编程特别感兴趣。因此,我希望公司能根据我的情况和市场标准的水平,给我合理的薪水。"

回答样本三:如果必须要自己说出具体数目,不要说一个宽泛的范围,那样你将只能得到最低限度的数字。最好给出一个具体的数字,这样表明你已经对当今的人才市场作了调查,知道自己这样学历的雇员有什么样的价值。

问题三:说说你最大的优点和缺点?

优点回答提示:沉着冷静、条理清楚、立场坚定、顽强向上,乐于助人和关心他人、适应能力和幽默感、乐观和友爱。我在××××职业培训学校经过职业资格培训及项目实战,加上实习工作,使我适合这份工作。我相信我能成功。

缺点回答提示:这个问题企业问的概率很大,通常不希望听到直接回答的缺点是什么等,如果求职者说自己小心眼、爱忌妒人、非常懒、脾气大、工作效率低,企业肯定不会录用你。绝对不要自作聪明地回答"我最大的缺点是过于追求完美",有的人以为这样回答会显得自己比较出色,但事实上,他已经岌岌可危了。企业喜欢求职者从自己的优点说起,中间加一些小缺点,最后再把问题转回到优点上,突出优点的部分。企业喜欢聪明的求职者。

问题四:你能为我们公司带来什么呢?

回答提示:

① 假如可以的话,试着告诉他们你可以减低他们的费用——"我已经接受过××培训中心专业的职业资格培训,立刻就可以上岗工作"。

② 企业很想知道未来的员工能为企业做什么,求职者应再次重复自己的优势,然后说:"就我的能力,我可以做一个优秀的员工在组织中发挥能力,给组织带来高效率和更多的收益"。企业喜欢求职者就申请的职位表明自己的能力,比如申请营销之类的职位,可以说:"我可以开发大量的新客户,同时,对老客户做更全面周到的服务,开发老客户的新需求和消费"等等。

问题五:你为什么要离职?

回答提示:

① 回答这个问题时一定要小心,即使在前一个工作受到再大的委屈,对公司有多少的怨言,也千万不要表现出来,尤其要避免对公司本身主管的批评,避免面试官的负面情绪及印象;建议此时最好的回答方式是将问题归咎在自己身上,例如觉得工作没有学习发展的空间,自己

想在面试工作的相关产业中多加学习,或是前一份工作与自己的生涯规划不合等,回答的答案最好是积极正面的。

② 我希望能获得一份更好的工作,如果机会来临,我会抓住;我觉得目前的工作,已经达到顶峰,即没有升迁机会。

三、端正求职观念

求职择业的过程实际上是知识能力和心理素质的展示过程,也是个人意志的磨炼过程。在求职择业前,求职者必须做好充分的思想准备。同学们在校勤奋学习文化知识、专业技能,不断提高自身素质,其目的就是为了毕业后求得一个理想的工作岗位。尽管所有同学一起进校,一起毕业,为什么有的同学能够顺利就业,得到满意结果,而有些同学却屡次求职受挫,不能顺利上岗呢?根据某校学生就业部门老师的调查分析,毕业后不能顺利上岗的同学其原因不外乎有以下几种情况:第一种是没有合格技能的人(没有真本领);第二种是个人素质品行低下的人,这两种人注定难以找到理想的工作;第三种是有知识有技能,但脑子里没有正确的就业观念的人。这些同学在每年不能顺利就业的毕业生中占有相当比例,应当引起足够的重视。

1. 调整心态,积极应对挑战

大学生面对严峻的就业形势,调整求职心态非常重要。

(1) 自信乐观

英国哲学家黑格尔说过:"人应尊重自己,并应自视能配得上最高尚的东西。"对缺乏自信、怕羞、怕会出丑的人来说,应经常想到自己的长处,并应深信"天生我材必有用"。只有有了自信心,才能全身心地投入工作,才能使自身的能力更好地发挥出来。

在激烈的竞争中,如果没有乐观向上的拼搏精神和强烈的进取欲望,是很难获得成功的。相反,如果你是一位乐观向上、积极进取的求职者,就能把每一个面试机会看成是千载难逢的好机遇,可遇而不可求,使新的成功者向你招手。

(2) 不卑不亢,直面面对

对于步入社会存在恐惧心理的同学来说,除了树立自信心外,要做好充分的准备。军事家最忌讳的就是打无准备之仗,生活中同样如此。凡事都是思考越周密越好,准备越充分越好,措施越具体越好。

掌握充分的就业信息是非常必要的,如企业岗位的设置、能力的需求等就业信息的收集。虽然说知识是能力的前提和基础,但在掌握扎实的专业知识的同时,还要注意提高自身的动手能力,并多进行社会实践,多去接触和适应社会,培养勇敢面对困难和挫折的勇气。

(3) 培养奉献精神。

我们应培养奉献精神,在看到就业机会的同时,愿意到祖国需要的地方去实现自己的价值,在客观上摆正心态,把国家的需要和自己的利益有机结合起来,寻找能够实现个人价值和社会价值的人生舞台。

2. 更新就业观念

要营造一种社会氛围,使就业人员转变就业观念,或者说形成一种适应就业需要的观念。中国传统文化就有"三百六十行,行行出状元"之称。其实在每个领域,即使是看似很平凡的岗位都可以做出不平凡的事。

案例

毕业生求职观念新变化：工作三五年 国企褪光环？

随着开学季的日益临近，又一批应届毕业生将要穿上精心购置的职业装，辗转于招聘企业的一轮轮面试中。数据显示，在近五年应届生的求职中，国企始终是最受青睐的香饽饽，在2014年招聘季中，这种扎堆择业的不平衡现象甚至导致了人为的"就业难"。但众人争抢的国企职位并非"十项全能"，记者近日走访后发现，在工作3~5年的往届毕业生中，对于不同类型企业的评价已经发生了改变，某些当年在旁人羡慕的眼神中端上"铁饭碗"的职场人开始想要转投民企、私企的怀抱。

慢步伐与快节奏

"每天朝九晚五，周末从来不加班，八小时的工作我两三小时就能干完，感觉自己都快长毛了。"在一家医药公司从事文员工作的小贾这样描述自己的日常生活，"早晨到了单位磨蹭磨蹭，在网上逛逛，拖到中午吃了饭，睡个午觉，下午一两点钟再开工，干完了离下班还有一段时间，就上淘宝，买点东西。"

这样悠闲的日子曾经是小贾的向往，三年前的9月，在同学们还在投简历的时候，在这家国企实习了一个月的小贾便获得了签约的机会，当时她还有几分"炫耀"地和同学们说："我去'养老'了，拼搏的事情你们来干吧！"但在三年后的今天，小贾每次看到朋友圈中大家不断更新的工作状态，"温水煮青蛙"这个比喻就开始在脑中盘旋。

曾经和小贾做过室友的小邵的日子是另一种状态，"就像是大风车，滴溜溜地转"，作为一家律师事务所的员工，见当事人、整理材料、出庭等工作排满了小邵的时间表，三年下来，连走路的速度都比旁人快了几分。

小邵说，这两天猎头打来好几次电话，一家公司看重了她在业界的口碑，想要"挖"她去做法务，是去是留，她还在考虑。

死工资与活薪水

对于从国企中"脱队"的小张来说，工资簿上数字的变化更让她百感交集：当初她听从父母的安排做文员的时候，一个月三四千元，之后的三年里收入水平"稳如磐石"。由于婚后开销的增加，这笔钱显得有些寒酸。于是，她在周围人的疑惑中毅然辞掉了所谓的"铁饭碗"，投奔了一家小化妆品公司的文案岗位。

刚干了两年，小张的工资就涨了30%，还因为出色的文字表达获得了老板的赏识，在6月份兼职负责品牌微信公众号的日常更新。令她感到惊喜的是，多出了一份力，也就多拿了一笔钱——每个月能增加两千元的额外收入。

记者走访后发现，由于生活压力的增加，工作三五年的职场人认为，与所谓的"稳定"、"闲暇"相比，在给"东家"打分时，薪酬因素对他们的影响更大。其实，在应届毕业生中，期望起薪的数字也在年年调高。前程无忧网刚刚完成的《2014高校毕业生就业状况》显示，211和985重点院校中52%的毕业生要求起薪在6 000~8 000元之间，比几年前盛传的"本科4 000元，研究生6 000元"的报价高出一大截。

智联招聘高级职业顾问黄若珊表示，这种差距与公司规模有关，与其性质的关系也不小。"我们观察后发现，很多应届生想要去国企，会说那里'年薪十万'什么的，但如果不晋升，基本上一直拿这个钱；而民企、私企的薪酬体系不同，有时开始给不了这么多，但一旦公司利润上去了,给员工派发'分红',出手是相当大方的。"

中华英才网在2014年毕业季结束时发布了一份《中国大学生最佳雇主报告》显示,仍有35.9%的在校大学生将国有企业列为最理想的求职单位,但在工作三年以上的就业人群中,依然选择国企的比例下降为23.91%,而愿意选择民营企业的比例则达到了33.63%,与之相呼应的是,在已经毕业的大学生中,有自主创业倾向的人占到了18.9%。

(资料来源:东方网,财经频道)

(1) 面向基层,面向一线

树立从小做起、从头做起的就业观念。基层一线既是同学们刚刚走出象牙塔,走上社会,第一次了解社会、适应社会的重要场所,又是成长发展过程中不可缺少的实践性环节。有的学生认为,自己读了四年大学,获得堂堂的大学毕业文凭,到基层一线工作是大材小用,甚至认为是浪费人才资源。他们认识不到,基层一线对于青年学生成长进步的重要性和必要性,更看不到,到基层一线工作是锻炼自己、磨炼自己、缩短适应期的重要途径。因此,广大毕业生要根据自己的专业需求、学历层次以及就业起步阶段的特点,正确地自我调整,从小做起、从头做起,乐于并勇于到中小企业和乡镇企业等基层一线去工作,为走出校门后,客观正确地了解社会创造条件,使自己的主观愿望与客观实际相结合,为今后成长发展奠定牢固的基础。

(2) 先就业,后择业,再创业

就业、择业、创业既是不同的概念,具有不同的含义,又是客观地反映大学生毕业后谋求职业的阶段性及其不同特点和要求。有的同学在求职过程中,存在一蹴而就、急于求成的思想,认为既然找工作就要干一辈子,一职定终生。看不到社会需求的变化和产业结构的调整,对自己就业志向和就业岗位的影响,没有把就业、择业和创业看成一个循序渐进、不断发展的过程。事实上,大学生在毕业以后的求职生涯中,既是不断地认识自己,充实自己,提高就业竞争力的过程;又是对职业特点、岗位要求和从业条件,不断深化认识、优化职业目标的过程;还是克服困难、走向成功,向更深层次发展的过程。大学生在毕业初期有了这个完整的过程,应该是不可多得的无形财富,将影响着自己的一生。

(3) 不怕困难,艰苦创业

每一位同学都应该具有吃苦耐劳的精神,尤其在毕业后就业过程中,要有面对现实、迎接困难、不畏曲折的思想准备。如何找准自己就业的切入口,迈好第一步;如何适应新的环境,处理好人际关系;如何把所学到的知识转化为干好本职工作的能力,有所作为;如何正确对待就业初期的工作生活条件,渡过难关等。这些困难都需要自己去克服、自己去化解。要敢于面对现实,客观地认识困难,不被困难所吓倒;要增强克服困难的信心,把克服困难、战胜困难,当作自己"第二次"学习深造,磨炼毅力,锻造不畏艰难困苦的优秀品质;要不断总结克服困难的经验和方法,分清轻重缓急,分别分类解决。

(4) 脚踏实地,一步一个脚印

相当一部分大学生在就业过程中存在着"高不成、低不就"的问题。问题的实质,是这一部分的大学生不能正确地估价自己,把自己看得太高、太重,没有充分地认识到用工单位,不仅要看我们的知识水平是否符合岗位要求,还要看我们能否胜任,为本单位创造利润。事实上,刚刚从学校毕业的学生,不可能在短时间内做到这一点,至少与用人单位的要求有相当大的差距。据专家统计,我国只有10%的学生毕业后能直接胜任用人单位的相关工作。因此,必须要着眼现实,清除不切合实际的"理想主义",把自身的估价与用工单位的要求结合起来,低调应聘;必须立足当前,要"立长志",不要"常立志",把远大的理想目标划分为若干阶段,做好当前,实现近期目标;同时必须打牢根基,扎扎实实地做好每一项工作,一步一个脚印地前进,力戒浮躁,远离"光环"。

(5) 自强自立,敢闯敢干

不可否认,我们处在一个人情与社会关系取向比较明显的社会中。高校招生规模扩大,毕业人数不断增加,就业难度日益增强。大学生毕业,不但面临"本领危机",即知识、技能、本领与就业岗位有相当差距,而且面临"关系危机",即一些家庭和社会人际关系并不能或很少能为自己找到一份满意的工作。在"关系危机"存在并发生作用的情况下,广大毕业生如何克服依赖心理是我们面临的一个现实课题。我们必须克服依赖心理,树立自强自立、敢闯敢干的就业观念。要自力更生,不靠"神仙"和"皇帝",立足自身条件,艰苦创业;要大胆探索,开拓创新,做别人想干而不敢干的事情;要不怕失败,勇于摔打,做到对目标的专一追求,总有一天我们会成功的。

(6) 勇于应聘,事在人为

有的毕业生在"等、靠、要"思想的支配下,对就业问题缺乏责任感和紧迫感。不是主动地了解就业信息、渠道,而是等家长帮助、靠学校联系,一旦提到就业,就讲条件、要待遇。这种对就业问题采取听天由命、不思进取的态度和行为,实质上既表现了思想上的懒惰,又反映了能力上的低下。根本的问题还是思想认识的问题,有的同学认为,就业是家长和学校的事情,联系好自己就去上班;还有的同学认为,再等一等,看一看,也许会有个好机会;甚至有的同学存有幻想,"天生我材必有用",等用工单位找上门,"非我莫属"。其中,还有一部分毕业生,既不想又不敢去应聘,缺乏竞争意识。很多事实说明,尽管就业难度在增大,但只要学生本人牢固树立事在人为的思想,发挥主观能动性,不怕竞争,勇于应聘,就一定能够使理想转变为现实。

(7) 勇于走出去,到外面经风雨、见世面

高校毕业生不愿出门、不敢离家就业,有主观和客观两个方面的原因。从客观方面来看,环境不熟悉,生活有困难等。从主观方面来讲,怕远离父母、家人,生活不便;在陌生的环境中不敢竞争,害怕竞争等,存在畏难情绪。在长三角地区、苏锡常等经济发达地区,就业岗位多,发展空间大。只要我们务实肯干,就能就业。因此,广大毕业生要打破一味追求在家门口就业的思想观念,勇于走出家门,跨地区就业,走出一条靠自己胆量和学识的就业之路。

(8) 行行出状元,处处显人才

社会发展促进了人们思想观念的改变,而思想观念的更新又推动着社会发展。在大学生就业求职中,什么叫"正规单位",什么是"体面工作",用什么标准去划分正规与不正规单位、体面与不体面工作,需不需用过去的观念和尺度去划分,这本身就是能不能创新,怎样创新的现实问题。有的大学生在就业过程中,把进正规单位、干体面工作作为自己成功就业的标志,比如公务员、吃皇粮等工作,否则不叫就业,不算就业。这种传统的、陈旧的观念,与时代发展不相适应,与就业形势不相符合。事实上,改革开放以后,就业的渠道、方式已经发生了质的变化,工作的概念及表现形式与过去有很大不同,必须发展地看待"正规单位"和"体面工作"。从就业的角度来看,没有正规和不正规之分,有没有岗位才是关键。岗位的归属并不重要,也许是某一个单位或部门,也许是自立门户的自主创业者;也没有体面和不体面工作之别,能不能为服务社会、创造价值才是关键。我们只要能用自己的双手,养活自己,创造财富就是真正的工作、体面的工作。

四、了解求职面试的方法

一般来讲,面试中的面谈法、答辩法、无领导小组讨论法、情景模拟测验都是我们求职过程中比较常见的面试方法。

1. 面谈法

面谈法可以具体分为非结构化面试、半结构化面试和结构化面试。非结构化面试是指面试官在面试之前对于面试的问题及具体细节没有经过特殊设计,完全是根据现场情况即兴发挥,这种面试双方都有很大的自由;结构化面试是指面试过程以及问题都经过精心设计,每个求职者都要面对基本相同的面试环境;半结构化面试则是两者的折中,其应用也是最为广泛的。

对于面谈法面试,不管是一对一的面谈还是一对多的面谈,这种面试最大的好处就是最直接地与HR接触,所以一定要抓住机会,好好表现,让HR给自己打一个高分。具体来说,应注意以下几点:

1) 着装整洁得体。第一印象是视觉印象,所以我们应注意个人的穿着打扮,不要衣着邋遢,要根据具体职位来选择合适的衣服,女生可化淡妆,男生要面容整洁。

2) 自信,保持良好精神状态。面试是一次双向选择,所以不要怯场,说话声音要洪亮,吐字清楚。很多人面试后自我感觉不错,觉得自己的问题回答得非常精彩,而却不知,HR根本没听清你在说什么,这点要引起我们的注意。

3) 回答问题要有思路,HR说完问题后不要急着马上回答。其实每个问题都会给我们一定的思考时间,但是这个思考时间很短,也千万不要半天不开口,一般来说,HR说过问题后几秒钟后作答比较合适。回答问题要思路清晰,对于自己不是很清楚的事情,直接说不知道,不要东拉西扯地来回绕,耽误面试时间。

4) 回答完问题要有明确的回答结束表示,比如,"以上是我对这个问题的个人看法",让HR可以继续提问或者展开深入探讨。

5) 态度要谦虚。不管面试情况如何,一定要保持谦虚的态度,不要因为面试问题内容自己都很擅长就表现出骄傲的态度。

2. 答辩法

答辩法是面试官通过观察求职者的辩论来对其进行评价的,既可以是书面辩论,也可以是口头的答辩,一般来讲是指口头答辩。

对于答辩法,求职者务必清楚,辩论本身就是一个寻求结果的过程而不是分胜负的过程,所以不要激动,辩论时的风度尤为重要,虽然各方观点不同,但是仅仅是对某一个问题而言,切忌加入个人主观情绪。在适当的时候,妥协也是一种风度。

3. 无领导小组讨论法

无领导小组面试是比较常见的一种群体面试方法,主要考察求职者的综合素质,包括语言表达能力、思辨能力、沟通能力、人际关系处理能力、领导能力等。

对于无领导小组讨论法面试,要注意以下几点:

1) 发言时机的选择。不是第一个发言就一定好,这个是需要注意的,发言时机需要根据时机情况来看,例如,小组成员都有比较明显的想首先发言迹象时,可以选择谦让;但是当小组成员都在观望时而你个人的观点又比较成熟时,首先发言也很好。

2)大局观很重要。小组面试时间有限,大家是竞争与合作的关系,如果小组表现好,有可能全部进入下一轮,如果小组表现不好,则有可能被全体淘汰,虽然这是两个极端情况,但是也会出现,所以一定要注意自己个人修养。在遇到不同意见时,不要不停地试图说服别人,要有大局意识,在不能达成一致的时候可以妥协或者坚持保留意见而不继续纠缠一个问题。

3)风度。不管是发表见解还是辩论,都要保持良好的风度,对事不对人是基本原则。

4)语言表达要清楚。要用普通话发言,不要使用方言,以免有人听不懂,声音要洪亮,让每一个人都可以听清楚,展示个人的精神风貌会加分的。另外,语言要有逻辑,有说服力,不啰嗦。对于别人的发言如果认同就不要重复,尽量节省时间。

5)有角色意识,但是不要非得争做某一角色。一般来讲,小组面试都会自发地产生一个领导,但是这并不意味着"领导"就会被面试官认可,所以,不一定非得争当领导,而为此影响整体表现。

4. 情境模拟测验

情景模拟测验面试是模拟工作情境的一种面试方法,主要考察求职者的实际处理问题能力,是否能胜任某一工作。

对于情景模拟测验面试,应该注意以下几个问题:

1)尽量进入角色,从角色角度看问题,处理问题。

2)一般这种面试都是处理一些比较复杂的问题,比如客户投诉等,所以一定要谨慎,仔细、周到地考虑问题,提出可行的解决办法,不要把书本上的知识直接搬过来。

3)对于自己无法处理的问题要及时请教或请领导明示,毕竟在工作中遇到不熟悉的问题也是需要不断学习的,千万不可因为面试而自作主张,也许请示领导也正是面试的测试题目之一。

面试方法随着社会的进步不断发生变化。根据面试借助的介质,可将面试分为四类:

一是普通面试(by no Means,简称 N 面试),即不借助任何介质或媒介,面试双方在同一房间内进行的面试;

二是可视电话面试(by Telephone,简称 T 面试),即双方通过可视电话进行的面试;

三是网络(电子)面试(by Internet or Electronic,简称 E 面试),即双方借助网络进行的面试;

四是其他面试(by Others,简称 O 面试),即除去以上三种面试形式的所有面试形式,如通过闭路电视等设备进行的面试。

知识直通车

沉着应对电话面试细节

1. 突然打来电话怎么办

企业突然来电,往往令你措手不及,也许你正在上课,也许正在运动,也许正在公车上,此时没有任何准备,建议你首先试探看看对方是否可以给你一些准备时间稍后再进行电话面试,如"对不起,我正在有事,能不能换个时间给您打电话?"等,千万不要说自己没有准备,否则很有可能让你失去这次机会。

一旦赢得时间,最先做的应是马上摊开资料写一份提纲,从容应答。当你能坦然放松地与对方进行电话交谈时,应该将对方单位名称、招聘岗位以及你所感兴趣的职位等弄清楚。

假若对方表示占用时间很短,要你配合的话,也不要紧张,先找个安静的地方坐下,然后厘清思路,先做简短的自我介绍,之后有条不紊地回答提问。

2. 电话面试会问什么

为确认求职简历的真实性,企业人事部门首先会对简历内容进行确认,看看是否有漏洞,是否有不符合事实的地方。此时,应聘者必须冷静快速地回答问题,回答过程中的任何犹豫都有可能给对方造成说谎的印象。因此,最好将简历放在手边,可以看着内容回答提问。

其次,对简历内容确认之后,面试官会针对应聘岗位问些专业技术方面的问题,比如你的专业技能、对应聘职位的看法,有时会问得更细一些。对于这些问题,千万不要慌张,保持镇静,抓住问题要点,尽自己所能,如实回答。

在回答一些专业问题时,你的答案要尽量显示你对那些专业术语非常熟悉,并能用简短的语言表达清楚,重点突出,不要回答得含糊不清。

任何面试都是双方进行相互观察和了解,而不是面试官单方面"审问"应聘者。面试官会对应聘者提出各种问题,以此来衡量你是否适合本公司,同时应聘者也可以向面试官提出任何你想了解的问题,但薪资待遇问题最好不要提及,否则对方会认为你比较功利。

3. 接听电话要冷静

"知己知彼,百战不殆"。想从容面对电话面试,就得先了解电话那头的"对手"是谁。因此,要问清面试官的名字与公司名称,并确定自己的读音正确。

当然,对应聘公司的信息了解得越多,就越容易应对面试。其一,容易理解面试官的提问;其二,当面试官了解到你掌握很多公司的信息时,会对应聘者产生好感,面试也会变得轻松起来。如有可能,最好提前准备一份你要问面试者的问题清单。你还需要整理出一份你接受过专业技术培训的列表,这会让你的实力一目了然。

同时,在手边放一些纸和一支笔,记录对方的问题要点,便于回答。记住,接电话的时候不知道说"你好",光是"喂","印象分"就差了,接下来的效果可想而知。

4. 接听电话要注意语速

在面试过程中,不要机械地背诵自己所准备的材料。回答问题时语速不必太快,发音吐字要清晰,表述要简洁、直截了当、充满热情,使得谈话有趣而易于进行,快了反而会弄巧成拙。

如果问题没听清楚,要很有礼貌地请面试官重述一次,不要不懂装懂。回答时尽可能表现得有礼貌,不要答非所问。要记得,请求面试官说得更清楚一些是正确的做法。如有必要,甚至还可以要求面试官改用其他方式重述他的问题。

感到紧张是很自然的,但是要试着让自己慢慢放松。如果你说得太急,面试官会很难听懂你的意思。一旦你感觉到很紧张,且在说某些话时无法继续下去,最好停下来,深深地吸一口气,然后说:"对不起,请让我再来一次。"

记住,尽量保持语调轻松,充满自信。值得一提的是,外资企业的电话面试大多是用英语交流,只要英文不差,听得懂对方的问题,回答要力求简单明了。

5. 电话结束时说什么

在电话结束时,要记得感谢面试官,且还要保证面试官有你正确的电话号码,以便在接下来的几个星期里他能找到你。在结束电话之前,一定要感谢对方来电话,显示你的职业修养。

最后,专家提醒各位:无论如何,大学生在电话面试中要把握实话实说的原则。同时,在接电话过程中保持合适的语速和职业化态度是能赢得高分的关键要素。

五、准备求职材料

1. 求职简历

[导入]

女生一页简历768个字 多家名企被打动

一份只有一页的简历,如何通过华为、腾讯等知名公司的简历关?重庆大学大四学生吴芳芳就做到了,她投出去的20多份简历全部都有回应。还在找工作的大学生们,来看一看她的简历,或许能得到启发。

没有塑料封皮包装,也没有精美花哨的设计,重庆大学自动化专业大四学生吴芳芳的简历显得很单薄,只有一页,总共768个字。吴芳芳不喜欢条条框框,更不喜欢啰唆,所以坚持只用一页。"简历不用篇幅太长,语言逻辑不能有问题,条理清晰即可。"

内容很全面:七大板块,描述言简意赅

这份简历共分七块:个人概况、教育背景、个人技能、所获证书、在校工作经历、社会工作经历和自我评价。每块之间,都有红色直线作为分隔线。除了个人概况和教育背景,每一部分的说明都只有3~4条。

"别尽想着忽悠面试官,有什么写什么,我的在校工作经历和社会工作经历,每一点都是一句话概括,写我的职位是什么,锻炼了什么,一目了然。""一些公司的HR,特别是知名公司的,每天要浏览那么多份简历,怎么可能有时间把每份简历都仔细看完,如果你写太多,反而会使你的亮点被忽视。"吴芳芳说。

一投一个准:12天10场笔试、10多场面试

就是这样一份只有一页的简历,让她通过了华为、腾讯、联想、中国移动、三星、TCL等全国著名公司的简历关。

吴芳芳从9月就开始制作简历,"等到10月、11月招聘会高峰期到来时才去制作简历,这样你就比别人晚了一步。提前做好就有充足的时间修改完善。"吴芳芳的第一份简历是一张表格,她感觉一些多余的线条会让简历显得不够简洁,于是就调整为使用红色的分隔线。

每投出一份简历之前,吴芳芳都要仔细对照所投公司和岗位的要求,对小部分内容做出修改。"要突出自己的能力,有侧重点。如果你投的是技术岗,肯定专业课成绩和软件操作更重要一些;如果是管理岗,你要突出相关的实习经历。千篇一律肯定不行,最好对症下药。"

"我一共投了20多份简历出去,全部都有回应。"上个月,吴芳芳在12天的时间里参加了近10场笔试和10多场面试,共收到了3个offer。最后,她选择了个人发展前景好、离家近的广西柳州五菱汽车。

"简历只是最终的一个呈现形式,关键还在于你的大学是怎么过的。"吴芳芳说,无论简历形式怎么变,都离不开大学经历这个"本"。

她告诉学弟学妹,如果要读研,就去图书馆当一名"学霸",适当参加一些社会活动;如果要找工作,就要平衡自己花在学习与参加校内、校外活动的时间。吴芳芳的成绩并不是年级里最好的,她的一个朋友成绩比她好,但简历的通过率不如她,其中一个原因就是社会活动经历太少;吴芳芳还有个同学大学期间曾赴日本做项目,活动也参加很多,无奈专业课成绩不够优秀。吴芳芳与他一同投三星,但他的简历没通过。吴芳芳说:"他的简历写的东西比我多,但是不少都跟岗位没有什么关系。"

这份简历,在校工作经历和社会工作经历每一点都用一句话概括,写职位是什么,得到了什么锻炼。简历的页脚位置加上了"与您一起,共创辉煌"的字样。她说,对方看了心里也会舒服一些,也会显得你的求职更有诚意。

(资料来源:重庆晨报)

讨论

你如何看待简历的作用?

通过案例,怎样的简历才能打动人?

在众多大学生找工作的今天,面试是争取工作机会的关键一步,而求职简历就是求职者开启面试大门的钥匙。俗话说:"一把钥匙开一把锁",在现实世界中却是千把"钥匙"争开一把"锁",如何才能让自己的"这把钥匙"争取到开"这把锁"的百分之一、千分之一的机会,就是千万求职者应该关注和必须关注的问题,这个问题又是最让求职者伤脑筋的问题。简历是一个求职者获取工作机会的敲门砖,当今社会求职找工作的方式很多,但是简历适用于每一种、每一阶段的面试,当招聘官打开招聘邮箱的第一刻开始,映入他眼帘的就是简历,所以简历的好坏与否,直接影响到求职的成败,即使在面试的伊始,我们也需要向面试官呈上你的简历。制作出优秀的求职简历是迈向成功的第一步。

在美国,平均一个职位会有 200 人应聘,其中 100 份是合格的,在北京,平均一个职位会收到 1 000 封求职信,其中 200 封是合格的。据某网站统计,规模较大的企业一般每周要接收 500~1 000 份电子简历,其中的 80% 在管理者浏览不到 30 秒种后就被删除了。要让别人在半分钟内通过一份 E-mail 对你产生兴趣,其难度与跟用人单位直接见面相比大得多,因此可以看出,一份简历对于一个求职者的重要意义。

看到一份心仪的工作正在招聘人手,你很想去试一下。事实上,你有可能是这个职位的最佳人选,但是如果你的简历不能吸引到招聘人员,还是可能会失去机会。

简历的真正作用是求职的敲门砖。简历,有人称之为 Resume,有人称之为 CV (curriculum vitae),CV 一般是指学术简历,应届毕业生的求职简历一般称为 Resume,顾名思义,就是对个人学历、经历、特长、爱好及其他有关情况所作的简明扼要的书面介绍。

找工作,是竞争什么?最开始竞争的是简历!因为我们到任何一个招聘单位要做的第一件事情就是要投递简历,而简历就是那些单位了解我们的第一扇窗口。因此简历就成了我们和单位沟通的第一通道,往往是招聘人员了解我们的第一个途径,适度地引起用人单位对我们的兴趣才是最重要的。一份好的简历,可以在众多求职简历中脱颖而出,给招聘人员留下深刻的印象,然后决定给我们面试通知,它是帮助我们应聘成功的敲门砖。

所以说,简历不是很多人认为的用来填写个人的"丰功伟绩",或者仅仅是把工作经历、学习状况罗列一下。只要我们的简历没有引起招聘单位的注意,那么这次应聘就是失败的。

1) 求职者必须明确求职简历及其各项内容的作用

求职简历就是招聘单位了解求职者的第一个窗口、唯一的途径,是求职者向招聘单位展示自己能力的第一个通道,因此求职者必须明确知道求职简历的作用——只是为自己赢得面试机会。求职者必须明白:一般情况下招聘人员面对几十份甚至几百份求职简历,他们看一份简历的时间大概只有一分钟。在这么短的时间里,如何使自己的简历与众不同,引起招聘单位对我们的兴趣才是最重要的。而大多数求职者,尤其是应届毕业生没有意识到这一点,把求职简历写成了自我介绍,内容大而全,篇幅长,更有甚者把它写成了自传,厚厚的几十页,这样的简历只能被当成垃圾丢入垃圾桶,面试的几率为零。

求职简历中的各项内容也担负着各自的作用,可以让招聘单位从各方面了解求职者,帮助其做出判断。从出生年月可以判断求职者的年龄、有无工作经验;从户口所在地、居住地可以判断求职者上班的方便性;联系方式是可以在第一时间内找到求职者,这是必须突出的一点;从性别可以判断求职者是否适合这份工作的要求;照片可以给招聘人员一个深刻的印象,让他记住求职者;从毕业学校、专业可以判断求职者的知识水平、学习能力;从求职意向可以判断求职者正在寻找什么样的职位,谁需要这样的简历;从自我评价、特长、爱好可以判断求职者的性格、能力;从经历可以判断求职者的经验、能力和发展潜力,等等。

2) 求职者尽量使自己的简历引人注目

机会只有一次,所以求职者必须使自己的简历引人注目。方法有:

• 求职简历最好只有一页。招聘人员在招聘时要面对几十份、上百份简历,他们没时间也没有耐心去看每一份简历,面对厚厚的、沉甸甸的一份又一份,他们更会对只有一页的简历感兴趣。

• 求职简历的制作最好与众不同。一般情况下,白纸黑字应该是个人简历的最佳载体,使用国际标准的A4纸,用打印机打印出来。但各种图书、网络例文模板等已将这种形式固定化、模式化,尤其是同一院校毕业的学生简历,更像是批量产品一样千篇一律,这就需要我们的简历制作与众不同。这种与众不同,不是花哨,不要制作成名信片,不要花太多的钱,求职者可以从纸张、写作格式等方面入手,如招聘现场一般都是嘈杂、闷热的,招聘人员的情绪往往就会烦燥、没有耐心,这时你递上一份有淡淡薰衣草、檀香香味的简历,必然使招聘人员情绪稳定、消除沮丧;或递上淡蓝色、淡绿色的简历,必然使招聘人员神清气爽,心平气和。简历的格式一般都是前面介绍个人情况,求职者可以把应聘的职位名称写在第一行等,这些都有吸引力。

• 求职简历中最好附加一张照片。在求职者的简历中,相同的东西太多:同样的专业、同样的学校、同样的工作经验、同样的工作单位,但只有一点是不同的,那就是你的形象,它是独一无二的。我们的眼睛在观看一样东西时,注意力会不自觉地被图像吸引,且图像的印象会更深、更持久。一个人在照片上看五秒钟,就能读懂几千字也不能描述清楚的复杂信息。如年龄、气质、修养、精神面貌等,这些大量的信息在短时间内得以有效地传达到招聘者的大脑,能给求职者带来文字资料所无法比拟的优势,从而达到被关注的目的,所以一定要在简历中贴一张照片,一寸的照片即可,要求是人物与背景分明的、精神状态好的近照。

• 求职简历最好有明确的求职意向。一些简历在求职意向中常常写"具有挑战性的职位"、"有继续向前发展的余地"、"如果好一点的工作得不到,低一层的工作我也愿意做",有的简历写上两个以上的职位,这些都说明求职者没有做好准备,不知道自己要干什么,什么都能干说明的是"什么都干不好"。因此,写求职意向时最好只写一个职位,并写明职位的名称,如经理或销售代表,想要从事的领域,如营销或编程。

• 求职简历最好重点突出。有的求职者在做简历时,生怕有什么遗漏,将经历、个性等写得满满当当的,造成主次不分。这时求职者应该明白简历是告诉招聘人员"我能干什么,我的强项是什么,我的能力可以给未来的公司带来什么样的效益"、"我就是你想录用的人",而不是告诉招聘单位"我是什么样的人"。因此,即使一个人的素质是全面的,求职者在简历中也应当从经历、特长等方面针对应聘职位的特点进行重点选择。比如应聘记者,在简历中就要特别强调创造能力、文字功底和身体健康、能吃苦、善于交际等特点;应聘市场分析人员时,在简历中应突出强调了组织策划能力、协作精神、分析能力等。

当然,求职简历最基本的要求还是直观、简明。请记住:"简历不是找工作用的,而是为赢得面试用的"。

2. 求职信

成功的求职信应该表明自己乐意与将来的同事合作,并愿意为事业而奉献自己的聪明才智。要写好一封令人满意的求职信,必须掌握求职信的撰写技巧。

(1) 字迹整洁,文字通顺

古人云:"字如其人,文如其人。"如果求职者的文章流利,字又写得漂亮,这首先从门面上就压倒其他竞争对手,并且能够把求职者的工作态度、精神状况、性格特征介绍给对方,加上自己的求职条件,就会使自己在众多的求职者中取胜。事实上,工整的字体使人心情舒畅,潦草的字迹令人生厌,这也是我们每个人都体验过的感觉。也正如在调查中某人才交流中心的负责人与我们交谈时所说:"要处理的信件太多了,像字迹潦草的信我们一般都先丢在一边,待有空闲时再说。"而实际求职过程中,遇到这种情况还算幸运,如果碰到一个严厉的负责人,他会连看也不看,就"啪"地一下扔进废纸篓。所以,为了达到自己的求职目的,就应该将求职信书写工整,让人一目了然,赏心悦目。

(2) 简明扼要有条理

用简练的语言把自己的求职想法以及个人特点表达出来,切忌堆砌词藻。因为求职信的读者大都是单位负责人,他们不会把很多时间浪费在阅读冗长的文章上。求职信不是显示文学才华的地方,最好用平实、稳重的语气来写。有些大学毕业生,总想卖弄文采,想办法堆砌华丽时髦的词藻,结果弄巧成拙,使人反感。因此,写作求职信要开门见山,简明扼要,切忌套话连篇。求职信不在于长,而在于精,精在内容集中、明确、语言凝练、明快、篇幅短小精悍上。

(3) 要有自信

先想好自我推销的计划再下笔。不论我们是从报纸上看到的招聘广告,还是从亲友那里得来的信息,都要说明自己的立场,以便能让收信者印象深刻。写开场白之前一定要深思熟虑,如果气势不足,一开始自然就没有吸引力。

(4) 富有个性,不落俗套

应按写一则新闻导语或是拟广告词的态度来对待。书写一封求职信,正如精心策划一则广告,不拘泥于通俗写法,立意新颖,以独特的语言及多元化的思考方式,给对方造成强烈的印象,引人注意,并挑起兴趣。一封求职信,无论内容多么完备,如果吸引不了对方的注意,则一切枉然;对方如果对求职者的陈述不感兴趣,则前功尽弃。

(5) 确定求职目标,实事求是

一个人对求职目标的确定并不是一件容易的事情,一定要符合人才市场的供求规律和竞争法则。在我国实行社会主义市场经济的今天,人才在某种程度上来讲,也可以被看成是"商品"。市场的供求规律无时无刻不在影响着商品的价格。供不应求时,价格高于价值,也就是说,这是人才的卖方市场;供大于求时,价格就低于价值,是人才的买方市场。了解了这一规律,我们进入就业市场的时候,就不会一厢情愿地只凭自己的学历,时刻想着应该得到什么样的工作,而只有去适应市场的运行机制和竞争法则。至于自己能"卖"到什么样的价格,要凭市场行情而定。在大学生多如牛毛的今天,如果要价太高,势必无人问津。最明智的选择是顺应市场,调价处理。同样的道理,如果学的是社会冷门专业,即使是博士生,恐怕也只能是找到一个本科生的职位。同时,市场竞争法则也制约着我们对职业的选择。求职的竞争从本质上讲,是人的才能、素质的竞争。参与竞争前,我们应先对自己有一个明确的估价,确定一下自己是哪个档次上的,然后再确定向哪个水平的职位挑战。只有这样,我们才能在符合市场供求规律和竞争法则的前提下,摆正自己的位置,确定合理的目标,也才能使自己的求职信有的放矢,提高成功率。

(6) 自我推销与谦虚应适当有度

写求职信就是推销自己,等于在别人面前进行自我介绍。要强调自己的成就,强调自己对所选单位的价值,这就少不了要自我介绍一番,但是一定要讲究技巧。比如,如果信中要表达"有能力开创企业的新局面",让人听起来就很刺耳。应该用点技巧来表达,可以说:"我可以用所学的知识,建立一套新的管理计划,以提高企业的生产率","可以为企业搞一些形象设计"等。

对于中国人来讲,谦虚是一种美德。一个谦虚的人,可以使对方产生好感。但对于求职者来说,过分的谦虚,同样会使人觉得你什么也不行。谦虚不是自我否定,是实事求是、恰如其分地表现自己。所以,写求职信应遵循"适度推销"的原则,但要视具体情况而定。由于文化上的差异,对外资企业可多一些自夸,对国内企业应多一些谦虚。

(7) 少用简写词语,慎重使用"我"的字句

平时你与人交谈时,可能习于简称自己的学校或所学的学科专业,但在求职信上最好不要用简称,因为用人单位的领导不一定都了解你的学校或专业的简写,往往容易使他们因不明白而产生误解。如"科大",究竟是指中国科技大学还是北京科技大学?专业的简称有时就更让人莫名其妙。另外,多处简写有时还会使人觉得我们做事不能脱离学生本色,或认为我们态度不够慎重,从而影响录用。此外,在求职信中需要用"我觉得"、"我看"、"我想"、"我认为"等语气来说明自己的观点时,要慎重,否则会给用人单位留下你自高自大、思想不成熟的感觉。

(8) 突出重点

求职信要突出那些能引起对方兴趣、有助于获得工作的内容,主要包括专业知识、工作经验、自身特长和个性特点等。有一点需要特别注意,即在介绍专业知识和学历时,切忌过分强调自己的学习成绩。许多人,特别是刚出校园的学生容易产生一种错觉,以为社会上也和学校一样,重视学习成绩,认为只要学习成绩优秀就会谋到一份好职业,甚至为自己全优成绩而沾沾自喜。这是不成熟的表现,很容易导致求职失败。因为以自己的学习而夸夸其谈,只能给人以幼稚和书生气十足的感觉。而用人单位重视的是经验和实际能力,所以应简单地写知识和学历,而重点突出工作经验和能力。

(9) 建立联系,争取面试,莫提薪水

在求职信中,不要提薪水的具体数目。求职信所要达到的目标是建立联系,争取面谈的机

会。此时谈钱为时尚早,以后会有更适当的场合,更何况薪水的数目并不是我们选择职业的主要因素。如果同时有两个职位,其中低薪的那个职位更有利于今后发展,那么应当毫不犹豫地选择它。这种例子在应聘者中比比皆是。在求职信的最后,要特别注意提醒聘人单位留意我们附加的求职简历,并请求给予回音,以争取能够建立下一步的联系,获得面试的机会。

(10) 以情动人,以诚感人

写求职信也要有感情色彩,语言有情,会更有助于交流思想,传递信息,感动对方。那么写求职信怎样做到以"情"动人呢?关键在于摸透对方的心理,然后根据我们与对方的关系采取相应的对策。如果求职单位在求职者的家乡,就可以充分表达为建设家乡而贡献自己聪明才智的志向;如果求职单位在贫困地区,就要充分表达为改变贫困地区面貌而奋斗的决心;如果是教学单位,就要充分表达献身教育事业的理想……总之,要设法引起对方的共鸣,或者得到对方的赞许。这样对方会自动地伸出友谊之手,给予热情的帮助。

写求职信在注重以情动人的同时,还要以"诚"感人,以诚取信。只有诚于中才能形于外。"诚"是指"诚恳"、"诚实"、"诚意"、"诚信",就是态度诚恳、诚实,言出肺腑,内容实事求是,言而可信,优点要突出,缺点不隐瞒,恭敬而不拍马屁,自信而不自大。只有"诚"才能取信于人,令人喜欢。人们常说"真诚能感动上帝",就是这个道理。

(11) 要不断地修正

建议先打一个草稿,把所有的想法列出先后次序,并巧妙地将它们串连起来。切忌把第一份草稿寄出去。无论日期怎么紧迫,都要谨守"纪律",经过一番改正、推敲之后,才能邮寄。

知识直通车

写求职信最好能做到以下几个"不要"

1. 不要详细描述你的孩提时代和早期教育。

2. 不要吹嘘或夸大,如果你具有杰出才能,只是陈述事实,让雇主自己去得出结论。

3. 不要使人厌烦,说完想说的话,信就该结束了,不要加附言。

4. 不要因为个人需要或家庭原因而申请一份工作,你申请的原因是因为你有能力做好工作。

5. 不要因需要积累经验而愿意接受工作,领取极低的薪水。廉价推销自己是不明智的,别人对你的评价依据于你的自我评价;如果你认为自己无关紧要,也就没有人会看重你。

6. 不要说你对薪水不感兴趣,这反而会弄巧成拙。

7. 不要使用含糊不清、易引起歧义的"etc.",例如,不要说"I can typewrite, operate a switchboard, etc."(我会打字、接转电话等),应列举你的全部才能。

8. 不要抱怨或批评你的前任雇主,这样做反而会使你失去机会。

9. 不要申请不适合你的工作或你没有能力承担的工作。

10. 不要因为想给人留下印象而使用书卷气很浓的生僻词汇,商务人员喜欢简明扼要的语言。

11. 不要浪费时间和空间讨论不相干的内容。

12. 不要提出要求,好像别人欠你一份工作,而你又非要得到这份工作不可。雇主们是不喜欢这种态度的。

13. 不要过分强调你的需求、希望、计划和对工作的期待。应该首先让雇主感兴趣,告诉他他会得到哪些收益。

14. 不要轻易对你的求职信感到满意,要反复修改,使之有创见性,有吸引力和说服力。

六、打造职业形象

学生时代穿着自由,但是一旦进入求职面试环节,大学生要把自己"武装"起来,通过打造职业形象,让男生成为"衣冠楚楚的男人",女生成为"庄重高雅的职场白领丽人"。

1. 男生打造成"衣冠楚楚的男人"

男生应聘时,最好穿西服,配上硬领衬衫,系上挺括领带,显得潇洒、英俊。做一个成功男子汉,应随时装扮自己,时时展现男子汉的气魄和魅力。

(1) 挺括的西装

习惯上更正式的是三件套:上衣、西裤和马甲,两件套也可以,但衣裤要成套。

① 平时就准备好一两套得体的西装,不要到面试前才去匆匆购买,那样不容易选购到合身的西装。

② 颜色应当以主流颜色为主,如深蓝色、咖啡色、黑色、灰色等,不要穿格、条、花的,这样在各种场合穿着都不会显得失态。

③ 初入职场的大学生,不必穿新装和高档服装,七八成新的服装最自然妥帖。在价钱、档次上应符合学生身份,不要盲目攀比,乱花钱买高级名牌西服,如果用人单位看到求职者的衣着太过讲究,不符合学生身份,对求职者的第一印象也会打折扣的。

④ 西服一定要挺括,不能皱皱巴巴的,也不能太过时、太老旧。西服袖口的商标一定要剪掉。

⑤ 如果穿的是三颗纽扣的西装,可只系第一颗,或系上面两颗,就是不能单独系最下的一颗,而将上面的扣子敞开;穿双排扣西装时所有的扣子都要扣上,特别是领口的扣子。

⑥ 长裤熨烫笔挺为好,长度以直立状态下裤脚遮盖住鞋跟的四分之三为佳。

(2) 洁净的衬衫

① 以白色或浅色为主,经典白色衬衫永不过时,这样较好配领带和西裤。深色西装配上白色衬衫,给人以潇洒的风度;而蓝色衬衫是IT行业男士的最佳选择,能体现出智慧、沉稳的气质。

② 衬衫领开口、皮带扣和裤子前开口外侧应该在一条线上。

③ 衬衫应该是硬领的,领子要干净、挺括,在正式场合不宜穿短袖衬衫和圆领衫。

④ 平时也应该注意选购一些较合身的衬衫,面试前应熨平整,不能给人"皱巴巴"的感觉。

⑤ 衣领、袖口都洗毛的旧衬衫或一件还从没有下过水的新衬衫都不合适,前者太拮据,后者太露着意修饰的痕迹。

⑥ 衬衫下摆要放入裤腰内。内衣、内裤、衬衣等都不能露出。

(3) 潇洒的领带

① 男生参加面试一定要在衬衣外打领带,这样会倍加风采。领带以真丝的为好,领带必须干净、平整、挺括,上面不能有油和其他痕迹。

② 平时应准备好与西服颜色相衬的领带,在配色方面,以和谐为美,不要追求标新立异,以免弄巧成拙。一条价格适中、清洁整齐、色彩和谐的领带,远远胜过名牌货。

③ 领结要打得坚实、端正,不要松松散散,歪拉在一边,领带尖千万不要触到皮带上,尽可能别上领带夹。

知识直通车

常见和万能的西装领带颜色搭配

三种基本搭配方法:

深色西装,穿浅色衬衫,中色或深色领带。

浅色西装,穿浅色衬衫,深色领带。

浅色西装,穿中色衬衫,深色领带。

这三种基本搭配方法,可以演变出多种搭配。

几种适合求职面试的搭配:

藏青色西装,白衬衫,蓝红色领带。

藏青色西装,柔白色衬衫,酒红色领带。

藏青色西装,乳白衬衫,浅铁锈色领带。

蓝灰色西装,浅蓝色衬衫,藏青色领带。

藏青色西装,白衬衫,蓝、红、白条纹领带。

藏青色西装,蓝白条纹衬衫,红色领带。

细条纹西装,单色衬衫,条纹、圆点、印花领带。

细条纹西装,单色衬衫,单色领带。

巧克力灰色西装,白色衬衫,红色领带。

黑西服+白衬衣是比较常见的搭配

可以选择的也比较宽泛,可以根据场合搭配不同的色彩。较正式的场合,可以选择比较保守的颜色,如反光的黑色深宝蓝色金色银色或是银灰色效果都不错。

深蓝西服+白衬衣

可以选择的基本同上,但是如果选择的西服有暗格子,尽量不要选择格子图形的领带,如果非要选用格子纹样的领带,应在格子的大小上控制一下,比如西服是大格子,领带就可以选择用细小的格纹。

另外需要注意的是:

西服是小格子,领带就可以选择用较大的格纹。

西服是正的格型,领带可以选择斜的格子。

西服是斜的格型,领带可以选择正的格子。

(4) 配套的鞋袜

① 皮鞋以黑色为宜,黑色鞋好配服装。鞋不要以为越贵越好,而要以舒适大方为度。面试前一天要上油,刷亮,擦去灰尘和污痕。穿时鞋带要系牢。

② 皮鞋也尽量不要选给人攻击性感觉的尖头款式,方头系带的皮鞋是最佳选择。

③ 皮带和皮鞋应是同一质地的,如果不是,就要在颜色上统一。

④ 袜子的颜色也有讲究,穿西服时不要穿白色袜子,尤其是深色西装,一定要搭配同色系的袜子。如果没有配上,必须是深灰色、蓝色、黑色等深色,最好和鞋的颜色一致,这样在任何

场合都不失礼。

⑤ 袜子应保持足够的长度,以袜口抵达小腿为宜。

(5) 整洁的仪容

① 保持仪容整洁,男性可以用点清洁类的化妆品,给人干净、阳光的感觉即可。在香水的使用上要格外谨慎,避免使用浓烈或者味道怪异的香水,淡淡的清香容易让别人产生愉快的感觉。

② 注意头发修整,不要蓬松散乱,如果稍嫌过长,应修剪一下。最好在面试几天前理发,尽量避免在面试前一天理发,以免看上去不够自然。但面试前一天要洗干净头发,避免头屑留在头发或衣服上,最好用吹风吹一下。发型不仅要与脸形配合,还要和年龄、体形、个性、衣着、职业要求相配合,才能体现出整体美感。男性求职首先忌颜色夸张怪异的染发、长发和光头。

③ 将胡须剃干净,并且在刮的时候不要刮伤皮肤,刮胡水是男性香水适当的替代品;指甲应在面试前一天修剪整齐。

(6) 适当的装饰

① 文件包既是实用品又装饰品,不要太旧、太破或有飞边、油垢等。新旧程度最好与西装差不多或新于西装,而不要旧于西装。装的东西也不要太多。

② 戴眼镜的同学,镜框的配戴最好能使人感觉稳重、调和。眼镜的上镜框高度以眉头和眼睛之间的1/2为合适,外边框以与脸最宽处平行为宜。不戴眼镜的同学,切不可戴墨镜,这样会画蛇添足,反而让人反感。

(7) 切记的大忌

① 面试前一天要洗澡,以免身上散发出浓重的体味,如大蒜味、酒精味、其他刺激性异味及口臭、长指甲均属大忌。

② 应聘时不要穿运动服、牛仔裤、T恤、运动鞋、水鞋或样式怪异的服装和鞋子,给人一副随随便便的样子或档次很低的感觉。

③ 不要将票夹、钥匙、手机、零钱等放在衣袋或裤袋中,从而使做工考究的西服全都走样。在票夹中只挑出必须随身携带的零钱和证件,把那些与面试无关的东西都留在家里。

④ 最好不要有纹身外露。

⑤ 不要戴项链及流行物。

2. 女生打造成"庄重高雅的职场白领丽人"

(1) 女生面试时的服饰礼仪

庄重典雅的服装让女性更有职业气质。相比之下,女生的服装比较灵活,每位女生应准备一两套较正规的套服,以备去不同单位面试之需。女式套服的花样可谓层出不穷,每个人可根据自己的喜好来选择,随着女性择业的多元化,职业女性的着装也成为一种艺术和学问,简单的职业套装已经不再是单一的选择,从色彩、款式的多元化,细微的饰物搭配,鞋的选择等方面,让传统生动起来,活泼而又不失庄重。尽可独树一帜,穿出自己的风格,突出各人的气质,强调个人的魅力。

参考的法则是,针对不同背景的用人单位选择适合的套装,必须与准上班族的身份相符,要以内在素质取胜,先从严肃的服装入手。不管什么年龄,剪裁得体的西装套裙、色彩相宜的衬衫和半截裙使人显得稳重、自信、大方、干练,给人"信得过"的印象。裙子长度应在膝盖处或以下,太短有失庄重。服装颜色以淡雅或同色系的搭配为宜,穿着应有职业女性的气息,虽然服装潮流应在首选之列,颜色鲜艳的服饰会使人显得活泼、有朝气,但T恤、迷你裙、牛仔裤、紧身裤、宽松服、高跟拖鞋等，应列为面试的编外服装，以免给招聘人员留下太随便的印象。

中高跟皮鞋使人步履坚定从容，带给人一分职业女性的气质，很适合在求职面试时穿着。相比之下，穿高跟鞋显得步态不稳，穿平跟鞋显得步态拖拉；如穿中、高筒靴子，裙摆下沿应盖住靴口，以保持形体垂直线条的流畅。同样，裙摆应盖过长统丝袜袜口；夏天最好不要穿露出脚趾的凉鞋，或光脚穿凉鞋，更不宜将脚趾甲涂抹成红色或其他颜色。

穿裙装时袜子很重要，丝袜以肉色为雅致。拉得不直和不正的丝袜缝，会给人很邋遢的感觉。

（2）画龙点睛的装饰品

当今是一个追求和谐美的时代，适当地搭配一些饰品无疑会使人的形象锦上添花，但搭配饰品也应讲求少而精，一条丝巾、一枚胸花、一条项链就能恰到好处地体现人的气质和神韵。应避免佩戴过多、过于夸张或有碍工作的饰物，让饰品真正有画龙点睛之妙。否则，容易分散考官的注意力，有时也会给考官留下不成熟的印象。

皮包大大方方背在肩上，不要过于精美，不要太珠光宝气，但也不要太破旧，有脏污。

（3）仪表大方 青春靓丽

女生可以适当地化点淡妆，使人更显亮丽。用薄而透明的粉底营造健康的肤色，用浅色口红增加自然美感，用棕色眉笔调整眉形，用睫毛膏让眼睛更加有神。但不能浓妆艳抹，过于妖娆，香气扑鼻，过分夸张，不符合大学生的形象与身份。越淡雅自然越好，切记一定不要将清纯美掩盖。

不管长发还是短发，一定洗干净、梳整齐，增添青春的活力。发型可根据衣服正确搭配，要善于利用视觉错觉来改变脸形，如脸形过长的人，可留较长的前刘海，并且尽量使两侧头发蓬松，这样长脸看起来不太明显；脖颈过短的人，则可选择干净利落的短发来拉长脖子的视觉长度；脸形太圆或者太方的人，一般不适合留齐耳的发型，也不适合中分头路，应该适当增加头顶的发量，使额头部分显得饱满，在视觉上减弱下半部分脸形的宽度。根据应聘的不同职业，发型也应有所差异。

服装及饰品是求职者留给面试考官的第一印象，得体的穿着打扮能使其为求职者加分。自己也增加自信，在面试中发挥得更好。要达到这个目的，需要研究着装风格，注意细节修饰。

服装也要根据季节和地域来灵活掌握，比如北方的冬天要加上厚厚的外衣，而南方许多地方一年有大半时间要穿短袖，这就不一定刻意穿西装，主要就是干净整齐、庄重大方，显现出职业人的风度为好。

适当进行形象设计，塑造我们的职业形象后再去面试，成功的概率会更大。

模块二　面试中沉着应对

[导入]

求职，要有一个好的心态和视角

某大公司招聘人才，经过三轮淘汰，还剩下11个应聘者，最终将留用6个。因此，第四轮是总裁亲自面试。奇怪的是,面试考场出现12个考生。总裁问:"谁不是应聘的?"坐在最后一排的一个男子站起身:"先生,我第一轮就被淘汰了,但我想参加一下面试。"在场的人都笑了,包括站在门口闲看的那个老头子。总裁饶有兴趣地问:"你第一关都过不了,来这儿有什么意义呢?"男子说:"我掌握了很多财富,因此,我本人即是财富。"大家又一次笑得很开心,觉得此人要么太狂妄,要么就是脑子有毛病。男子说:"我只有一个本科学历,一个中级职称,但我有11年工作经验,曾在18家公司任过职……"总裁打断他:"你的学历、职称都不算高,工作11年倒是很不错,但先后跳槽18家公司,太令人吃惊了,我不欣赏。"

男子站起身:"先生,我没有跳槽,而是那18家公司先后倒闭了。"在场的人第三次笑了,一个考生说:"你真是倒霉蛋!"男子也笑了:"相反,我认为这就是我的财富!我不倒霉,我只有31岁。"这时,站在门口的老头子走进来,给总裁倒茶。男子继续说:"我很了解那18家公司,我曾与大伙努力挽救它们,虽然不成功,但我从它们的错误与失败中学到许多东西;很多人只是追求成功的经验,而我,更有经验避免错误与失败!"

男子离开座位,一边转身一边说:"我深知,成功的经验大抵相似,很难模仿;而失败的原因各有不同。与其用11年学习成功经验,不如用同样的时间研究错误与失败;别人的成功经历很难成为我们的财富,但别人的失败过程却是!"男子就要出门了,忽然又回过头来说:"这11年经历的18家公司,培养、锻炼了我对人、对事、对未来的敏锐洞察力,举个小例子吧,真正的考官,不是您,而是这位倒茶的老人……"

全场11个考生哗然,惊愕地盯着倒茶的老头。那老头笑了:"很好!你第一个被录取了!"
(资料来源:大学生校内网,www.dxs518.cn)

讨论

你如何看待这次面试的结果?
案例中的面试过程让你有什么启发?
我们应该如何应对面试?

在企业招聘中,面试是其中的重要环节,即使应聘者做了充分的准备,但考官的一些问题还是会让人"防不胜防"。在面试过程中,考官有时会提出一些具有难度、挑战、非常规性的问题,在这种紧张而有压力的气氛中,应聘者能否稳定心态,沉着应对,则是面试成功的关键。

知识直通车

面试如何应对十大必考题?

面试时,有几个问题是公司面试人员常常会提出的,针对这些问题好好准备,在面试时也就不会哑口无言,无言以对了,下面就面试十大必考题做出分析。

一、为什么想进本公司?

这通常是面试官最先问到的问题。此时面试官就开始评断录用与否了,建议大家先判断自己去应征的工作性质,是专业能力导向,或是需要沟通能力,其实现在市场多以服务为方向,所以口才被视为基本能力之一,所以在此时就要好好表现自己的口才,而口才较差者就务必表现出自己的专业能力即诚意,弥补口才不足的部分。

回答这个问题时,一定要积极正面,如想要使自己能有更好的发展空间,希望能在相关领域中有所发展,希望能在公司多多学习等。此时可以稍稍夸一下面试的公司,但切记一定要诚恳,不然是画蛇添足,得不偿失!对于社会新人的建议则是,由于之前没有工作经验,所以建议可以坦承地说出自己的动机,不过用语还是要思考一下。

二、喜欢这份工作的哪一点?

相信其实大家心中一定都有答案了吧!每个人的价值观不同,自然评断的标准也会不同,但是,在回答面试官这个问题时可不能太直接就把自己心里的话说出来,尤其是薪资方面的问题,不过一些无伤大雅的回答是不错的考虑,如交通方便、工作性质及内容颇能符合自己的兴趣等都是不错的答案,不过如果这时自己能仔细思考出这份工作的与众不同之处,相信在面试上会大大加分。

三、自己有哪些优缺点?

有许多面试官都喜欢问这个问题,目的是在于检视人才是否适当、求职者的诚恳度等,在这之前应该好好分析自己,将自己的优点与缺点列一张单子,在其中挑选亦是缺点亦是优点的部分,在回答问题时,以优点作为主要诉求,强调可以为公司带来利益的优点,如积极、肯学习是最普遍的回答,而缺点部分则建议选择一些无伤大雅的小缺点,或是上述那些模棱两可的优缺点作为回答,这样才不会使面试官太过针对缺点做发挥,造成面试上的困难。

四、对公司的了解有多少?

这时准备的工夫就派上用场,将你之前所吸收的信息发挥出来吧!至少也要知道公司的产品是哪些、提供哪些服务等,所以一定要事前准备!

五、对工作的期望与目标何在?

这是面试者用来评断求职者是否对自己有一定程度的期望、对这份工作是否了解的问题。对于工作有确实的学习目标的人通常学习较快,对于新工作自然较容易进入状况,这时建议你最好针对工作的性质找出一个确实的答案,如业务员的工作可以这样回答:"我的目标是能成为一个超级业务员,将公司的产品广泛地推销出去,达到最好的业绩成效;为了达到这个目标,我一定会努力学习,而我相信以我认真负责的态度,一定可以达到这个目标。"其他类的工作也可以比照这个方式来回答,只要在目标方面稍微修改一下就可以了。

六、为什么要离职?

回答这个问题时一定要小心,就算在前一个工司受到很大的委屈,对公司有多少怨言,千万不要表现出来,尤其要避免对公司本身主管的批评,避免面试官的负面情绪及印象。建议此时最好的回答方式是将问题归咎在自己身上,例如觉得工作没有学习发展的空间,自己想在面试工作的相关产业中多加学习,或是前一份工作与自己的生涯规划不合等,回答的答案最好是积极正面的。

七、选择这份工作的原因是什么?

这是面试官用来测试应聘者对工作理解度的问题,借以了解求职者只是基于对工作的憧憬或是确实的兴趣来应征这份工作,此时之前所强调的事先研究工夫又再度派上用场,建议你的回答应以个人的兴趣配合工作内容特质,表现出高度的诚意,这样才可以为自己铺下迈向成功之路。

八、你认为相关产业的发展如何?

这也是事前准备的工夫,多阅读一些相关的报纸、杂志,做一些思考,表现出自己对相关产业的认识,如果是同业转职者,可强调以自己的经验为基础所做的个人见解,但若是初次接触的行业,建议采取较为保守的方式,以目前资讯所提供的资料为主作答,表现出高度兴趣及诚意为最高指导原则。

九、你希望的待遇为多少?

这是一个非常敏感的问题,其实在目前,一般大型企业在招聘时就会事先说明基本底薪等薪资待遇,而一般中小型企业有许多仍以个人能力、面试评价作为议薪的标准,所以建议求职者可以利用现在网络科技查询薪资定位的相关资料,配合个人的价值观、经验、能力等条件,做出最基本的薪资底限,这时建议无工作经验者应采取保守的态度为准,以客观资料作为最主要考量重点,"依公司规定"的回答是不被建议的,这样不但表示出自己对于工作的自信程度不高,在薪资无法符合个人要求时更会造成许多困扰。

十、在工作中学到了些什么?

这是针对转职者提出的问题,建议此时可以配合面试工作的特点作为主要依据来回答,如业务工作需要与人沟通,便可举出之前工作与人沟通的例子,经历了哪些困难,学习到哪些经验,把握这些要点做陈述,就可以轻易过关了。

一、做好面试前准备

1. 材料的准备

在面试过程中,为了证明自己所说情况的真实性,需要出示有关的材料。一般需要提前准备的材料如下:

- 最近更新的简历。至少应准备两份,即使你的简历已使你获得面谈机会,约谈者仍有可能收取另一份履历,准备完整的履历表有两个目的:第一,在公司填写申请表时,可随时取出作为参考;第二,面谈后可直接留给公司。多准备几份的目的在于如果不只一个面试官的话,可以表现出你的细心。
- 文凭和各种证书。俗称"敲门砖",如果担心丢失,就带复印件。
- 一只公文包。若要携带以上物品,女生要准备一只适合自己的公文包,手袋是装不下这些东西的,况且其中有些文件不能折。
- "秘密武器"。如果你有工作成果的证明或者作品甚至专利证明,请务必带上,这可是证明你自己最好的"秘密武器"!
- 钢笔或水笔。带钢笔或者水笔是以备随时填写正式的表格。
- 记事本。面试时记录或计算可能用得到。将笔和笔记本放在手提包的外层,方便随时使用,不至于到时现翻,浪费时间又显得缺乏组织能力。
- 照片和身份证。有可能用不着,但有备无患。
- 报纸或者杂志一份。有时等候面试的时间很长。不过千万不要携带"八卦"类报纸、杂志,最好携带相关专业杂志,可以显现出你始终关注这个领域的动向。

2. 确定面试时间和地点

再次确定好面试的时间和地点,提前查清楚路线,预留足够的时间到达面试地点。建议提前半小时到达面试地点,这样可以在面试正式开始前,让自己平静下来,并适当整理仪表和仪容,给面试考官一个最好的精神状态。

3. 了解面试的基本步骤

在人力资源部的人打电话给你,叫你去参加面试时,可以先问问面试的步骤,面试官的身份、称呼,这样不仅不会失礼,还显得你很有心。很多公司的网站甚至会写明他们有怎样的应聘步骤,有几轮笔试、面试等。对于典型的行业及一些著名的企业,网上还存在着大量的"面试经",读一读也有好处,至少要对面试的框架步骤和基本问题了然于胸。

4. 准备好你的故事脚本

不管是怎样的面试,至少包含要两个部分:首先是相面,然后是考察你的沟通能力。

面试当然就是一种相面,看一看你是否好相处。他们会用自己的经验看出你是不是会跟他们成为一路人。

在沟通的过程中,你会讲一些故事来说明自己的某种能力,虽然这些事情是真实发生过的,但最好还是做一些脚本,以便更流畅顺利地表达。讲故事的能力非常重要,这一点在你以后的工作中会不断加深体会。

二、做好面试中礼仪

1. 进入面试单位的第一形象

到了办公区,最好径直走到面试单位,不要四处张望,甚至被保安盯上;走进公司之前,口香糖和香烟都应收起来,因为大多数的面试官都无法忍受你在公司嚼口香糖或吸烟;手机不要开,避免面试时造成尴尬局面,同时也分散你的精力,影响你的成绩。一进面试单位,若有前台,则开门见山说明来意,经指导到指定区域落座;若无前台,则找工作人员求助。这时要注意用语文明,开始的"你好"和被指导后的"谢谢"是必说的,这代表你的教养;一些小企业没有等候室,就在面试办公室的门外等候;当办公室门打开时应有礼貌地说声:"打扰了。"然后向室内考官表明自己是来面试的,绝不可贸然闯入;假如有工作人员告诉你面试地点及时间,应当表示感谢;不要询问单位情况或向其索要材料,且无权对单位作以品评;不要驻足观看其他工作人员的工作,或在落座后对工作人员所讨论的事情或接听的电话发表意见或评论,以免给人肤浅的印象。

2. 等待面试时的礼仪

进入公司前台,要把访问的主题、有无约定、访问者的名字和自己名字报上。到达面试地点后应在等候室耐心等候,并保持安静及正确的坐姿。如果此时有的单位略过单位情况介绍步骤,尽快进入实质性阶段,给求职者准备了公司的介绍材料,求职者应该仔细阅读以先期了解情况。也可自带一些试题重温,而不要来回走动显示浮躁不安,也不要与别的面试者聊天,因为这可能是你未来的同事,甚至决定你能否称职的人,你的谈话对周围的影响是你难以把握的,这也许会导致你应聘的失败。更要坚决制止的是:在接待室恰巧遇到朋友或熟人,就旁若无人地大声说话或笑闹;吃口香糖,抽香烟,接电话。

3. 与面试官的会面礼仪

(1) 把握进屋时机

如果没有人通知,即使前面一个人已经面试结束,也应该在门外耐心等待,不要擅自走进面试房间。自己的名字被喊到,就有力地答一声"是",然后再敲门进入,敲两三下是较为标准的。敲门时千万不可敲得太用劲,以里面听得见的力度为宜。听到里面说"请进"后,要回答

"打扰了"再进入房间。开门、关门要尽量轻,进门后不要用后手随手将门关上,应转过身去正对着门,用手轻轻地将门合上。回过身来将上半身前倾30°左右,向面试官鞠躬行礼,面带微笑称呼一声"你好",彬彬有礼而大方得体,不要过分殷勤、拘谨或过分谦让。

(2) 专业化的握手

面试时,握手是最重要的一种身体语言。专业化的握手能创造出平等、彼此信任的和谐氛围。你的自信也会使人感到你能够胜任且愿意做任何工作。这是创造好的第一印象的最佳途径。怎样握手?握多长时间?这些都非常关键。因为这是你与面试官的初次见面,这种手与手的礼貌接触是建立第一印象的重要开始,不少企业把握手作为考察一个应聘者是否专业、自信的依据。所以,在面试官的手朝你伸过来之后就握住,要保证你的整个手臂呈L形(90°),有力地摇两下,然后把手自然地放下。握手应该坚实有力,有"感染力"。双眼要直视对方,自信地说出自己的名字,即使你是位女生,也要表示出坚定的态度,但不要太使劲,更不要使劲摇晃;不要用两只手,用这种方式握手在西方公司看来不够专业。且手应当是干燥、温暖的。如果他伸出手,握到一只软弱无力、湿乎乎的手,这肯定不是好的开端。如果你刚刚赶到面试现场,用凉水冲冲手,使自己保持冷静;如果手心发凉,就用双手搓一下。

握手时,长时间地拖住面试官的手,偶尔用力或快速捏一下手掌,这些动作说明求职者过于紧张。面试时太紧张表示求职者无法胜任这项工作;轻触式握手显得求职者很害怕且缺乏信心,你在面试官面前应表现出自己是个能干的、善于与人相处的职业者;远距离在对方还没伸手之前,就伸长手臂去够面试官的手,表示求职者太紧张和害怕,面试者会认为求职者不喜欢或者不信任他们。

(3) 无声胜有声的形体语言

加州大学洛杉矶分校的一项研究表明,个人给他人留下的印象,7%取决于用辞,38%取决于音质,55%取决于非语言交流。可见非语言交流的重要性。在面试中,恰当使用非语言交流的技巧,将为求职者带来事半功倍的效果。

除了讲话以外,无声语言是重要的公关手段,主要有:手势语、目光语、身势语、面部语、服饰语等,通过仪表、姿态、神情、动作来传递信息,它们在交谈中往往起着有声语言无法比拟的效果,是职业形象的更高境界。形体语言对面试成败非常关键,有时一个眼神或者手势都会影响到整体评分。比如适当地微笑,就显现出一个人的乐观、豁达、自信;服饰的大方得体、不俗不妖,能反映出大学生风华正茂,有知识、有修养、青春活泼,独有魅力,它可以在考官眼中形成一道绚丽的风景,增强求职竞争能力。

知识直通车

无声胜有声的形体语言

1. 如钟坐姿显精神

进入面试室后,在没有听到"请坐"之前,绝对不可以坐下,等考官告诉你"请坐"时才可坐下,坐下时应道声"谢谢"。坐姿也有讲究,"站如松,坐如钟",面试时也应该如此,良好的坐姿是给面试官留下好印象的关键要素之一。坐椅子时最好坐满三分之二,上身挺直,这样显得精神抖擞;保持轻松自如的姿势,身体要略向前倾。不要弓着腰,也不要把腰挺得很直,这样反倒会给人留下死板的印象,应该很自然地将腰伸直,并拢双膝,把手自然地放在上面。有两种坐姿不可取：一是紧贴着椅背坐，显得太放松；二是只坐在椅边，显得太紧张。这两种坐法，都不利于面试的进行，松懈的姿势会让人感到求职者疲惫不堪或漫不经心。切忌跷二郎腿并不停抖动，两臂不要交叉在胸前，更不能把手放在邻座椅背上，或有玩笔、摸头、伸舌头等小动作，容易给别人一种轻浮傲慢、有失庄重的印象。

2. 眼睛是心灵的窗户

面试一开始就要留心自己的身体语言，特别是自己的眼神，对面试官应全神贯注，目光始终聚焦在面试人员身上，在不言之中，展现出自信及对对方的尊重。眼睛是心灵的窗户，恰当的眼神能体现出智慧、自信以及对公司的向往和热情。注意眼神的交流，这不仅是相互尊重的表示，也可以更好地获取一些信息，与面试官的动作达成默契。正确的眼神表达应该是：礼貌地正视对方，注视的部位最好是考官的鼻眼三角区（社交区）；目光平和而有神，专注而不呆板；如果有几个面试官在场，说话的时候要适当用目光扫视一下其他人，以示尊重；回答问题前，可以把视线投在对方背面墙上，约两三秒钟做思考，不宜过长，开口回答问题时，应该把视线收回来。

3. 微笑的表情有亲和力

微笑是自信的第一步，也能为求职者消除紧张。面试时要面带微笑，亲切和蔼、谦虚虔诚、有问必答。面带微笑会增进与面试官的沟通，会提高求职者的外部形象，改善求职者与面试官的关系。有着赏心悦目的面部表情的人，应聘的成功率远高于那些目不斜视、笑不露齿的人。不要板着面孔，苦着一张脸，否则不能给人以最佳的印象，争取到工作机会。听对方说话时，要时有点头，表示自己听明白了，或正在注意听。同时也要不时面带微笑，当然也不宜笑得太僵硬，一切都要顺其自然。表情呆板、大大咧咧、扭扭捏捏、矮揉造作，都是一种美的缺陷，破坏了自然的美。

4. 适度恰当的手势

说话时做些手势，加大对某个问题的形容和力度，是很自然的，可手势太多也会分散人的注意力，需要时适度配合表达。中国人的手势往往特别多，且几乎都一个模子。尤其是在讲英文的时候，习惯两个手不停地上下晃，或者单手比划。这一点一定要注意。平时要留意外国人的手势，了解中外手势的不同。另外，注意不要用手比划一二三，这样往往会滔滔不绝，令人生厌。在中西方手势中，一二三的表达方式也迥然不同，用错了反而会造成误解。交谈很投机时，可适当地配合一些手势讲解，但不要频繁耸肩，手舞足蹈。有些求职者由于紧张，双手不知道该放哪儿，而有些人过于兴奋，在侃侃而谈时舞动双手，这些都不可取。不要有太多小动作，这是不成熟的表现，更切忌抓耳挠腮或用手捂嘴说话，这样显得紧张，不专心交谈。很多中国人都有这一习惯，为表示亲切而拍对方的肩膀，这对面试官很失礼。

三、注意告别礼仪

1. 礼貌告别

面试结束时，考生应保持微笑，自然站起，为占用考官的宝贵时间而向对方致谢，并与考官道别，例如："非常感谢各位领导给了我这次宝贵的面试机会，我为有幸参加贵单位的面试而感到自豪，衷心地感谢王局长、李处长……，再见！"这时考生仍不要主动与考官们握手，除非考官主动伸手。然后考生整理好物品，从容地向场外走去，走到门前，转身正面朝向考官再次表示感谢和再见，之后开门退出，并轻轻地关上门。

离去前,记得对引导自己进入考场的工作人员及面试考场外(如休息室)的其他管理人员、接待人员表示感谢。他们为面试付出了劳动,为参加面试的所有应试者都提供了服务。求职者的感谢除了表示对他们工作的尊重外,也显示出了良好的个人素养。在面试工作人员心中留下好的印象,面试不仅仅是考场上的事情。另外,若最终被录用,这些工作人员都将成为我们的领导或者同事,我们的礼貌就为将来的工作提供了一个好的开端。

2. 巧妙的道别技巧

一个得体的结尾尽管不能完全掩盖求职者前面可能的缺陷,但对求职者的面试形象的最后形成大有益处。

求职者走出考场,考官们可能要相互交流一下对你的印象,并做出初步总结,力求达成共识。这样求职者的告别,就能在很大程度上影响这一共识的形成。巧妙的收尾能巩固求职者和考官们在短时间内通过沟通建立起的情感联系,并以画龙点睛之笔,让其在面试结束后的自然地延续。

1) 保持自己个性的本色,给考官们一个自然连贯的感觉。面试的整个过程是严肃的,双方都以极其认真负责的态度参与其中,告别时一些个性化的语言(如幽默、真诚、睿智、机巧)可以有效地活跃面试考场气氛,给面试"公事化"的严肃形象带来一些个人化的亲切的东西,国家旅游局的王小姐回忆起她的面试时感慨地说:"我能进入国家旅游局,可能正是由于面试结束时的一句话的作用,我的整个面试自我感觉很一般,只是结束时觉得自己的紧张少多了。而经过半个多小时的交流,考官们的形象也不再是很高高在上的,他们与自己生活中的领导、长辈、同事一样,对工作认真负责,对同志热忱体贴,生活气息很浓。于是在与考官握手道别时,我告诉考官:'没进来和刚进考场时,我希望三分钟就结束面试,而现在我却希望有更多的时间向各位领导请教',进入单位后,负责面试的领导告诉我,我在面试中最后的这句话给他们留下了深刻的印象,于是他们就给了我'继续交流'的机会,并且希望我在工作中让所有的客户都有'继续交流'的愿望。"

由这个事例,我们可以看出富有个性化的告别会让求职者更真实地被考官们了解。如果求职者天性沉默寡言,这时没必要没话找话说,一句朴实的"谢谢",再与考官紧紧地真情流露的握手可能就足够了。关键是要把自己的特点与感受真实地表露出来。

2) 给考官留下深刻的印象。有位曾经在某外资公司人力资源部工作过的朱先生参加了公务员考试,在结束面试道别时,他从公文包里取出一个胸卡,并告诉考官他第一次戴着这个胸卡面试应聘该公司的人员时,以为自己完全掌握面试测评的技巧,但随着工作的进行,他发现要学的东西很多,直到今天参加这个面试,他仍发现自己做得还远远不够,因为众位考官不但在业务上超过他,而且个人修养全面,知识开阔,将面试的艺术发挥得淋漓尽致。这位朱先生这段发自内心的告别语让考官们感到了被理解和工作的被承认,这与许多考生对考官的误解形成鲜明对比,因此让考官们印象颇深。

3. 给自己的面试做一个概括

当考官发出结束面试的信号后,求职者可以用简短的话总结概括一下本人的情况以及对此次面试的认识。自己的概括要尽可能地简炼,还要注意这种结束语尽量保持客观,并将面试的成果归功于考官。

例如:"作为某大学的管理学硕士,我具备担任这个职务的基本能力,同时我对这个职位有着浓厚的兴趣,希望我能得到这个机会。这次面试。各位考官对我做出了中肯的评价,并帮助我对自己有了更清楚的认识。谢谢各位抽出宝贵的时间对我进行面试。"这样的概括,一方面表现出求职者清晰的思路和综合能力,另一方面能使考官对求职者的印象更深刻。

知识直通车

考生面试结束时不应有的言行

有的求职者一边向考官致谢并道别,一边整理自己的个人材料、衣着等,这是极不礼貌的,尽管你可能是无意识的。道别本身就是一件应该认真完成的事情,当你把它和其他事情合并进行时,你就会给别人留下不好的印象。

有的求职者怕耽搁考官的时间,于是匆忙收拾东西,一些文件材料抓在手里,夹着公文包和外衣就慌张地出去,过一会又返回询问考官自己是否丢下了什么东西。这种冒冒失失的行为与公务员的形象是极其不符的。因此请求职者整理好随身物品,尤其是将各种文件材料放入公文包里。为了节省考官的时间,可以不在考场里穿外套、戴围巾等,但一定要整齐地搭在手臂上,然后从容退出。

有的求职者从座位上站起来,稍不注意,放在膝上的文件材料撒了一地;或者站起来,又跺脚又搓手,像是刚看了场电影。

有的求职者向考官道别后,就认为面试结束了,悠然地向外踱去,嘴里还哼着流行歌曲。面试在形式上的结束,不等于实质上的结束,尽管不能说远离考场三公里后才"安全",但至少在考官视野范围内面试还没有结束。

有的求职者道别时,和考官东拉西扯,就是走不出去!

有的求职者走上前去,和考官道别,却用眼神瞅考官的面试记录,更有甚者,凑到跟前,要求翻看面试记录。

4. 面试表现要始终如一

有的求职者准备得不充分,面试时临场发挥欠佳,或者感觉考官对自己没有兴趣,感觉与考官话不投机,这时尽管考官没有明确表态,但求职者自己心里就开始认为自己没戏了,也就放弃了进一步的努力而随便起来。例如有的求职者在结束面试时,认为反正也没戏了,怎么样都行,冷淡地向考官道别,甚至不道别,扭头就走。

其实求职者很难估计面试的结果。你可能不了解面试的测评指标,也不能对自己的能力与素质以及在面试中的表现做客观的评价,更不了解其他竞争对手的情况,因此求职者是没有理由主动放弃的,这也是做人的基本道理,只要有一点可能性,都要争取。

有的时候,即使考官已经委婉地拒绝了你,你也应该表现得冷静,要大方地、不卑不亢地离开,至少是给自己一个台阶下,同时也给他人留下一个明理的印象。也许此时你的冷静和最后的努力会让对方改变主意。

5. 不要追问面试结果

考官们在面试结束时,还不能确定求职者是否通过了面试这一关。考官们需要相互沟通一下对求职者的印象,并将每位考官的评定用科学的方法综合起来,之后考官还要权衡录取名额的限制以及求职者的整体情况。做完这些工作之后,面试考官才能对求职者做出取舍。即使求职者过了这一关,还仍然有对求职者的包括报名资格审查在内的全面考核,之后还要进行体检,因此求职者在面试结束时询问自己能否被录用等问题,是毫无意义的,即使求职者只是询问面试成绩,考官也还没确定,因此难以明确回复你。更何况反复追问面试成绩,容易造成考官情绪上的抵触与反感,反倒弄巧成拙。

模块三 面试后追踪

[导入]

求职者面试后是否应该主动追踪面试结果

谭女士在参加完一家外企公司的最后一轮面试,面试后她感觉良好也认为HR对自己也很满意,但是过了四天,她依然没收到HR的通知,她开始着急了。

以下是不同的HR给谭小姐的建议,仅供参考。

HR建议一:

对于外企来说,4天的等待时间是很正常的。有些外企就算决定聘用你,但HR走流程都需要一段时间。所以,在这种情况下,给谭小姐两条建议:

(1) 如果是通过猎头来找的工作,谭小姐直接问服务自己的猎头。

(2) 如果是自己应聘,建议一周之后如果还没有消息,可以电话询问情况,别发邮件,外企邮件巨多,也许你发的邮件连看都没看就被忽略了。至于电话打给谁,就看你手上有谁的电话了。一般来说,如果可以和能够决定录用的人通上电话,可以直接给他打,看是否他把你的录用通知给了HR走offer的流程。如果实在没有,那就只有给HR打电话了,但是很有可能没人会给你反馈。建议一周左右的时间会比较妥当,并且最好电话联系。

HR建议二:

不论最终结果如何都应该进行邮件追踪,但最好放在7天之后进行,原因有如下四点:

(1) 4天的时间有点短暂,或许他们手上还有其他候选人做比较,所以最好的时间点是7天;

(2) 你发封邮件追踪一下情况可以表示你对此职位的重视程度;

(3) 如果他们录用你,可以顺便探讨一下职位的具体情况;

(4) 如果没有录用你,你可以当朋友问候一下,和他们保持良好的关系,这个非常必要,一是了解结果,二是向公司说明你对公司的重视。

(资料来源:大学生校内网 www.dxs518.cn)

讨论

遇到以上情况你认为应该如何办?

面试后我们应该如何追踪结果?

几乎所有招聘单位面试官的结束语都是"请静候佳音吧",于是就产生了一批"求职守望族",他们每天寝食难安,日思夜虑,手机分秒不离,邮件恨不能1分钟刷新1次,等待之余不禁感叹:"这遥遥无期的回复通知到底要等到什么时候?我可不可以主动去询问一下结果?又应该怎样去询问?"面试结束后,主动询问招聘方面试的结果是正常的,且对一份你重视的工作来说也是必须的,但一定要选好时机和方式。

一、表示感谢

一定要对招聘方表示感谢,感谢他们给你面试的机会,感谢他们接听你的电话等。无论他们是否录用你,都要真诚地表示感谢。

二、不要过早打听面试结果

一般而言,招聘方在挑人选人上是需要一定时间的,对于一些规模较大的公司来说,招聘的程序十分复杂,耗费的时间会比较多,所以面试之后一周没有收到回复是正常的。如果在面试之后两周内还没有收到回复,向招聘方询问一下结果是可以的,这样既可以显示你的诚意,又不会因为太过心急而给对方留下不好的印象。

三、选择合适的查询方式

在向招聘方询问结果时,一定要选择合适的方式,不当的询问方式会让对方反感,即使自己前面的面试表现得再好,也可能会因此而功亏一篑。一般来说,推荐使用电子邮件进行询问,不建议打电话,因为打电话一是可能干扰到对方的工作,二是对方感觉这个问题不便回答时会陷入尴尬,同时,还会让人觉得自己太着急。

当然,进行询问的电子邮件也要表达得体,语言要简洁明了,语气要委婉,对自己的姓名和简单情况可以稍作介绍,为了便于对方的进行查询,参加面试的时间要标注清楚,最后不可不提的是,一定要对招聘方表示感谢。

四、做好就职准备

如若面试成功,接下来要进行就职准备了。如果此次面试不成功,也不要气馁,总结教训,积累经验,做好下次冲刺的准备。

一个被拒绝10次的求职故事

http://www.dxs518.cn/plus/view.php? aid=98346

求职,要有一个好的心态和视角

http://www.dxs518.cn/html/201408/1990453.html

大学生求职礼仪案例——面试自我介绍

http://yjbys.com/html/qiuzhiliyi/qzlygs/2011/0920/394654.html

求职陷阱实例解读

http://career.eol.cn/mou_lue_4351/20130311/t20130311_914143.shtml

大学生求职被骗案例

专家解读三份大学生求职案例

http://www.lhjol.com/new_list-124911.html

大学生求职成功案例

http://www.bjzph.com/qiuzhigushi/20090819/33564.html

http://www.sundxs.com/hyzq/3836.html

大学生求职宝典

http://www.eol.cn/html/c/qiuzhigonglue2011/index.shtml#c03s02

测试，你是否是求职高手

http://edu.sina.com.cn/j/2008-12-18/1544161754.shtml

http://edu.qq.com/a/20130523/007183.htm

第四单元
职业形象礼仪

本章导学

学习目标：

1. 了解仪态概念，掌握职业仪态的功能。
2. 学习职业站姿知识，养成良好站姿行为习惯。
3. 学习职业坐姿知识，养成良好坐姿行为习惯。
4. 学习职业蹲姿知识，养成良好蹲站姿行为习惯。
5. 学习职业行姿知识，养成良好行姿行为习惯。
6. 学习职业手姿知识，养成良好手姿行为习惯。
7. 学习表情知识，养成良好表情行为习惯。

重要知识点：

职业仪态礼仪　站姿　坐姿　蹲姿　行姿　手姿　表情

[导入]

调查结果显示，当两个人初次见面的时候，第一印象中的55％是来自人的外表，包括衣着、发型等；第一印象中的38％来自于一个人的仪态，包括人们举手投足之间传达出来的气质，说话的声音、语调等，而只有7％的内容上来源于简单的交谈。也就是说，第一印象中的93％都是关于人的外表形象的。

如果把职业形象简单地理解为外表形象，把一个人的外表与成功挂钩的话，那么我们就犯了一个非常严重的错误。职业形象包括多种因素：外表形象、知识结构、品德修养、沟通能力等。

你认为外表重要吗？

85

职业是人类社会分工的结果,随着社会历史的发展,生产力水平在科学技术的推动下越来越高,社会分工精细,职业的类别和内部构成、外部关系也随之丰富,对职业这个概念的界定角度、所涉及的内涵也越来越多、越来越丰富。

美国社会学家舒尔兹认为,职业是一个人为不断取得个人收入而连续从事的具有市场价值的特殊活动,这种活动决定着从业者的社会地位。

日本劳动问题专家保谷六郎认为,职业是有劳动能力的人为生活所得而发挥个人能力,向社会作贡献的连续活动。他认为职业具有五个特性:第一,经济性,即职业是个人收入的来源;第二,技术性,即职业需要个人才能与特长并提供舞台发挥个人才能与特长;第三,社会性,即职业要求个人承担社会分工、履行公民义务;第四,伦理性,即职业要求个人从业行为符合社会需要,为社会提供有用的服务;第五,连续性,即职业人员所从事的劳动是相对稳定,而非中断性的。

我国学者陈婴婴认为,职业是指个人进入社会的物质生产或非物质生产过程后获得的一种社会位置,个人通过这一社会位置加入社会资源的生产和分配体系,并建立相应的社会关系。

综合以上界定,可以这样理解职业的含义,职业是指人们从事相对稳定的、有收入的专门类别的工作。它是对人们的生活方式、经济状况、文化水平、行为模式、思想情操的综合性反映,也是一个人的权利、义务、职责,进而是一个人社会地位的一般性表征。也可以说,职业是人的社会角色的一个极为重要的方面。

随着社会主义市场经济的发展和市场竞争的加剧,企业与政府单位更加重视人员的职业形象的塑造及人员职业道德、能力和修养方面的提升,职业形象礼仪已经作为许多企业对在职员工职业技能培训课程的一个重要组成部分。

孔子说:"不学礼,无以应。不知礼,无以立。"荀子说:"人无礼则不生,事无礼则家大;身有礼则身修,心有礼则心泰。"这些前贤先哲的话说明了重视职业礼仪修养的意义。那么,什么是职业礼仪呢?简单地说,职业礼仪就是律己、敬人的一种行为规范,是表现对他人尊重和理解的过程和手段。在现代企业管理实践中,职业形象的塑造是我们在商务交往中的成败关键因素之一。

职业形象礼仪是一种综合性和应用性很强的专业技能,通过对职业形象礼仪理论的学习与实践的培训,可使学员在商务活动各环节和场合遵循一定的礼仪规范,从而达到各专业岗位的素质培养要求,具有较强的普遍应用性。

所谓职业形象,是指人们对某种职业的承担者的所有行为与表现的总体印象和评价,它是构成个人形象的基本因素。职业形象本质上也是一种角色形象。职业角色是一个人在一生中扮演的几个最重要的角色之一,这是由于人的一生很长一段时间是在职业生活中度过的,且人的理想、价值在很大程度上也是通过职业实现的。职业形象是由丰富的内容和多样的形式构成的,包括一系列不同的要素,如果从内涵、外显两个方面去归纳,可以分为内在因素和外在因素。内在因素是职业形象中最重要的方面,包括职业承担者的职业责任感、职业道德、职业认知、职业心理特征和职业技能等,它是职业形象的内涵;外显因素包括职业承担者在职业行为过程中的衣帽服饰、仪表、仪容、言谈举止、姿态动作等,它是职业形象的外显。职业形象不仅来源于人们对职业承担者所表现出来的看得见、摸得着的外在行为的观察,而且源于人们对职业承担者内在精神的感知和体验。

模块一 职业仪容礼仪

[导入]

案例一:小刘和几个外国朋友相约周末一起聚会娱乐,为了表示对朋友的尊重,星期天一大早,小刘就西服革履地打扮好,对照镜子摆正漂亮的领结前去赴约。北京的八月天气酷热,他们来到一家酒店就餐,边吃边聊,大家好不开心快乐!可是不一会儿,小刘已是汗流浃背,不住地用手帕擦汗。饭后,大家到娱乐厅打保龄球,在球场上,小刘不断为朋友鼓掌叫好,在朋友的强烈要求下,小刘勉强站起来整理好服装,拿起球做好投球准备,当他摆好姿势用力把球投出去时,只听到"嚓"的一声,上衣的袖子扯开了一个大口子,弄得小刘十分地尴尬。

请用相关知识分析小刘的问题。

分析:在什么样的场合下都有特定的服装要求。在正式的场合下应着正装,娱乐场合中我们应该以休闲装为主。我们在穿着打扮中,还要考虑到自己的身份、地位。

在案例中,小刘约见的是外国朋友,参加的是娱乐聚会,应该以休闲装为主,但也必须注意对外国朋友的尊重,在选休闲服装时,应该以舒适为主,做到干净、整洁,讲究一定的品位,适合自己的身份,所以建议小刘:上身着休闲的T恤衫,下身穿牛仔裤或正规的商务休闲裤,脚穿休闲鞋子或运动鞋。

案例二:一天,黄先生与两位好友小聚,来到某知名酒店。接待他们的是一位五官清秀的服务员,接待服务工作做得很好,可是她面无血色,显得无精打采。黄先生一看到她就觉得心情欠佳,仔细留意才发现,这位服务员没有化工作淡妆,在餐厅昏黄的灯光下显得病态十足。上菜时,黄先生又突然看到传菜员涂的指甲油缺了一块,他的第一个反映就是"不知是不是掉我的菜里了"。

但为了不惊扰其他客人用餐,黄先生没有将他的怀疑说出来。用餐结束后,黄先生请柜台内服务员结账,而服务员却一直对着反光玻璃墙面修饰自己的妆容,丝毫没注意到客人的需要。自此以后,黄先生再也没有去过这家酒店。

讨论:

(1)指出案例中服务员在仪容上存在的问题。

(2)本案例对你有哪些启示?

作为社会职业人士,第一印象是非常重要的。很多求职面试的成功是来源于第一印象,很多业务谈判成功是来源于第一印象……而第一印象往往取决于仪容仪态礼仪。仪容重点在于容貌,仪态重点在于举止动作。

仪容,通常是指人的外观、外貌。其中的重点,则是指人的容貌。在人际交往中,每个人的仪容都会引起交往对象的特别关注,并将影响到对方对自己的整体评价。在个人的仪表问题之中,仪容是重点之中的重点。仪容应注重表面而不是内心。

仪态也称仪姿、姿态,泛指人们身体所呈现出的各种姿态,它包括举止动作、神态表情和相对静止的体态。人们的面部表情,体态变化,行、走、站、立、举手投足都可以表达思想感情。仪态是表现一个人涵养的一面镜子,也是构成一个人外在美好的主要因素。不同的仪态显示人们不同的精神状态和文化教养,传递不同的信息,因此仪态又被称为体态语。

个人仪容礼仪,从微观上讲,是体现个人形象的表现,是自尊自爱的表现,代表着个人的精神面貌和给人的第一印象;从宏观上讲,是公司或所在企业形象的标志,公司文明服务水平和管理水平的体现。不同职业有着不一样的仪容要求,但不管我们从事何种职业,都应该从仪容做起,做到良好印象的仪容美。

仪容美的基本要素是貌美、发美、肌肤美,主要要求整洁干净。仪容美一定能让人感觉到自己的五官构成彼此和谐并富于表情;发质发型使其英俊潇洒、容光焕发,肌肤健美使其充满生命的活力,给人以健康自然、鲜明和谐、富有个性的深刻印象。那么,如何做到仪容美呢?

首先,我们必须要掌握仪容美的标准。第一是整体美,指的是一个人看起来整齐清洁,自然,大方得体,精神奕奕,充满活力。第二是头发美,指的是头发整齐、清洁,不可染色,不得披头散发,前不遮眉,侧部过耳,后不触领,长发刘海不过眉,过肩要扎起(使用公司统一发夹,用发网网住,夹于脑后),整齐扎于头巾内,不得使用夸张耀眼的发夹。第三是耳饰美,指的是只可戴小耳环(无坠),颜色清淡。第四是面貌美,指的是精神饱满,表情自然,不带个人情绪,面着淡妆,不用有浓烈气味的化妆品,不可用颜色夸张的口红、眼影、唇线;口红脱落,要及时补装。第五是手美,指的是手不留长指甲,指甲长度以不超过手指头为标准,不准涂有色指甲油,经常保持清洁,除手表外,不允许佩戴任何手饰。第六是衣服美,指的是衣服穿得要合身、烫平、清洁、无油污,员工牌配戴于左胸,长衣袖、裤管不能卷起,夏装衬衣下摆须扎进裙内,佩戴的项链、饰物不得露出制服外。第七是围兜美,指的是围兜要清洁无油污,无破损,烫直,系于腰间。第八是鞋美,穿着公司统一配发的布鞋,保持清洁,无破损,不得趿着鞋走路。第九是袜子美,袜子无勾丝,无破损,只可穿无花、净色的丝袜。第十是身体美,勤洗澡,无体味,不得使用浓烈香味的香水。

其次,在现代社会,仪容作为一种人的外在形式显得格外重要,在公共场所、聚会、餐饮、商业活动、政治活动中,尤其是在外交活动中,仪容的整洁大方显得格外重要。仪容不仅代表个人的形象,还代表我们所在公司、企业的形象。对于在政府部门的公务人员之间进行交流和事务的处理上,要求得更为严格。个人仪容,不论时间、地点如何变化,它的重要性是不言而喻的,同时,不同职业,不同场合,仪容的表现也不一样的。在中国,仪容分为以下几种。

第一,身体着装,穿戴什么样的衣服,和个人所从事的行业、个人的性格都是息息相关的。

第二,要求仪表修饰先着眼于人的整体,再考虑各个局部的修饰,促成修饰与人自身的诸多因素之间协调一致,使之浑然一体,营造出整体风采。

第三,要求仪表修饰无论是修饰程度,还是在饰品数量和修饰技巧上,都应把握分寸,自然适度,追求刻意雕琢而又不露痕迹的效果。

第四,为了维护自我形象,有必要修饰自己的仪容。在仪容的修饰方面要注意五点:其一,是仪容要干净。要勤洗澡、勤洗脸,脖颈、手、足、耳及耳后、腋下等都应要干干净净,并经常注意去除眼角、口角及鼻孔的分泌物。要勤换衣服,消除身体异味,如有狐臭要搽药品或及早治疗。其二,是仪容应当整洁。整洁,即整齐洁净、清爽。要使仪容整洁,重在持之以恒,这一条与自我形象的优劣关系极大。其三,是仪容应当注意卫生。讲究卫生,是公民的义务,注意口腔卫生,早晚刷牙,饭后漱口,不能当着客人面嚼口香糖;指甲要常剪,头发按时理,不得蓬头垢面,体味熏人,这是每个人都应当自觉做好的。其四,是仪容应当简约。仪容既要修饰,又忌讳标新立异、"一鸣惊人",简练、朴素最好。其五,是仪容应当端庄。

那么,下面就请我们一起为自己的职业仪容美做准备吧。

一、面部的清洁与保养

天天洗脸,你的脸洗干净了吗?做好面部清洁,是拥有仪容美的第一步。那么,应该怎样做好面部的清洁与保养呢?清洁面部不仅要清洁面部皮肤表面的油光和灰尘,还要去除面部毛孔深处的污垢,才能由内而外地散发出面部的光彩。面部皮肤的清洁和保养方法如下:

1. 正确的洗面时间与次数

人的面部有一层很薄的保护皮肤的皮脂膜,每次洗脸之后,这种皮脂膜需在2~3小时后才能再度形成。如果每天洗脸过勤,皮脂膜还未形成就又遭到破坏,这样做只能使皮肤受到更多的刺激。因此我们要想延缓面部容颜的衰老,就得把刺激限制到最小限度。一天之内,以早、晚各洗一次脸为宜。洗脸应该是一早一晚,早上用冷水,晚上用温水,这样对皮肤很有好处,且要在第二天早上补充水分(500毫升),一天至少要喝2升水,这样皮肤就会水水嫩嫩的。当然,不同肤质的人洗脸也有不同的讲究。干性皮肤的人,每天洗脸的次数不应超过两次,同时切忌使用碱性的香皂洗脸。油性皮肤的人应适当增加洗脸次数,防止油污堵塞毛孔,可以使用含硫磺、水杨酸的香皂洗脸,但同样应避免使用碱性较强的香皂,因为它会对皮肤产生刺激。洗脸后,用热毛巾敷10分钟,可以有效清除油脂,保持皮肤清爽。混合性皮肤每日洗脸的次数以两次为宜,用洗面奶、香皂、洁面霜均可。

2. 正确的洗面方法

洗面很简单,谁都会。但大多数人洗脸的方法不正确的。许多人常常用毛巾在脸上用力搓,并喜欢用很热的水。这种洗脸的方法有以下弊端:用毛巾、脸盆会引起交叉感染,使皮肤问题不易好,如痤疮、癣、扁平疣等皮肤病,还会因用力不当拉伤皮肤,使皮肤易松、易老化。

正确的洗面方法就是,直接用自来水像浪花一样冲击皮肤,洗完后用手拍打至干,冷水可改善皮肤微循环、提高皮肤供血,用冷水拍打鼻子十六次可有效预防感冒,拍打可对皮肤肌肉作深部按摩,并补充皮肤水分,使皮肤看起来有弹性,不失水。

面部皮肤的清洁和保养注意的地方:

(1)在使用洁面产品洁面时,先在手中打出丰富的泡沫,再在脸部轻轻地画圈按摩,让毛孔内的污垢尽量浮出表面,起到更好的清洁效果。

(2)在洗脸时,对于额头、鼻翼这些出油多、黑头多的地方,需要加长清洁的时间和按摩的力度,深层地去除污垢。

(3)对于油性肌肤来说,手洗洁面的清洁力度往往是不够的,所以这个时候我们需要借助一些高科技的力量,将日常的清洁进行地更彻底。比如洗脸前先使用蒸脸机,让毛孔充分地张开,浮出深层污垢;或者直接使用洁肤仪,通过振旋技术,纵向微振推出肌底杂质,横向旋转彻底带走杂质。

(4)在对皮肤进行清洁时,要正确地对脸部进行分区。将面部分为T区、左颊和右颊分别清洁,每个区域20秒为宜,出油多的T区可以使用清洁力较强的产品,左右脸颊可以使用更加保湿的洁面产品。

(5)将洁面产品直接抹在手上,用洁肤仪打出丰富的泡沫,然后用刷头置于左右脸颊、T区上分别清洁。清洁的方向要由下而上,与皮肤皱纹、法令纹的方向相逆,可以有效地提拉皮肤,对抗皱纹。

(6) 在日常清洁之外,每周必做的去角质工作也非常重要。可以选择脸部专用的、轻柔的去角质磨砂膏,或者将洁肤仪换上去角质刷头,按照日常的洁面步骤清除肌肤的废弃角质,更好地吸收护肤品的营养。

(7) 在清洁完肌肤后,要记得立刻抹上护肤品,让皮肤更好地锁住水分、吸收营养。

3. 男士面部的修饰

作为男人,如果要有着不同于别人的独特个性与外表,要在工作与生活中塑造一个理想的仪容,首先就要对自己有一个正确的、全面的认识。因此,除了要了解自己的个性特征之外,还要对自己的外形特征进行分析,这样,才能设计出自己在工作中与生活中的最佳形象。比如,一位身材高大、性格豪爽的男子,假若烫一头卷发或是一身脂粉气,就会产生极不协调的感觉。由此可见,塑造男人个人仪容形象第一步,就是从面部开始,从自己性格、外形条件的实际出发,寻找出适合自己的外部形象。

(1) 男士的面部肤色调整和修饰

均匀健康的古铜色皮肤,能显示一种男性所特有的美,而当疾病、疲劳使面部皮肤苍白或呈奶黄色调时,就会呈现不健康的病态感,甚至在眼眶周围出现暗灰色或黑晕,有的人细褶纹增多,失去皮肤原有的光泽和弹性。要暂时改变这种状况,就要借助化妆的手法和材料来调整和修饰皮肤。先清洁面部皮肤,去除面部表皮上已退化的角质细胞及污垢。涂抹适合自己皮肤的护肤霜,并在涂抹时进行按摩,以使紧张疲倦的皮肤放松。用粉底调整皮肤色调时,应选择深于自己肤色的浅棕色。涂粉底要薄而均匀,否则会在皮肤角质上留下浮粉痕迹。粉底的光泽可以使皮肤显出滋润的质感。如果本来的肤色灰黄或苍白,涂了粉底之后仍缺乏健康色,可以在面颊及眼圈周围用微量的浅红色颊红淡淡地揉匀,便会呈现出自然红润面色。如果本身肤色比较理想,只需增加一点红润的光泽,就会有很好的效果。

(2) 男士的眉型修饰

男人的眉毛应自然、真实、大方,不宜出现修饰的痕迹。当眉型不美或有缺陷时,可采取有别于女性的修饰方法,男性眉型应体现男士的阳刚之美。

眉毛稀疏色淡者,既不利于衬托眼睛,也会使脸部平平显得极无生气,可以用眼影刷沾一点焦茶色(用黄、棕、黑三色调配),涂在稀疏的眉毛根底中间,然后用小手指轻轻揉匀,就会使眉毛显得浓密。注意用色要薄,且不要涂出眉外。

如果要改变眉型,可先用拔眉摄子拔去多余部分的散眉,然后用眉笔添画。但是,男士画眉要格外加以修饰,而在自然的环境下,不高明的化妆技术,画眉会留下人工修饰的痕迹,是不足取的。

(3) 男士嘴唇的着色和滋润

男士嘴唇的修饰与女士不同,只能染上薄薄的油色,而不能有明显的边缘线,也不能用唇膏来改变嘴唇的轮廓和形状。嘴唇着色的目的是为了改变本身灰白无生气的唇色。颜色以浅红或棕红为好,容易与肤色谐调而显得自然真实。

化妆时,不必用唇线笔先勾画轮廓,只用手指沾一点唇膏搽在嘴唇上就行了。如果本人的嘴唇呈灰紫苍白又干裂的现象,应该先涂无色透明的补水滋润唇膏,然后再轻轻地着唇膏色,使嘴唇光泽红润丰满。如果嘴唇本身的颜色很好,只需涂无色滋润唇膏就可以了。总之,要让嘴唇始终显得健康红润,饱满而富有光泽。

(4) 吸烟男士如何改变唇齿颜色

长期抽烟的人会导致嘴唇和牙齿颜色的改变,嘴唇不仅干枯无泽,而且呈紫褐色;牙齿焦黄,甚至变黑,这些都严重影响到容貌美。改变嘴唇和牙齿的颜色,除了戒烟或少抽烟、去医院口腔科进行专门洗牙治疗外,有时为了应急,可以通过化妆来弥补。可以在嘴唇上涂滋润唇膏,保持嘴唇的油分和滋润感;用棕红色唇膏轻轻涂在嘴唇上,可以遮盖紫褐色的嘴唇,况且由于深色唇膏与牙齿色泽反差小,能够造成视错觉,让人看上去觉得牙齿不是那么黄了。

(5) 男人的胡须修剪与保养

胡须的去与留,男人必须要做出选择。有人爱须,不觉得脸庞上许多横七竖八的、类似杂草丛生的胡须有什么不妥、不适。他们认为胡须就是文化,就是地位,就是内在品质的象征,胡须就像他们的意志般尖锐。留胡须的男人一定是与众不同的,一定是有心灵的胡须。曾经是历史上某些文化的一部分,甚至是很多时期内衡量一个男人比较重要的外貌特征。爱之,不为过。

胡须造型:

a. 下巴尖的脸型比较适合络腮胡,应该避免山羊胡,如果留有上唇胡须,则上唇胡须不宜太宽。

b. 人中短的脸型不宜留上唇胡。

c. 嘴型小的人可留略宽的胡须来掩饰嘴型。

d. 额部窄小的人可留络腮胡须来遮盖下颌角,加宽额部的视觉效果。

e. 脸型比较圆的人可以留一些轮廓比较硬朗、线条直接的胡须。

f. 头发与胡须的造型要协调,长发应该搭配比较飘逸的胡须造型,配短硬的胡须造型,会让人觉得过于滑稽。

g. 从事文艺工作的人可以用特别夸张的胡须来强调突出个性,山羊胡适合嘴唇大小适中、额部与腮部比例较好的脸型。

(6) 修剪与保养

a. 修剪胡须的工具主要是一把细齿小木梳和一把弯头小剪。

b. 修剪胡须时应先将胡须梳顺,然后修剪不整齐的胡子,保持胡须外形。一般来说,上唇胡须的下缘要整齐。

c. 如果要改变胡子形状,可用小剪刀将不需要的部分一点一点修剪掉,注意不要损伤胡须内部。

d. 不要从内向外修剪胡须。

e. 胡须要保持清洁,每天清洗胡须可避免尘埃及脏物污染胡须和皮肤。

f. 不要使用香皂、肥皂来清洁胡须,可以使用日常使用的洗发剂,最好配以护发素来保养胡须。

g. 少量的滋润剂可以帮助人们保持胡须的光泽。

h. 据说男人在成人后会长 6 000~25 000 根胡须,每天会生长 0.4 厘米,这就意味着需要定期修剪它们。

(7) 胡须状态趣味谈

a. 黑色的胡须表示人勇敢并且富有行动力。

b. 褐色的胡须表示人聪明且情感丰富。

c. 稀疏的胡须表示人比较理性。

d. 浓密的胡须表示人任性而不太体贴。

e. 粗硬的胡须表示人个性正直但性急。

f. 有光泽并富有弹性的胡须表示人细心而知道呵护自己。

g. 没有光泽的胡须表示人性情不定。

h. 特别浓密、粗硬、范围很大的胡须表示人有理想并坚强。

4. 女士面部的修饰

作为女人,都要有着不同于别人的独特气质个性与外表,要在工作与生活中塑造一个理想的仪容,首先要对自己有一个正确的、全面的认识。因此,除了要了解自己个性特征之外,还要对自己的外形特征进行分析,这样,才能设计出自己在工作中与生活中的最佳形象。塑造女人个人仪容形象第一步,就是从面部开始,从自己的性格、外形条件的实际出发,寻找出适合自己的外部形象,打造吸引眼球的现代女性。

女士的面部化妆应坚持清新、简单、自然为主。下面介绍化妆的基本步骤与方法(图4-1)。

第一步:底妆。若脸上有较为明显的粉刺、斑痕、黑眼圈等,可在皮肤基础护理的基础上,使用遮盖霜或粉底遮盖,注意不要用得太厚,以保持自然,同时注意脸部与下巴、发际的接合处颜色要保持一致。

第二步:眼妆。无论是在工作中还是平时生活中,请认真地"看着对方的眼睛"说话,这是给对方留下深刻印象的关键所在。好的眉型为眼睛增添漂亮的框架,要让眉型美观,必须掌握眉头、眉峰和眉尾的完美比例。选取一支与发色相一致或稍浅一点的眉笔,将眉笔沿鼻翼竖起,眉头就在内眼角正上方的位置;眼睛平视时将笔置于黑眼球外侧上方,直线朝上延伸就是眉峰的位置;眉尾在鼻翼外侧与外眼角连线的延长线上,与眉头在一水平线上。画眉时一般应从眉峰处开始画,通常眉峰处较浓,眉头较淡,眉尾不可低于眉头。

第三步:唇妆。唇妆包括唇线、唇膏和唇彩。画唇时,首先根据肤色、服装和场合选择来选择唇膏。画唇线时首先沿自然唇线在唇上部中央画出一个小 V 字,顺着唇线自中央往唇角描出唇型,接着画下唇,然后由两侧唇角分别向中央描,与中央横线连接。唇膏可用唇刷将整个唇部均匀涂满,但要注意不要画出唇线外。

第四步:修饰。面部修饰主要是根据眼影色或服装色选择适合的腮红色。要想把脸庞变得小巧、立体,可用以下三笔:用大粉刷沾取中性色腮红贴着耳朵刷第一笔,上下限分别是耳朵上下1厘米;第二笔是顺着颧骨向下;第三笔连成一个三角形。整个妆容画完后,再次使用散粉定妆,它能扫去多余的粉末,修饰化妆痕迹,令妆容持久、干净、自然。

知识直通车

如何辨别肤质?

(1) 油性皮肤:特点是皮肤粗厚,毛孔明显,部分毛孔很大,酷似橘皮。皮脂分泌多,特别在面部及 T 形区可见油光;皮肤纹理粗糙,易受污染;抗菌力弱,易生痤疮;附着力差,化妆后易掉妆;较能经受外界刺激,不易老化,面部出现皱纹较晚。

(2) 中性皮肤:皮肤平滑细腻,有光泽,毛孔较细,油脂水分适中,看起来显得红润、光滑,

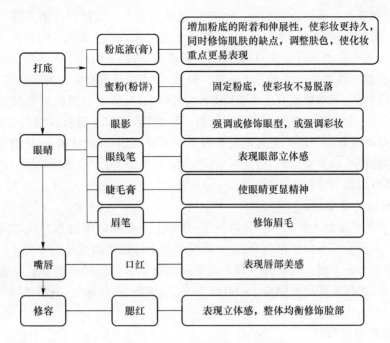

图 4-1　女士化妆的基本步骤

没有瑕疵且富有弹性。对外界刺激不太敏感，不易起皱纹，化妆后不易掉妆。多见于青春期少女。皮肤季节变化较大，冬季偏干，夏季偏油。30 岁后变为干性皮肤。

（3）干性皮肤：肤质细腻，较薄，毛孔不明显，皮脂分泌少而均匀，没有油腻感觉。皮肤比较干燥，看起来显得清洁、细腻而美观。这种皮肤不易生痤疮，且附着力强，化妆后不易掉妆。但干性皮肤经不起外界刺激，如风吹日晒等，受刺激后皮肤潮红，甚至灼痛。容易老化起皱纹，特别是在眼前、嘴角处最易生皱纹。

（4）混合性皮肤：同时存在两种不同性质的皮肤为混合性皮肤。一般在前额、鼻翼部（下巴）为油性，毛孔粗大，油脂分泌较多，甚至可发生痤疮，而其他部位如面颊部，呈现出干性或中性皮肤的特征。

（5）敏感性皮肤：皮肤细腻白皙，皮脂分泌少，较干燥。其显著特点是接触化妆品后易引起皮肤过敏，出现红、肿、痒等。烈日、花粉、蚊虫叮咬及高蛋白食物等也易导致过敏。

（6）问题性皮肤：把患有痤疮、酒糟鼻、黄褐斑、雀斑等在生活中影响美容，但没有传染性，也不危及生命的皮肤，统称为问题性皮肤。

二、发型选择与头发的清洁

发型对于一个人来是很重要的，一个最简单的例子，脸大的女生留中分就能让脸显小。有这么一句话，"头可断，发型不可乱"，当然这句不是什么古人名言，只是现代的人改过来而已。这很简单地说明了发型的重要性。那么，爱美的人，该如何打理自己的头发，让自己摇身变为气质人气王呢？

1. 男性的发型选择

男士一般都剪成短发，尤其在夏天。然而，是不是每个人剪短发都好看呢？

首先要了解自己头发多或少，厚或薄，尤其耳朵周边的头发是否可剪；头的两侧头发是否往外翘;后面头发底部生长的方向如何。这些问题都会成为发型师设计的关键。如果因为自己怕麻烦,而干脆利落地剪了一个短平头,其结果不是平凡,而是"土"。不过,男士未必要清一色的"短"。男士的头发也可以留长,只要头发软硬适中,剪出头发的层次显得有活力即可。

脸型长或轮廓分明的男士特别适合长发。但是,男士的长发和女士的有很大不同,男士的长发要剪得比较自然,不需要太有线条美,但不能剪得太碎、太薄。男人的发型与脸型有着一定的紧密关系,每个人的脸型轮廓、五官特征都不尽相同,所以在选择发型时就要扬长避短。分析自己的脸型时最好用毛巾或发带把所有的头发都梳到脑后,面对镜子,仔细端详自己。粗略来分,男士的脸型可以分为七种:椭圆形脸(鸭蛋脸)、圆脸型、方脸型(国字脸)、长脸、申字脸(枣核型)、心型脸以及由字型脸(鸭梨型)。

(1) 椭圆形脸的发型选择

一般来说理想的脸型为椭圆形。其特点是:从额上发际到眉毛的水平线之间距约占整个脸的三分之一,从眉毛到鼻尖又占三分之一,从鼻尖到下巴的距离也是三分之一。脸长约是脸宽的一倍半,额头宽于下巴。也有人称其为标准的鸭蛋型脸。这种脸型一般来说可以配任何一种发型。但是,选择最佳发型则要考虑其他因素,如年龄、侧面轮廓、两眼之间的距离以及是否戴眼镜。

(2) 圆脸型的发型选择

圆脸型的特征为圆弧型发际,圆下巴,脸较宽。圆脸型男士的发型最好是两边很短,顶部和发冠稍长一点,侧分头。吹风时将头顶发吹得膨松一点,显得脸长一些。

(3) 方脸型的发型选择

方脸型又称国字脸,特征为方额头,方下巴,脸较宽。发型设计要设法从视觉上拉长脸型,有一种方法是剪两边对称的短发,把两边的发梢往前拉到腮帮,以遮盖方下巴,造成椭圆型脸型的视觉效果。

(4) 长脸型的发型选择

长脸型的特征为脸窄而长,颊下陷,有些人前额比例过大,有些人也许鼻子过长,也有些人可能下巴过长。为了给人以椭圆型脸的视觉效果,长脸型人的发型设计应当着重于缩短脸长、增加脸宽的效果。男发宜留分头,略盖前额。

(5) 申字脸(枣核型或菱形)的发型选择

申字脸的特征为前额与下巴较尖窄,颧骨较宽。发型设计应当着重于缩小颧骨宽度。

(6) 心型脸的发型选择

心型脸的特征为宽额头,窄下巴。发型设计应当着重于缩小额宽,并增加脸下部的宽度。

(7) 由字型脸(鸭梨型)的发型选择

由字型脸的特征为额头窄小,下巴宽大。为了掩盖其缺陷,应当增加头顶头发的高度和蓬松,留侧分刘海,以改变额头窄小的视觉。发型设计时还要考虑脸型的侧面特征、鼻子形状、眼睛距离、后脑勺的形状、颈部长短以及是否戴眼镜等。

2. 女性的发型选择

每个人的脸型轮廓、五官特征都不尽相同,所以在选择发型时要扬长避短,梳理出各种适合自己脸型的秀丽优美的发型。分析自己的脸型时最好用毛巾或发带把所有的头发都梳到脑后,面对镜子,仔细端详自己。粗略来分,女性的脸型可以分为七种:菱形脸、心形脸、矩形脸(长形脸)、椭圆形脸、圆形脸、长方形脸、三角形脸。

(1) 菱形脸的发型选择

菱形脸的特征为前额和下颌轮廓是狭窄的,颊骨是宽阔的、高的,应避免短发中层次发型。平直的造型会使脸型的下巴非常尖锐,适合在前额创造宽度、在颊骨减少宽度。留又几撮发束的刘海,会柔和发缘,使脸形更没有菱角。假如又高又狭窄的前额,可以在眉毛上剪高层次的刘海,使前额觉得更短、更窄。下巴更丰厚的圆形造型会更有特色,发型设计应当着重于缩小颊骨宽度。女士最好烫发,在做发型时,将靠近颊骨的头发作前倾波浪,以掩盖宽颊骨。将下巴部分的头发吹得蓬松些,应该避免露前额,也不要把两边头发紧紧地梳在脑后(如扎马尾辫或高盘发)。具体如图4-2所示。

(2) 心形脸的发型选择

心形脸的特征为下颌轮廓狭窄,前额和颊骨宽阔,有时也称为倒三角形。这种脸型应避免在颈背的发长太短。刘海也应尽量剪短,并做出参差不齐的效果,露出虚掩着的额头,转移宽阔额头的焦点。发长与下巴平齐,让头发自然下垂内卷,侧分发型较长一边,做成波浪略过额侧,增加下颌轮廓的宽度。长发高层次,在下巴以下的发长烫成卷曲或微卷。发型设计应当着重于缩小额宽,并增加脸下部的宽度。具体来说,头发长度以中长或垂肩长发为宜,发型适合中分刘海或稍侧分刘海,发梢蓬松柔软的大波浪可以达到增宽下巴的视觉效果,更添几分媚力。如图4-3所示。

图4-2 菱形脸的发型选择

图4-3 心形脸的发型选择

(3) 矩形脸的发型选择

矩形脸的特征为脸长比脸宽还要长,脸颊轮廓长又直,前额高,下巴长,呈现出长方形的脸。这种脸型应避免斜刘海会暴露过高的发际线,增加纵向的线条,被视为长形脸的禁忌。在下巴形成水平零层次直长发,没有刘海,在头顶增加高度的发型。适合长度能盖住眉毛的厚、宽刘海,在发尾卷曲以增加发量的BOB式发型,以平衡长型脸,加强脸的宽度并修饰冠部区成圆形使两侧更丰厚,则可以采用7∶3比例的偏分,或者还可以更偏一点,这样可以使脸看上去显得更宽、更短,头发以向下的方向覆盖,两侧最好做成柔软蓬松的发卷,后面要留得稍长些。长脸型人的发型设计应当着重于缩短脸长、增加脸宽的效果。女士以齐下巴长的中长发式为宜。前额多留些刘海,两边发型丰满蓬松,不要紧贴脸颊。如图4-4所示。

(4)椭圆形脸的发型选择

椭圆形脸的特征为曲线的外形,脸宽约为脸长的一半,前额与下颌的宽度大约相同。在专家眼中这是一种完美的脸型,长发、短发皆适宜,可大胆地尝试任何发型。其特点是:从额上发际到眉毛的水平线之间距约占整个脸的三分之一;从眉毛到鼻尖又占三分之一;从鼻尖到下巴的距离也是三分之一。脸长约是脸宽的一倍半,额头宽于下巴,也有人称其为标准的鸭蛋型脸。但是,选择最佳发型则要考虑其他因素,如年龄、侧面轮廓、两眼之间的距离以及是否戴眼镜。如图4-5所示。

图4-4 矩形脸的发型选择

图4-5 椭圆形脸的发型选择

(5)圆形脸的发型选择

圆形脸的特征为圆的外形,前额和下巴的距离等于两侧脸颊之间的距离,也就是脸长度大约等于脸宽度。这种脸型应避免卷曲发(Curly)发型,因为这些都会更强调圆型与丰厚饱满;避免长发而头发方向往后的发型;眉上的整齐刘海,同时也会因为强调了横向的线条,使脸型更短,让圆形脸永远无法逃脱孩子气。适合两侧打薄的短发型,偏分而有层次的发帘能够使脸型看起来更修长,并与两侧的头发自然衔接,制造出飘逸的下垂感,发尾向内。短的发型让头顶部增加发量以增加高度,露出两侧耳朵的短发高层次,宽度略窄的短刘海。圆脸的人,发型可以采用6∶4比例的偏分,这样可以使脸型看上去显得窄一些,如果能把刘海儿弄得厚一些,带有波浪的话,这种错觉与调和的效果,能使圆脸的轮廓显得更加优美。圆形脸的人最好选择头顶较高的发型,留一侧刘海,宜佩戴长坠型耳环。短发则可以是不对称或是对称式,侧刘海,或者留一些头发在前侧吹成半遮半掩脸腮,头顶头发吹得高一些。如图4-6所示。

(6)方形脸的发型选择

方形脸的特征为前额明显很宽,下颌很宽又有角,非常明显的下颌轮廓及脸际线。这种脸型应避免头发中分且头发方向往后的发型,几何直线剪法的刘海,因为这些都会更强调方型。自然大波浪卷发是修饰方形轮廓的最好办法,顶部尽量蓬松,有自然弯曲发梢的偏分发帘,会缓和方形脸坚硬的轮廓线。刘海的宽度变窄,长而碎的刘海,使两侧的头发向内收拢,使整个脸型看起来变窄。可以选择中分或4∶6偏分,正面的头发尽量松软些,以暴露耳朵以下的面部轮廓。发型设计要设法从视觉上拉长脸型。对于女士来说最好是剪成不对称式中长发,即一边头发多、一边头发少，或者一边长一边短。把头发多的一边往上往前吹风，形成大波浪以柔和脸的曲线。还有一种方法是剪两边对称的短发，把两边的发梢往前拉到腮帮，以遮盖方下巴，造成椭圆形脸型的视觉效果。如图 4-7 所示。

图 4-6　圆形脸的发型选择　　　　　　　图 4-7　方形脸的发型选择

（7）三角形脸的发型选择

三角形脸的特征为前额和颊骨较狭窄，下颌轮廓宽阔，发型应避免增加下颌轮廓的宽度，低层次或发尾卷曲发发型，因为这些都会使下部更圆弧与丰厚饱满。适合将头发向后梳成宽型，在顶部增加宽度，留下几撮发束来修饰脸颊和下颌轮廓。特征为额头窄小，下巴宽大。为了掩盖其缺陷，应当增加头顶头发的高度和蓬松，留侧分刘海，以改变额头窄小的视觉。头发长度要超过下巴，避免短发型。如果烫一下更好，容易做出大波浪，发梢柔软地附在脸腮。如图 4-8 所示。

3. 头发的清洁

头发没有像面容那样受到人们的重视，但假如我们在乎自己的形象，愿意改进自己的形象，就应该把头发作为重要的环节来考虑。一张再美的面孔，如果没有了头发的衬托，那就逊色很多。

保持头发的干净整洁，头发松软黑亮有光泽，加上整齐的梳理，才能呈现出光洁的面容，展现人们良好的素养、气质。

头发不整洁，穿得再漂亮，面部清洁得再干净，仍给人不洁的感觉。头发干净与否，是一个比服饰更重要的显示教养素质的环节。

图 4-8　三角形脸的发型选择

我们应该改变自己的洗发观念和洗发频率。过去几十年因条件因素而形成的洗发习惯不知不觉误导了人们对于健康头发的认知概念，以致于今天许多人可以天天沐浴，而不能理解天天洗发这一做法。那么我们应该如何清洁头发，以及清洁头发的频率如何呢？

(1) 洗头发的正确步骤

第一步:梳通秀发。在经过一天忙碌的生活后,洗发前不妨先播放轻音乐,把所有烦恼先放下,边听音乐边洗发。洗头前先用宽齿梳子将头发理顺。注意,千万不要不耐烦地拉扯头发。

第二步:净化发丝。用温水彻底淋湿头发,水温控制在38℃左右;往手掌里倒入洗发露,用手心把洗发露揉起泡沫。从头皮部位抹起,由发根至发梢,将洗发露均匀地抹在头发上,并用指腹轻轻按摩。然后指头轻轻按摩头皮,由头顶移至太阳穴,再左右按摩整个头部,顺着颈部一直按至双肩,左右摇摆头部,颈项放松。

第三步:清洗秀发。清洗时,让水漫过头发,并自上而下抚摸头发。重要的是此时不应过分用力摩擦头发,因为摩擦很容易引起损伤;也不要用梳子粗暴地拉扯头发,因为发根经热水浸泡后很脆弱,头发容易被拉掉。

第四步:吹干头发。有人以为吹风机会伤害头发,所以习惯于"自然风干",但往往是外层的头发干了,头皮却还是潮湿的,如此一来,头皮容易滋生细菌,反而更受伤。所以,在洗发和按摩步骤完成后,把吹风机调到适宜的温度,从发根向发梢吹干。

第五步:科学梳头。梳头是很有讲究的,建议湿发时,不要把头发梳通。正确的梳理头发的方法是待头发大致干后,从发梢开始梳,慢慢地梳向发根,这样不仅可以减少头发之间的摩擦力,而且可以又快又好地把头发梳通。洗发后给自己泡杯清香可口的茉莉花茶,在轻音乐的伴随下,享受此刻的悠闲。

(2) 洗头发的次数

如今,美发产品越来越多,不论是何种洗发水或洗头膏,都含有碱性成分,对头发或多或少都会有损害。我们洗头不仅仅是为了清洁,更重要的是为了维持头发的健康。那么,几天洗一次头发最合适、最健康呢?

首先测试一下自己的头发是否健康,才可以决定洗头的次数。

第一是对光泽度测试。

操作方法:中分清洁后的头发,梳平梳顺。在正对面放一面镜子,位置以自己能够清楚看到头顶为准。使灯光从头顶射下来,形成一个皇冠似的圆晕。

推断结果:圆晕越亮,头发光泽度越好。

第二是韧度测试。

操作方法:在洗头之前,剪下一束大约一寸长的头发,再将其置入水中。

推断结果:发质的好坏,在30秒钟内就能看出来。发质差的头发容易吸水下沉得快。如果自己的头发直线下沉,那么你该注意头发的养护了。

第三是顺滑测试。

操作方法:用梳子从上到下梳理头发。握住一把头发的末梢,用力搓揉它们,然后看其末梢处是否开叉和断裂。

推断结果:如果梳子总在相同的地方被阻滞,那这个地方的头发就是最脆弱、最干燥的。头发末梢的开叉和断裂是导致头发脆弱的开始,必须及时加以控制、治疗。

那么,通过测试之后,我们应该几天洗一次头发最健康呢?

根据中医建议:

a. 最好每星期洗3~4次头。

b. 在户外工作时间长的人和脑力工作者,可以适当增加洗头次数,除此之外还要经常梳理,促进血液循环。

有晚上洗头习惯的人,要尽量改变晚上洗头习惯,其次要在洗后擦干头发,或者用电吹风吹干,确保清洁、轻松、健康皆不误。天天洗头非但不能保护头发,还有可能对头发造成伤害。因为洗头过勤会把皮脂腺分泌的油脂彻底洗掉,使头皮和头发失去了天然的保护膜,反而对头发的健康不利。

根据西医建议:

a. 夏季最好隔天洗一次,这样比较科学。

b. 有些做特殊工作的人,由于卫生要求,还是要坚持每天洗头。但无论什么人,清洗头部的时候都要注意洗发液的选择,避免使用碱性过大的洗发液,最好加上护发素。

三、双手的清洁

在交际活动中,手占有重要的位置。接待客人时,我们通常以握手的礼节来表示对客人的欢迎,然后再伸出手递送名片等,客人总是先接触到我们的手,形成第一印象。通过观察手,可以判断出一个人的修养与卫生习惯,甚至对生活的态度。因此,应经常清洗自己的手,修剪指甲。手的清洁与一个人的整体形象密切相连,应当引起足够的重视。但在任何公众的场合修剪指甲,都是不文明、不雅观的举止。

手是仪容的重要部位,交往时的最低要求莫过于一双清洁的手。在职业场合,一双清洁并精心护理的手显示了一个人的良好教养。洗手后要及时涂抹护手霜,要定期修理指甲周围的死皮。

除了勤清洁双手以外,还要经常修剪指甲(注意不要在公众场所修剪指甲),特别注意手指甲缝中不能留有污垢。指甲一般修剪成椭圆形,指甲的长度不应超过手指指尖。职业场合女士可以涂透明或淡粉系列的指甲油。

四、口腔的清洁与护理

保持牙齿清洁,要坚持早晚刷牙。常规的牙齿保洁应做到"三个三",即三顿饭后都要刷牙;每次刷牙的时间不少于三分钟;每次刷牙的时间应在饭后三分钟内。口腔异味影响交际,必要时可以用口香糖来减少口腔异味。但应指出,在正式场合嚼口香糖是不礼貌的,与人交谈时,也应避免。每日早晨起床,空腹饮一杯淡盐水,平时多饮淡茶水。

1. 正确刷牙是保持口腔清洁的最好方法

(1) 每天早晚(尤其是睡前)认真刷牙。目前,刷牙仍然是清除牙齿表面牙菌斑的最简单、最有效的方法。

(2) 每天清洁齿间。清洁齿间的工具主要有牙线、间隙刷、家用冲牙器和电动牙线等。牙线和间隙刷操作比较复杂,费时费力,使用不当还会伤害牙龈。冲牙器和电动牙线的价格相对较高,但使用起来方便、耐用,且效果十分理想。

2. 生活习惯也是保持空腔清洁的途径之一

要尽量少抽烟,少喝浓茶。在社交场合进餐后,切忌当着别人的面剔牙,可以用手掌或餐巾纸掩住嘴角,然后再剔牙。

五、鼻子清洁

在接待客人前,最好检查一下自己的鼻毛是否过长,以免有碍观瞻。如鼻毛过长,应用小剪刀剪短,但不要去拔。保持鼻腔的清洁,不要用手去抠鼻孔,尤其是在客人面前,这样既不文雅,又不卫生。

六、身体清洁

讲究个人卫生,养成良好的卫生习惯,要求身体勿带异味。常常洗澡是必要的,尤其是参加一些正式活动之前一定要洗澡。如果有"狐臭",应及时治疗,避免在公务交往中引起交往对象的反感。有些人喜欢使用香水,走到哪里香到哪里,这也要视不同环境,有些工作环境是不适合用香水的。

七、香水的使用

随着时代的发展,香水已经成为整体化妆的组成要素之一,商务职业人士可以适当使用香水以体现个性与品位。但是,如果不恰当地使用香水,就会造成对周围环境的"空气污染"。

1. 商务职业人士在使用香水应当遵循的礼仪原则

原则一:避免使用廉价的劣质香水。使用劣质香水还不如不用香水。如果同时使用其他芳香型化妆品,应当注意香型的调和与统一。

原则二:使用香水时,一定要注意"过犹不及"。日常工作场合当中应当选用较为淡雅的香水。有些人对香料过敏,还有些人可能并不喜欢我们所使用的香味类型。因此,我们所用的香水的味道最好不要太浓烈以致于散发得到处都是,使别人"无法逃避"。在空气不易流通的空间内,如会客室、电梯间、小轿车内,尤其应当注意香味的浓度。一般来说,在商务场合使用香水,别人在距离一米之内能够闻到,一米之外几乎闻不到,这样的香味浓度才不致失礼。

万一不小心喷洒或涂抹了太多香水,用水冲洗或是用湿毛巾擦拭都可以减轻香味。如果衣服质料许可的话,可用棉花沾酒精轻擦衣服,以达到减轻香味的目的。持久型香水较难处理,需要将衣服放在通风处,才能尽快淡化香味。

原则三:在一些重要场合(如第一次会见大客户或招聘、应聘时),如果不了解对方的香味喜好,最好少用或不用香水。

原则四:参加宴会时要控制使用香水,以免对别人的嗅觉系统造成干扰,无法正常享受美味佳肴。在宴会上如果想使用香水,应当涂抹在腰部以下的位置。进食时,口和手等部位绝对要避免抹香水。

原则五:去医院看病或探视病人不要使用香水,以免对医生和病人造成干扰。看望呼吸系统疾病的病人,严禁使用香水。

原则六:与他人品茶时不可使用香水。

原则七:参加丧葬活动不可使用香水,在此类场合使用香水就如同穿着华丽的衣服一样,是极为失礼的行为。

原则八:参加舞会时可以大胆用使用富有个性的香水。

原则九:香水最好不要抹在容易出汗的地方(例如发际、腋窝、脊背、膝弯等处),尤其是麝香等动物性的香水渗杂体臭或汗水后,香味可能会改变,产生令人不舒服的味道,不宜大量洒在身上。易被太阳晒到的暴露部位、易过敏的皮肤部位以及有伤口甚至发炎的部位也不宜涂抹香水。如果要使香水的香味容易散发,可以抹在脉搏跳动明显的地方,如手腕、耳根、颈侧、膝部、踝部等处。香水还可以抹在衣服的某些部位上,例如内衣、衣领、口袋、裙摆的内侧,以及西装上所用的插巾袋的下端。涂抹的时候要注意,不要在衣服表面留下印迹。

原则十:香水所使用的香料对外界物质非常敏感,要小心保存。首先要注意容器的密封性,每次使用后须将盖子盖好,这样可以避免酒精成分蒸发,也可防止香水氧化变质。香水不可置于阳光直射的地方,否则香味及颜色都会发生变化。

原则十一:商务人士在社交场合当中,要尽量避免在他人面前涂抹或喷洒香水,否则容易给对方留下轻浮与缺乏修养的印象。隔一段时间之后香水的香味就会变得较淡,因此需要再度补用。补香水虽然很简单,但是同样需要避人。

2. 香水的分类

香水自问世以来,已经推出了成百上千种品种。存放在法国国际香料香精化妆品高等学院香水陈列室的香水样品从古至今共有1 400多个,其中有配方的就有500个。它是人类香水史上弥足珍贵的艺术瑰宝,且还在不断地推陈出新,可谓日新月异。怎样才能在众多的香水品种中选择适合于自己的香水呢?我们不妨先从香水的分类着手,了解一下千姿百态香水品种。香水按照所含香精的浓度不同大体分为五大类,具体如表4-1所示。

表4-1 香水的分类

类别	香精浓度	酒精含量	保持时间
香精	15%～30%	30%	5～7小时
香水	10%～15%	20%～30%	5小时
淡香精	5%～10%	10%～20%	3小时
古龙水	2%～5%	10%以下	1～2小时
香露	2%以下	无酒精	1小时

3. 香水的选用

商务职业人士在办公室香水的选择标准是"清新淡雅"。在办公室的长期相处中,能保持干净、亲和、充满活力的好状态。在办公室中,最受欢迎的男香香调是木质辛香调,最受欢迎的女香香调是清新的花香、果香。所以,不同的场合有着不同的香水选用方法。

(1)盛装宴会

遇到单位聚会或者年会,人们难免各自在仪表上各花心思准备,尤其是女员工,在这个时候很多人都会抓住机会展现自己,这个时候,我们可以在香水上下功夫,它可以让人更加自信,我们的香味可以让自己在人群中脱颖而出,令人难忘,我们可以选择一瓶华丽浓艳的香水,搭配上精致的妆容和一身礼裙装,势必夺目。但在这个时候我们就应该注意香水的使用礼仪,因为是宴会,人群密集,想独特又要艳压群芳,我们就不能让自己身上的香水太俗气或者太过浓烈,最需注意的是,我们首先得确保身上没有任何的杂味再使用香水,比如,沐浴露、花露水、化妆品等的其他香味,因为两种香味的叠加,最终会导致自己惹人反感,不愿靠近。

(2)家庭聚会

家庭聚会不像其他聚会一样可以彰显自己的个性,反而应该收敛,因为这种聚会都是自己的长辈,或者是自己的同辈亲戚,要是使用了太妖艳浓烈的香水,会惹得长辈心中不悦,或者让人觉得自己不正经。这样的场合就切记不能使用味道太成熟或者太奇异的香水,最好选择使用一款带有自然香味的香水,比如果香味、花香味或者香草味的香水,切记不能使用太多,因为亲和力在这个时候很重要。

(3) 酒吧 party

在这个时候,我们就可以选择一些平时自己喜欢的香水,搭配上夜店服饰,可以让香味浓烈一些,但尽可能的不要多种香水混用,因为各种香水的前后中味各不相同,混合起来的味道不是独特,而是特别难闻。还需注意喷洒的位置,因为这样的场合很容易出汗,所以不适合喷在如腋下等位置,一旦出汗,我们身上的气味不异于起床没有洗漱。

(4) 独自旅行

如果一个人旅行的话,可以选择海洋系列或者花香、果木香调系列的香水,因为这样可以让我们更加贴近自然,在这样的一段宁静时光里,它也会成为你的同伴,让我们一路不再孤单。因为身旁都是路人。所以只要自己喜欢,只要放松了自己,选择什么样的香水都可以。如果是结伴旅行的话,自己的个性就要收敛一点,选择香水上就要注意,在不失特别的同时也不要影响到别人的出游心情。

(5) 看望病人

去医院看望病人,这个时候我们就不应该使用香水,虽然香水可以让人放松,给人美的享受,但那只对健康且身心没有不适的人而言,在这样的场合,我们就应该慎重使用香水,或者杜绝使用香水。

(6) 参加葬礼

在参加葬礼时,每个人的心情都是沉痛的,这是最不应该使用香水的场合。如果使用了香水,那是大忌,这会让人感觉不庄重,甚至是一种无知。

(7) 使用香水需慎重的场合

出席婚礼和参加面试,都需慎重使用香水,要是太过浓烈,就会抢了新人风头,喧宾夺主,让人感觉很不礼貌。参加面试的时候,第一印象很重要,淡香会增加我们别人的好感,增加自己的自信或者让人记住。但切记不能使用浓香系列,这样会让人觉得自己太不入流。

4. 香水的使用方法

很多人会误以为香水喷于腋下可以遮盖体味,其实不然。香气一旦混合体味反而会产生一股怪味,所以作为职业商务人士,必须知道正确使用香水的方法。

(1) 香水应喷于不易出汗、脉搏跳动明显的部位,如耳后、脖子、手腕及膝后。

(2) 使用香水时不要一次喷得过多,少量而多处喷洒效果最佳。

(3) 不要把香水喷于浅色的衣物上,以免留下污渍。

(4) 沐浴后身体湿气较重时,将香水喷于身上,香味会释放得更明显。

(5) 若想制造似有似无的香气,可将香水先喷于空气中,然后在充满香水的空气中旋转一圈,令香水均匀地落于身上。

值得注意的是,皮肤敏感者可将香水喷于内衣、手帕或裙摆处。

通常香水不宜直接洒在衣服上,以免形成色痕。但随着香水的无色透明化,色痕的形成有时不会太明显,但还是应避免于高档服装的显眼部位,在一些隐蔽的位置喷洒香水,既可减少香水对皮肤的刺激,又可提高使用效果。尤其是秋、冬季着厚衣时,洒到身体的某些部位往往不如洒到衣服上效果更佳。衣服上可以洒香水的位置有：

（1）围巾、帽子、衣领、手套和胸前内领口。

（2）内衣。

（3）裙角花边或裙角里衬。

（4）衣襟、袖口里衬等。

模块二　职业着装礼仪

[导入]

为什么这次面试会失败？

一位年轻的硕士研究生即将从某重点大学金融管理专业毕业，她得到了一家银行招聘面试的机会，职位是银行的市场推广部门的项目推广工作。于是在约定好的时间，年轻人兴致勃勃地来到了那家银行。

面试很快结束了，她的感觉很不好。虽然银行方面并没有明确告诉她结果，但是她自己很清楚结果是拒绝，因为面试她的人对她一点热情也没有，只是说现在银行没有合适她的职位，希望明年再来试试看。而她很明白所应聘的职位是银行在招聘广告中写得清清楚楚的一个急需的职位，银行人事部门打给她的电话确认中也说得很清楚。

问题出在哪里呢？带着满脑袋的困惑，年轻人找到了形象咨询设计公司的老师，请老师帮助分析一下到底什么地方出了差错。

老师通过和这个年轻人的交流，发现她在学术和专业能力上没有任何问题。她是就读大学里的优秀大学生，由于学业上的优秀表现，大学毕业那年直接升研究生深造。她所具备的专业潜力，是被正在寻找人才的那家银行认可的。女孩谈吐虽然有些腼腆，但是说话时清晰的发音和语速、语调及音量都显示出受过良好教育的一面。

被拒绝的问题出在哪里呢？

老师请她谈谈当时面试的着装，年轻人告诉老师，穿的就是现在见老师所穿的衣服。当时正是夏季，那是一件藕黄色带衬里的薄纱无袖短衫，短衫是大领口，在领口和袖口边上有宽宽的折叠花边；短衫下面是一条同色的短裙，裙边也是宽宽的折叠花边。可能因为热，年轻的女学生没有穿袜子，脚上是一双贴有闪亮水晶片的细高跟黑色凉鞋，手上拿的是一个印有卡通图案的帆布手提包。

问题出在面试时的着装上，老师告诉她。

为什么呢？年轻人很不理解。她告诉老师，学校很多同学在天热的时候都穿这种风格的服装，大街上很多女孩也是这样穿着，她还告诉老师，在学校时很多女孩子讨论到现在应付面试，大家都说着装要装嫩才更容易通过面试被录取。

老师告诉她，现在身上穿的这套服装，在夏天这个季节作为私人场合的着装非常好，但是作为应征银行工作的职业着装是非常失败的。为什么呢？老师解释说，银行工作是一个非常严谨仔细严肃的工作，我们平时到银行的时候，从银行工作人员的着装上就可以反映出来，通常银行工作人员的着装要给人信任和具有权威性的感觉,所以很多时候,银行选择灰色的西服套装。灰色的西服套装会给人们踏实可靠的感觉,因为如此,很多银行选择它作为职业装。作为一名即将毕业的社会新鲜人来说,应征这份工作,可以不必像银行正式员工那样穿灰色的西服套装,但是当你穿其他服装的时候,要体现出来的是和银行对员工要求相同的严谨踏实仔细的风格,所以着装应该选择保守的款式和颜色才能符合银行的需要。

女孩依然困惑地看着老师问:"现在是夏天,如果穿西服套装一定非常热,面试人员会认为我完全是为了要这份工作才这样做的,我应该怎样穿才对呢?"

老师说,你可以穿全棉或者涤棉面料的短袖衬衫,但是款式要简单大方,不要花俏,衬衫颜色以浅单色为主;下面可以穿一条深颜色款式保守的裙子或者长裤。同时要记住,如果穿裙子就要穿连裤袜或者袜筒长度足够遮蔽腿部肌肉的肉色袜子;鞋子最好穿中高跟的皮鞋,不要穿细高跟的皮鞋。还有不要使用给人感觉很幼稚或者很大牌的提包,因为幼稚的款式很难让人信任可以承担那份工作;大牌会使人联想一个没有收入的年轻人使用价格昂贵的包是一个奇怪的现象,甚至还会想到更多的事情,这些都会给面试官员留下不好的印象。

老师接着说,另外一点你一定要记住,当你进入银行大门的时候,很有可能面试已经开始了,银行的面试官员已经在你不知道的地方观察你了,如果你的着装让你表现出一个充满青春活力又稳重踏实严谨的职业形象,你的着装和银行大环境相吻合,这会让你自然而然产生一种与环境相融合的自信。当你自信地进入面试办公室时,很多时候,银行的面试官员对你总体印象打分可能已经完成了。

年轻人此时脸上露出轻松的笑容,高兴地对老师说:"听了老师这番话,心里真的有了底,下一次有面试机会时,我一定会按照老师的要求做。"

两个月以后,年轻人打来电话,告诉老师,按照老师的职业着装要求,她又应征了另外一家银行的职位,面试不久银行便给了她录取通知,现在她很高兴找到了自己的第一份工作。

最后女孩说:"我还会找老师,希望老师能帮助我提升我的职业形象,我希望自己能够成为一个成功的职业人。"

 讨论

1. 她为什么一开始并没有成功得到工作机会?
2. 她一开始对职业着装的看法你是否认同?
3. 如果你有这样的机会将如何做准备?
4. 你是否可以从容面对即将来到的面试?

场合着装又名 T.P.O 场合着装,是指依据不同的场合着装规则进行服饰搭配,打造完美形象。T.P.O 是西方人最早提出的服饰穿戴原则,它分别是英文 time(时间)、place(地点)、occasion(场合)或 objective(目的)的缩写。就是告诉人们在着装时要考虑时间、地点、目的这三个要素。而职业着装就是指职业场合服装,简称职业服或者职业装,是指用于工作场合的团体化制式服装,具有鲜明的系统性、科学性、功能性、象征性、识别性、美学性等特点。职业服的受众市场极其庞大,适用范围非常广泛,不同的工作场合对职业服有各自特有的规定。一般的职业装具有以下的穿着规定:

① 强制性要求。某一行业的从业人员必须穿着该行业的职业服,不允许穿着其他服装执行公务。

② 时间性要求。一般职业服要求从业者在全部工作时间穿着;有的防护服如消防服、潜水服等要求从业者在作业时穿着。

③ 安全性要求。有些职业服如防护服要求从业者按规定方式穿用,必须定期检查,并规定储存方式和存放地点。

④ 舒适性。舒适性主要指对从业着穿着时进行工作时的方便性。

一、职业着装的功能

莎士比亚曾说:"服饰往往可以表现人格。"在人际交往中,服饰在很大程度上反映了一个人的社会地位、身份、职业、收入、爱好及一个人的文化素养、审美品位等。即使我们沉默不语,我们的衣着与体态也会泄露我们过去的经历,服饰一直被认为是传递人的思想情感的"非语言信息"。

着装的礼仪文化往往体现着一个人的素养与内涵。在职业场合,服装起着重要的标识作用,特别是在一些特殊的行业,制服清楚地标示着个人的身份和从事的职业。在现代企业中,员工着装是企业文化的一个组成部分,对于展示和塑造企业形象具有十分重要的意义。

二、职业着装的原则

得体的穿着,不仅可以使人显得更加美丽,还可以体现出一个现代文明人良好的修养和独到的品位。作为一个成功的职场人,必须掌握如下职业着装的基本原则:

(一)场合原则

衣着要与场合协调。与顾客会谈、参加正式会议等,衣着应庄重考究;听音乐会或看芭蕾舞,则应按惯例着正装;出席正式宴会时,则应穿中国的传统旗袍或西方的晚礼服;而在朋友聚会、郊游等场合,着装应轻便舒适。试想一下,如果大家都穿便装,自己却穿礼服就有欠轻松;同样地,如果以便装出席正式宴会,不但是对宴会主人的不尊重,也会令自己尴尬。

(二)时间原则

不同时段的着装规则对女士尤其重要。男士有一套质地上乘的深色西装或中山装足矣,而女士的着装则要随时间而变换。白天工作时,女士应穿着正式套装,以体现专业性;晚上出席鸡尾酒会就须多加一些修饰,如换一双高跟鞋,戴上有光泽的佩饰,围一条漂亮的丝巾;服装的选择还要适合季节气候特点,保持与潮流大势同步。

(三)地点原则

在自己家里接待客人,可以穿着舒适但整洁的休闲服;如果是去公司或单位拜访,穿职业套装会显得专业;外出时要顾及当地的传统和风俗习惯,如去教堂或寺庙等场所,不能穿过露或过短的服装。

(四)整洁平整原则

服装并非一定要高档华贵,但须保持清洁,并熨烫平整,穿起来就能大方得体,显得精神焕发。整洁并不完全为了自己,更是尊重他人的需要,这是良好仪态的第一要务。

(五)色彩技巧原则

不同色彩会给人不同的感受,如深色或冷色调的服装让人产生视觉上的收缩感,显得庄重严肃;而浅色或暖色调的服装会有扩张感,使人显得轻松活泼。因此,可以根据不同需要进行选择和搭配。

(六) 配套齐全原则

除了主体衣服之外,鞋、袜、手套等的搭配也要多加考究。如袜子以透明近似肤色或与服装颜色协调为好,带有大花纹的袜子不能登大雅之堂。正式、庄重的场合不宜穿凉鞋或靴子,黑色皮鞋是适用最广的,可以和任何服装搭配。

(七) 饰物点缀原则

巧妙地佩戴饰品能够起到画龙点睛的作用,给女士们增添色彩。但是佩戴的饰品不宜过多,否则会分散对方的注意力。佩戴饰品时,应尽量选择同一色系。佩戴首饰最关键的就是要与自己的整体服饰搭配统一起来。

(八) 严格禁止的着装原则

禁止在正式场合穿牛仔服(衣、裤)、超短裙、拖鞋。

此外,职场着装还必须充分注意的几个问题,概括起来就是"六个不能":第一,不能过分杂乱,杂乱的最直接错误就是不按常规着装;第二,不能过分鲜艳,职场人士应当坚持"庄重保守"的着装原则;第三,不能过分暴露,职场女性尤其需要高度注意这一问题;第四,不能过分透视,特别是在夏季,职场男士如果穿衬衣时一般应当在里面加穿一件背心,以免男士的胸毛(如果有的话)、乳头若隐若现地被透视;第五,不能过分短小,凡职场中人都不能穿短裤上班;第六,不能过分紧身,特别是职场女性更不能穿过于紧身的服装,所谓紧身,其标准是,凡能特别凸显出人体敏感部位的服装都应视为紧身服装。

三、男士西装着装礼仪

西装是举世公认的国际服装,美观大方,穿着舒适,因其具有系统、简练、富有气派的风格,所以正发展成为当今国际上最标准、最通用的礼服,在各种礼仪场合都被广泛穿着。人们常说:西装七分在做,三分在穿。

西装穿着应合乎礼仪要求,应合适、合地、合景。根据场合的不同,而选穿合适的西装。正式场合如宴会、典礼等,必须选择素颜的套装,由深色精仿毛料制成,以黑色、深蓝色为宜,绸缎饰边和领口,不能有任何装饰。一般场合、一般性访问可着单装或套装。衬衫应挺括,整洁无皱褶,尤其是领口。在正式场合,衬衣的下摆需塞在西裤里,袖口扣上,长袖衬衫的衣袖要长于西装上衣的衣袖。不系领带时,衬衫领口不可扣上。如需配用领带夹,一般夹在第4~5个纽扣之间;若穿西装背心或羊毛衫,则领带需佩戴于背心或羊毛衫之内;穿西装一定配皮鞋,而不能穿布鞋、旅游鞋等,皮鞋要保持清洁;西装在穿着时可以敞开,袖口和裤边不要卷起。穿单排纽扣的西装时,在正式场合只扣一粒,坐定后可以解开;穿双排纽扣西装时,在正规场合里要把两个扣子都扣好,坐定后也不能解开扣子。由此可见,男士西装着装是有很多讲究的。

(一) 西装的分类

按穿着者的性别和年龄来分,西装可分为男西装、女西装和童西装三类。

按穿着场合来分,西装可以分为礼服和便服两种。其中礼服又可以分为常礼服(又称晨礼服,白天、日常穿)、小礼服(又称晚礼服,晚间穿)、燕尾服。礼服要求布料必须是毛料、纯黑,下身需配黑皮鞋、黑袜子、白衬衣、黑领结。便服又分为便装和正装。人们一般穿的都是正装。正装一般是深颜色、毛料(含毛量在70%以上),上下身必须是同色、同料,做工良好。

按西装的件数来划分,分单件西装、两件套西装、三件套西装。商界男士在正式的商务交往中所穿的西装,必须是西服套装,在参与高层次的商务活动时,以穿三件套的西服套装为佳。便装、单件西装,即一件与裤子不配套的西装上衣,仅适用于非正式场合。可休闲搭配的西服套装,指的是上衣与裤子成套,其面料、色彩、款式一致,风格相互呼应。通常,西服套装,有两件套与三件套之分。两件套包括一件衣服和一条裤子,三件套则包括一件衣服、一条裤子和一件背心。按照人们的传统看法,三件套西装比两件套西装显得更正规一些。一般参加高层次的对外活动时,就可以这么穿。穿单排扣西服套装时,应该扎窄一些的皮带;穿双排扣西服套装时,则扎稍宽的皮带较为合适。到21世纪,女性的三件套已经发展成为西装、背心、裙子了,而随着季节变化的不明显,短裤在很多时候也代替了长裤。

按西装上衣的纽扣排列分,可以分为单排扣西装上衣与双排扣西装上衣。单排扣的西装上衣,最常见的有一粒纽扣、两粒纽扣、三粒纽扣三种。一粒纽扣、三粒纽扣单排扣西装上衣穿起来较时髦,而两粒纽扣的单排扣西装上衣则显得更为正规一些。男装常穿的单排扣西服款式以两粒扣、平驳领、高驳头、圆角下摆款为主。双排扣的西装上衣,最常见的有两粒纽扣、四粒纽扣、六粒纽扣三种。两粒纽扣、六粒纽扣的双排扣西装上衣属于流行的款式,而四粒纽扣的双排扣西装上衣则明显具有传统风格。男子常穿的双排扣西装是六粒扣、枪驳领、方角下摆款。至于西服后片开衩分为单开衩、双开衩和不开衩,单排扣西服可以选择三者其一,而双排扣西服则只能选择双开衩或不开衩。

所谓版型,指的是西装的外观轮廓。严格地讲,按版型分来分,西装有四大基本版型:

第一种版型,欧版西装。欧版西装实际上是在欧洲大陆,比如意大利、法国流行的。总体来讲,它们都叫欧版西装。最重要的代表品牌有杰尼亚、阿玛尼、费雷。欧版西装的基本轮廓是倒梯形,实际上就是肩宽收腰,这和欧洲男人比较高大魁梧的身材相吻合。选西装时,对这种欧版西装,要三思而后行,因为一般的人肩不够宽。双排扣、收腰、肩宽,也是欧版西装的基本特点。

第二种版型,英版西装。它是欧版的一个变种。它是单排扣,但是领子比较狭长,和盎格鲁-萨克逊人这个主体民族有关。盎格鲁-萨克逊人的脸形比较长,所以他们的西装领子比较宽广,也比较狭长。英版西装一般是三个扣子的居多,其基本轮廓也是倒梯形。

第三种版型,美版西装。就是美国版的西装,美国版西装的基本轮廓特点是O形。它宽松肥大,适合于休闲场合穿。所以美版西装往往以单件者居多,一般都是休闲风格。美国人一般着装的基本特点可以用四个字来概括,就是宽衣大裤,强调舒适、随意。

第四种版型,日版西装。日版西装的基本轮廓是H形的。它适合亚洲男人的身材,没有宽肩,也没有细腰。一般而言,它多是单排扣式,衣后不开衩。

此外西服还分平领、枪领、驳领等。

(二)男士西装的分类

男人的西服看上去好像没有什么差别,其实它的学问尽在每一个细节中。西服是一种"舶来文化",这一点无可厚非。现代的西服形成于19世纪中叶,根据不同的性质,可以分为不同的种类,了解男士西服的分类,可以帮助你在各种社交场合选择适合的西服,免被怡笑大方。

1. 按男士西装上衣的纽扣排列分类

按西装上衣的纽扣排列来划分,分单排扣西装上衣与双排扣西装上衣。

单排扣的西装上衣,最常见的有一粒纽扣、两粒纽扣、三粒纽扣三种。一粒纽扣、三粒纽扣单排扣西装上衣穿起来较时髦,而两粒纽扣的单排扣西装上衣则显得更为正规一些。男装常穿的单排扣西服款式以两粒扣、平驳领、高驳头、圆角下摆款为主。

双排扣的西装上衣,最常见的有两粒纽扣、四粒纽扣、六粒纽扣三种。两粒纽扣、六粒纽扣的双排扣西装上衣属于流行的款式,而四粒纽扣的双排扣西装上衣则明显具有传统风格。男子常穿的双排扣西装是六粒扣、枪驳领、方角下摆款。

至于西服后片开衩分为单开衩,双开衩和不开衩,单排扣西服可以选择三者其一,而双排扣西服则只能选择双开衩或不开衩。

2. 按照男士主要版型流派分类

所谓版型,指的是西装的外观轮廓。严格地讲,西装有四大基本版型流派:

第一种版型,欧版西装。欧板西装实际上是在欧洲大陆,比如意大利、法国流行的。总体来讲,它们都叫欧版西装。最重要的代表品牌有杰尼亚、阿玛尼、费雷、COV。欧版西装的基本轮廓是倒梯形,实际上就是肩宽收腰,这和欧洲男人比较高大魁梧的身材相吻合。选西装时,对这种欧版西装,要三思而后行,因为一般的人不够肩宽。双排扣、收腰、肩宽,也是欧板西装的基本特点。

第二种版型,英版西装。它是欧版的一个变种。它是单排扣,但是领子比较狭长,和盎格鲁-萨克逊人这个主体民族有关。盎格鲁-萨克逊人的脸形比较长,所以他们的西装领子比较宽广,也比较狭长。英版西装,一般是三个扣子的居多,其基本轮廓也是倒梯型。

第三种版型,美版西装。美国版的西装,美国版西装的基本轮廓特点是 O 形。它宽松肥大,适合于休闲场合穿。所以美版西装往往以单件者居多,一般都是休闲风格。美国人一般着装的基本特点可以用四个字来概括,就是宽衣大裤。强调舒适、随意,是美国人的特点。

第四种版型,日版西装。日版西装的基本轮廓是 H 形的。它适合亚洲男人的身材,没有宽肩,也没有细腰。一般而言,它多是单排扣式,衣后不开衩。

3. 按男士西装件数分类

按西装的件数来划分,分单件西装,二件套西装,三件套西装。商界男士在正式的商务交往中所穿的西装,必须是西服套装,在参与高层次的商务活动时,以穿三件套的西服套装为佳。

便装,单件西装,即一件与裤子不配套的西装上衣,仅适用于非正式场合。

西服套装,指的是上衣与裤子成套,其面料、色彩、款式一致,风格相互呼应。通常,西服套装,有两件套与三件套之分。两件套包括一衣和一裤,三件套则包括一衣,一裤和一件背心。按照人们的传统看法,三件套西装比两件套西装更显得正规一些。一般参加高层次的对外活动时,就可以这么穿。穿单排扣西服套装时,应该扎窄一些的皮带;穿双排扣型西服套装时,则扎稍宽的皮带较为合适。到 21 世纪,女性的三件套已经发展成为西装、背心、裙子了,而随着季节变化的不明显,短裤在很多时候也代替了长裤的位置。

(三) 男士西装的配件及全套穿着要领

男士西装可以说是男装里的标杆单品,几乎每个男人的衣橱里都一定会有一件西装,就算平时不穿,但要出席比较正式的场合就一定穿得到。西装不只可以表达正式和礼貌,男人如果西装穿得好,就会判若两人,在女人眼里也是魅力倍增。西装要穿的好,首要条件是选择合身剪裁的,合身剪裁的西装不只穿起来感觉精实,不需昂贵的布料穿起来也有一定的质感。

1. 西装选择的要领

男士挑选西服,需要关注其颜色、图案、面料、款式、造型、尺寸、做工、品牌等方面的细节。

(1) 选择西服颜色

选择西服颜色最基本的原则,那就是尽量选择保守的颜色,比如深蓝、深灰等颜色,这些颜色能适合各类专业场合,尤其是黑色。具体地讲,深色西装比浅色西装有利于衬托专业气度和权威感;棕褐色给人以亲切感,适合不严肃但较重要的场合;浅色西装的着装难度较大,可能出现最好或最坏的效果,除非对穿衣十分精通,一般人最好别穿。

总的来说,西装的具体色彩必须显得庄重、正统而不过于轻浮和随便。根据此项要求,西装的颜色理当首推藏蓝色。在世界各地,藏蓝色的西装往往是每一位男士必备的。除此之外,还可以选择灰色或棕色的西装。黑色的西装也可予以考虑,不过它更适于在庄严而肃穆的场合穿着。

(2) 选择西服图案

为追求成熟、稳重,西装一般以无图案为好。用"格子呢"缝制的西装,一般是难登大雅之堂的,只有在非正式场合里,商界男士才可以穿它。西装的图案应该以简单为导向,过于夸张的图案有可能给人以轻浮的感觉。

(3) 选择西服面料

西装最重要的是两点:面料、剪裁。而大多数男士的选择正好相反,先看品牌,再看剪裁,最后才关心面料。毫无疑问,毛料是西装的首选,尤其是精梳羊毛面料(含量 90% 以上),精梳羊毛面料的纤维细长,手感自然温柔且细致,光泽好。羊毛的含量越多越好,否则服装会有粗糙感,悬垂性也差。还有一个面料一个参数——支数。简单而言,同等条件下,支数越多的面料线越细,越轻便,价格也越贵。一般来说,120~150 支的羊毛面料即可。

(4) 选择西服的版型

① 欧版西装:宽肩、收腰,轮廓为倒梯形,欧美人的身材较为合适,如图 4-9 所示。

② 美版西装:轮廓为 O 形,它以宽松、肥大、舒适而著称,如图 4-10 所示。

图 4-9　欧版西装

图 4-10　美版西装

③ 日版西装：实际上是东方式改良西装，是最适合我们穿的，轮廓为 H 形，和中国人的身材比例比较和谐，如图 4-11 所示。

（5）选择西服尺寸

① 西装围度（大小）以系扣后放进一拳为宜。② 西装合身与否最重要的方面是肩膀和长度，西装肩部应该比肩膀外侧宽 1～2 厘米。③ 西装长度应盖住臀部。④ 裤腰是西裤的灵魂，在自然呼吸的情况下不松不紧地刚好放得下一只手，这就说明裤腰是合适的。如果伸不进去一个手掌那就是裤子瘦了。如果能伸进一个拳头就说明裤腰肥了。西裤的裤腰可修改的幅度是有讲究的，往小里改只能在 5 厘米之内，往大里改不能超过 3.8 厘米。如果超出这个范围就会改变裤子原来的形状；⑤ 裤管的中折线一定要不偏不倚地、比直而自然地垂到鞋面，只有这样中心折线才能撑出裤管挺括的质感。裤子的长度从后面看应该刚好到鞋跟和鞋帮的接缝处。如果想让腿看起来更修长，那么裤管的长度也可以延伸到鞋后跟的 1/2 处。另外，在买皮带的时候皮带一定要比裤子长 5 厘米。也就是说如果我们穿 35 号的裤子，那么皮带就应该买 36 号的。⑥ 衬衫袖口长度应比西装长度长 1～2 厘米，西装袖子长度以双手自然下垂时达到四指握拳长度为宜。

图 4-11　日版西装

（6）试穿西装

试穿时应该照三面镜，这样才能看到自己的全貌。同时你应该用平时的姿态来检查是否合身，而不是故意摆出挺胸抬头的样子，还要做些抬腿、转身、伸腰的动作，这样日常才会舒服。另外，还有几点需要注意：西装领的高度应该比衬衫稍低 1 厘米左右，袖长应合适，穿着西装后，衬衫的袖口应露出 1 厘米左右。

总之，男性西装的款式和种类没有女装的多，所以一旦犯错误反而会比较严重，但西装又是男人的首选正装，在正式场合穿着的机会比较多，一定要注意。

（7）选成衣还是定制

一般而言，我们不赞成有经济能力的男士买成品西装，因为男士和女士不同，西装和衬衫是标配，而西装是不改不合身的。要想在芸芸众生中显示出自己的不同点，那么，一件完全贴合自己身材和审美情趣的西装与衬衫是非常必要的。而要达到这个效果，必需要定制。比较好的中低价位成品西装品牌是：国产的蓝豹和美国 brooks brother。至于定制，分成三种，最高级的（bespoke）、中等的（made to order）、次之的（made to measure），中国目前的定制在 made to order 和 bespoke 之间（以上海的 w. w. chan & son 为例）。

如果我们走入一间男装店或是男装专柜，判断它是不是专业的标志之一，就是店里有没有一个店员在做 fitter，就是手上拿个海绵球扎满了针，再拿个软尺帮客户量身的人，能有 fitter 的，至少也可做 made to measure。但在内地各大奢侈品牌男装店，很少看到。不要认为定制很贵，事实上，如果我们要买一件一万元的西装，那么定制比成品便宜很多。举例来说，一套杰尼亚西装成品两三万多元很正常，面料还不是意大利的原装货（一般是江苏阳光或山东南山产的),而定制 made to order 一万多元甚至还便宜也能搞定。

(8) 选择西装品牌

大学生刚毕业可以选的牌子:海澜之家;工作了一两年可以买的牌子:蓝豹、BB;休闲一点的:BananaRepublic、River Island、ZARA。工作了三年之后:香港一系列被收购的大牌成衣,如 LEO、Cerruti1881、D'urban、Gieves & Hawkes,价格 1 万多元。如果事业有起色了,可以定制。定制其实并没有我们想象的贵,基本 2 000 元可以定制最便宜的 made to measure 西服。

2. 男士西装着装十戒

(1) 通常不要随意拆开一件西服的外袋(即暗袋),它可保持西装的形状,使之不易变形。

(2) 衬衫一定要干净、挺括,不能出现脏领口、脏袖口。

(3) 系好领带后,领带尖千万不要触到皮带上。

(4) 如果系了领带,绝不可以穿平底便鞋。

(5) 西服袖口商标一定要剪掉。

(6) 腰部不能别 BP 机、手机等。

(7) 穿西装时不要穿白色袜子,尤其是深色西装。

(8) 衬衫领开口、皮带袢和裤子前开口外侧线不能歪斜,应在一条线上。

(9) 黑皮鞋能配任何一种颜色的深色西装,棕色皮鞋除同色系西装外,不能配其他颜色的西服。

(10) 如果想保持西装完美的原形,一季不可干洗两次以上且尽量找专业干洗店干洗。

3. 男士西装穿着误区

西装是男士们必备的衣着,它可以让人显得更加自信和整洁,但不少男士在穿着上都不同程度地存在着误区,使整体形象大打折扣。

(1) 切忌穿西装配白衬衫不打领带。因为穿西装配白衬衫是最正规的穿法,所以如果不打领带的话,会给人一种很随便、很不修边幅的感觉。白衬衫没有花纹,较为单调,让人总觉得少点东西。如果确实不想打领带的话或实在是没有时间,我们可以有三个选择:

A. 换一件领子较阔的白衬衫,将领子反出来,不过穿在外面的西装得选深色的;

B. 可穿一件深色的衬衫,有条纹或格子的衬衫为首选,这样就不会显得单调,且还有瘦身的效果;

C. 一件高脖的套衫是西装最稳妥的配件,颜色比较多,也易搭配;

(2) 切忌色彩乱搭配。一套正规的穿戴由西装、衬衫、领带、西裤组成,西裤的选色相对容易,只要选择一些如深蓝、黑、深米色之类的百搭颜色就可以了,但是如果西装、衬衫、领带三者要搭配得好就有点难度了。

在这里介绍一种最稳妥的方法:领带不要选太花的,以深灰色为宜,衬衫选择白色的是最保险的方法,西装为深色,三者之间的色差不要太大,尽量是同一色系的,这样整体上看起来就会舒服。

(3) 切忌不注意配饰。西装的配饰可包括:纽扣针、领带夹、皮带、皮包、袜子、皮鞋。无论一个人穿得多有风度,如果别了一个难看的纽扣针,夹了个锈迹斑斑的领带夹,穿了一双与整体极不协调的袜子,皮鞋又没有擦。想想看,这个人的整体形象还会好吗?所以,我们在重视外衣的同时,也要注重一下这些配件。

4. 衬衫的搭配穿着要领

黑色西服,配以白色为主的衬衫或浅色衬衫,配灰色、蓝色、绿色等与衬衫色协调的领带;灰西服可配灰色、绿色、黄色或砖红色领带,淡色衬衫;暗蓝色西服,可以配蓝色、胭脂红色或橙黄色领带,白色或明亮蓝色的衬衫;蓝色西服,可以配暗蓝色、灰色、胭脂色、黄色或砖红色领带,粉红色、乳黄色、银灰色或明亮蓝色的衬衫;褐色西服,可以配暗褐色、灰色、绿色或黄色领带,白色、灰色、银色或明亮的褐色衬衫。

由此可见,衬衫的穿着有以下的几个要领:

(1) 搭配西装的衬衣,颜色应与西装颜色协调,在正式场合,一般选择棉质的白色衬衣。

(2) 与西装配套的衬衫要求是硬领式的,必须挺括、整洁、无皱褶,尤其是领口。

(3) 西装穿好后,衬衫领应高出西装领口1~2厘米,衬衫袖长应比西装上装衣袖长出1~2厘米。

(4) 在正式场合,不管是否与西装合穿,长袖衬衫的下摆必须塞在西裤里,袖口必须扣上,不可翻起。

(5) 系领带时衬衣领口扣子必须系好,不系领带时衬衣领口扣子应解开。

5. 领带的几种打法训练要领

穿西服不系领带,是不够正式的,不适宜出席正式场合。说起打领带这里可有不少讲究。

先来看看领带的花色与图案,一般来说素色、斜纹、圆点、几何图案的领带能够与任何款式的西服或衬衫搭配。但是要注意的是草履虫的图纹却只能在休闲时穿戴,在上班时最好避免使用,否则会有失大雅。

再来看看领带的三种款式:领带的款式主要在领带的宽度上,常用的领带宽度多为8~9厘米,最宽的可达12厘米,最窄的仅有5~7厘米。领带基本上分为三种,我们可以根据自己的爱好来选择。

领带的季节性一般来说也是很有学问的,在炎炎夏日里最好佩带丝和绸等材质的轻软型领带,领带结也要打得比较小,给人以清爽感。而在秋、冬季里颜色就要以暖色为主了,例如深红色、咖啡色之类的暖色调在视觉上就会产生温暖的感觉。在春、夏季节可以以冷色调为主,暖色调为辅。

那么领带如何与西服、衬衫搭配呢?有一种搭配称为三单,也就是说三种单色搭配在一起一般比较保险。或者两单一花,这种装束就要注意了,这其中唯一一个有花纹或图案的无论是衬衫、领带或是西服,花纹或图案的颜色一定要是其他两种颜色中的一种。还有两花一单。如果我们想这样打扮的时候就要注意,当有两种花纹或图案时,必须先驱分出图案的强弱和图案的走势。如果穿直条纹西服或衬衫时就要避免使用直纹或横纹的领带,最好用斜纹、圆点或草履虫色等没有方向性的领带比较好。

接下来我们再看色彩搭配的基本原则:银灰色、乳白色西服配红色领带;红色、紫色西服配乳白色领带;深蓝色、墨绿色西服配黄色、玫瑰红色领带;褐色、深绿色西服配天蓝色领带。

最后,我们就来学学领带的打法。

(1) 平结打法

平结(图4-12)为男士选用的最多领结打法之一,几乎适用于各种材质的领带。

要诀:领结下方所形成的凹洞需让两边均匀且对衬。

图 4-12　平结

(2) 交叉结打法

这是对于单色素雅质料且较薄领带适合选用的领结,对于喜欢展现流行感的男士不妨多加使用交叉结(图 4-13)。

图 4-13　交叉结

(3) 双环结打法

一条质地细致的领带再搭配上双环结(图 4-14)颇能营造时尚感,适合年轻的上班族选用。该领结完成的特色就是第一圈会稍露出于第二圈之外,不要刻意盖住。

图 4-14　双环结

(4) 温莎结打法

温莎结(图 4-15)适合用于宽领型的衬衫,该领结应多往横向发展,应避免材质过厚的领带,领结也勿打得过大。

图 4-15　温莎结

(5) 双交叉结打法

双交叉结(图 4-16)很容易让人有种高雅且隆重的感觉,适合正式活动场合选用。该领结应多运用在素色且丝质领带上,若搭配大翻领的衬衫,不但适合而且有尊贵感。

图 4-16 双交叉结

6. 领带夹与领带针选择要领

男人的配饰相比女人而言本就不多变,但即便如此,男人中也总会有一些不甘如此的弄潮儿把目光转向一些灵活精巧的配饰上。不管是因为美,还是为了让领带更加稳定和美观,领带夹、领带针这些看似有些过时多余却能产生画龙点睛功效的小配饰,或许可以为我们增添乐趣。

(1) 领带夹

领带夹是用于固定领带不会飘动,把领带和衬衣第 4~5 粒纽扣上下的位置相互夹在一起的一种金属饰品。不过现在领带夹也有很多种材质,有镶钻和镶宝石的,也有黄金的。一般场合穿着西服的时候经常需要。

领带夹的作用在于正式场合下把领带夹在衬衣襟上,这样领带会显得比较笔直,也不会被风吹起,弯腰时也不会垂向地面。

领带夹的用法:

领带夹应在穿西服时使用,仅仅单穿长袖衬衫时没必要使用领带夹,更不要在穿夹克时使用领带夹。穿西服时使用领带夹,应将其别在特定的位置,即从上往下数,在衬衫的第四粒与第五粒纽扣之间,将领带夹别上,然后扣上西服上衣的扣子,从外面一般看不见领带夹。因为按照妆饰礼仪的规定,领带夹这种饰物的主要用途是固定领带,如果稍许外露还说得过去,如果把它别得太靠上,甚至直逼衬衫领扣,就显得过分张扬。

领带夹可以体现男士的绅士风采,使人更加有品位,更显示出现代人的时尚感。

(2) 领带针

除了领带夹,领带针也是不错的选择。将有图案的一端置于领带外,另一端别在衬衫从上往下数第三粒纽扣处领带的正中央,并将领带向上稍稍拱起。

领带针的用法:

别在衬衫从上往下数第三粒纽扣处的领带正中央,有图案的一面放在领带外面,另一端为细链,藏在衬衣内。

总的来说,领带夹与领带针的作用是将领带固定在衬衫上,有人用它只夹住领带,让它随着领带随风飘摇,此举完全错误。

一般来讲,露在西装外的领带夹佩戴方法并不合规矩,但如果是凹造型又另当别论。领带夹要在穿西服时使用,仅单穿长袖衬衫时不必使用,更不要在穿夹克时使用。请记住以下 5 条:①领带夹不是别针,除非我们想要一个有穿孔的领带系列;②领带夹不应该只是夹住领带两端,也要确定它固定住了衣襟;③领带夹应该别在衬衫的第三颗与第四颗纽扣之间,低于此标准,会被外套遮住,而太高则看起来会很奇怪;④别领带夹时,不应超过领带的 3/4 宽度,如果自己的领带是窄版的,请选择一个尺寸更小的领带夹,绝对不要因为任何原因违反这个规则;⑤千万不要选择太过闪亮的领带夹,毕竟它应该是加强造型用的,而不是抢走风采。

7. 皮带选择的要领

如今,皮带已经成为一种时尚,细看国际上大大小小的时装展,设计师们已经离不开皮带了。特别是男士们,男士可以选择的配饰并不多,而皮带绝对是这当中的主角。皮带什么牌子好?怎样才能选到好的男士皮带呢?下面我们一起来看个明白。

(1) 品牌的选择

购买皮带的时候我们不要盲目相信原装进口的皮带,因为真正进口的国际品牌,一般都得上千元,只有顶级的商厦才有,且每根皮带都有一张单独的进口关税单,否则都是假的。

(2) 材质的选择

皮带还要根据材质来选择,如今市面上常见的皮带有猪皮、牛皮、羊皮、鳄鱼皮以及帆布带等,通常很多商家会拿猪皮和羊皮充当头层小牛皮来牟取盈利,而牛皮本身则带一种身骨硬挺的感觉,鳄鱼皮和珍珠鱼皮则通常带有压纹和肌理效果,让人感受到一种粗犷与豪放之中的精细美。

(3) 颜色的选择

选择皮带的时候一定要保持低调,我们主要可以选择黑色、栗色或棕色的皮带,因为它们通常都配以钢质、金质或银质的皮带扣,这样的一条皮带既适合各种衣物和场合,又可以很好地表现职业男士的气质。

(4) 长度的选择

皮带的长度应介于第一颗和第二颗裤扣之间,宽度应保持在3厘米,所以我们选择皮带的时候一定要根据自己的裤头大小去选,以免选得太窄或者太宽,造成不一样的效果。

(5) 外观的选择

从外观来看,还要考虑皮带的装饰性,我们尽量不要挂过多的物品,简洁、干练才是真理。皮带对一个男士来说可能就那么一点装饰,但在女人的眼中就不一样了,佩戴一条好的皮带,女士认为你是一个有品位的男士。

总的来说,与西服相匹配的皮带要求是皮质材料,光面,深色,带有钢质皮带扣。皮带的颜色应与鞋子和公文包的颜色统一。

8. 皮鞋选择的要领

俗话说,女人看包,男人看脚。皮鞋是男人的必备,一双既美观又舒适的皮鞋不仅让人精神百倍,也让人健康舒适,那么下面我们一起来看看男人挑选皮鞋的五大技巧。

(1) 大小的选择

挑选皮鞋应以舒适为原则。一般来讲,宽窄以脚面受力时能够完全展开为好,长短以脚尖不夹不顶,行走时脚不在鞋内滑动为好。另外,购买皮鞋的时间也有讲究。人在下午因脚部略有肿胀,此时所购皮鞋大小合适;若在上午试鞋,则应留出空余量,不致穿的时间长了挤脚。

(2) 透气性的选择

皮鞋中以合成革的透气性最差(穿时容易出脚汗、脚臭,时间一长不但脚受不了,表面的人造革也会一小块一小块地脱落)。一般天然革皮鞋透气性较好,其中尤以猪皮革为最好,因为猪皮毛孔比牛皮毛孔粗几倍,毛孔眼也大得多,汗气易排出,但皮革不如牛皮美观。另外,猪皮一般用在鞋里的衬皮。

(3) 外型的选择

除了挑选自己喜爱的样式外,还需注意缝线的针码是否均匀,两只鞋子是否完全对称。然后将鞋尖朝自己,平放在柜台上,查看鞋底前掌处与柜台的接触点是否在前掌的中心位置。如有偏差,穿在脚上易发生侧偏,导致鞋变形。

(4) 皮革的选择

皮鞋面有光面革和反面革两种。质量好的光面皮鞋,粒面粗细均匀,滑平细致,没有皱纹和伤痕;亮度、颜色均匀一致,色泽明亮、鲜艳,没有明暗和深浅不一的现象。用手指按压皮面,出现皱纹均匀细小,放开手指后,细纹随即消失;用手摸时感觉柔软润滑,富于弹性,不僵硬,皮革的厚薄均匀适度。质量好的反面皮鞋,表面绒毛细软、均匀,颜色一致,无粗长纤维和油污斑点,无明显折皱和伤痕,触摸的感觉与光面皮鞋相同。一般动物皮革的鞋穿2～3年是不会出现掉皮现象的。

(5) 鞋底的选择

皮鞋底有皮质和胶质两大类。质量好的皮质鞋底,表面光亮平滑,颜色均匀一致,没有油污、斑点和伤痕,厚薄均匀;用手指弹,声响清脆,用手摸的感觉很坚实。这种鞋底柔韧丰满,抗张强度大,耐磨性强。质量好的胶质鞋底,表面光滑一致,花纹整齐,每个花纹边角应鲜明完整。

从侧面看,切面均匀细致无杂质,无颗粒组织,无厚薄不均现象;用手摸时应有较好的韧性和弹性的感觉。若是胶黏皮鞋,要检查底边帮底黏合是否严密、平整,不能有空隙、遗胶现象。轻巧的合成树脂的最好,又轻又耐磨。

总的来说,不管选择什么样的皮鞋,穿西装一定要穿皮鞋,即便是夏天也应如此。和西装搭配的皮鞋最好是系带的、薄底素面的西装皮鞋,皮鞋的颜色要与服装颜色搭配。皮鞋要上油擦亮,不留灰尘和污迹。

9. 袜子选择的要领

有人说袜子是男人的第二层皮肤,在合适的场合穿着合适的袜子其实也是一门学问。男士穿袜子最重要的原则是讲求整体搭配,很多时候,长长的裤身会直盖鞋面,只有在不经意中才能见到袜子。此时,它的色彩、质地、清洁度就会为你的品位提供打分依据。那么,男士应该如何选择袜子呢?

(1) 材质的选择

纯棉:纯棉袜子是平日穿着最好的选择,100%的棉质材质通常不会用来制作成户外活动使用的袜子。棉会吸收汗水,不容易干燥,布料一旦湿掉就没有温度隔绝性,也不舒服,容易让脚部起水泡。

丝:真丝男袜在市场上比较少见,但其优雅的光泽和优异的舒适性构成了高档男袜的特征。唯一美中不足的是真丝这种材质不够结实、不耐磨。

麻:在所有的天然材质中,麻的透气性是最好的。麻具有天然的抗菌和抑菌功能,吸湿排汗的性能比棉和化纤都优越,因此给人一种"干爽"和"凉快"的感觉。但含麻55%以上的袜子不多见。

羊绒:羊绒这种材质的保暖性非常好,在冬季穿着既透气又舒适,只是清洗起来会比较麻烦,需要专业的羊毛清洗剂。

(2) 搭配的选择

男袜的颜色应该是基本的中性色,并且比长裤的颜色深。男袜的颜色与西装相配是最时髦也是最简单的穿法,如果西装是灰色的,可以选择灰色的袜子,浅色西装配较深的茶色或棕色袜子。白色和浅色的纯棉袜该用来配休闲风格的衣裤和便鞋。穿西装短裤时,太长的袜子显得土气,要穿长度在小腿肚以下的短袜,最好是刚刚到脚踝的短款袜子,且尽量挑不醒目的浅颜色。若做纯白的运动打扮,袜子一定要是一尘不染的白色运动袜。

（3）穿袜子注意事项

第一,穿西装皮鞋时,袜子的颜色要深于鞋的颜色,一般选择黑色,袜筒的长度要高及小腿并有一定弹性。特别强调的是穿西装一定不能穿白色袜子。

第二,干净。袜子务必要做到一天一换,洗涤干净,以防止异味。

第三,完整。穿袜子之前,一定要检查一下有无破洞、跳丝。如果发现有,应及时更换。

第四,要成双。穿袜子时要穿成双的袜子,不要自行将原非一双的两只袜子随意穿在一起,尤其当二者色彩不同、图案各异时,更不该这么做。

第五,合脚。袜子的大小一定要合脚。袜子太小,不但易破,且容易从脚上滑下去;袜子太短,则时常会使腿肚子外露出来。一般而言,袜子的长度,不宜低于自己的踝骨。

10. 公文包与钱包的选择要领

公文包与钱包不仅是存放文件和现金等杂物的必需品,还是个人风格的重要体现。它的实用性并不比帆布背包、邮包或是牛皮纸袋更强,但是它们的样子却能够将人的个性表露无疑,还能代表自己是职业人士的标识。

（1）公文包的选择要领

一定要选择与西装搭配的长方形公文包,最好与皮鞋和皮带的颜色一致。白领男人们应该如何选择一款合适的男士公文包来搭配自己的着装呢?得体的男士公文包不仅能够提升男人的时尚品位,还能让男人的心情得以舒展,此外还是索然无味的服装和办公室造型的亮点所在。

① 选择公文包最好与服装色调统一,由于公文包颜色比较单调,所以以黑色配深色西服,黄色或咖啡色配浅色西服为佳。

② 对主要以西装打扮的职业男士来说,建议使用褐色系的公文包。褐色系的男士公文包从明亮的浅褐色到沉稳的深褐色种类繁多,相比黑色公文包也显得更加轻便,褐色的色彩感展现出男士的忠厚感觉。

③ 金属扣环也是决定一个公文包好坏的标准,所以选购的时候一定要注意。

④ 把握流行因素。现在流行的是复古系,所以我们选择的公文包的皮是优质的经过后处理手工打磨而成的皮,换句话说,就是不要买那种用普通皮革直接缝制就完成的简单工艺皮包,另外,公文包的品牌也很重要。

⑤ 要和自己的服装搭配相协调。如果穿着一身西装革履,却背着一个大大的水手包,或者一身街头打扮却提着一个电脑包形状的包,这都是不协调的。要把包当作自己的领带或皮鞋一样,它和自己是一体的,不要让包脱离自己这个整体。

（2）钱包的选择要领

钱包是人们在日常生活中常用的物品。一款适合自己的钱包不仅能有效地提升自己的个人形象,展现个人品位,在携带纸币、卡片时也是非常实用的。当我们站在柜台前掏着纸币,又或者优雅地站着等刷卡的时候,我们手上的钱包总是让人无法忽视。拿着有品位的钱包,人的底气更加十足。那男士钱包如何选购呢?下面就和大家说说怎样选购一款适合自己的钱包。

① 钱包的整体色调

在颜色的选择上尽量选择一些百搭颜色,钱包的颜色是最能吸引人眼球的,也是给人的第一印象。对于男士,要想更彰显自己的硬汉气质,黑色是个不错的选择。当然,现在的牛皮黄也是十分时尚的颜色,这种色调可以让男士显露出一种复古的风味。看上去可以让男士更显得有风味,有内涵,非常适合休闲男装的搭配。

② 钱包的款式

男士钱包的款式是选择钱包的重点,也是最能彰显气质的一项。从目前的市场状况来看,最常见的男士钱包无非就是两种款式,一种是长款钱包,另一种就是短款的正方形钱包。对于那种性格沉稳的人,选择长款钱包是个非常不错的选择,这样的男士钱包能够透出一种特有的商务风范,让男士更有男人味,看上去就像是一个成功人士。但是总体上来讲,长款的男士钱包价格相对较贵,所以比较适合有一定经济条件的朋友来选购。其实也可以选择性价比比较高的一些品牌。从携带方面来考虑,短款钱包更易于携带,毕竟夏天的时候长款钱包不好放,不过这还是要看个人的爱好了。

③ 钱包的实用性

比起单纯的零钱包来说,集钥匙包、零钱包于一体的款式更适合讲求实用性的人,能够将钥匙、硬币等小物品收纳起来,也符合现代男性干练的形象。

总的来说,穿西装时,应该使用皮制的、造型长而扁的西服钱包,以免破坏西装的平整。

11. 手表与饰品选择要领

(1) 手表选择要领

手表,又称腕表。即佩戴在手腕上的用以计时的工具。在社交场合,佩戴手表,通常意味着时间观念强、作风严谨;而不戴手表的人,或是动辄向他人询问时间的人,总会令人嗤之以鼻,因为这多表明其时间观念不强。出席一些社交礼仪场合,佩戴一款正统与简约风格集合的高纯度冷色调腕表,会使人显得更加与众不同。

有人甚至强调说:"手表不仅是男人的首饰,而且是男人最重要的首饰。"在西方国家,手表与钢笔、打火机一起,一度被称为成年男子的"三件宝",是每个男人不可离身之物。与首饰相同的是,在社交场合人们所戴的手表往往体现其地位、身份和财富状况。因此在人际交往中人们所戴的手表,尤其是男士所戴的手表,大都引人瞩目。佩戴手表既要正确无误,自然先要了解手表,并且善于选择手表。选择手表,往往应注重其种类、款式、功能、形状、色彩、图案等方面的问题。

种类:根据标准的不同,手表可以分为许多不同的种类。在社交场合,人们一般都是依据价格来区分其种类的。按照这个标准,手表可被分为豪华表、高档表、中档表、低档表四类。以时价而论,豪华表价格在 10 万元以上,高档表在 5 000~20 000 元之间,中档表在 2 000~5 000 元之间,低档表在 500~2 000 元之间。选择手表的具体种类时,首先要量力而行,不要做力不从心的事。另外,还要顾及个人的职业、露面的场合、交往的对象和同时所选用的其他服饰等一系列相关因素。

款式:手表大致分为正装表、珠宝表和运动表三种款式。正装表的款式都比较传统,适合在上班或者出差的时候佩戴。珠宝表一直是女士的心头所好,但是近年来也越来越受到男士的关注,特别是在成都,带钻的男装表明显比不带钻的款式走俏。而运动表顾名思义则是在运动、休闲的时候佩戴的。但是随着潮流趋势的发展,运动表也被很多男士运用到正装的配搭当中。

功能:目前动力储存、两地时区以及具有潜水功能的手表比较受到消费者的关注。动力储存长的表,可以不用每天上条,而两地时区则非常适合在全世界跑的商务人士,潜水表让经常游泳锻炼的人省去了不少麻烦。有些附加的功能,如温度、湿度、风速、方向、血压、步速等,均可有可无,以无为好。总之,手表的功能要少而精,并要有实用价值。

形状:手表的造型往往与其身价、档次有关。在正式场合所戴的手表,在造型方面应当庄重、保守,避免怪异、新潮。男士,尤其是位尊者、年长者更要注意。造型新奇、花哨的手表,仅适用于少女及儿童。一般而言,正圆形、椭圆形、正方形、长方形以及菱形手表,因其造型庄重、保守,适用范围极广,特别适合在正式场合佩戴。

色彩:在正式场合所戴的手表,一般宜选择单色、双色,不应选择三色或三种颜色以上的手表。不论是单色手表还是双色手表,其色彩都要清晰、高贵、典雅。金色表、银色表、黑色表,即表盘、表壳、表带均有金色、银色、黑色的手表,是最理想的选择。金色表壳、表带、乳白色表盘的手表,也能经得住时间的考验,在任何年代佩戴都不会落伍。

图案:除数字、商标、厂名、品牌外,手表上没有必要出现其他没有任何作用的图案。选择使用于正式场合的手表,尤其需要牢记此点。倘若手表上图案稀奇古怪、多种多样,不仅不利于使用,而且有可能招人笑话。

实用性:顾名思义,偏向实用的人会非常在意手表的功能与使用。一只外表设计出色、机芯精良、雕琢精美的手表,如果没有附加实用的功能也会令人们犹豫再三。但反过来,如果一只各方面设计都非常出色的三针表,具备了计时功能或者仅仅多出一个日历显示,都会令人毫不犹豫地买下来。有时候,这样的人会像英国大本钟一样执着,但这并不是缺点,而是"务实"在控制他最终的选择。

享乐性:崇尚享乐原则的人是"人生得意须尽欢"信条的忠实拥护者。在他们心里,手表也是一件机械玩物,也要随时随地带来快乐。对他们来说,手表具有出色的外表和机芯还不够,同时还需要一些特别设计的小机关和小功能。具有十足的创新性的小机关和小功能会在第一时间内掳获他们的心。这样的男人拥有乐观开朗的心态,渴望自己一直被幸运的光环所笼罩。有了这样的心态,自然会充满自信,有了自信,就已成功了一半。

装饰性:有一类表迷,在挑选手表时会更加偏重手表的外观以及其华丽程度。相比较而言,手表的实用功能对他们来说就显得不那么重要了。他们可以允许手表的功能单一,也可以不执着于机芯,但是手表的外观一定要精美且华丽。只有这样,在出席重要活动的时候,腕上的手表才能足够闪亮,并且与高贵的身份相吻合。有人说:男人的珠宝只有结婚戒指和手表。他们认同这个说法,因此比其他人更加重视手表的装饰性。

总而言之,与西服相配的手表要选择造型简约,颜色比较保守,时钟标示清楚,表身比较平薄的商务款式。

(2)首饰选择要领

男士在职业场合不应佩戴首饰,至多戴一枚婚戒。

知识直通车

不同身材男士穿衣打扮的技巧

不仅仅是女性要根据自己的体型穿衣才会完美,男士们也要有这个观念。作为一个时尚男士,一定要了解不同体型男士的穿衣打扮要点,使自己更有魅力。

1. 矮个男士

矮个男士的着装应尽量避免水平线条,以免使其手和腿的位置看起来更加偏低。同时,还应尽量避免上下呈一系列水平层次分布。上衣也不能过于宽松,裤子以直筒平脚为宜。对于服饰的颜色,从上到下的穿戴应有一个基本色调,上下装对比不要太悬殊,最好利用同色或近似色,可以穿里外反差明显的衣服,格调简洁明快的服饰看上去更清爽。若需带公文包,应随身携带手提式公文包。皮带和衣服应颜色协调,反差不可太大,皮带也不宜太宽。穿衬衫、T恤时,应将上衣扎入裤腰内,束上皮带,显出腰线,给人以干练精神之感。如果是矮胖型,素色是唯一的选择。

2. 胖男士

胖男士应选择收缩感强的颜色。藏青色、深蓝色、黑色都是最佳选择,不能选用浅灰色、浅褐色等膨胀感强的色彩。若选用有花色的衣服,以条纹花型为佳。选择条纹花型,必须选用直的细条纹花型,花型应清晰,不可选用粗条纹的,否则会更显肥胖。V形领口部分要做得稍微大些,这是由于强调了直线的感觉,从而就掩饰了肚子的凸起程度,"宽领"是肥胖脸形选择衬衫的一大要件,理想选择就是比一般标准领型稍宽样式,在颜色上则应以冷色系为主色调(如蓝、绿、黑、暗紫等),若购买花色样式,应避免大图样或印花夸张的设计,直条衬衫向来是肥胖体型理想的选择,从视觉上它能给人身材苗条的感觉。细皮带纵使看起来不错,但绝对不宜有啤酒肚困扰的男士,宽皮带自然会让视觉产生较佳的平衡。保持衣服的整齐及平整,对于身材肥胖的男士尤其重要,该扣的扣子就不应解开,忌衬衫领口敞得太大。衬衫领口可敞一粒领扣,忌衬衣太瘦,紧绷着肚皮,这对胖腹人尤为不利,会强调发胖的腹部,显得局促可笑,不够大方。

3. 瘦高个子

冷色衣服有视觉上的紧缩效果,瘦人应避免选此类色系的衣装,而暖色调的衣服则十分适合瘦体人群。瘦人应选择较具塑身感和挺括感的面料做的衣服,而应回避丝绸之类无款无形的材质。过分宽松、长的浅色且没有设计感的带胸部口袋短袖衬衣,被风一吹衣服鼓起来好像人都要被吹走,让人显得很落魄。找那种浅色的细条的收身裁的,全静面粉色的衬衣也好看,但是瘦人穿平摆的衬衣往往没有圆摆的好看,如果脱单穿,可能圆摆的比较好搭配。裤子,对于瘦高的人来说,过肥的就算了,合身的可以穿但切忌竖条纹;竖条纹会使人的视觉产生两侧压缩的感觉,相反横条纹则有横向扩张的错觉。切忌黑色,黑色吸光,视觉上是会给人"小"的错觉,相反白色有扩张之势,比较适宜瘦人穿着。格子衣服的稳定性和扩张性是瘦人的又一选择。无论是背包、挂包、腰包,还是手提包,都不宜太小,稍微偏大比较好,过大则有反效果。选裤子要注意不要过软,稍微硬朗比较适宜;不要太窄,宽松点比较好。

4. 健壮男人

只有选择低开领子的衬衫,才能能更好地容纳下健壮的脖子。不要穿带有尖角翻领的衣服,因为胸部和肩膀已经足够宽厚了,不要再特意强调它的宽度了。衬衫要不就是肩部太窄,要不就是领口又太小。结实的健壮身材并不意味着人的衣服要选择大号的尺码,完全可以穿合身的瘦版裤子,因为肌肉并没有长在腿上。不用选择那种领子上缀有装饰钮扣的衬衫,过于明显的条纹、格子图案也不适合。

四、女士职业着装礼仪

现代职业女性在衣着打扮上必须十分注重服装与自己所从事职业相协调,要求能体现职业女性气质。职业女性穿着打扮的原则和要求是:一要端正稳重;二要表现出进取之意,尽可能添置质优的裙式套装;三要符合组织上的期望,在个性表现与群体合作上求得平衡;四要选典雅的服装。

女士的职业着装比男士的要更具个性,但是有些规则是所有女士都必须要遵守的,在职场中,女性的香水使用礼仪和女士化妆礼仪是女士着装礼仪的必不可少的一部分,每个女士都要树立一种最能体现自己个性和品位的风格。

所谓职业女装,是指在其工作场合所穿着的正式的服装,由面料、色彩统一的西装上衣和西式套裙组成的套装。在较为正式场合中,裙装是职业女士的正装。

(一) 职业女士的服装类型

女士的社交服装分为礼服和便装。

传统的女士礼服可以分为三种:常礼服、小礼服、大礼服。在我国,正式社交场合的礼服是旗袍。旗袍款式流畅巧妙,最能体现东方女性的朴素、典雅、柔美。

女性的职业便装包括衬衫、裙子、套裙、合体的长裤、衬衫配夹克等。女性的职业装有三种基本类型:西装套裙、夹克衫或不成形的上衣以及连衣裙或两件套装。

(二) 套裙选择的要领

在职业女士正式场合穿着的裙式服装中,套裙是首选。它是西装套裙的简称,上身是女式西装,下身是半截式裙子。也有三件套的套裙,即女式西装上衣、半截裙和背心。

套裙,可以分为两种基本类型:一种是用女式西装上衣和其他裙子进行的自由搭配组合成的"随意型";另一种是女式西装上衣和裙子成套设计、制作而成的"成套型"或"标准型"。

如何选择适合自己的套裙呢?

1. 上乘面料的选择

最好的面料既是纯天然质地又是质料上乘;上衣、裙子以及背心等,都应当选同一面料。在外观上,套裙选用的面料,讲究的是匀称、平整、滑润、光洁、丰厚、柔软、悬垂、挺括,不仅弹性、手感要好,而且应当不起皱、不起毛、不起球。

2. 色彩的选择

基本要求是以冷色调为主,借以体现出着装者的典雅、端庄与稳重。与此同时,还要使之与正风行一时的各种流行色保持一定的距离,以示自己的传统与持重。一套套裙的全部色彩至多不要超过两种,不然就显得杂乱无章了。

3. 选择图案忌花哨

套裙图案讲究的是朴素而简洁。常规是在正式场合穿着的套裙,可以不带有任何的图案。如果本人喜欢,以各种或宽或窄的格子、或大或小的圆点、或明或暗的条纹为主要的套裙。

4. 选择的点缀忌多

不宜添加过多的点缀,否则极有可能使其显得琐碎、杂乱。有时还会使穿着者失之于稳重。一贴布、绣花、花边、金线、彩条、扣链、亮片、珍珠、皮革等加以点缀或装饰的套裙,穿在商界女士的身上,都不会有多好的效果。

5. 尺寸的选择要合适

上衣不宜过长,裙子不宜过短。裙子的下摆恰好抵达着装者的小腿肚子上的最为丰满之处,乃为最标准、最理想的裙长。现实中,有超短的、及膝的、过膝的裙子。

6. 套裙造型的选择

造型类别有上长下长式、上短下短式、上长下短式、上短下长式四种基本形式。只要着装选择恰当穿起来都能够令人赏心悦目,上衣有紧身与宽松两种。紧身的套裙肩部平直,挺拔,腰部收紧或束腰,其长不过臀,倒梯形线条明朗而鲜明。松身的套裙肩部任其自然,或稍许垫高一些腰部不收缩,衣长直至大腿线条自然而流畅。一般来说,紧身式较正统,松身式较时髦些。

7. 选择造型合身的套裙

H形套裙(图4-17):上衣较为宽松,裙子为筒式。直上直下,给人浑然一体之感。可以让着装者显得优雅、含蓄,也可以为身材肥胖者遮丑,适合苗条的女士。

X形套裙(图4-18):上衣为紧身式,裙子为喇叭式。它上宽与下松有意识地突出着装者腰部的纤细。轮廓清晰而生动,令着装者看上去婀娜多姿、楚楚动人,适合腰细的女士。

图4-17　H形套裙　　　　　　　　图4-18　X形套裙

A形套裙(图4-19):上衣为紧身式,裙子为宽松式。体现着装者上半身的身材优势,又能适当地遮掩下半身身材的劣势。总体造型显得松紧有致,富于变化和动感,适合肥腿的女士。

Y形套裙(图4-20):上衣为松身式,裙子为紧身式,并以筒式为主。遮掩着装者上半身的短处,表现下半身的长处。使着装者看上去端庄大方,适合上身肥胖的女士。

(三)职业套裙配件与着装要领

1. 职业女性着装礼仪的"三原则"

职业女性着装礼仪的"三原则",即着装应该与当时的时间、所处的场合和地点相协调。

(1) 时间原则

不同时段的着装规则对女士尤其重要。白天工作时,女士应穿着正式套装,以体现专业性;晚上出席鸡尾酒会就需多加一些修饰;服装的选择还要适合季节气候特点,保持与潮流大势同步。

图 4-19　A 形套裙　　　　　　　　图 4-20　Y 形套裙

（2）场合原则

衣着要与场合协调。与顾客会谈、参加正式会议等，衣着应庄重考究；听音乐会或者看芭蕾舞，则应按惯例着正装；出席正式宴会时，则应穿中国的传统旗袍或西方的长裙晚礼服；而在朋友聚会、郊游等场合，着装应轻便舒适。

（3）地点原则

在自己家接待客人，可以穿着舒适但整洁的休闲服；如果是去公司或单位拜访，穿职业套装会显得专业；外出时要顾及当地的传统和风俗习惯，如去教堂或者寺庙等场所，不能穿过露或过短的服装。

2. 职业女性着装礼仪的"四讲究"

（1）整洁平整

服装并非一定要高档华贵，但必须保持清洁，熨烫平整，穿起来大方得体，显得精神焕发。

（2）色彩技巧

不同色彩会给人不同的感受，如深色或冷色调的服装让人产生视觉上的收缩感，显得庄重严肃；而浅色或暖色调的服装会有扩张感，使人显得轻松活泼。

（3）配套齐全

除了主体衣服之外，鞋袜手套等的搭配也要多加考究。正式、庄重的场合不宜穿凉鞋或靴子，黑色皮鞋是适用最广的，可以和任何服装相配。

（4）饰物点缀

巧妙地佩戴饰品能够起到画龙点睛的作用，给女士们增添色彩。但是佩戴的饰品不宜过多，否则会分散对方的注意力。佩戴饰品时，应尽量选择同一色系。佩戴首饰最关键的就是要与自己的整体服饰搭配统一起来。

3. 职业女性着装礼仪的"五禁忌"

在这个时尚年代里，女性对流行和时尚的追逐是可以理解的，毕竟爱美是人类特别是女性朋友的天性。在这个时尚年代里，职业女性要注意以下五大搭配禁忌。

（1）忌过分性感

一般来说，吊带装是不能穿进办公室的。穿着暴露或过度性感，这样做不但起不到被别人认同和注意的目的，且容易被人认为很轻浮。简约的职业装会带给他人大方得体的感觉，并提升自己在同事眼中的整体形象。

（2）忌不够专业

时尚年代的一些学生感觉浓重的半截袜套不建议穿进职场，即使能穿得甜美可爱，也丧失了职业女性应有的专业感，长筒丝袜才是正确的选择。时尚年代职场装扮就应该适合办公环境，T台上照搬下来的波西米亚风格、朋克风格等等都不适合办公室，优雅和得体才能保持威严。

（3）忌过分随意

时尚年代流行的民族风长裙并不足够实用，穿进办公室难免给人过分随意的感觉，另外拖沓的长裙也会严重影响工作效率。

（4）忌过分生活化

很多服装虽然平时看起来非常出色，但是并不一定适合在上班时穿着。比如，波普图案长裙搭配平底鞋固然舒适，也很有街头范，但并不适合在办公室里穿着，因为这样的装扮显得人不精神。

（5）忌配件乱用

配件在整个服装的搭配中能起到画龙点睛的作用，但是如果这个"睛"点得不好，反而会起到反作用。一般来讲，职场配件有一个原则，那就是尽量简单。永远不要把装饰繁多的鞋子穿进办公室，那样会使人显得很不专业。

4. 衬衫的选择与穿着要领

职业女性衬衫的颜色可以是多种多样的，只要与套装相匹配就可以了。白色、黄白色和米色与大多数套装都能搭配。丝绸是最好的衬衫面料，但是干洗起来可能会贵一些。另一种选择就是纯棉，但要保证浆过并熨烫平整。

总的来说，职业女性的衬衫穿着要领体现在以下几点：

（1）衬衫与职业套裙搭配的衬衣颜色最好是白色、米色、粉红色等单色。

（2）衬衣的最佳面料是棉、丝绸。

（3）衬衫的款式要裁剪简洁，不带花边和皱褶。

（4）穿衬衫的下摆必须放在裙腰之内，或把衬衣的下摆在腰间打结。

（5）除最上端一粒纽扣按惯例允许不扣外，其他纽扣不能随意解开。

5. 内衣的选择与穿着要领

天下女人都爱美，女人想要的美丽，不仅是相貌姣好，还得身材佳。女人都想拥有玲珑有致的线条。除了经常运动、注意饮食外，穿上适合自己的内衣也能够扬长避短，帮我们塑造出美丽的身材。职业女性更是如此。

在标准上，胸衣与内裤的尺寸要合体；以穿着后身体线条流畅为宜，忌身体被内衣捆绑出肉粽状；女性戴文胸不宜过小。

在颜色上，内衣颜色不要外泄，且还需与外衣颜色和谐统一。女性在正式场合或职业妇女在工作岗位上，以选择与肤色相近颜色内衣为妥当。

在款式上,要符合出席场合的社会人文要求。女性在公共场合或职业女性在办公场所,不提倡选择、穿着与社会主流文化相抵触的、过于性感、招惹是非且安全系数低的内衣。

在保暖内衣上,职业女性包括政府公务员,应具有一定的耐寒的职业素养,不提倡在重要场合、仪式场合,穿着过于臃肿、繁杂。女性着装更多应考虑的是情景而非温度。

内衣穿着的7种禁忌:

(1) 忌在公共场合不加掩饰随意地整理内衣,女性如感到内衣穿着不舒适,应就近寻找卫生间,在卫生间内得体处理。

(2) 忌在长辈的视线内整理内衣,这是缺乏教养的行为。

(3) 忌在身份高的长者或上司面前整理内衣,这是举止轻浮的表现。

(4) 忌在异性面前整理内衣,这是极不稳重的行为。如果是无意识的,则显示出人受教育程度较低,文化素养较差。

(5) 忌在晚辈面前整理内衣。在晚辈面前应起到良好作用,作为女人如果小孩都不尊重你了,这是最悲哀的。

(6) 忌内衣外泄及疏忽个人服饰卫生,女性在与人交往中,随时要注意自己的内衣是否外泄,并应有良好的卫生习惯,每日要换洗内衣。

(7) 忌穿透明性很强的衣服。

总的来说,确保内衣要合身,身体线条曲线流畅,既穿得合适,又要注意内衣颜色不要外泄。

6. 皮鞋的选择与穿着要领

传统的皮鞋是最畅销的职业用鞋,它们穿着舒适,美观大方。建议鞋跟高度以3~4厘米为主。正式的场合不要穿凉鞋、后跟用带系住的女鞋或露脚趾的鞋。鞋的颜色应与衣服下摆一致或再深一些。衣服从下摆开始到鞋的颜色一致,可以使大多数人显得高一些。如果鞋是另一种颜色,人们的目光就会被吸引到脚上。推荐中性颜色的鞋,如黑色、藏青色、暗红色、灰色或灰褐色。不要穿红色、粉红色、玫瑰红色和黄色的鞋。即使在夏天,穿白鞋也带有社交而非商务的意义。

总的来说,皮鞋的选择要做到以下几点:

(1) 与套裙配套的鞋子,应该是高跟、半高跟的船式皮鞋。

(2) 鞋子的颜色最好与手袋一致,并且要与衣服的颜色相协调。

(3) 切记在重要场合或重要接待时不要穿长靴。

7. 袜子的选择与穿着要领

女士穿裙子应当配长筒丝袜或连裤袜,颜色以肉色、黑色最为常用,肉色长筒丝袜配长裙、旗袍最为得体。女士袜子一定要大小相宜,太大时就会往下掉,或者显得一高一低。尤其要注意,女士不能在公众场合整理自己的长筒袜,而且袜口不能露在裙摆外边。不要穿带图案的袜子,因为它们会惹人注意自己的腿部。应随身携带一双备用的透明丝袜,以防袜子拉丝或跳丝。

总而言之,袜子的选择需要做到以下几点:

(1) 长统袜和连裤袜,是穿套裙的标准搭配。

(2) 中统袜、低统袜,绝对不能与套裙搭配穿着。

(3) 穿长筒袜时,要防止袜口滑下来,也不可以当众整理袜子。

(4) 正式场合穿职业套裙时,要选择肉色长筒丝袜。

(5) 丝袜容易划破,如果有破洞、跳丝,要立即更换。

8．佩饰的选择与穿着要领

饰品虽然属于细节部分,但是往往更能体现个人品位。作为一个注重个人形象的职业女性,饰品搭配方面更要多加注意。女性职业装的饰品搭配切记不要多,一两件是精巧的装饰和点缀,而多于三件则庸俗不堪。记住：饰品只是点缀作用,用于调节着装,使之与自己所要展现的气质更为合拍。

(1) 项链

就项链的选择而言,价格并不是主要的因素,不管是什么样的款式,与年龄、肤色、服装的搭配协调才是主要的。一般来说,上了年纪的人以选择质地上乘、工艺精细的金、铂金的项链为好；而青年人应选用质地颜色好、款式新的项链为佳,如骨制、珍珠制项链等。

(2) 耳环

戴眼镜的女性不宜戴大型悬吊式耳环,贴耳式耳环会令她们更加文雅漂亮。耳环与肤色的配合不容忽视。肤色较白的人,可选用颜色鲜艳一些的耳环。若肤色为古铜色,则可选用颜色较淡的耳环。如果肤色较黑,选戴银色耳环效果最佳。若肤色较黄,以古铜色或银色的耳环为好。

(3) 手镯与手链

手镯与手链不是必要的装饰品,因此职业妇女在工作时无须佩戴,也最好不戴。出入写字楼,戴手镯,有点不伦不类,容易被人取笑。

(4) 皮包

皮包是每一位职业女性在各种场合中都不可缺少的饰物,它既有装饰价值,又有实用价值。肩挂式皮包轻盈、便捷,为更多的女性所选用。平拿式皮包豪华、时尚,使用这种皮包能够充分体现出女性的职业、身份、社会地位及审美情趣。平提式皮包和普通休闲式皮包适合一般外出使用,比较考究的皮质皮包多为职业女性使用。皮包的款式、颜色要与服装相配。

(5) 丝袜

一双漂亮的丝袜可以衬托出女性腿部的曲线美和神秘感,丝袜是现代女性必备的服饰。丝袜的色泽应讲究,职业女性在政务或商务场合内只能穿肉色丝袜,休闲及着便装时选择丝袜的颜色就应与所穿的服饰相协调。需要注意的是,穿着有明显破损或脱丝的丝袜是相当不雅的。另外,丝袜的袜口不应低于裙子的下缘,在穿迷你裙时,最好穿连裤袜,以免袜口外露。丝袜还是一种身份象征,如果是白领,就千万不要穿黑色网格带点的丝袜。

(6) 戒指

戒指应与指形相搭配。手指短小,应选用镶有单粒宝石的戒指,如橄榄形、梨形和椭圆形的戒指,指环不宜过宽,这样才能使手指看来较为修长。手指纤细,宜配宽阔的戒指,如长方形的单粒宝石,会使玉指显得更加纤细圆润。手指丰满且指甲较长,可选取用圆形、梨形及心形的宝石戒指,也可选用大胆创新的几何图形。戒指也应与体形肤色相搭配：身体苗条、皮肤细腻者,宜戴嵌有深色宝石、戒指圈较窄的戒指。身材偏胖、皮肤偏黑者,宜戴嵌有透明度好的浅色宝石、戒指圈斩宽的戒指。

(7) 胸针

胸针是不可或缺的配饰,无论是艳丽的花朵襟针或是细闪烁的彩石胸针,只要花点心思配上简洁服饰,就足以令人一见难忘。

粉红色花胸针,其形态或娇艳欲滴或清丽脱俗,代表着不同气质的妩媚。襟花扣在线条明朗的毛绒大衣或柔软的针织毛衣上,女性的温婉娇媚油然而生,令人心花怒放。镶彩石蝴蝶型胸针,闪亮的银白、娇俏的粉红及柔和的天蓝拼合成缤纷璀璨的光华,跃动于蝴蝶的一双翅膀上,充满活泼动感,配衬净色上衣,或为黑色连衣裙作点缀,倍显高贵大方。镶红色及透明钻石襟针,瑰丽浪漫的玫瑰红、晶莹剔透的钻石构成典雅的贵族气质,其简约流丽的设计,衬托出清秀的脱俗气质。

(8) 头巾

一条新颖脱俗的头巾会为女性平添几分妩媚和风彩。从美学的观念讲,主要是根据服装的花色和风格来选择。欲求文静雅致,则头巾与服装取同一色系,比如服装若为鹅黄色,则头巾宜用咖啡色;若表现热情奔放,则宜采用对比色,如藏青色套裙配鲜红色头巾。头巾还应与肤色相映才成其美。如肤色较黑,选乳白色、粉红色头巾会显得妩媚;若肤色白皙,戴棕色或蓝色头巾会显得端庄文雅。

(9) 手表

现在女性很少有人戴手表,也就是女学生戴个时尚表。如果一定要戴,请务必戴品位极高的名牌表。

(10) 其他

像时装一样,饰品也有它自己的季节性。春、夏可戴轻巧精致的饰品,以配合轻柔的衣裙。不要将饰品戴在自己的短处。比如,耳部轮廓不太好看的,不要戴过于夸张的耳坠;手指欠修筑丰润的,不要戴大宝石或珍珠镶的戒指,以免夸大了自己的缺点。脖子较长和皮肤较好的女性,适合用宽的颈圈进行修饰,甚至可以用好几条缠绕在一起,营造丰富而具层次的美感。脖子较短的人,如果脸形不是特别圆,可以佩衬细细的项圈,也会很漂亮。佩饰不但与自己的脸型气质等相配合,还要与自己的体型相配。记住,佩戴首饰是为了让自己显得更端庄美丽,更优雅大方。

总之,饰品之类究其不过是起到点缀作用,佩戴得好了,可以提升自己的品位,不恰当了便显庸俗,这里讲究的是精妙典雅。

不同体型的女性穿着方法

1. 娇小玲珑的体型

这种体型的女性,如果穿着深色的衣服,会显得更为瘦小。所以,应该选择淡色或小花纹且质地柔软的衣服。此外,上衣可以采用镶边的样式,裙子则不妨在腰际打碎褶,使身材显得较丰满。帽子、提袋和项链等配件,则尽量选用小而可爱的类型。

2. 矮小而丰满的体型

只要在上半身或下半身的某个部位,衣服裁剪得贴身合适,其他的部位,则可以略显宽松,这样可使身体的感觉衬托得更为平衡。穿着蓬裙或长裙会显得更为矮胖,所以在穿着裙子的时候,应该尽量选择合身的短裙。此外,也可以选择色彩明朗的运动衫或细小花格的洋装。打结的围巾或装饰领口的小胸针,都是理想而可爱的配件。总之,体型矮胖的人,在穿着方面,应该尽量表现得清爽且充满活力。

3. 高而瘦削的体型

这种体型,是最理想的"衣服架子",适合各种样式的服装。但如果穿着太古板的衣服,会让人觉得老气横秋。因此,在选择衣服的式样时,应特别注意"新鲜感",最好是穿着大型花纹且曲线丰富的洋装。布料方面,则以舒适、柔软的质地最为适宜。如果衣服上有横向的花纹,会显得更为丰满动人。另外,选择宽边帽、大的手提包,戴上耳环或项链,更会使人显得大方、俏丽。

4. 高而粗壮的体型

这种体型的人,通常腰部较为粗大,所以,掩饰的重点应该放在腰部。如果体型略胖,裙长应该垂膝。此外,各种式样的迷你裙,也适合这类体型的人穿着。服装的款式,以趋向运动装的样式最为合适。布料则以不要太显露体型的质料为主;色泽方面,则应选择深而鲜丽的色彩。在配件方面,也以大型的东西较为合适。

如何根据体形"取长补短",能使人增高的穿衣法如下:

(1) 要使同色调的衣服看来有区别。同色不同质料的衣服,可以搭配得很出色。上衣应比下衣的质料厚重。

(2) 上衣应以浅色为宜,因为浅色会吸引人的注意。使别人注意人的上身,这样就能显得高些。

(3) 避免穿质料硬的裙子,因为质量太厚硬,会使人看上去很臃肿。

(4) 选择直身上衫。上衫胳膊处不宜过阔。斜膊的款式若质料柔软,无缝合线,也能起到增高的效果。

(5) 颈上加装饰或戴一对漂亮的耳环,都能有助于增高。

(6) 选择衣服或裙子时,最好选择带竖条纹图案,但同是竖条纹,细条纹要比宽条纹显得纤细。同样,小格纹要比大格纹效果好。

(7) 小而密的水珠图案,加上得体的服装款式,可以令人看来显得个高。

(8) 线条集中在胸部,能起到显高的效果。集中在胸部的布带线条十分突出,即使褶子多的连衣裙也能显得苗条。

(9) 不要夸张腿部,袜子和裙子的颜色对比不要太大。

(10) 鞋子的高度要适合,这能使人显得亭亭玉立。高跟鞋超过10厘米,就会破坏身体的平衡及衣服的比例,反而不美。

身型矮小的女士,不必担心衣服难以选择。瘦瘦的短腿,可穿短短的上衣,迷人窄裤,富有气质的举止,同样散发魅力。V形领或把衬衣的领子翻高,上衣色彩和下身色调相调和,如果选择一身成系列的款式和成系列的色调,会产生修长的视觉,充满自信的迈入流行行列。阔身长衣根本不用回避,若有些长,在腰间一束,别有风味。首饰要细小,太圆、太方的都不适合,重在简洁,不配戴也可以。不能以高大或矮小定义着装好坏,关键是能不能发挥个人的气质和衣服的艺术潜力。

矮个女性在打扮时要注意以下几点:

利用颜色显示出高度,衣服一色,连鞋袜也要同色。且应选择浑色、没有印花的面料,如果喜欢图案,则以清雅小型为宜。开领口,如方领、V字领之类能使短颈看来较长,最好避免蹲领或太累赘的领子。

穿狭长而式样简单的传统式西裤,令短腿显长。

穿斯文的高跟鞋与略带深色的丝袜,双腿看上去会较长。

高个女性的衣着也一样适合你,问题只在于身材比例是否适合,例如衣领是否太阔、太大,裙子长度是否与上衣相配。恤衫式的衫裙最为理想,因为狭长的衫身又没有腰位,穿起来特别修长。

避免下摆有印花的裙子,因为这样会使人感到又矮又胖。

上衣(外套)越短,双腿看上去就越长。

柔软贴身的衣料,使人的身体看上去容易产生颀长的感觉。

矮小女性着装的"诀窍"如下:

(1) 不要把头发全部扎起来,剪个蓬松的发型会使人看上去高一些。

(2) 戴适合黄种人肤色的围巾、精巧的项链、耳环,或穿绣花的衣服,让人们的注意力集中到我们的脸上。

(3) 从上至下的穿戴要有一个基本的色调。

(4) 如果想穿色彩反差很大的衣服,至少有两样东西的颜色必须是一致的。比如,红衬衫、红色耳环,再配黑色套装。

(5) 也可穿里外衣反差明显的衣服,例如,黑色高领羊毛衫,黑色裤子,外面一件黄色的外套。

(6) 不要穿横宽条的,或者使人看上去一截两段的衣服。应该选择竖窄条、色彩反差不是很大的。

(7) 一般来说,不要穿卷边的裤子,除非袜子、皮鞋与裤子的相配。

(8) 袜子、皮鞋和裤脚边的颜色一定要一样。

(9) 戴稍大的耳环,可突出人的眼睛和脸型。所选的耳环应该与脸型、发型和肩膀的宽度保持平衡。

(10) 戴帽子时,注意帽子的边缘不应宽于肩膀,要与脸和身材成比例。

(11) 衣服上的图案不应大于自己的手掌。

(12) 如穿宽松的衬衣或茄克时,下身宜穿短裙或较窄的裤子。

(13) 裙子的样子要好一些,不能选用又粗又硬的料子。

(14) 不要穿粗厚的料子制作的衣服,这样使人看上去很笨重。

(15) 不要穿上下颜色反差很大的衣服,例如,白衬衣,黑裙子,这会给人一种两段的感觉。

(16) 宜穿竖条图案的衣服。

(17) 皮带与衣服的颜色应协调,颜色反差不能太大,皮带也不能太宽。

(18) 肥胖而又矮小的女性更要加倍小心,不要穿太厚的料子制作的衣服,大块图案容易把人们的注意力吸引到人的腰或臀部的那种款式。例如,目前市场上正流行羊毛衫下部盘花或镂空花或加穗的毛衣,它不适合肥胖矮小的女性,衣服不能太紧身,茄克长度在臀部底下一点。

(19) 高度不够1.5米的女性不宜穿大块图案、色差强烈的衣服。要特别注意比例匀称,剪裁合体,尤其是袖子和肩膀处。短袖的上衣看上去很漂亮,但不能太短,否则会使本来就很低的臀部显得更低。

不要以为身材苗条的人才是"衣服架子",事实上身材丰满的人如果掌握了穿衣要领,也会

别有风韵,以下几点可供参考:

(1) 应选择面料柔软而挺括的,忌太厚或太薄的料子,因为厚料有扩张性,会使人显得更胖;太薄则易显露体型。

(2) 色彩以深色为佳,因为深色有收缩感,会使人显得瘦削。

(3) 体态丰满的女士应选择小花纹与直条纹的衣料。

(4) 把较明亮颜色放在上身,能使人不注意体态较差的下半身,身穿高腰裤可使臀部看起来瘦小一些。

(5) 体态丰满的人一般有脸盘大、颈粗短的特点,而穿窄小领口和领型的衣服会使脸型显得更大,应选择宽敞的开门式领型。船型领有使肩膀看来较宽的作用,能与肥大的下半身成协调平衡的视觉效果。

(6) 避免穿过于贴身的毛织服装,那些带静电而贴身的套裙或贴身衣服容易显现线条,胖人应忌穿。

(7) 穿衣系腰带,能给人以臃肿笨重之感。

(8) 穿裙应选择旁边或侧边开叉的半截裙,垂直线条再加上令腿半隐半现的裙叉,能使人的双腿看起来更加修长。

(9) 穿鞋应选择线条简单、细跟或有尖头的鞋子。袜子的颜色要与鞋子相配合,以加长腿部线条。

(10) 皮包肩带的长度不要刚好落在臀部的最宽大处,这样会使本来肥大的臀部显得更大。

风姿绰约的打扮,感受女性无限的魅力。修润的手臂,拂起一缕柔情。可不是每人都有美丽的手臂,如何让人的手臂看起来修长圆润?

手臂太细的女士,袖长至遮住腕关节,掩住瘦骨伶仃的感觉。匀称的有皱褶的袖子(褶子不要过于碎密)或喇叭袖会增添美感。一定要穿露臂服装,则要盖住肩膀。同时,精致秀气的手镯也可适当减轻对细瘦手臂的感觉。吊带式和削肩的服装,太短、太紧的袖子以及蓬松的灯笼袖,包括夸大的手镯则会突出缺点。

手臂太粗也有些遗憾。要避免的是穿无袖、削肩、吊带式服装;紧绷手臂的袖子更有扩张感;袖长不及上臂的四分之三会显出弱点;不要再用醒目手饰和腕饰引人注意。选穿贴身的衣料、宽袖口、短袖长至上臂四分之三的衣服都是美化手臂的办法;装饰性长披肩能遮住浑圆的肩臂;大型手镯可以平衡视觉,使手臂看起来不那么粗。

如何穿出匀称、修长、健美的腿?

女性的腿有特殊的魅力那就是匀称、修长、健美。这样的腿无论是穿长裤还是穿短裙都无可挑剔。然而,在现实生活中却并不尽如人意,有好多女性不是腿粗,就是腿短,还有的因为有生理上的缺陷,有内八字和外X字及罗圈腿等不理想的外型,这些问题都增加了女性的烦恼。如何用服装来弥补腿部缺陷呢?

腿粗怎么办?

一般来说,腿粗的女性不太适合穿紧身的裤子,因为它太容易暴露出腿的缺陷,那么穿裙呢?太短的裙子也不行,不要让腿部裸露太多。最好穿筒裙,穿长裙的效果也不错,喇叭裤也为较佳的选择。

腿细怎么办?

从比例上看,如果腿太细也不适合穿紧身裙子,相反,穿造型修长、挺括一点的裤子才会比较漂亮,比如用全毛面料制做的长裤。在色彩选择上以偏向明亮、淡雅的色调为宜,穿上这样的长裤自然会显得双腿丰满了许多。

短腿怎么办?

由于东方人的体形特点,下身肥短的人居多,按照一般比例,腿占全身比例1/2以下为短腿。短腿的人,常常给人的感觉比实际个头矮一些,这样就很吃亏了。那么,怎样来改变呢?如果腿短的人腰比较细,臀围比较宽,最适合穿裙子,这样可以扬长避短,一般不适合穿裤子(特别是直筒裤),如果能顺其自然地穿萝卜裤,不失为因势利导的一种穿着。或者穿可盖住臀部,稍微长些的上衣,且是不收腰身的,也就看不出腿的长短了。

踝关节太粗怎么办?

所谓踝关节太粗是指脚腕部太粗。一般女性的脚腕比较有线条,从而展露出其特有的美感。而太粗了就要以掩盖的办法来解决。这一类女性较适合穿高帮鞋或长靴,而配以裙装,或者穿长裤把脚部掩盖好。一般来说,不宜穿直接露出脚腕的裙装。

罗圈腿怎么办?

所谓罗圈腿是指腿的造型不够挺直。一般分为上罗圈和下罗圈,分别是指大腿或者小腿不够挺直。通常认为罗圈腿不宜穿紧身裤,特别是短裤或迷你裙。可以穿宽松的长裤或裙裤,或长下摆的裙子等,以不露出罗圈形为准。罗圈腿的人一般也比较显得腿短,所以上装要稍短,以显示腿长,裤子也不宜太长,应比一般标准略短,以突出脚踝,这样可看起来显得腿长。

内八字型腿怎么办?

内八字型是指有些人站立或走动时,两只脚的方向呈现出向内倾斜的状态。特别是女士,这样站立或行走的姿势是很不美观的。除了矫正形体外,也可以借助服装来加以改进,如穿着喇叭裤或宽松裤等,这样就看不出腿的弯曲了。

外X字型腿怎么办?

所谓X型腿是指膝关节向内倾,也是属于腿部造型不够理想的一种。从服饰装扮角度来说,为了在视觉上得到弥补,可以尽量利用服饰线条的特点,强调服饰中美的部分来表现。X型腿的女性身着喇叭裤就可以较好地做到这一点,喇叭裤的造型强化了曲线的变化,使X型腿穿上它别有韵味,变不利为有利。另外,还可以穿长裙、长风衣、大衣之类,只要将衣着盖至小腿肚上下就好。

模块三　办公室职业礼仪

[导入]

案例一　铃声终于激怒了老总

"开会了,开会了!"大家都来到了会议室。总经理召集各部门经理开会,布置下一个季度的营销任务。老总刚清了清嗓子准备说话,一阵刺耳的电话铃声响了起来,李经理忙不迭地站起来跑出去接电话。老总脸上显出了愠色。会议继续进行,可是不是这里在低头小声接电话,就是那里突然一声铃声。老总突然一拍桌子,把大家吓得一哆嗦。"把手机关了!"

案例二 来电吵醒邻床病友

刘先生到医院探访病人,公司的同事来电话,铃声让另一床正闭目养神的病人睁开了眼。刘先生接起电话就谈上了工作。尽管电话时间不长,但那位被吵着了的病人一直脸色不悦。

案例三 铃声搅乱音乐会

邱女士在北京音乐厅听一场由著名大师指挥的交响乐。音乐演奏到高潮处,全场鸦雀无声,凝神谛听,突然手机铃声响起,在宁静的大厅中显得格外刺耳。演奏者、观众的情绪都被打断。大家纷纷回头用眼神责备这位不知礼者。

【分析】这三个案例分别是使用手机和转接电话。

现在几乎人人都有一部手机,手机的普及给人们的生活带来了极大的便利,不管人在何方,身处何地,随时随地都能找得到。

新浪网的"新浪文化"曾进行过一项调查,"如果没有手机,我们的生活会怎样?"共调查了4 825人,其中18~25岁的年轻人占到了85%。结果只有37%的人愿意回到没有手机的时代,而更多的人则明确表示没有手机是不可想象的事。有将近一半的人习惯24小时开机,关了手机意味着和外界断了联系。如果出门忘了带手机,80%人肯定会回去取;当手机没有电或信号不好时,64%的人会感到不安。当听到手机铃声响起的时候,大约有52%的人会下意识地看看自己的手机;有36%的人在没有电话时也会经常查看自己的手机,看看有没有遗漏的"未接来电"或短信。如果手机不幸丢失有一半以上的人会立刻在第一时间再买一部。

从上述调查可以看出,现代人和手机已经密不可分。手机给我们的生活带来方便的同时也给社会带来一些问题,我们常常看到有的人在办公场所或需要安静的公共场合肆无忌惮地使用手机,招致别人的反感。所以在特殊场合打电话要体会他人感受。谁都知道开会不能交头接耳,不能说话,其实开会打电话比说话还招人烦。但是很多人认为说话不应该,接电话却特别理直气壮,这是一种错误的认识。有一定身份的人对社会有示范作用,如果他们在会议中打电话,就会带来更不好的后果。在特殊场合,拨打、接听电话者要学会体会其他人的感受:"如果我这么做,别人是高兴还是不高兴?"不断反思自己的行为得失,修正自己的行为,今后进入任何一种场合,就会有自然得体的举动。

转接电话也要特别注意礼仪。转接电话不仅是帮忙叫人和记录来电者姓名及电话号码,它实际是一个如何处理好自己与来电者、自己与要接电话者之间关系的重要表现。因此转接电话需要一个职业性处理,一方面要清楚有效地把电话转接出去,另一方面不能给来电者留下不良印象,也不能给要接电话者带来麻烦。该说的不该说的应把握好分寸。

如果对方要找的人不在,要尽量做好电话记录工作,记录内容包括什么人、什么时间打的电话、大概是要说什么事(如果对方不愿意不必强问)、对方有什么要求(一看到字条马上回电话,还是晚上再打电话等)。通常很多人在转接电话时不予记录或者记录得非常简单,只有一个姓和一个电话号码,这样对方要找的人工作繁忙的话,这种电话可能得不到及时回复。替人转接电话,确认对方姓名时,尽量要用褒义词语。不要脱口而出,用习惯用语去确认对方的姓名。比如:"您姓孙,是孙子的孙吗?""您姓冷,是冷淡的冷吗?"诸如此类,让对方听了感到不快。其实可以改成:"是孙子兵法的孙吗?""是冷热的冷吗?"在记录对方电话号码时,一定要重复,以免记错。

大学生是未来社会的主要力量,我们很多人会走入职场,所以学会办公室礼仪有着重要深远的意义。其实,在办公室遵守礼仪,是职场人士的基本要求,根本不需要刻意强调。不过现在很多人由于物质的充足而得意忘形,忽略了人生中本来应该知道了解和做到的一些细节。在此提醒大家,时代可以改变,生活可以改变,心情可以改变,但是我们的礼仪不能改变。

办公室是一个处理公司业务的场所,办公室的礼仪不仅是对同事的尊重和对公司文化的认同,更重要的是每个人为人处事、礼貌待人的最直接表现。办公室礼仪涵盖的范围其实不小,但凡电话、接待、会议、网络、公务、公关、沟通等都有各式各样的礼仪,办公礼仪包括:办公室布置礼仪、办公室接待礼仪、办公室拜访礼仪、办公电话礼仪等。

一、办公室布置的职场礼仪

古人云:"一屋不扫,何以扫天下?"当然,身在职场,不必我们去扫天下,扫好办公室对我们的前途是大大的有帮助的。

办公室是企业的门面,是来访者对企业的第一印象。办公室的布置不同于家庭、酒店的布置,它的设计风格应该是严肃、整洁、高雅、安全的。

办公室应保持整洁。地板、天花板、走道应经常打扫,玻璃、门窗、办公桌应擦洗干净明亮。桌面只放些必要的办公用品,且摆放整齐。不要将杂志、报纸、餐具、小包等物放在桌面上。废纸应扔入废纸篓里。文件应及时按类、按时间归档,装订整理好,放入文件柜,下班后应锁入办公桌内。办公室内桌椅、电话机、茶具、文件柜等物品的摆设应以方便、高效、安全为原则。办公桌上的玻璃板下,主要放与工作有关的文字及数字资料,不应放家人的照片。因为,办公室内需要的是严肃、高效,而不是温馨。

办公室的布置应给人以高雅、宁静的感觉。企业是一个开放的系统,从这个角度说,办公室既是工作的地方,也是社交的场所。所以,企业一般都将办公室装修得比较豪华,采光合理,色彩选择恰当,空气清新。办公室气氛不要充满喜庆,也不要让人感到压抑。不要贴大美人儿的照片或挂历。可装饰些风景画、盆景、有特殊意义的照片、名人的字画、企业的商标等,创造浓厚的企业文化的气息与使主客心情愉快地交流信息和情感的环境。

由此可见,办公室的布置礼仪要遵守以下三大原则:

(1)整洁的原则;

(2)高效的原则;

(3)公私分开的原则。

二、办公室人员的举止礼仪

办公室的人员是一个集体,无论是对本单位还是外来人员,都应体现一个集体的每个成员对他人、对社会尊重和责任心。一个企业待人接物的礼仪水平,正是从每个职工的言行举止中体现出来的。因此,每个职员都应牢记,自己的言行代表着企业的形象,应自觉地遵从办公室礼仪。

(一)仪表端庄,仪容整洁

无论是男职员还是女职员,上班时应着职业装。有些企业要求统一的着装,以体现严谨、高效率的工作作风,加深客人对企业的视觉印象。有些企业虽然没有统一服装,但都对上班时的服装提出明确的要求。

男士上班应穿白衬衣或西服,扎领带。衬衣的下摆一定要扎入裤腰里。应穿深色的皮鞋。服装必须干净、平整,不应穿花衬衣、拖鞋、运动服上班。不留胡须,不留长发,头发梳理美观大方,才能衬托出本人良好的精神状态和对工作的责任感。

女士上班应着西服套裙或连衣裙,颜色不要太鲜艳、太花哨。上班不宜穿太暴露、过透、太紧身的服装或超短裙,也不能穿奇装异服、休闲装、运动装、牛仔装等。所穿皮鞋的颜色要比服装的颜色深。应穿透明的长筒丝袜,袜口不能露在裙口下,不能有破洞。不应穿凉鞋、旅游鞋上班。佩戴首饰要适当,符合规范。发型以保守为佳,不能新潮。最好化淡妆上班,以体现女性端庄、文雅、自尊、自重的形象。

(二) 言语友善,举止优雅

办公室工作人员的站坐行走、举手投足、目光表情,都能折射显示出一个人良好的文化素养、较强的业务能力和工作责任心,也体现了企业的管理水平。在座位上最好坐靠到椅背,上半身挺直,如果椅子较深可加一块靠垫。若公司规定不可靠垫,应坐在椅子三分之二处,以免给人不好的印象。坐在可摇动的办公椅上,不要随意摇晃身体。走路要轻快,注意不要与人相撞。女性上班族宜着带跟的鞋子,走路姿态看起来会比较有精神。遇到上司要轻轻点头打招呼并稍微让路,表示恭敬。谦虚礼让是对长辈及上级应有的礼节态度。

1. 真诚微笑

微笑是一般社交场合最佳心态的表现。微笑是一种无声的语言,它是对自己价值的肯定,对他人的宽宏和友善,是稳重成熟的表现。微笑是自信、真诚、自尊、魅力的体现。上班时与同事、领导微笑问好,下班时微笑道别。接待人物、邀请、致谢都应有真诚的微笑。不要把喜怒哀乐都流露于脸上,否则会让人感到不够成熟、自控力不强。

2. 话语谦和

在办公室讲话时声音要轻,不能在办公室、过道上大声呼唤同事和上级,无论是对同事、上级还是来访者,都应使用文明用语。在办公室里,说话不要刻薄,与同事开玩笑应适度,不能挖苦别人,恶语伤人。更不能在背后议论领导和同事,以免"家丑外扬"。

3. 体态优雅

公司职员的行为举止应稳重、自然、大方、有风度。走路时身体挺直,步速适中、稳重、抬头挺胸,给人留下正直、积极、自信的好印象。不要风风火火、慌慌张张,让人感到我们缺乏工作能力。坐姿要优美,腰挺直,头正,不要趴在桌子上,也不要歪靠在椅子上。有人来访时,应点头或鞠躬致意,不能不理不睬。工作期间不能吃东西、剪指甲、唱歌、化妆、与同事追追打打等,这样有失体面。谈话时手势要适度,不要手舞足蹈,过于做作。

(三) 恪守职责,尽忠尽责

公司职员应树立敬业爱岗的精神,努力使自己干一行、爱一行,钻一行,以饱满的工作热情和高度的工作责任心,开创性地干好自己的工作。工作中一丝不苟,精益求精,讲究效率,减少或杜绝差错,按时、按质、按量地完成每一项工作。领导交给任务时,应愉快接受,做好记录,确保准确。然后认真办理,及时汇报。恪尽职守,严守机密。

三、办公室交往礼仪

(一) 搭乘电梯应有的礼仪

现代社会高楼大厦林立,常见上班族穿梭在办公大楼内外,当我们进进出出时,大多数人都是搭乘电梯。即使是为了赶时间,搭乘电梯的时候也不能忽略应有的礼节。

(1) 电梯门口处,如有很多人在等待,此时请勿挤在一起或挡住电梯门口,以免妨碍电梯内的人出来,且应先让电梯内的人出来之后方可进入,不可争先恐后。

(2) 男士、晚辈或下属应站在电梯开关处提供服务,并让女士、长辈或上司先行进入电梯,自己再随后进入。

(3) 与客人一起搭乘电梯时,应为客人按键,并请其先进出电梯。

(4) 由于电梯空间狭小,千万不可抽烟,不能乱丢垃圾。

(5) 在电梯里,尽量站成"凹"字形,挪出空间,以便让后进入者有地方可站。进入电梯后,应面向电梯口,以免造成面对面的尴尬。

(6) 即使电梯中的人都互不认识,站在开关处者,也应做开关的服务工作,别忘了"给人快乐便是天使"这句话。

(二) 打招呼的礼节

在办公室内应与经过自己办公桌的人主动打招呼,无论他们的身份是工友或者是公司老板,都要一视同仁。看到有人经过自己的身旁而不打招呼,是十分无礼的。至于对周围的同事和较熟悉的同事,更应保持有礼、和善的态度,不论早上进公司、中午休息吃饭或晚上离开公司都要打招呼,千万不要"来无影、去无踪"。

乘坐电梯遇见老板时,可主动大方地跟他打招呼,不宜躲闪或假装没看见。若只有自己和老板两人在电梯内,也可聊一些普通的事或简单地问候一番。最好不要在电梯内与老板谈论公事,以免使人讨厌。

在拥挤的电梯内,如果没有人说话,最好也不要开口。若遇到同事跟自己打招呼或是目光相遇,应适时地点头、微笑,甚至回应,视而不见最是不对的。

离开办公室时,应记住先向主管报告,询问是否还有吩咐然后再离开。对于上司,态度要礼貌周到,若接近其身边,要站好后再打招呼,而一般熟悉的同事之间则不必拘束,可以用互相了解及喜欢的方式打招呼。打招呼时的称呼应视情况而定,一般来说,上司对职员可以用职位或全名及某先生、某小姐等称呼,若职员主动表示可称呼其名字,上司也可照办。下属对上司应称其头衔以示尊重,即使上司表示可以用姓名、昵称相称,也只能限于在公司内部,对外人及公开场合皆不可以贸然直呼名字,否则会显得没大没小。特别值得一提的是,已婚妇女在工作中仍应保留自己姓名称谓,不宜用"某太太"来称呼(除非她自己希望别人这样做),因为一个女人在工作时的身份是她自己,而非某先生的妻子,这一点应区分清楚。

招呼同事时应将姓氏讲清楚,不能叫"喂"或"那个谁呀",因为这样做会十分失礼。如同事正忙于工作,可客气地说句"抱歉,打扰一下",再交代事项,以免惊扰了他。

同事之间如非常熟悉或得到对方许可,则可直称其名,但无论如何不应该在工作场合中叫对方的小名或绰号,如"帅哥"、"美女"或"好好先生"等。因为这些绰号含有玩笑意味,会令人觉得不庄重。同时也要知道不应在工作场合称兄道弟。

如有同事老是喜欢直呼自己的小名,让自己感觉不舒服,自己有权制止他,并委婉地告诉他不希望在工作场合被叫小名。如果自己与他的工作关系不错,可以找机会告诉他:"×××,我很感激你对我外表的赞扬,但是你让我感觉到自己被重视的只是外表而已,所以麻烦你在下次介绍我时,请留意一下形容词好吗?"

(三)办公桌上用餐的礼节

如果公司许可员工在办公室内用餐,员工也应珍惜这个方便之处,更应注意办公桌上用餐的礼节。

(1) 只有在用餐时间才可吃东西,不要利用午餐时间忙杂事,直到上班时间才用餐。即使自己能同时吃饭和工作,也不该如此,以免让人认为"浑水摸鱼"。

(2) 注意餐后环境卫生,桌面应擦拭干净,为防止令人不悦的气味,剩余残肴及废弃物品,应在包好后立刻扔进远离自己与其他同事的有盖垃圾桶。

(3) 别一直盯着其他同事,这会引发他人不悦的,所以在办公室内用餐要多加注意自己的用餐仪态。

(4) 满口食物时勿接听电话。哪怕是对方打扰你的用餐,也应注意自己的礼貌及行为。

(5) 离用餐完毕时间不久,恰有顾客来访时,应事先用点空气清香剂,可别让客人一进门就闻到食物气味。

以上是在办公室内用餐的礼节。谚语说"吃饭皇帝大",所以尽量不要在同事吃饭时打扰他们,或要他们进行工作,除非是餐会形式或大家边用餐边开会,则另当别论了。

(四)办公室两性交往分寸

同在一家公司,长时间的共处,男女同事之间有深入的了解,两性之间的吸引力随时会发生,如果处理不当,会被对方认为是对自己的不尊重甚至是所谓的"性骚扰",产生的后果极为不好。虽然对办公室里的两性关系,很难定出一个操作性强的行为细则,但应时时提醒自己掌握一定的分寸,无疑有助于我们避开这方面的漩涡。以下几点是专家在调查的基础上提出的忠告:

(1) 衣着分寸。办公室不是约会场所,不是自己的居室,不是显示自己魅力的地方。如果说男性把衬衫敞开,穿着短裤是不良行为,是对在场女性的不尊重,女性则更要注意自己的穿着不要带有挑逗性。当然,保持优美的女性的自然曲线并不为过,可绝不宜张扬自己的性感,如穿着超短裙和太露的衣服在办公室里走动,即使是无意的,也会向男性发出错误的信号。

(2) 语言分寸。这点特别是对男性而言,作为男性,私下常会冒出一些粗话,有人甚至会开带"色"的玩笑,这在办公室里一定要禁忌,尤其是有女同事在场的情况下,否则会被她们视为是对自己的冒犯。在恭维女人时,也要避免挑逗感,给对方产生有性这一方面的感觉。比如一位女同事穿着领口开得较低的衣服时,不要盯着她说很迷人,可以称赞对方很漂亮,但不能说很有曲线等。

(3) 动作分寸。如果你是男性,当女同事在场时,把松了的皮带解开扣紧,或是把衬衣塞入裤子里,会使女性不愉快,引起误会,她们可能会把这些不雅的动作看为骚扰。据心理学家研究成果表明,容易被视为带挑逗性的行为,女性则更多些,特别是在体态语这方面,往往女性被忽视,比如反复交叉和放开两条大腿、在男性眼前梳理头发、触摸男人的衣服、头发垂扫男人的面颊等。尽管是无意的,但其结果是给对方发性的信号,会导致误会。

(4) 交际分寸。在办公室里,要注意把握自己和异性同事交往时的分寸。如果你们是要好的同事当然可以多些交往交流,但最好不要带入自己的私生活。如果在婚姻上不如意,对异性同事不宜过多倾诉,否则会被对方误认为你有移情的想法,甚至看作是向她(他)求欢的暗示。如果同事把你当成听众时,你不妨向对方多谈谈自己婚姻生活中美好的一面,说一些心得,一是可以为对方提供改善婚姻的借鉴,也尽同事之谊;二是可以起暗示作用,使对方尽早避免对情感上的投入。即使是极为默契的异性同事,也只应当在工作上更好地配合,多给对方提出良好的建议,因为男女在心理与认识上的差异,使得你认为是正常的举动,对方或许难以接受,何况其他同事看着也别扭。比如在谈工作时,用手臂揽着女性的肩膀,高兴时拍年轻女孩的头发,紧贴地站在女性坐着的椅子后并双手扶动椅子等。

(5) 情感分寸。在办公室里产生婚外情无疑是最糟的情况,后果不堪设想。一旦发现对对方确实有相思之情,而因自己或对方已有配偶以及其他诸种因素不能结合的,那么应马上扑灭自己情感的火焰,在仔细考虑到各种恶果后,辅以"冷却"法:对你爱慕的对象多做些全面的、深入的观察,问自己一下,"她(他)真是那么完美的人吗?""其不良的一面你能长期忍受吗?"这种方法实际上并不会伤害你的同事,也不妨碍你们的友好相处。

如果两人都是单身,有望成为生活的伴侣,那么在意识到自己的爱情时,就应当提醒自己和对方让恋情摆脱开工作关系,不要在办公室里谈情说爱,把它放在工作环境以外的地方去培育和发展,并且有一方做好尽快调离本办公室的准备,因为假如恋爱失败,双方难免会陷入极为尴尬的境地,从而影响了工作。掌握好以上的分寸,不仅使人能愉快地工作,而且能使人更好地在这里生存和发展。

办公室礼仪是提高个人素质和单位形象的必要条件,是人立身处世的根本、人际关系的润滑剂,是现代竞争的附加值。在知识经济突飞猛进的时代,办公室一族应该更加注重礼仪,使自己在着装、谈吐等各方面有很好的修养。礼仪,作为在人类历史发展中逐渐形成并积淀下来的一种文化,始终以某种精神的约束力支配着每个人的行为,是适应时代发展、促进个人进步和成功的重要途径。而办公室礼仪不仅可以有效地展现一个人的教养、风度和魅力,还体现出一个人对社会的认知水准、个人学识、修养和价值。因此,学好办公室礼仪对于即将走入职场的我们有着深远的意义。

四、办公室的电话礼仪

电话是一种常见的通信、交往工具,打电话的礼仪也是公共关系礼仪的重要内容。办公电话文明用语,看起来是小事,却反映出工作人员的思想素质和严谨的工作作风及效率。我们在用电话进行沟通的时候需要注意哪些细节呢?

(一) 办公室打电话礼仪

国际商务运作离不开电话这一便捷的通信工具,当我们的声音通过话筒传向世界各地时,是否也能做到彬彬有礼?用清晰而愉快的语调接电话能显示出说话人的职业风度和可亲的性格。虽然对方无法看到我们的面容,但我们的喜悦或烦躁仍会通过语调流露出来。打电话时语调应平稳柔和、安详,这时如能面带微笑地与对方交谈,可使我们声音听起来更为友好热情。千万不要边打电话边嚼口香糖或吃东西。

在美国,可以通过电话向一个素不相识的人推销商品,而在欧洲、拉美和亚洲国家,电话促销或在电话中长时间地谈生意就难以让人接受。发展良好商务关系的最佳途径是与客户面对面地商谈,而电话主要用来安排会见。当然一旦双方见过面,再用电话往来就方便多了。

打电话时,需注意以下几点:

(1) 选择适当的时间。一般的公务电话最好避开临近下班的时间,因为这时打电话,对方往往急于下班,很可能得不到满意的答复。公务电话应尽量打到对方单位,若确有必要往对方家里打时,应注意避开吃饭或睡觉时间。

（2）首先通报自己的姓名、身份。必要时，应询问对方是否方便，在对方方便的情况下再开始交谈。

（3）在主动拨打电话之前，先打一个提纲，有所准备，这样可以节省打电话的时间，同时这也是一个非常好的习惯，能够提高电话沟通的效率。电话打通之后，应该做一个简单的寒暄，然后迅速直奔主题，不要闲聊天，东拉西扯，偏离自己要表达的主要意思。

（4）查清对方的电话号码，并正确地拨号。万一弄错了，应向接电话者表示歉意，不要将电话一按了事。拨号以后，如只听铃响，没有人接，应耐心等待片刻，待铃响六七次后再挂断。否则，如对方正巧不在电话机旁，匆匆赶来接时，电话已挂断了，这也是失礼的。

（5）电话接通以后，可以先问一下对方的号码或单位，然后再报出受话人的姓名。当对方询问姓名时，一般应告诉对方，如果自己不说，反问对方"你是谁"，是很不礼貌的。

（6）控制通话时间，注意通话态度。在用电话进行沟通的时候，一般应该把时间控制在3分钟以内，最长也不要超过5分钟，避免在电话中占用的时间过长。电话用语应文明、礼貌，切不可表现出丝毫的粗鲁和暴躁。电话内容要简明、扼要，通话完毕时，不可贸然挂断电话。应该说一声"再见"、"谢谢"，然后轻轻放下电话。

总的来说，在办公室打电话要遵守以下原则：

（1）因公电话尽量在上班时间打。

（2）因私电话尽量不要影响对方休息。

（3）打电话时要考虑对方处境。

（4）准备通话提纲。

（5）控制通话时间。

（6）通话时保持良好状态。

（7）打国际长途电话要考虑时差。

（8）铃响六声再挂电话。

（9）拨错电话要道歉。

（10）让上司或长者先挂电话。

（二）办公室接电话礼仪

来电应在第二声铃响之后立即接听，在礼貌问候对方之后应主动报出公司或部门名称以及自己的姓名，切忌拿起电话劈头就问："喂，找谁？"同样，来电话人需要留话也应以简洁的语言清晰地报出姓名、单位、回电号码和留言。结束电话交谈时，通常由打电话的一方提出，然后彼此客气地道别。无论什么原因电话中断，主动打电话的一方应负责重拨。

在商业投诉中，不能及时回电话最为常见。为了不丧失每一次成交的机会，有的公司甚至作出对电话留言须在一小时之内答复的规定。一般应在24小时之内对电话留言给予答复，如果回电话时恰遇对方不在，也要留言，表明自己已经回过电话了。如果自己确实无法亲自回电，应托付他人代办。

接听电话不可太随便，要讲究必要的礼仪和一定的技巧，以免产生误会。在办公室接电话的时候，我们都应做到语调热情、大方自然、声量适中、表达清楚、简明扼要、文明礼貌，具体要掌握以下原则：

1. 及时接电话

一般来说，在办公室里，电话铃响三遍之前就应接听，响六遍后就应道歉："对不起，让你久等了。"如果收话人正在做一件要紧的事情不能及时接听,代接的人应妥为解释。如果既不及时接电话,又不道歉,甚至极不耐烦,就是极不礼貌的行为。尽快接听电话会给对方留下好印象,让对方觉得自己被看重。

2. 确认对方

对方打来电话,一般会自己主动介绍。如果没有介绍或者我们没有听清楚,就应该主动问:"请问您是哪位?我能为您做什么?您找哪位?"但是,人们习惯的做法是,拿起电话听筒盘问一句:"喂,哪位?"这在对方听来,陌生而疏远,缺少人情味。接到对方打来的电话,应拿起听筒应首先自我介绍:"您好!我是×××。"如果对方找的人在旁边,应说:"请稍等。"然后用手掩住话筒,轻声招呼同事接电话。如果对方找的人不在,应该告诉对方,并且问:"需要留言吗?我一定转告!"

3. 讲究艺术

接听电话时,应注意使嘴和话筒保持4厘米左右的距离;要把耳朵贴近话筒,仔细倾听对方的讲话。最后,应让对方自己结束电话,然后轻轻把话筒放好。不可"啪"的一下扔回原处,这极不礼貌。最好是在对方挂电话之后再挂电话。

4. 调整心态

当我们拿起电话听筒的时候,一定要面带笑容。不要以为笑容只能表现在脸上,它也会藏在声音里。亲切、温情的声音会使对方马上对我们产生良好的印象。如果绷着脸,声音会变得冷冰冰的。打电话的时候不能叼着香烟、嚼着口香糖;说话时,声音不宜过大或过小,应吐词清晰,保证对方能听明白。

5. 左手接听

左手接听电话,便于右手随时记录有用信息。

(三) 办公室手机使用礼仪

移动电话给我们的工作带来了很多方便,但是也带来了职场礼仪方面的新问题。手机可能会充当许多人的"救生员",然而不幸的是,当需要拨打对方手机的时候对方多半不在办公室,或许正在驾车、开会或是处理什么别的重要事情。那么在拨打对方手机的时候应该注意些什么,什么时候才能拨打对方的手机?

办公室手机礼仪对于现在的职业人士来说是相当重要的。因为职场人士无论是在社交场合,还是在商务场合都要使用手机。移动通信已经渗透到社会生活的各个方面,使用手机已经成为一种社会文化现象。手机已经成为生活中不可缺少的一部分。随着手机的日益普及,无论是在社交场所还是工作场合肆无忌惮地使用手机,已经成为礼仪的最大威胁之一,美国一些专家认为手机普及速度太快,而新的行为规范及管理方面却无法及时跟进,因而手机文明已成了迫在眉睫的社会问题,越来越多的人开始关注手机使用礼仪。

在职场上许多人都注意到了手机带来的不满意。比如,打手机声音过大;在谈话或会议中接听手机;手机铃声非常刺耳。手机所带来的社会问题不得不让每个手机使用者认真思考,怎么才能做到职场文明手机礼仪呢?

1. 手机要放置到位

手机的使用者,应当将其放置在适当的位置。特别是在正式的场合或者会议上,切不可有意识地将手机展示与他人。按照惯例,外出之际,随时携带手机的最佳位置一是公文包里,二是上衣口袋里。

  2. 要遵守公德

  职场人士在有必要使用手机时,一定要讲究社会公德,切勿使自己的行为骚扰到其他人士。职场人士在公共场所活动时,尽量不要使用手机。当其处于待机状态时,应使之静音或调为振动,需要与他人通话时,应寻找无人之处,切勿当众自话自说。公共场所乃是共享之处,人人都应自觉地保持肃静,显而易见,在公共场所里手机响个不断,或者在公共场所与他人大声讲手机,都是侵犯他人权利,不讲社会公德的现象。职场人士在工作时,应该注意不使自己的手机妨碍工作或他人,职场人士在办公时,尽量不要让手机铃声大作,尤其是在开会、会客、上课、谈判、签约以及出席重要的仪式、活动时,必须要自觉地提前将自己的手机调至静音。在必要时,可暂时将其关机。

  3. 保证信号畅通

  使用手机的主要目的是为了保证自己与外界的联络畅通无阻,职场人士在外出办公的时候,要对这点非常重视。

  4. 注重隐私

  通信自由,是受到法律保护的。在通信自由之中,通信属于个人隐私,是其重要内容之一,使用手机时,对此也应予以重视。一般来说,通话双方的号码,尤其是手机号码,不宜随便告知他人。即使在名片上,也不宜包含此项内容。因此不应当随便打探别人的手机号码,不应当不负责任地将别人的手机号码转告他人,或对外界广而告之。为了自我保护和防止他人盗机盗号考虑,通常不宜将本人的手机借与他人使用,或是前往不正规的检修点进行检修。所以随意借用别人的手机是不适当的。

  5. 注意安全

  在使用手机时,对于安全的注意事项不可马虎大意,在任何时候,都切不可在使用时有碍自己或他人的安全。

  (1) 按照常规,在驾驶车辆时,不宜忙里偷闲,同时使用手机通话,或是查看寻呼机,弄不好会出现交通事故。

  (2) 乘坐客机时,必须自觉地关闭手机。因为他们所发出的电子信号,会干扰飞机的导航系统。

  (3) 在加油站或医院停留期间,也不准开启手机,否则就有可能酿成火灾,或影响医疗仪器的正确使用。此外标有问题或者图示禁用手机的地方,均需遵守规定。

  通信行业越来越好的发展将会有更多的人使用手机,那么手机礼仪就必须要多加注意了,不然给他人或者公司带来不好的影响就不太好了,所以职场手机礼仪必不可少。

  五、办公室电脑使用礼仪

  电脑是传递信息必不可少的传输工具,随着电脑的日益普及,给我们的工作带来了很多方便,但是也带来了一个职场礼仪方面的新问题。掌握电脑使用的礼仪,将是职场礼仪的必修课。使用电脑的人多为受过教育,应属于有一定层次和档次的人,若不懂使用礼仪,会让人反感和讨厌,使自己的形象受到损害,层次下降。

电脑是我们办公工作的重要工具,电脑礼仪也会体现一个人的素质和教养。

(1) 虽然是公司的电脑,但也要倍加爱护,平时要擦拭干净,不要把白色电脑用成黑色了还没擦过;擦试显示屏时,注意不要为了干净,用湿抹布一擦了之,损害屏幕;不用时正常关机,不要丢下就走;外接插件时,要正常退出,避免导致数据丢失、电脑崩溃等故障。

(2) 在公司里上网,要查找与工作相关的内容和资料,而不是自己凭兴趣查看自己的东西,既违反公司章程,慢慢的还会导致业务落伍。

(3) 不要公私不分,拿着个U盘,一会儿将个人电脑资料复制到公司电脑上,一会儿又将公司电脑资料复制到个人电脑上,这种现象被公司发现,肯定坚决制止。

(4) 很多公司不允许员工在公司电脑上打游戏、网上聊天与网购,但仍有人利用领导不在时私自偷玩,或用公司的内部网络"笑傲江湖",从网站上下载图片,这些都是违反劳动纪律的。

(5) 电子邮件在给人们带来方便的同时,也带来了职场礼仪方面的新问题。我们都应当讲究有关电子邮件的礼节,别让电子邮件闹出笑话。电子邮件是职业信件的一种,而职业信件中是没有不严肃的内容的。尤其在商业界,我们崇尚信誉、掌握时机及合作分工,信奉顾客至上,着重与顾客的沟通,以达成促销、增产与赢利的目的。但我们常忽视了有关电子邮件的礼节,一些邋遢懒散的习惯,不仅会引起员工的窃笑,还容易在顾客面前闹笑话。在今天的许多公司里,电子邮件充斥着笑话、垃圾邮件和私人便条,与工作相关的内容反而不多。

邮件标题要提纲挈领,切忌使用含义不清的标题,例如,"嘿!"或是"收着!",添加邮件主题是电子邮件和信笺的主要不同之处,在主题栏里用短短的几个字概括出整个邮件的内容,便于收件人权衡邮件的轻重缓急。

由此可见,发送电子邮件一定要注意以下几个礼仪问题:

(1) 每一封电子邮件都应该有一个主题。

(2) 每一封邮件最好只包含一条信息。

(3) 邮件信息量太大时使用附件。

(4) 如果给对方回信时,要注意修改原标题。

(5) 正式的商务邮件不要使用网络语言和笑脸等符号,要与书写信件一样注意措辞和语气。

(6) 最好将中文名字与英文名字同时签上,因为有时候可能会由于系统不同,中文输入可能会出现乱码,如果有英文名字,对方至少可以知道邮件的发件人。如果邮件发给不熟悉的人,最好把联络方式写全。

六、使用各类公用办公设备的礼仪

办公设备和办公用品主要指计算机、传真机、复印机、电话、桌椅、沙发、茶几等。随着时代的变迁,办公设备和办公用品纯功用主义的时代已经过去了,随之而来的是办公设备及用品的现代化及其装饰性。办公设备、办公用品的现代化是社会组织实力的象征和办公高效率的体现,同时办公设备的配置也应起到一定的装饰作用。

办公室的公用设备是公共财产,是每位职员工作必备的工具,所以,维护这些看似与自己没有多大关系的设备的礼仪是我们的责任和义务。

(一) 使用会议室礼仪

(1) 提前预约。为了使各项工作顺利进行,应该尽量避免在使用公用办公设备时与别人发生冲突,使用会议室,应该事先与管理人员进行预约。

(2) 保持会议室的整洁干净。不管我们是用于什么事务,应该注意会议室的干净和整齐,不要把会议资料留在会议室,走之前要进行清理,保持会议室有一个好的卫生环境。

(3) 使用完毕后按时交还,如需要应锁好门及时交还会议室钥匙。

(二) 其他各类公用设备使用礼仪

1. 使用公司书籍礼仪

使用书籍时应尽量保护书籍完好,不批画、涂改、污损书籍,不对书籍进行撕扯、割页。使用完毕,应立即还到书籍保管处,以免丢失。不得擅自把公司书籍携带出公司外,不得私自将图书带回家。

2. 使用公用电脑礼仪

注意保养电脑,注意文件的保密,不要偷看别人的东西,不要占用他人的存储空间或软盘,不要在工作期间玩电脑游戏。

3. 使用复印机礼仪

复印机是公司里使用频率较高的公共设备,这时容易在使用时间上发生冲突,一般来说,应遵循先来后到的原则,在公司里一般不要复印私人的资料。

4. 使用传真机的礼仪

在发传真前,先打电话询问对方是否可以进行传真,发传真时,要使用有本公司名称的公文纸,并列出收件人姓名、传真号、电话号码以及所在部门名称,发件人的姓名、传真号、电话号码以及所在部门名称等相关信息,以便对方接收和核实。重要信息在发送完毕后要打电话确认对方是否收到。

如果在发传真时发现已有一份传真,应将它放在收件箱或交给本人,切勿私自翻看他人传真;不要使用公司的传真机发送有关私人的信息和资料。

模块四 求职面试礼仪

 [导入]

面试中必须注意面试礼仪

转眼又到毕业生找工作的"黄金时节",真正跨入社会的第一步——面试,成为许多寻觅工作的年轻人的头等大事。企业青睐实力派,对求职者而言,知识技能这些硬件要素固然重要,但服装、发型、谈吐、举止……这让一些人不以为然的细节也可能会起到决定性作用。

人靠衣装,做个偶像派大有必要。如何在多少有些以貌取人的面试阶段胜出呢?笔者采访了有关专家和部分企业的人力资源部主管。

穿衣打扮有学问

曾有一名求职者前往一所专科学院应聘计算机工程师职位。面试时,这名求职者打上了领带,穿上了西装。面试过程很顺利,求职者过硬的专业知识让招聘老师欣赏不已。

在决定是否录用这名求职者的过程中,却有一位老师提出了异议:"你们注意到没有?这个面试者穿了一双旅游鞋,一方面,如此装扮很不得体;另一方面,也说明此人很有个性,也许比较难管理。"但由于当时学院急于用人,大家没有在意这个细节。几天后,这名求职者到学院正式上班了。

但接下来的事情却让人感到意外,人们发现,当初那位老师的话逐一成真。上班后,此人不拘小节,衣着随意。更要命的是,他个性十足,很难听进别人的意见。领导找他谈过几次话,但收效甚微。日子久了,他成了学院有名的"刺儿头"。

面试时要穿啥?我们可别小看了这个问题,有些求职者能出色地完成笔试,却败在了穿衣这个"小"问题手上。

男生面试时穿西装是最为稳妥和安全的。在颜色选择方面,应聘者最好穿深色的西装,比如灰色、绿色和深蓝色,它们给人以稳重、忠诚、干练的感觉。在面料选择方面,最好选择天然织物做的西装,因为人造织物的光泽和质地给人一种廉价的感觉,缺乏垂感。在款式选择方面,体瘦的人适宜穿米色、鼠灰色等暖色调,图案为格子或人字斜纹的西装,就会显得较为丰满、强壮。体胖的人则可穿深蓝色、深灰色、深咖啡色等西装,款型可选用直线型的美国式,这会显得体形锐利且苗条。

衬衫的最理想布料也是天然织物,要穿那些挺括的全棉衬衫。衬衫必须是长袖的,以白色或淡蓝色、不带图案或条纹的为宜。

女生面试着装一般来说,套裙是首选。在颜色选择方面,求职者会选择冷色调套裙,比如炭黑色、雪青色、紫红色等。上衣和裙子可以是同一个颜色的,也可以采用上浅下深或上深下浅的组合。在面料选择方面,求职场合穿的套裙应该用高档面料缝制,上衣和裙子要采用同一质地、同一色彩的素色面料。在款式选择方面,上衣要注重平整、挺括、贴身,较少使用饰物和花边进行点缀;裙子要以窄裙为主,并且裙长要到膝或者过膝。

参加面试的女生可以适当地化点淡妆,包括口红,但不能浓妆艳抹,过于妖娆,因为这不符合大学生的形象与身份。

面试礼仪有讲究

去年12月,一家公司通知肖宋去面试。肖宋认真准备了一周,信心十足地前去面试了。

材料准备充分,提前十分钟到达,衣着得体整洁,回答问题干净利落,肖宋自认做得够完美。在和面试官愉快地交流了一段时间以后,面试官提出让他把椅子挪近一些。肖宋按照平时的习惯,双手拉住椅子,屁股不离座位,"跳跃"着往前挪。看着眼前的情景,面试官一语未发,只是拿笔在纸上记下了些什么……

一周后,肖宋接到了一封邮件,上面写道:"实在抱歉,我们对你的求职申请暂时不予考虑。以后如果有合适的职位,我们会与你取得联系。"虽然没有在面试官那里得到确认,但肖宋相信,正是那个挪椅子的动作让自己葬送了一个工作机会。

什么叫实力派?课业成绩要优秀,知识技能要过硬。什么叫偶像派?不只要有合适的行头,还要有恰到好处的谈吐、举止。

面试时应提前10~15分钟到达,迟到会影响自身的形象,大公司的面试往往一次要安排很多人,如果迟了一刻,就很可能与这个公司永远地失之交臂了。对面试地点比较远、地理位置也比较复杂的,不妨先跑一趟,熟悉交通线路、地形,甚至事先搞清洗手间的位置。但需要强调的是,即使早到,也不宜过早进入考场。具体来说,最好不要提前10分钟以上就出现在面谈地点,否则面试官很可能因为手头的事情没处理完而感到不便。

到达面试地点后,应该到洗手间整理一下衣服,擦擦皮鞋,这样也会使自己更加从容和自信。

对工作人员客气有礼从进大门开始,对待所有和自己接触的工作人员,都应该一视同仁,比如保安员、接线员等。

进入房间后,若发现面试官正在填写资料,切勿打扰。在房间内等候期间,不要东张西望、动手动脚、闭目养神或中间插话。有时候面试官会询问应聘者喝什么饮料或提出其他选择,自己一定要明确回答,以免给人留下缺乏主见的印象。此外,若非主考人员先伸手,自己切勿伸手向前欲和对方握手。

有两种坐姿要坚决避免,一是全身瘫倒在椅背上,二是只坐椅边。标准坐姿为坐下后身体略向前倾,表现出愿意和面试官积极交流的身体语言暗示。一般来说,坐满椅子的三分之二就可以了。另外,女士尤其要注意并拢双腿。需要挪动椅子时,不要拖动椅子致使其发出噪声,而一定要将椅子提起来,轻拿轻放。

下面这些动作都是要禁止的:玩弄衣带、发辫、笔、纸片等物品;玩手指头;抠指甲;抓头发;挠头皮;抠鼻孔;跷起二郎腿乱抖;用脚敲踏地面;双手托下巴;说话时用手掩着口;摇摆小腿等。

要注意与面试官进行眼神交流,但这并不是让我们直勾勾地盯着对方,而是要将目光集中在对方眼睛和鼻子之间的三角形位置。听对方说话时,要不时点头以示同意,同时面带微笑。

讨论

你认为面试要做哪些准备?

面试是一种经过组织者精心设计,在特定场景下,以考官对考生的面对面交谈与观察为主要手段,由表及里测评考生的知识、能力、经验等有关素质的一种考试活动。它不仅包括求职面试,还包括升学面试、公务员面试等。求职面试的过程可分为以下几个部分:见面前的准备、面试的前十分钟、面试交谈、人事主管给求职者的提问机会、结束面谈。

求职面试是如愿走上心仪工作岗位的必经关卡。求职者能否实现求职目标,关键的一步是与用人单位见面,与人事主管进行信息交流,以便使人事主管确信求职者就是用人单位所需要的人才。

求职面试是其他求职形式永远无法代替的,因为在人与人的信息交流形式中,面谈是最有效的。在面谈中,面试官对求职者的了解,语言交流只占了30%的比例,眼神交流和面试者的气质、形象、身体语言占了绝大部分。因此,充分掌握面试中的礼仪细节,是迈向理想工作的重要一步。

美国职业学家罗尔斯说:"求职成功是一门高深的学问。"心理学家奥里·欧文说:"大多数人录用的是有礼节的人,而不是最能干的人。"求职者在面试中表现出的礼仪水平,不仅反映出求职者的人品和修养,而且直接影响面试官的最终决定。在面试中,一个仪表出众、懂得礼仪的人,更能得心应手,也比别人有更大的成功机会。因此,越来越多的有识之士重视面试礼仪。在面试时,为了求职成功,应该注意以下五方面的基本礼仪:

一、外在形象礼仪

求职面试时,要设计好自己的形象。求职者的形象给面试官的印象好坏,常常关系到求职的成败。作为第一次见面,主考官往往以自己的经验和阅历,凭着求职者的外在形象来判断求职者的身份、地位、学识、个性等,并形成一种特殊的心理定势,这种心理定势和情绪定势就称为"第一印象"。

它往往比一个人的简历、介绍信、证明、文凭等的作用更直接,更能产生直觉的效果。据哈佛大学有关专家研究表明,与陌生人交往一般在 7~30 秒就会将外表不合格的人淘汰掉了。

一位颇有经验的人事部经理谈到面试感受时说,她往往在见到应试者最初的 30 秒内便得出了是否录用这位应试者的第一印象。

这个"第一印象"在很大程度上或无形中左右着主考官对求职者的最后评判。一家大型制药厂的人事经理说,他不会录取一个脏皮鞋的应聘者。这不仅是小事,而且会影响到今后的工作。

二、行为举止礼仪

面试时,行为举止要得体。得体是要求应试者的举止动作要符合身份,适合场合,并能恰如其分地借以传达出个人的意思。有的专家认为,在人际交往中,约有 80% 的信息是借助于举止这种无声的"第二语言"来传达的。在面试时,举止要自然、大方、文明、优雅。立要直,坐要正,走的姿势要端庄文雅。

举止,是指人的姿态和风度,它是人们的在外观上可以明显地被觉察到的活动、动作,以及在活动、动作之中身体各部分所呈现出的姿态,包括人的站姿、坐姿、走姿、面部表情等。所以,我们也把举止称为体态语言。

举止同样是修养的表现,人们的举手投足都在不知不觉中传递着信息。优雅的举止对于个人的形象塑造和事业的成功是至关重要的。

三、见面礼仪

面试中的见面礼仪是面试礼仪中至关重要的一点,在面试时给面试官行一个标准的见面礼,会给对方留下很深刻的印象,直接体现出施礼者良好的修养。

作为四大文明古国之一,中国历来享有礼仪之邦的美誉,继承和发扬悠久的礼仪文化,传播中华文明精粹,是当代人不可推卸的责任与义务。当前,中国正处在经济发展新阶段,弘扬中华民族传统美德,构建社会礼仪新规范,成为促进社会经济协调发展,建设社会主义和谐社会的一项重要任务。

四、应答礼仪

求职面试的核心内容就是应答,求职者必须对自己的谈吐加以认真的把握。在应答过程中,要注意相应的原则和礼节规范,务必要使自己的谈吐表现得文明礼貌,言辞标准,语言连贯,内容简洁。

五、告别礼仪

面试时,要特别注意对方结束面谈的暗示,适时礼貌告辞,可与主考官握手并致谢,轻声起立并将座椅轻轻推至原位置。若主试人当场表态可以接受你,即面试成功,当然要向对方表示感谢,并表示今后将好好工作。若主试人当场没有进行表态,说明对方还要进一步考查,不要急于逼对方表态;面试不成功,也不要做出过激行为。按照国际惯例,面试24小时之内最好给招聘人员打个电话或写封信表示谢意。这不仅是礼貌之举,还可以增加印象。

毫无疑问,我们已经置身于一个"自我营销"的年代,尤其是在大学生已经由"卖方市场"转为"买方市场"的现实考验下,大学生们的"营销意识"越来越强。尽管如此,却依然有大学生在求职过程中,可能因为忽视了一些最基本、但却最重要的细节和原则而失去一次宝贵的工作机会。

面试时提前10分钟到达面试地点,太早或太晚面试方都会觉得应聘者没有时间观念。最后检查一下仪表需不需要补妆,看看发型有没有乱,口红及齿间有没有杂物等,用小镜子照一下。在感觉一切准备就绪的状态下,才能从容地接受公司的面试。等待面试时也要注意以下一些行为细节礼仪:

(1) 与旁人唠叨是禁忌,在接待室恰巧遇到朋友或熟人时千万不可旁若无人地大声说话或打闹。

(2) 不要吃东西,包括嚼口香糖,不要抽烟。

(3) 对其他工作人员以礼相待,应主动打招呼或行点头礼。

(4) 关掉所有通信设备,以免面试时出现尴尬的场面。

(5) 可以适当地轻声与其他应聘者交流信息,这也可以体现出自己乐于助人、谦虚好学的品质。

(6) 不要太注重非面试工作人员的谈话,更不可冒失地发表评论。

(7) 等待过程也应该站有站相,坐有坐相。

(8) 可以看看随身带来的材料以缓解紧张的心情。

(9) 不可带太多东西,一般是拿个公文包装一些面试材料或个人简历。

知识直通车

求职面试礼仪规范

一个人如果在面试中有失礼之处,首先就会给面试官留下一个非常差的印象,这大大降低面试官对自己的好感,即使在面试中表现良好,也会因为"首因效应"而难以赢得面试官的青睐。所以面试之前我们有必要了解面试中需要注意的礼仪。

1. 面试礼仪之着装

不管我们应征何种类型的工作,穿着是给别人留下第一印象的机会。即使是所谓创意型的人员,邋遢、不修边幅的着装,还是不易令人亲近。是不是西装革履其实并不重要,要把握干净、整洁的原则,才能留下好印象。

2. 面试礼仪之仪容仪表

(1) 面试的时候,除非我们要应聘的是银行、保险、国企、政府机关或事业单位,否则没必要非穿正装不可。

(2) 面试时不怕包内空,就怕脑袋空!面试之前,多了解所要应聘的企业或岗位,做到有备而来。

(3) 工作后,只要自己穿得得体、大方、整洁,没有人会拿这个问题习难我们的。

3. 面试结束时礼仪规范

(1) 根据面试场地的实际情况,可以鞠躬向面试官表示致谢,在条件允许下,可以礼貌地与主考官握手并致谢。

(2) 轻声起立并将坐椅轻手推至原位置,主要表现自己的职业素养。

(3) 出公司大门时对接待人员微笑、点头致谢。

4. 面试现场表现

(1) 面试时注意的问题:守时守信、放松身心、以礼相待、入门敲门、微笑示人、招呼问好、受请入座、莫先伸手、递物大方。

(2) 求职礼仪需注意的问题:应聘时不要结伴而行,保持适当的距离,不卑不亢,举止大方,忌不拘小节、犹豫不决。

(3) 举止行为的禁忌:一边说话,一边玩弄手指;支支吾吾地小声说话;眼神飘浮不定;夸张的肢体动作;不停地看表。

5. 面试礼仪之动作篇

(1) 站立:男士是双脚平行打开,距离10厘米左右,双手枕于小腹前。女士是双脚并拢,双手枕于小腹前。

(2) 坐:男士是双手分开放于膝前,脚后跟靠拢,膝盖可分开一个拳头宽,平行放置;女士是双手合起平放膝前,双腿并拢略微倾斜,双脚并拢。

总之,在整个面试过程要中要表现出较高的文化素质和气质修养,形象实质就是从面试的外表、谈吐决定的,做好这些细节才能给面试官留下一个好的印象。

第五单元
职业仪态礼仪

本章导学

学习目标：
1. 了解仪态概念，掌握职业仪态的功能。
2. 学习职业站姿知识，养成良好站姿行为习惯。
3. 学习职业坐姿知识，养成良好坐姿行为习惯。
4. 学习职业蹲姿知识，养成良好蹲站姿行为习惯。
5. 学习职业行姿知识，养成良好行姿行为习惯。
6. 学习职业手姿知识，养成良好手姿行为习惯。
7. 学习表情知识，养成良好表情行为习惯。

重要知识点：
职业仪态礼仪　站姿　坐姿　蹲姿　行姿　手姿　表情

[导入]

第九次微笑

大学毕业那年，我应聘到广州一家很有名气的四星级涉外大酒店的餐饮部当服务员。试用期的基本工资为 1500 元，因此我十分珍惜这份来之不易的工作，一直表现得很出色。要知道，在广州的人才市场，博士生都成了过江之鲫了！

谁知，就在我结束试用期的前两天晚上，却发生了一件意想不到的事。那天晚上，有个港商模样的人单独要了一间房，拒绝了其他的一切服务生，指名道姓要我为他调送一杯咖啡。当时，我正为其他几位贵宾服务，忙得脱不开身，等轮到去他那里时，按他约定的时间已经迟到了 20 多分钟了！我小心翼翼地把咖啡给他调好送去，面带微笑地说："先生，首先感谢您对我的欣赏和信任。但由于暂时没能抽出身来，耽误了您的时间，我感到非常抱歉！"这位港商却不领情，把左手一扬，正好碰到我双手捧着的咖啡杯，咖啡溅了我一身。可他视而不见，指了指手表说:"多长时间了?哼!像你这样服务,还像个四星级酒店吗?"

我知道今天遇上了找碴儿的主,在接下来的时间里,我就更加全心全意地为他服务,不敢有半点马虎。他要什么,我就给什么,动作十分麻利,语言也特别温柔和细腻。尽管他一点也不合作,仍旧一副怒气冲冲、财大气粗、出口伤人的姿态,我都毫不介意,始终挂着一脸甜美的微笑。他说英语,我就用英语配合;他说粤语,我就用粤语交谈;他说普通话,我就用普通话与他沟通。尽管他的发音不准,产生了歧义,我都把责任揽到我身上,因为我知道,顾客永远是对的。

他的态度冷漠而傲慢,临走的时候还问:"有意见簿吗?"我心里一沉,知道他还是不能原谅我,要投诉我,如果遭到他的投诉,我就完了!我这3个月来的努力全白费了!但是,出于职业道德,尽管内心十分委屈,我还是表现得非常有礼貌,仍然面带微笑地双手呈上意见簿向他真诚地说:"请允许我为您莅临我们酒店表示感谢,更为我今晚的服务不佳再次表示深深的歉意。您有什么意见和看法尽管写上去,我欣然接受您的批评。如果您还能给我一次机会,我一定能打动您!"

那位港商听了我的话,久久不动。我分明看见他冷冷的眼睛里绽出了一丝丝的暖意,但仅在几秒钟后,就消逝得无影无踪了。他最终还是提起笔写下了他的意见,措词十分严厉,指责我笨,素质低,不称职!

我欲哭无泪。下班后,我把这一晚的遭遇向我的小姐妹们讲了,她们都为我感到忿忿不平,要我把那位无情无义的港商的意见撕了。其实那东西就是做给人看的,哪个不是把顾客的表扬交上去,把顾客的意见撕了?如果我不这样做,第二天,也就是我试用期的最后一天,都没有上班的必要了,反正上了也是白上,只等第三天的早会通知走人好了。但是我没有,我反复思考了一个晚上,觉得撕掉顾客的留言是一种欺骗行为,那种弄虚作假的事我坚决不干!不去上班也不行,只要没有宣布我走人之前,我就是酒店的员工,我就应该为酒店出一份力,作一份贡献。于是,第二天晚上,我像什么事都没发生一样投入到工作中去了。第三天早会,我一直忐忑不安。餐饮部经理宣布录用员工的名单中,果然没有我的名字!几十道目光齐刷刷地投在我的脸上,我满脸通红,泪水直在眼眶里打转转。

就在大家都把注意力投向我,我还没有回过神来的时候,经理又宣读了他的任命书,说是根据酒店总经理的特别提议,任命我为餐饮部的领班!

什么?这是根据总经理的特别提议……我蒙了!同事们都蒙了!接着是雷鸣般的掌声响起,经久不息。

会后,餐饮部经理带我去见了酒店老总,没想到,他就是那晚刁难我的港商,不用说,他一定是听到我在酒店里3个月不到就好评如潮,专门来试探和考验我的。他说:"虽然你的综合素质表现得很不错,但真正能打动我的,还是你的微笑,那一脸甜美灿烂的微笑,你一共发挥了九次!特别是你的第九次微笑,那种毫不矫情的、纯真的笑,简直可以击退我最后一道冷漠的防线!当时,我真想把我的批评写成表扬,但是,我终于克制住了,再考验你一次又何妨?结果,你又得了满分,印证了你的微笑是多么的真实!"

结果,我只在这个领班的位置上锻炼了两个月,餐饮部经理调离,我就接替了他的位置。五个月,从服务小姐到经理,竟是那九次微笑改定了我的人生!如果每个人都能奉献出自己善良而真诚的微笑,我相信这个世界也将为之改变!

你明白为什么微笑的表情那么重要吗?

仪态是指人在行为中的姿势和风度。姿势是指身体所呈现的样子;风度则是属于内在气质的外化。仪态是一种不出声的"语言",能在很大程度上反映一个人的内在品质、知识能力和个人修养。一个人的一举一动、一颦一笑、说话的声音、对人的态度等都能反映出这个人仪态美不美。

很多职业人士,为了美化外在的形象,不惜花重金去美容,购买高档的服饰。爱美之心,人皆有之,这无可厚非。但是,精心打造出来的光鲜夺目的形象,往往会被行为举止上的一些差错而彻底粉碎。掌握职场仪态礼仪,修饰自己的仪态美,从细微出流露自己的风度、优雅,远比一个衣服架子,更加赏心悦目!

模块一　站姿仪态礼仪

[导入]

小李的疑惑

小李是某公司的员工,和他的同事小王一样是个业绩优秀的员工,他们的能力和外表形象几乎在伯仲之间。但奇怪的是,公司每次有什么重大的活动都要小王主持,小李百思不得其解,向朋友抱怨:"领导为什么只重用小王,而我的多才多艺就视而不见呢?"朋友说:"如果是我,我也会用小王的,你俩能力和外形差不多,但是他往那一站很高大、很标致,就没有见他对谁说话的时候弯着腰的,他的站姿让人看了很振奋,那么笔直,让人认为他是个很自信的人,充满活力。老板放心把工作交给他。而你总爱低着头,和人交谈的时候靠在墙或者柱子上,我们会以为你对一切都不敢兴趣,缺乏活力。这不属于一个成功的、富有活力的年轻人所应有的样子。"

讨论

你明白为什么老板重用小王而对小李的多才多艺就视而不见了吗?结合自身谈谈你今后该怎么做。

站立是人们生活交往中一种最基本的仪态,它指的是人在站立时呈现出的具体姿态。"站如松"是指人的站立姿势要像松树一样端正挺拔。这是一种静态美,是培养优美仪态的起点。站立时,上下看要有直立感,即以鼻子、肚脐为中线的人体大致垂直于地面;左右看要有开阔感,即肢体和身段给人舒展的感觉;侧面看也要有直立感,即从耳朵到脚踝骨所形成的直线也大致垂直于地面。

一、站姿的要求

1. 头正

抬头,两眼平视前方,嘴微闭,收颌直颈,表情自然,稍带微笑。

2. 肩平

两肩平正,微微放松,稍向后下沉。

3. 臂垂

两肩平正,两臂自然下垂。女士可前搭手,男士一般两手置于体侧,中指对准裤缝。

4. 胸挺

胸部挺起,使背部平整。

5. 腹收

腹部往里收,不能随意凸起,腰部正直,臀部向内、向上收紧。

6. 腿直

两腿立直(图5-1)。

女标准站姿　　　　　　男标准站姿

图5-1　站姿

二、具体的站姿

(一) 男士的站姿

男士站立时,要表现出刚健、强壮、英武、潇洒的风采。具体要求是:下颌微收,双目平视,身体立直,挺胸抬头,挺髋立腰,吸腹收臀,两膝并严,两脚靠紧,双手置于身体两侧,自然下垂,这是标准的立正姿势。也可以脚跟靠近,脚掌分开呈"V"字形,或者两腿分开,两脚平行,但不可超过肩宽,双手叠放于身后,掌心向外,形成背手(图5-2),背手有时会给人盛气凌人的感觉,在正式场合或者有领导和长辈在场时要慎用。

(二)女士的站姿

女士站立时,要表现出轻盈、娴静、典雅、优美的韵味。具体要求是:身体立直,挺胸收腹;双手自然下垂,也可相叠或相握放在腹前,两膝并严,两脚并拢,也可以脚跟并拢,脚尖微微张开,两脚尖之间大致相距10厘米,其张角约为45度,形成"V"字形,或者两脚一前一后,前脚脚跟紧靠后脚内侧足弓,形成"丁"字形(图5-3)。

图5-2 男士的站姿

图5-3 女士的站姿

(三)站姿的调整

(1)与别人站着交谈时,如果空着手,男士可以双手相握或叠放于身后,女士可以双手相握或叠放于腹前。

(2)身上背着背包时,可利用背包摆出高雅的姿势,比如用手轻扶背包或夹着背包的肩带。

(3)身着礼服或旗袍时,绝对不要两脚并列,而要两脚一前一后,相距5厘米左右,以一只脚为重心。

(4)向他人问候、做介绍、握手、鞠躬时,两脚要并立,相距约10厘米,膝盖要挺直。

(5)等待时,两脚的位置可以一前一后,保持45度角,肌肉放松而自然,但仍保持身体的挺直。

(6)站立过久时,可以把脚后撤一小步,后面的脚跟可以稍微抬起一点,身体的重心置于前面的脚上。

(四) 站立时禁忌的姿势

1. 手的错位

站立时双手可以随谈话的内容做一些适当的动作,来帮助对方理解谈话的内容,但双手的动作宜少不宜多,宜小不宜大,切不可做一些乱指乱点、乱动乱摸、乱举乱扶、将手插入裤袋、左右交叉抓住胳膊压在胸前、摆弄小东西、咬手指甲等不合礼仪要求的动作。

2. 脚的错位

双脚站累时可以把身体的重心从两脚挪到任何一只脚上,但不可把两膝弯曲,双脚摆成外八字(图5-4),用脚做一些乱指乱点、乱踢乱画、乱蹦乱跳、勾东西、蹭痒痒、脱鞋子或者半脱不脱、脚后跟踩在鞋帮上、一半在鞋里一半在鞋外等不合礼仪要求的动作。

3. 腿的错位

站立时双腿不可叉开过宽,不可交叉形成别腿,或把脚踩、蹬、勾在别的东西上以及把腿搭在或跨在别的东西上,使腿部错位,更不可抖动双腿或一条腿。

4. 上身错位

上身表现自由散漫,东倒西歪(图5-5),或随意倚、靠、趴在别的东西上,或肩斜、胸凹、腹凸、背驼、臀撅,显得无精打采,萎靡不振。

图5-4　不雅男士站姿　　　图5-5　女士不雅站姿

5. 头部错位

脖子没有伸直,使得头部向左或向右歪斜,头仰得过高或压得过低,目光斜视或盯视,表情僵硬等。

[实操训练1]

1. 请各位男性朋友对着镜子站立,然后参考本书所说的男性标准站姿,比较一下,说出自己的不足。

2. 请各位女性朋友对着镜子站立,然后参考本书所说的女性标准站姿,比较一下,说出自己的不足。

模块二　坐姿

[导入]

张露的坐姿赢得了工作

张露毕业后应聘到了一家化妆品公司做招商方面的工作,这份工作是张露在十个人的集体面试中最后胜出的,张露一直不明白,自己并不是所有人当中最优秀的,为什么自己就被录取了呢? 张露百思不得其解。入职后,招聘张露的 HR 这样和张露说:"招商工作除了有一定的能力外,我们还必须严格要求该职位人选的礼仪着装,因为她出去招商代表的是企业。最后剩下的三个人当中,能力和你差不多,但是唯一不如你的就是,他们在坐姿上、谈吐上不够优雅得体。"张露听完,舒了一口气,她想不到坐姿也会影响到整体的面试。

张露不是最优秀的,为什么就赢得了工作呢?

分析:张露在应试者中是较幸运的,最后凭着优雅的表现完美胜出,这得益于张露一些良好习惯的培养,包括坐姿以及谈吐。但是在职场上很多应聘者不知道一些面试坐姿也会对自己有影响。以下为求职者总结一些错误的坐姿:

(1) 跷起二郎腿,还不断地摇动着二郎腿。

(2) 八字腿张开,甚至前面的衣衫不整。

(3) 双脚并拢,腿一直在有节奏地摇动。

面试时正确的礼仪坐姿

(1) 坐姿包括坐姿和坐定的姿势。如果面试官让我们坐下,我们不用故意客套地说:"您先坐。"神态保持大方得体即可。入座时要轻而缓,不要发出任何嘈杂的声音。在面试过程中,身体不要随意扭动,双手不应有多余的动作,双腿不可反复抖动,这些都是缺乏教养和傲慢的表现。有些人因为紧张,无意识地用手摸头发、耳朵,甚至捂嘴说话,虽然他是无心的,但面试官可能会因此而认为这个人没有用心交谈,还会怀疑他话语的真实性。

(2) 不同性别,对于面试就座时的礼仪要求也不同。男性就座时,双脚踏地,双膝之间至少要有一拳的距离,双手可分别放在左右膝盖之上,若是面试穿着较正式的西装,应解开上衣纽扣。

(3) 女性在面试入座时,双腿并拢并斜放一侧,双脚可稍有前后之差,如果两腿斜向左方,则右脚放在左脚之后;如果两腿斜向右方,则左脚放置右脚之后。这样对方从正面看双脚是交成一点的,腿部线条更显修长,也显得颇为娴雅。若女性穿着套裙,入座前应收拢裙边再就坐,坐下后,上身挺直,头部端正,目光平视面试官。坐稳后,身子一般占座位的 2/3,两手掌心向下,自然放在两腿上,两脚自然放好,两膝并拢,面带微笑,保持自然放松。

面试交谈,距离礼仪

职场面试人员进入面试室,一坐下来就习惯地将椅子往前靠。由于这位面试官非常亲切,面试者慢慢变得轻松起来,开始讲述自己对这份工作的向往,说到激动的地方,就不由自主地将身子探得更近了。看着兴奋演说、唾沫横飞的面试者,面试官似乎有些尴尬,而此时的面试者已经失礼了。

交谈的目的是为了与别人沟通思想,要做到愉快地交谈,除了要注意说话的内容外,还应注意与主考官保持一定的距离,这样才能让对方听得清楚、明白。西欧一些国家从卫生角度研究出,人说话时,可产生170左右个飞沫,可飘扬1米远,最远达1.2米,咳嗽时能排出460左右个飞沫,最远可喷出9米远,就更别说打喷嚏会产生多少病菌了。也就是说,保持适当距离交谈,也是对别人的礼貌。

1. 保持距离合乎礼仪

从礼仪上说,说话时与对方离得太远,会使对方误认为自己不愿向他表示友好和亲近,这显然是失礼的。但是如果离得太近,一不小心就会把口沫溅在别人脸上,这是最尴尬的。因此,从礼仪角度来讲,一般与主考官保持一两个人的距离最为适宜。这样做,既让对方感到亲切,同时又保持一定的"社交距离",在人们的主观感受上,这也是最舒服的。

2. 保持距离交谈更有效

在求职面试中,人作为一个整体形象,双方交谈传递信息,不仅凭借语言,而且还要依赖身体语言来发挥魅力,如手部动作、表情变化等。美学原理告诉我们,距离能产生美。说明距离在交谈中还是能起到一定作用的。面试时选择一个最佳位置和最佳距离,才能够更好地发挥。

面试交谈时,无论是从卫生角度还是从文明礼貌角度来考虑,都应该与人保持一定的距离,这样,有利于大家的身体健康,对双方都是有利的。倘若交谈时忽然想打喷嚏、清喉咙,要转过身"行事",最好是取出手帕或餐巾纸捂住口,做过之后要表示歉意。

3. 礼貌起身,离开有礼

面试交谈完后,要礼貌起身。起立的动作最重要的是稳重、安静、自然,绝不能发出任何声音。入座通常由左边进入座位,起立时可由左边退出。一般我们坐椅子时,有上座的专门规定,进入房间可由左边开始坐,站立时也要站在椅子的左边,无论是就坐还是起身都不要发出任何声音。

坐姿是指就座之后所呈现的姿势。"坐如钟"是指人在就座之后要像钟一样稳重,不偏不倚(图5-6)。它也是一种静态美,是人们在生活工作中采用得最多的一种姿势。

一、坐姿的具体要求

(一) 入座时的要求

(1) 入座时讲究先后顺序,礼让尊长,切勿争抢。

(2) 一般从左侧走到自己的座位前,转身后把右脚向后撤半步,轻稳坐下,然后把左脚与右脚并齐。

图5-6 女士标准坐姿

(3) 穿裙装的女士入座,通常应先用双手拢平裙摆,再轻轻地坐下。

(4) 在较为正式的场合,或者有尊长在座的情况下,一般坐下之后不应坐满座位,大体占据2/3的座位即可。

(二)坐定的要求

(1) 头部端正。坐定时要求头部端正,可以扭动脖子,但不能歪头;眼睛正视交谈对方,或者目视前方,目光柔和,表情自然亲切。

(2) 上半身伸直。上半身自然伸直,两肩平正放松,两臂自然弯曲,两手既可以放在大腿上,也可以放在椅子或沙发扶手上,掌心一定要向下。

(3) 下半身稳重。两腿自然弯曲,两脚平落地面,在正规的场合,上身与大腿、大腿与小腿,均应当为直角,即所谓"正襟危坐"。

二、坐定的姿势

(一)男士的坐姿

坐定以后,头部和上半身的要求和站姿一样。具体的坐姿有:(1)双腿、双脚并拢,形成"正襟危坐";(2)双腿、双脚可以张开一些,但是不能宽于肩部(图5-7)。

(二)女士的坐姿

女士落座后,头部和上半身的要求也和站姿一样,但更强调要双腿并拢。具体的坐姿有:(1)双腿、双脚并拢"正襟危坐"(图5-8);(2)双腿并拢,双脚呈"V"字形或"丁"字形"正襟危坐";(3)双腿并拢,双脚并拢或者呈"V"字形、"丁"字形,双膝向左或向右略微倾斜;(4)一条腿压在另一条腿上,上面的腿和脚尖尽量向下压,不能跷得过高,否则有失风度。

图5-7 男士的坐姿

图5-8 女士的坐姿

三、坐定时禁忌的姿势

1. 身体歪斜

如前倾、后仰、歪向一侧等。

2. 头部不正

如左顾右盼、摇头晃脑等。

3. 手部错位

如双手端臂，双手抱于脑后，双手抱住膝盖，用手浑身乱摸、到处乱敲，双手夹在大腿间等。

4. 腿部失态

如双腿叉开过大、抖动不止、架在其他地方、高跷"4"字形腿（也就是一只脚放在另一条腿的膝盖上，脚踝骨接触膝盖，鞋底朝向身体外侧）、直伸开去等。

5. 脚部失态

如坐定后脱下鞋子或者脱下袜子，用脚尖指人或脚尖朝上使别人能看见鞋底，把脚架在高处、跷到自己或别人的座位上双脚摆成内八字，双脚上下或左右抖个不停等。

 知识直通车

"坐"的步骤与方法

1. 入座

一般讲究左入左出，也就是入座的时候最好从座椅的左侧进去，这样做是"以右为尊"的一种具体体现，而且也容易就座。坐的时候动作要轻，别坐得吱呀乱响，引得周围的人向我们行"注目礼"。

2. 离座

离开座椅时，身边如果有人在座，应该用语言或动作向对方先示意，然后再站起身来。如与客人同时离座，不要先于客人起身离座。离座的动作要轻缓，不要"拖泥带水"，弄响座椅，或将椅垫、椅罩弄到地上。

3. 腿的摆放

"正襟危坐"式：适用于正规的场合。要求上身和大腿、大腿和小腿都应当形成直角，小腿垂直于地面。双膝、双脚包括两脚的跟部要完全并拢。

垂腿开膝式：这是男士正规坐姿，要求上身和大腿、大腿和小腿都成直角，小腿垂直于地面。双膝允许分开，分开的幅度不要超过肩宽。

双腿叠放式：适合穿短裙的女士。要求将双腿一上一下交叠在一起，交叠后两腿间没有任何缝隙，犹如一条直线。双脚斜放在左右一侧。斜放后的腿跟地面呈45度夹角，叠放在上的脚的脚尖垂向地面。

4. 上身的姿势

坐好后，上身的姿势也很重要。

头部端正：在别人面前就座时不要出现仰头、低头、歪头、扭头等情况。整个头部应当如同一条直线，和地面相垂直。在写东西的时候，可以低头俯看桌上的物品，但在回答别人问题的时候，必须抬起头来，不然就带有爱理不理的意思。交谈的时候，可以面向正前方，或者面部侧向对方，但不能把后脑勺对着对方。

躯干直立：一般坐椅面的2/3就比较合乎礼节了。在工作中需要就座时，通常不应当把上身完全倚靠着座椅的背部，最好一点都不倚靠。交谈时为表示重视，不仅应面向对方，而且要把整个上身朝向对方。

手的摆放：通常把手放在两条大腿上，可以双手各自扶在一条大腿上，也可以双手叠放或相握后放在腿上。

[实操训练2]

1. 请各位男性朋友对着镜子坐着,然后参考本书所说的男性标准坐姿,比较一下,说出自己的不足。

2. 请各位女性朋友对着镜子坐着,然后参考本书所说的女性标准坐姿,比较一下,说出自己的不足。

模块三 蹲姿

知识直通车

1. 交叉式蹲姿

在实际生活中常常会用到蹲姿,如集体合影前排需要蹲下时,女士可采用交叉式蹲姿,下蹲时右脚在前,左脚在后,右小腿垂直于地面,全脚着地。左膝由后面伸向右侧,左脚跟抬起,脚掌着地。两腿靠紧,合力支撑身体。臀部向下,上身稍前倾(图5-9)。

2. 高低式蹲姿

下蹲时右脚在前,左脚稍后,两腿靠紧向下蹲。右脚全脚着地,小腿基本垂直于地面,左脚脚跟提起,脚掌着地。左膝低于右膝,左膝内侧靠于右小腿内侧,形成右膝高左膝低的姿态,臀部向下,基本上以左腿支撑身体(图5-10)。

图5-9　交叉式蹲姿

图5-10　高低式蹲姿

蹲姿在工作和生活中用得相对不多,但最容易出错。人们在拿取低处的物品或拾起落在地上的东西时,不妨使用下蹲和屈膝的动作,这样可以避免弯曲上身和撅起臀部,尤其是着裙装的女士下蹲时,稍不注意就会露出内衣,很不雅观。

一、蹲姿的具体要求

高低式蹲姿是指下蹲时一只脚在前,另一只脚稍后(不重叠),两腿靠紧向下蹲。前边那只脚全脚掌着地,小腿基本垂直于地面,后边那只脚脚跟提起,脚掌着地。后边的膝盖低于前边的膝盖,后膝内侧靠于前小腿内侧,形成前膝高后膝低的姿势,臀部向下,基本上以后边的腿支撑身体。男士选用这种蹲姿时,两腿之间可有适当距离(图 5-11)。

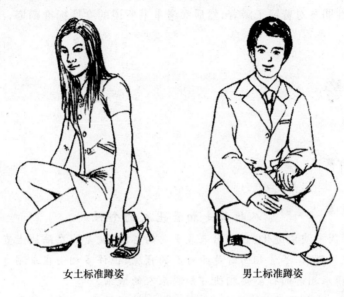

女士标准蹲姿　　　　　男士标准蹲姿

图 5-11　蹲姿

二、男女蹲姿的不同

男士一般采用高低式蹲姿,女士一般采用高低式蹲姿或者交叉式蹲姿。

三、蹲姿的禁忌

忌采用高低式蹲姿时两腿分开过大(图 5-12),尤其是着裙装的女士更不可这样,或者是采用高低式蹲姿时不但两腿分开过大,而且两腿一样高,这样十分不雅。

图 5-12　女士不雅蹲姿

[实操训练3]

1. 请各位男性朋友对着镜子蹲着,然后参考本书所说的男性标准蹲姿,比较一下,说出自己的不足。

2. 请各位女性朋友对着镜子蹲着,然后参考本书所说的女性标准蹲姿,比较一下,说出自己的不足。

模块四 行姿

[导入]

从行姿走相看出人的个性

人类从动物王国中演变进化、分离出来最重要的标志,就是能在陆地上直立行走。行相在相面中是不容忽视的环节,尽管相面时是面对面的预测,但许多相士在求测者走进相士的视线范围那几秒钟,凭借求测者的行姿走相便可知晓来人的底细。

如果我们知道一些行姿的相术知识,且运用在日常生活中,也是一件趣味异常的事。孩童或刚学走步的娃娃在走路过程中失足跌倒是件平常之事,但如果发生在国家元首政要的身上出现走路失足的现象的话,就会有不妙、诸事不利,官位乌纱不保的暗示。

英国前首相戴卓尔夫人与邓＊小＊平谈判香港的主权归谁所属期间,戴卓尔夫人在下台阶时,只是不小心失足踏空打了一个趔趄,就因这个,顿时引起股市狂跌之外,还白白丢失了对香港的操控主权;俄罗斯首任总统叶利钦多次在酒宴会上发酒疯走路踉跄,最终不得不退位予普京;香港首任特首董建华,在一次的会议下台阶时失足打了个跟跄,之后不得不黯然退居政协,未能任满政途,饮恨于政坛。由此可见,假如再发现某首脑行走失足的话,可断知其此位不久矣。同样,如果发现某人(常人)在平地失足的话,便可预知其今后会出现意外伤病灾,严重者不久将来很快便会成为阎王爷的上座嘉宾了。

通过行姿也可反映出个人的性格修养甚至成败荣辱、富贵贫贱。

行走稳定气定神闲者,非富贵则安逸之人。

行路急促者,纵使贵也是劳碌之辈,贵极有限(贵也贵不到哪里去之意)。

行路鼻孔朝天,是高傲之辈,纵富也是半桶水罢了,何必与之一般见识。

行路时头朝地者必是喜欢思考内向之人,如果其人长得矮小,行路时双手交拢在背后低头的,肯定是扭计师爷(诡计多端之人)。

行路东张西望、左顾右盼的是生性多疑、决断犹豫之流,假若其神情鬼鬼祟祟定是偷鸡摸狗之辈。

行路的脚步声咚咚响的,为人粗心大意,留守不到钱财。

行路无脚步声是谨言慎语,但能留守钱财。

行路脚步拖拖沓沓者,是懒散之人。

行路时轻盈且腰部摇摆,不论男女,多是漂泊居无定所之人。总结一下好的行走状态:行走时头正腰直,脚步平稳,前不突出膝头,后不露脚跟,这是最标准的行姿了。

再引述古代相书对某些常见而有趣的行姿的看法,来丰富行姿走相内容:

1. 龙行虎步

这是相术中最贵的行姿。龙是传说的吉祥物,至于老虎,常人是有机会从影片中或动物园看到的。龙行虎步,意为身体稳重而不见足,长步而有威。大家也可以看看国家元首在检阅仪仗队或接见外宾时行走的姿态就可体会到这种威仪。这种威不是常人都能散发出来的,常人模仿走的话,虽然不会沦落为邯郸学步的地步,但却会东施效颦招来旁人的取笑。

2. 鹅行鸭步

这是相术中富裕人家的行姿。行时身手左右摇摆,步态蹒跚,像鹅、鸭走路状,此种走法之人是个土财主,绝非是超级富豪人马。

3. 蛇行狼顾

这是阴毒奸诈恶毒之人的走相。

蛇行:蛇游行时是头尾三折而游走,反映在人的身上是一摇三摆状。有此种走姿的人如同蛇蝎般恶毒,女人还有淫荡之性。

狼顾:行走时头低并不时停顿回头张望回顾,如同狼、狗走路时的特征,故名"狼顾",也有狼行的另一说法。有此走姿者其人恶毒并生性多疑。

4. 雀跃马奔

这是劳碌奔波的走相。

雀跃:相术中的雀跃不是欢呼雀跃的意思,而是像鸟雀在地上边行边跳动,即脚跟不着地,踮着走的样子。这种行姿男人比较少见,有者是居无定所、东漂西荡;女人雀跃除了漂泊还易坠入风尘。还有一种走姿虽然不是脚跟不着地,但行走时身体如波浪一高一低,也属于雀跃。

马奔:这里的马奔引申到人行走时并非如同马匹般驰骋、奔跑,而是上身前倾,双臂快速摆动,双脚急速行走,又名马行。马奔之人必是奔波劳碌者,少有清闲之辈。

5. 鹤走尸行

这是一种离群另类的走相。

鹤走:又名鹤行,足长而步长,下动而上定,起步离地三尺,肩偏项长,头先过步,如果鹤形配上鹤行更佳,鹤行之人有聪明、发达迟之特点。

尸行:顾名思义,如同赶尸、僵尸般行走,身体挺直僵硬,主贫贱晚年萧条之相。此行姿女人多见。

6. 左尊右卑

当一个人站定后准备提脚行走时,在自然的、无意识的状态下,记住,必须在自然的、无意识的状态下,如果先出左脚者,贵;如先出右脚者,贱。

当一个人正在行走时,突然被人呼唤(或听到背后有声响)回头,如果其人向左转身,是有官禄、有功有劳之人;但如往右边转身,其人就算有官也无禄,有劳无功之辈。

讨论

请问你是怎么样行走的呢?

行姿,也称走姿,是指人们在行走的过程中所形成的姿势。"行如风"指的是人们行走时像一阵风一样轻盈。它是一种动态美,它是以人的站姿为基础,实际上属于站姿的延续动作。

一、行姿的具体要求

1. 重心落前

在起步行走时,身体应稍向前倾,身体的重心应落在反复交替移动的前脚脚掌之上。要注意的是,当前脚落地、后脚离地时,膝盖一定要伸直,踏下脚时再稍为松弛,并即刻使重心前移,这样行走时,步态才会好看。

2. 全身协调

在行走过程中,要面朝前方,双眼平视,头部端正,胸部挺起,背部、腰部、膝部尤其要避免弯曲,使全身形成一条直线。

3. 摆动两臂

行进时,双肩、双臂都不可过于僵硬呆板。双肩应当平稳,力戒摇晃。两臂则应自然地、一前一后地、有节奏地摆动。在摆动时,手腕要进行配合,掌心要向内,手掌要向下伸直。摆动的幅度,以30度左右为佳。

4. 脚尖前伸

行进时,向前伸出的那只脚应保持脚尖向前,不要向内或向外。同时还应保证步幅(行进中一步的长度)大小适中。通常,正常的步幅应为一脚之长,即行走时前脚脚跟与后脚脚尖二者相距为一脚长。

5. 协调匀速

在行走时,大体上在某一阶段中速度要均匀,要有节奏感。另外,全身各个部分的举止要相互协调、配合,要表现得轻松、自然。

6. 直线前进

在行进时,女士的行走轨迹应呈一条直线,男士的行走轨迹应呈两条平行线。与此同时,要克服身体在行进中的左右摇摆,并使自腰部至脚部始终都保持以直线的形状进行移动(图5-13)。

二、行走时禁忌的姿势

1. 瞻前顾后

在行走时要目视前方,不应左顾右盼,尤其是不应反复回过头来注视身后。

2. 双肩乱晃

在行走时应力戒双肩左右摇晃不止,身体也随之乱晃不止。

3. 八字步态

在行走时,若两脚脚尖向内侧伸构成内八字步,或两脚脚尖向外侧伸构成外八字步,这样走起来都很难看。

4. 速度多变

行走之时,切勿忽快忽慢,要么突然快步奔跑,要么突然止步不前,让人不可捉摸。

图 5-13 行姿

5．声响过大

在行走时用力过猛，使得脚步声响太大，因而妨碍他人，或惊吓了其他人。

6．方向不定

在行走时方向要明确，不可忽左忽右，变化多端，显得鬼鬼祟祟，心神不定。

7．不讲秩序

在行走时要遵守交通规则，靠右行走，不可争先恐后，乱闯一气。和别人"狭路相逢"时，要礼让别人，不可各不相让，甚至吵架或动手打架。

8．人群中穿行

在行走时，如果想超过前边的人或人群，就要从他们的左侧经过，不可从他或他们的右侧或中间经过。如果迎面过来有人，大家各自靠右即可，不可从迎面人群中间穿行。

9．边走边吃

一边走，一边吃，既不卫生，又不好看。可在室内或销售摊点吃完东西再走。

[实操训练 4]

1．请各位男性朋友对着镜子行走，然后参考本书所说的男性标准行姿，比较一下，说出自己的不足。

2．请各位女性朋友对着镜子行走，然后参考本书所说的女性标准行姿，比较一下，说出自己的不足。

模块五　手姿

知识直通车

教师的手势语言

（一）教师手势

教师手势，即教师利用手的动作与姿势，传递思想感情，组织教育教学，展示自身良好的精神风貌与职业修养。据研究表明，手势与表情结合，可传导信息的40%。恰当的手势往往是在内心情感的催动下，瞬间自然做出来的。手势可以反映人的修养、性格。手势对于增强教学效果具有十分重要的作用，所以教师要注意手势语言的运用幅度、次数、力度等技巧。在教学实践中，以各种不同形态的造型，描摹事物的复杂状态，传递潜在心声，显露教师心灵深处的情感体会与优雅举止。

作为教师，讲课时，都需要配以适度的手势来强化讲课效果。手势要得体、自然、恰如其分，要随着相关内容进行。一般而言，手势由进行速度、活动范围和空间轨迹三个部分所构成。在教学中，主要被用以发挥表示形象、传达感情两个方面的作用。教师各种不同的手势语可分成四种类型：

(1) 形象手势，用来模拟状物的手势。

(2) 象征手势，用来表示抽象意念的手势。

(3) 情意手势，用来传递情感的手势。

(4) 指示手势，指示具体对象的手势。

（二）教师的基本手势

1. 垂放与背手

(1) 垂放，是教师最基本的手势。手的放位置有两种：第一种是双手自然下垂，掌心向内，叠放或相握于腹前；第二种是双手伸直下垂，掌心向内，分别贴放于大腿两侧，当教师站立或行走时，通常可以选择两手垂放或者背手，这是基本的手势。

(2) 背手，多见于站立、行走时，既可显示教师的权威，又可使自己镇定下来。应用方法：双臂伸到身后，双手相握，同时昂首挺胸，但要注意，背手容易给他人留下盛气凌人的感觉，所以可在正式场合，或者有领导和长辈在场的情况下需要慎用。

2. 握手

在人际交往中，手势更能起到直接沟通的作用。对方向我们伸出手，我们迎上去握住他，这是表示友好与交往的诚意；我们若无动于衷地不伸出手去，或懒懒地稍握一下对方的手，则意味着我们不愿与其交朋友。

3. 鼓掌

鼓掌，是用以表示欢迎、祝贺、支持的一种手姿，多用于会议、演出、比赛或迎候嘉宾。表示欢迎、祝贺或支持时，可以鼓掌致意。其正确的手势是：以右掌有节奏地拍击左掌。若有必要，可站立起来并高兴地双手鼓掌。不过，社会上也流行以鼓掌来表示讽刺、反对、拒绝、驱赶之意,它被称作是"鼓倒掌"。在交谈中,若向对方伸出拇指,自然是表示夸奖,而若伸出小指,则是贬低对方。对教师来说,此种手势则是严禁使用的。

4. 夸奖

夸奖,这种手势主要用以表扬学生。表扬他人时,可以伸出右手,翘起拇指,指尖向上,指腹面向被夸奖者。但在交谈时,不应将右手拇指竖起来反向去指其他人,因为此举意味着自大或藐视。以之自指鼻尖,也有自高自大、不可一世之意。

5. 指示

指示,是用以指示方向的手姿。当教师需要为他人引导或指示方向时,标准的手势应当是:伸直并拢手指,掌心向上,腕关节伸直,指尖与手臂形成一条直线,首先指向被引导者的身躯中段,随后再指向其应去之处。若是掌心向下地如此运用,将是极其不礼貌的。

教师手势的礼仪要求

(一)大小适度

在社交场合,应注意手势的大小幅度。手势的上界一般不应超过对方的视线,下界不低于自己的胸部,左右摆的范围不要太宽,应在自己胸前或右方进行。在课堂上,教师手势动作幅度不宜过大,次数不宜过多,不宜重复。

(二)自然亲切

教师在课堂上,多用柔和的曲线手势,少用生硬的直线条手势,以求拉近师生间的心理距离。低年级学生的情绪感染力比较强,教师可以自然地抱抱他们、摸摸他们,增加学生对自己的认可。

(三)恰当适时

教师讲课应伴以恰当的、准确无误的手势,以加强表达效果,并激发学生的听课情绪。不停地挥舞含有教训人的意味。切忌胡乱地摆动,也不要将手插入衣兜或按住讲桌不动。手舞足蹈会令人感到轻浮不稳重,过于死板又会使学生感到压抑,总之,应以适度为宜。

(四)简洁准确

手势是教师最明显、最丰富,也是使用最频繁的教具之一。在讲课讲话时,手势要适度舒展,既不要过分单调,也不要过分繁杂。一般来说,向上、向前、向内的手势表示失败、悲伤、惋惜等。手势应该正确地表示感情,不能"势"不达意,显得毫无修养。

教师的手势禁忌

手势是最有表现力的一种"体态语言"。教师恰当地运用手势,能够起到良好的沟通作用,也会使自己的形象更美,更有风度。

(1)忌当众搔头皮、掏耳朵、剜眼屎、抠鼻孔、剔牙齿、抓痒痒、摸脚丫、咬指甲等。这些动作会令学生极为反感,严重影响教师的形象与风度。

(2)在教室内,双手乱动、乱摸、咬指尖、端胳膊、抱大腿、拢头发等,也都是应当禁止的手势。

(3)不要用手指指点他人,用手指指点他人的手势是非常不礼貌的,含有教训人的意味。

(4)讲课时忌讳敲击讲台、黑板,或做其他过分的动作。

(5)忌玩弄粉笔或衣扣等。

(6)忌高兴时拉袖子等不文雅的手势动作。

(7)忌交谈时指手画脚、手势动作过多过大。

教师手势的运用要规范和适度，给人一种优雅、含蓄的、彬彬有礼的感觉。谈到自己的时候，不要用大拇指指自己的鼻尖，应用右手掌轻按自己的左胸，那样会显得端庄、大方、可信；谈及别人、介绍他人、指示方向、请对方做某事时，应掌心向上，手指自然并拢，以肘关节为轴指示目标，同时上身稍向前倾，以示敬重，切忌伸出食指来指点。掌心向上的手势有一种诚恳、恭敬的含义；而掌心向下则意味着不够坦率、缺乏诚意。招手、鼓掌等都属于手势的范围，应根据不同场合和目的恰当运用，不可过度。教师要掌握增强语言表现力的有意识手势，并使之优雅自然。

手姿，又称手势。由于手是人体最灵活的部位，所以手姿是体语中最丰富、最具有表现力的传播媒介，做得得体适度，会在交际中起到锦上添花的作用。古罗马政治家西塞罗曾说："一切心理活动都伴有指手画脚等动作。手势恰如人体的一种语言，这种语言甚至连野蛮人都能理解。"作为仪态的重要组成部分，手势应该正确地使用。

一、手姿的基本要求

(1) 手姿动作宜少不宜过多。

(2) 手姿动作宜小不宜过大。

(3) 一般情况下掌心不宜向下。

(4) 谈到别人时要掌心向上，手指自然并拢，指尖朝向别人，切忌不能用食指点别人。

(5) 谈到自己时应掌心向内，拍在胸脯上，切忌不能用拇指指自己。

(6) 他人面前切忌用手做不雅的动作，如掏耳朵、搔头皮、抠鼻孔、剜眼屎、剔牙齿、摸脚丫、抓痒痒、剪指甲等。

(7) 他人面前切忌用手做不稳重的动作。如双手乱摸、乱动、乱举、乱放、乱扶，或是咬指尖、抬胳膊、折衣角、拢头发、抱大腿等。

二、几种常用的手姿

1. 正常垂放

(1) 自然垂放式。双手指尖朝下，掌心向内，在手臂伸直后分别紧贴于两腿裤线之处。

(2) 腹前叠放式。双手展开后自然相交于小腹之处，掌心向内，一只手在上、一只手在下地叠放在一起。

(3) 腹前相握式。双手展开后自然相交于小腹之处，掌心向内，一只手在上、一只手在下地相握在一起。

(4) 双手背后式。双手展开后自然相交于背后，掌心向外，两只手相握在一起。

2. 手持物品

持物时要求平稳、自然、到位。拿小的东西时，用拇指和食指捏住，其他三指握到掌心，切忌其他三指翘起来。

3. 递接物品

递物时先调整好物品(带文字的物品要正面面对对方，带尖、带刃的物品则朝向自己或朝向他处)，再主动上前，用双手递于对方手中，以便对方接拿。接物时要用双手或右手，绝不能单用左手。

4. 招呼别人

要注意手掌掌心应向上,切忌用一根或者两三根手指,忌掌心向下。根据手臂摆动姿势的不同,招呼别人的手姿有如下几种。

(1) 横摆式

横摆式常用来表示"请"、"请进"。具体做法是:一只手五指伸直并拢,手掌自然伸直,手心向上,肘微弯曲,腕低于肘。以肘关节为轴,手从腹前抬起向外侧摆动至身体侧前方,并与身体正面成45度时停下,同时脚站成丁字步。头部和上身微向伸出手的一侧倾斜,另一只手自然下垂或背在背后,目视宾客,面带微笑(图5-14)。

(2) 双臂横摆式

双臂横摆式用来表示招呼较多的人,动作较大一些。具体做法是:两手从腹前抬起,手心向上,同时向身体外侧摆动,摆至身体侧前方,上身稍前倾,微笑施礼,向大家致意,然后退到一侧(图5-15)。

(3) 斜摆式

斜摆式用来请客人就座,手势应摆向座位的地方。具体做法是:手先从身体的一侧抬起,到高于腰部后,再向下斜摆过去,使大小臂成一弯曲线(图5-16)。

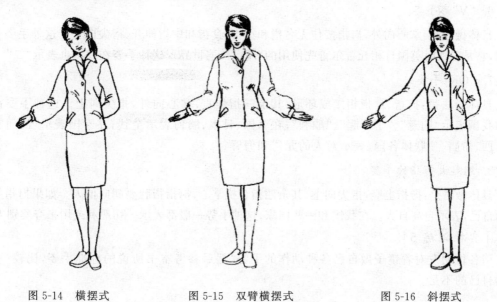

图 5-14 横摆式　　　　图 5-15 双臂横摆式　　　　图 5-16 斜摆式

(4) 前摆式

如果左手拿着东西或扶着门,这时要向宾客做向右"请"的手势时,可以用前摆式手势语。具体做法是:右手五指并拢,手掌伸直,手臂稍曲,以肩关节为轴,自身体左前侧由下向上抬起,抬到腰的高度后,再水平向身体右前方摆到距身体15厘米左右时停止(图5-17)。

(5) 直臂式

直臂式也用来指示方向。具体做法和横摆式大致相同,但直臂式强调胳膊摆到肩的高度,肘关节基本伸直(图5-18)。

5. 举手致意

举手致意时要伸开手掌,掌心向着对方,指尖朝上,切勿乱摆。

图 5-17　前摆式　　　　　　图 5-18　直臂式

6. "V"形手姿

具体做法是：掌心向外，拇指按住无名指和小指，食指和中指伸开，指尖向上。这种手姿表示胜利，它是二战时英国首相丘吉尔首先使用的，现已传遍世界。这种手姿在我国也表示"二"。

7. "OK"手姿

具体做法是：拇指、食指相接成环形，其余三指伸直，掌心向外，指尖向上。这种手姿在美国和我国表示"同意"、"了不起"、"顺利"；在韩国、日本、缅甸表示金钱；在泰国表示"没问题"；在巴西、希腊、独联体各国，表示对人的咒骂和侮辱。

8. 翘起大拇指的手姿

具体做法是：拇指上竖，指尖向上，其余四指合拢掌心，拇指指肚要朝向他人。如果拇指指肚朝向自己，表示自高自大。在我国和一些国家，这种手势一般都表示一切顺利或用来夸奖别人。

[实操训练 5]

请各位朋友对着镜子做自己各种动作的手势，然后参考本书所说的标准手姿，比较一下，说出自己的不足。

模块六　表情

[导入]

空姐十二次真诚微笑打动乘客

飞机起飞前，一位乘客请求空姐给他倒一杯水吃药。空姐很有礼貌地说："先生，为了您的安全，请稍等片刻，等飞机进入平稳飞行后，我会立刻把水给您送过来，好吗？"15 分钟后，飞机早已进入平稳飞行状态。突然,乘客服务铃急促地响了起来,空姐猛然意识到:糟了,由于太忙,她忘记给那位乘客倒水了!当空姐来到客舱,看见按服务铃的果然是刚才那位乘客。她小心翼翼地把水送到那位乘客跟前,面带微笑地说:"先生,实在对不起,由于我的疏忽,延误了您的吃药时间,我感到非常抱歉。"这位乘客抬起左手,指着手表说道:"怎么回事,有你这样服务的吗,你看看,都过了多久了?"

在接下来的飞行途中,空姐努力补偿自己的过失,每次去客舱给乘客服务时,空姐都会特意走到那位乘客跟前,面带微笑地询问他是否需要水或者别的什么帮助,然而,那位乘客余怒未消,摆出一副不合作的样子,并不理会空姐,临到目的地时,那位乘客要求空姐把留言本给他送过去。很显然,他要投诉这名空姐,此时空姐心里虽然委屈,但是仍然不失职业道德显得非常有礼貌,面带微笑地说道:"先生,请允许我再次向您表示真诚的歉意,无论您提出什么意见,我都将欣然接受您的批评。"那位乘客脸色一紧,嘴巴准备说些什么,可是却没有开口,他接过留言本,开始在本子上写了起来。等到飞机安全降落,所有乘客陆续离开后,空姐本以为这下完了,没想到,等她打开留言本,却惊奇地发现,那位乘客在本子上写下的并不是投诉信,相反,是一封热情洋溢的表扬信。在信中,空姐读到这样一句话:"在整个过程中,你表现出的真诚的歉意,特别是你的十二次微笑,深深地打动了我,使我最终决定将投诉信写成表扬信,你的服务质量很高,下次如果有机会,我还会乘坐你们的航班。"

 讨论

为什么这位乘客没有投诉这位空姐?

表情是面部表情一词的简称。它所指的是人类在神经系统的控制之下,面部肌肉及其各种器官所进行的运动、变化和调整,以及面部在外观上所呈现出的某种特定的形态。人体的其他部分也有表情,但表情主要体现于人类的面部,因此,在一般情况下,人们所说的表情往往指的就是面部的表情。

与仪态一样,表情也是人类无声的语言。现代传播学认为,它属于人际交流之中的"非语言信息传播系统",并且是其核心组成部分。因为相对于仪态而言,表情更为直观,更为形象,更易于为人们所觉察和理解。表情真实可信地反映着人们的思想、情感反应以及其他方面的心理活动与变化。

一、应用表情神态的规则

在生活和工作中应用表情神态时必须遵循以下规则:

1. 表现谦恭

与人交往时,待人谦恭与否,人们可以从表情神态方面很直观地看出来,同时,交往对象也会非常重视。因此,人们在工作和生活之中务必要使自己的表情神态于人恭敬,于己谦和。

2. 表现友好

在生活和工作之中,对待任何交往对象,皆应友好相待。这一态度,自然而然就在表情神态上表现出来。

3. 表现真诚

人们在相互交往时,既要使个人的表情神态谦恭、友好,又要使之出自真心,发乎诚意。这样做的话,才会给人表里如一、名副其实的感觉,才会取得别人的信任。

4. 表现适时

从大的方面来看,人的表情神态可以是庄重、随和,也可以是活泼、俏皮、兴奋、高兴,还可以表示不满、气愤或悲伤。不论采用何种表情神态,人们都要注意使之与现场的氛围和实际需要相符合。这就是所谓表情神态要适时。比如,当我们去看望一个病人时,万万不能显现高兴之情,否则就会让人觉得我们是幸灾乐祸,肯定不会受到对方的欢迎。

二、面部表情

(一) 眼神

眼神,是对眼睛的总体活动的一种统称。常言道"眼睛是心灵的窗户",眼睛能如实反映出一个人的喜怒哀乐。在传递信息的过程中,它能够传达出最细微、最精妙的差异,表达出最确切的信息,甚至泄露出心底深处的"秘密"。

(1) 注视别人的时间长短不同,表示的态度不同。如果注视对方的时间占全部相处时间的1/3左右,表示友好;如果注视对方的时间占全部相处时间的2/3左右,表示重视;如果注视对方的时间不到相处时间的1/3,表示轻视;如果注视对方的时间超过了全部相处时间的2/3以上,往往表示敌意。

(2) 注视的角度不同,表示的态度也不同。正视对方需要正面相向注视,表示重视对方;平视对方用在身体与被注视者处于相似的高度时,平视被注视者,表示双方地位平等与注视者的不卑不亢;仰视对方用在注视者所处的位置低于被注视者,而需要抬头向上仰望,表示对被注视者的重视和信任;俯视他人指的是注视者所处的位置高于被注视者,它往往表示自高自大或对被注视者不屑一顾。

(3) 注视的部位不同,不仅表示自己的态度不同,也表示双方关系有所不同。一般情况下,不宜注视他人头顶、大腿、脚部与手部,也不宜"目中无人"。对异性而言,通常不应该注视其肩部以下,尤其是不应注视其胸部、裆部、腿部。关系平常的人之间一般只注视对方的面部,关系密切的异性之间可以注视对方的眼部等。

(4) 注视的方式不同,表示的含义也不同。常见的方式有:

① 直视。直视即直接地注视对方,表示认真、尊重,适用于各种情况。若直视他人双眼,称为对视。对视表明自己大方、坦诚,或是关注对方。

② 凝视。凝视为直视的一种特殊情况,即全神贯注地进行注视。表示对交往对象的专注、恭敬。

③ 虚视。虚视为相对于凝视而言的一种直视,指的是目光游离,眼神飘忽不定。多表示胆怯、疑虑、走神、疲乏,或是失意、无聊等。

④ 盯视。不管有意无意,盯着对方都是不礼貌的。这种目光会引起对方较强烈的心理反应,容易造成误会,让对方产生压力,有受到侮辱甚至挑衅的感觉。一般不宜采用。

⑤ 扫视。扫视是指视线移来移去,注视时上下左右反复打量,表示好奇、吃惊。不可多用,尤其对异性禁用。

⑥ 环视。环视是指有节奏地注视不同的人员或事物,表示认真、重视。适用于同时与多人打交道,表示自己"一视同仁"。

⑦ 眯视。眯视是指眯着眼睛看人,表示一个人可能是近视眼,或者想隐藏自己的心理而

窥视他人,对异性眯起眼睛,还眨两下眼皮,是一种调情的动作。

⑧ 斜视。斜视是指从眼角把目光投向别人,传递的是一种漠然、漠视和漫不经心甚至是轻蔑的心理,十分不友好。

(二) 笑容

笑容是人们在笑的时候,脸上所露出的表情,有时还伴有口中发出的欢喜的声音。笑容可以缩短彼此之间的心理距离,为进一步深入地沟通与交往创造和谐、温馨的良好氛围。

笑容包括含笑、微笑、轻笑、大笑、狂笑等。其中微笑是最常见、用途最广、最能拉近人们心理距离的笑容。

(1) 微笑的基本方法

肌肉放松,嘴角两端向上略微提起,不发声、不露齿,面含笑意,亲切自然,使人如沐春风(图5-19)。

图 5-19 微笑

(2) 微笑的四个结合

① 笑口和笑眼的结合。在微笑中,不仅口在笑,眼也要在笑,眼睛的表情是十分重要的。眼睛既有传神送情的特殊功能,又是心灵的窗户,因此,口到、眼到、神色到的微笑才能打动人的心弦。

② 笑口和神态、感情、气质的结合。笑时要笑出神态、神情、神色,做到情绪饱满,神采奕奕;笑出感情,笑得亲切、甜美,反映美好的心灵;笑得有"气质",要体现出谦虚、稳重、大方和得体的良好气质。

③ 笑和语言的结合。语言和微笑都是传播信息的重要符号,只有做到二者的有机结合,声情并茂,相得益彰,微笑才能发挥出它的特殊功能。

④ 笑和仪表、举止的结合。端庄的仪表、适度的举止,是每个人都追求的风度。以姿助笑,以笑促姿,就能形成完整、统一、和谐的美。

瞧,办公室里,有一位小伙子坐在一个有靠背、没有扶手的椅子上。只见他腰部基本上贴住椅子的后靠背,后肩部完全靠在椅子的靠背上,两腿很随意地分开,左腿垂在凳子前面,左脚踩在已经变形的鞋子上,右腿蜷起来,两只脚没有穿鞋,也没有穿袜子,双手扶住右脚丫的脚指头,右手的拇指伸在右脚拇指与其他四指之间使劲地搓着(图5-20)。

图 5-20　坐姿示例

这个小伙子的仪态有什么不对?

第六单元
沟通礼仪

 本章导学

学习目标：
1. 学习沟通礼仪，掌握沟通技巧，谱写人际交往新篇章。
2. 克服沟通障碍，创建和谐人际关系。
3. 掌握语言沟通的技巧，熟练运用语言工具与他人进行有效沟通。
4. 理解电话礼仪规范，赢得别人的认可和尊重。
5. 把握演讲礼仪，演绎自己的舞台精彩。

重要知识点：

有效沟通　语言礼仪　电话礼仪　演讲礼仪

 [导入]

通天塔

《圣经·创世纪》上说，人类的祖先最初讲的是同一种语言。他们在底格里斯河和幼发拉底河之间，发现了一块异常肥沃的土地，于是就在那里定居下来，修起城池，建造起了繁华的"巴比伦城"。后来，他们的日子越过越好，人们为自己的成就感到骄傲，他们决定在巴比伦修建一座通天的高塔，来传颂巴比伦人的赫赫威名，并作为集合全天下弟兄的标记，以免分散。因为大家语言相通，同心协力，阶梯式的通天塔修建得非常顺利，很快就高耸入云。上帝耶和华得知此事，立即从天国下凡视察。上帝一看，又惊又怒，因为上帝是不允许凡人达到自己的高度的。他看到人们这样统一强大。心想，人们讲同样的语言，就能建起这样的巨塔，日后还有什么办不成的事情呢？于是，上帝决定让人世间的语言发生混乱，使人们互相言语不通。

人们各自操起不同的语言，感情无法交流，思想很难统一，就不可避免地出现了互相猜疑、各执己见、争吵斗殴，由此导致了人类之间误解的开始。修造工程因语言纷争而停止了，通天塔终于半途而废。人们分裂了，按照不同的语言形成许多部族，又分散到世界各地。

（资料来源：李家晔.完美执行之最佳沟通.北京：中国时代经济出版社）

"巴比伦塔"失败的故事告诉我们,如果没有交流和沟通,或者交流和沟通不通畅,人类就无法在征服自然的斗争中取胜,甚至不能很好地完成一件任务。在我们今天的现实生活中,沟通同样显得尤为重要。如果团队没有交流沟通,就难以达成共识,团队就没有默契,也就不能发挥团队绩效。

作为社会人,我们时时刻刻都需要与他人或外界交流信息,这就要求我们要掌握基本的沟通技巧,克服沟通障碍,以便于顺畅地与他人交流。如果想成为在人际交往中受欢迎的人、想成为事业有成的职业人,就从学习沟通礼仪开始吧。

模块一　沟通概述

［导入］

该来的不来

有个人请客,看看时间过了,还有许多客人没来。主人很焦急,便说:"怎么搞的,该来的还不来?"一些敏感的客人听到了,心想:"该来的没来,那我们是不该来的啰?"于是悄悄地走了。主人一看又走掉了这么多人,越发着急了,便说:"怎么不该走的,倒走了呢?"剩下的客人一听,又想:"走了的是不该走的,那我们这些没走的倒是该走的了!"于是又都走了。最后只剩下一个跟主人较亲近的朋友,看了这种尴尬的场面,就劝他说:"你说话前应该先考虑一下,否则说错了,就收不回来了。"主人大叫冤枉,急忙解释说:"我又不是说他们的!"朋友听了大为恼火,说:"不是说他们,难道是说我的!"说完,也拂袖而去!这个故事说明什么?

(资料来源:南都网新闻)

讨论

该主人在沟通中有何不妥?

你是否在日常生活中也曾遇到过类似的困境?

在21世纪信息时代下,如果一个人不懂得如何与他人沟通,注定他将是孤独的。人生的成败在很大程度上取决于人际关系的好坏。在现实生活中,谁都不喜欢和不善交际、表述不清或不自信的人交往,谁也不喜欢与孤僻的人沟通。因此,人际交往中友谊的获取和事业上的成功离不开有效的沟通。

一、沟通的含义及过程

(一) 沟通的含义

所谓沟通,就是指人们通过语言与非语言方式传递信息和知识并为对方所接受及理解的过程。它是人们了解他人思想、情感、见解和价值观的一种双向的途径。该定义包含了沟通的三个要点:一是表示人与人之间的某种联络。沟通不是信息发送者单方的活动,沟通必须是至少由两个以上的人共同完成的活动;二是信息被传递。它是指发送者将信息发给对方并为对方所接受;三是所传递的信息被对方所理解。

(二)沟通的过程

沟通是人与人之间交流思想、观点、意见、态度或交换情报资料的过程。在沟通中,由发送者发出信息,接收者收到信息并能了解发送者的意图,才是成功的信息沟通。如果接收者收不到信息,或虽收到信息但并不能了解信息的含义,就不能算是成功的信息沟通。因此,要做到有效地沟通,首先要理解沟通的过程。

 案例

荷薪者

有一个秀才去买柴,他对卖柴的人说:"荷薪者过来!"卖柴的人听不懂"荷薪者"(担柴的人)三个字,但是听得懂"过来"两个字,于是把柴担到秀才前面。

秀才问他:"其价如何?"卖柴的人听不太懂这句话,但是听得懂"价"这个字,于是就告诉秀才价钱。秀才接着说:"外实而内虚,烟多而焰少,请损之(你的木材外表是干的,里头却是湿的,燃烧起来,会浓烟多而火焰小,请减些价钱吧)。"卖柴的人因为听不懂秀才的话,于是担着柴就走了。

这则案例告诉我们,在人际沟通中,要使用通俗易懂的语言进行沟通,从而达到信息交流的目的。

1. 沟通过程模型

图 6-1 描述了沟通过程的最一般的模型,这一模型包括八个部分:①发送者;②编码;③信息;④通道;⑤解码;⑥接收者;⑦反馈;⑧噪声干扰。无论是通信设备之间的信息交流,人与通信工具之间的信息交流,还是人与人之间的信息交流,都服从沟通过程的一般规律。

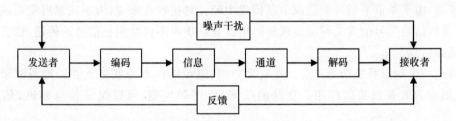

图 6-1 沟通过程模型

(1)信息的发送者

发送者是信息的来源,也是信息沟通过程的起点。发送者首先要确定希望传送的意念或思想是什么,如告诉别人某一件事或是传达上级的命令,然后还需要将传达的意思用某种方式表达出来,即将意念转换成符号信息,这个过程称为"编码"。编码的方式很多,如文字、语言、图表和动作等。编码时应注意所选择的符号必须是接收者知道和懂得的符号。例如,如果接收者是外行,那就应尽量避免使用专业名词或行话编码。

(2)信息的传递

信息是指在沟通过程中传送给接收者的消息或情报。比较常用的信息传递媒介有电话、面谈、会议、备忘录、报告等。由于可用的传送媒介很多,各种媒介又各有利弊,所以如何选择

适当的媒介使信息沟通有效就非常重要。选择沟通媒介通常需要考虑下面三个问题:信息的重要性;是否必须有文字记录;是否必须马上得到对方的反馈。发送者可以同时采用两种或两种以上的媒介传递信息。例如,在电话中与对方初步达成协议之后,再以书面文件加以确认。

(3) 信息的接收者

在信息沟通时,接收者必须处于准备接收的状态,才能译解信息编码。例如一个人的脑子里正想着一场精彩的球赛,他就不可能十分留意别人对他所说的话。当发生信息的竞争时,发送者首先必须设法让接收者能够倾听他的谈话,否则沟通中出现障碍的可能性就会增加。接收过程的下一步是解码,就是把信息译回原来的意念或思想。只有当接收者理解了信息中所包含的意义,沟通才算完成。许多发送者忽略了"理解"的重要性,他们认为沟通只是将信息由一个人传递给另一个人,而没有考虑接收者是否理解或是否接受,这样的沟通很难有什么效果。

(4) 反馈

有效的沟通应当是双向的,接收者应将他的想法及意见等反馈给发送者。反馈是接收者的一种反应,是发送者了解接收者对信息理解和接受程度的最好方法。但许多发送者忽略了这一点。在其他条件相同的情况下,鼓励反馈的发送者比不注重反馈的发送者能更有效地沟通。发送者可以根据以下五点对接收者的反馈是否良好作出评价,即接收者提供的反馈应当:一是对接收者有帮助的;二是描述性的而非评价性的;三是针对某些特定问题的而非广泛性的;四是在适当的时机提出的;五是适量的而不是超负荷的。如果接收者反馈的信息不符合上述五点,那就说明接收者可能没有理解信息的含义,或是不愿意接收信息的内容。

(5) 噪声干扰

在很多情况下,信息沟通都会受到噪声的影响,以致造成沟通的障碍而影响沟通的效果。噪声是指一切妨碍信息沟通的因素。信息沟通过程中的每一步都有可能发生噪声。如对发送者来说,嘈杂的环境可能会妨碍意念的形成,由于所用的符号不清也可能造成编码错误。对信息传递来说,由于渠道不畅可能造成信息传递中断。对接收者来说,因不注意可能造成接收不准确,因误解信息符号的含义可能造成解码错误等。噪声不仅会阻止信息的传递,也会在传递过程中扭曲信息。

沟通是一个动态且复杂的过程。在管理方面,组织结构本身就是重要的沟通框架,政策、程序、规则对沟通有重要的作用。良好的政策、程序和规则,可以保证信息畅通,信息及时交流。

2. 人与人之间沟通的特殊性

 案例

为什么要这么做?

一天美国知名主持人林克莱特访问一名小朋友,问他说:"你长大后想要当什么呀?"小朋友天真地回答:"嗯……我要当飞机的驾驶员!"林克莱特接着问:"如果有一天,你的飞机飞到太平洋上空所有引擎都熄火了,你会怎么办?"小朋友想了想:"我会先告诉坐在飞机上的人绑好安全带,然后我挂上我的降落伞跳出去。"当在现场的观众笑得东倒西歪时,林克莱特继续着注视这个孩子,想看他是不是自作聪明的家伙。没想到,接着孩子的两行热泪夺眶而出,这才使得林克莱特发觉这孩子的悲悯之情远非笔墨所能形容。于是林克莱特问他说:"为什么要这么做?"小孩的答案透露出一个孩子真挚的想法:"我要去拿燃料,我还要回来!"

人与人之间的沟通过程也必然要符合这个基本模型。但应当指出的是,人与人之间的沟通过程有不同于其他沟通过程的特殊性:

(1) 人与人之间的沟通主要是通过语言来进行表达。

(2) 人与人之间的沟通不仅是信息的交流,而且包括思想、情感、态度、观点等的交流。

(3) 在人与人之间的沟通过程中,心理因素有着重要意义。在发送者与接收者之间,需要彼此了解对方进行信息交流的动机和目的,而信息交流的结果是要改变人的行为。

(4) 在人与人之间的沟通过程中会出现特殊的沟通障碍。这种障碍不仅是由于信息传递的失真或编码、译码上的错误,还因为人所特有的心理情绪障碍,例如,由于人的知识、经验、职业、宗教信仰等不同,对同一信息可能有不同的看法或不同的理解。

上述的特殊性表明,在研究人与人之间的沟通过程时,需要了解和研究它的特殊规律。

3. 沟通过程中应注意的问题

从信息沟通的过程可以看出,管理者与其他人员之间的沟通要经过许多环节,每一个环节都有可能发生噪声干扰信息的传递。对沟通中出现的问题如果不加以防范或解决,则沟通的效果便会受到严重影响。沟通过程中值得管理者注意的问题有:

(1) 符号由发送者到接收者的准确程度。信息通常要经过一定的途径才能到达接收者那里,这一过程是有一定的技术要求的。因此,要将信息符号准确无误地传递给接收者,就必须解决有关的技术问题。

(2) 含义由发送者传到接收者的准确程度。信息符号的含义应当清楚明确。如果符号本身意义不明,是一个陌生的符号,或符号可以有多种解释,那么接收者即使能够清楚地收到发来的信息,也无法知道发送者想表达的意思是什么。因此,要使接收者准确地了解发送者的意图,就必须解决有关的词义问题。

(3) 如何有效地取得预期的沟通效果。当接收者能够根据收到的符号了解发送者的意图时,发送者会期望接收者有一定的反应行为。这个反应行为是否和发送者所期望的一样,就是该信息沟通是否有效的问题了。因此,要使接收者的反应行为与发送者所期望的相同,就要解决信息沟通的有效性问题。

 案例

这样与客户沟通?

某公司经理王总交代他的秘书小林处理几封客户邮件。其中有一封是客户的投诉邮件,总经理特地叮嘱小林,要好好地与客户沟通,解答客户在信件中提出的问题。小林仔细看了邮件之后,拨打了邮件中客户留下的联系电话,但没人接听。随后,小林将客户提出的问题作出了书面解释,并用电子邮件的形式回复给客户。下班前,王总问小林,事情处理得怎么样,小林回答:"我已经很好地与客户做了沟通。"

二、沟通的原则

1. 准确性原则

准确性是指信息沟通要能客观、正确地反映组织内部活动或外部环境的特点。当信息沟通所用的语言和传递方式能被接收者所理解时,才是准确的信息,这个沟通才具有价值。为了保证信息沟通的准确性,要求在信息收集过程中,注意选择可靠的信息来源,用准确的语言或精确的数字客观地记录原始信息。在信息加工过程中,采用科学的方法,尽可能排除人为因素对信息内容客观性的干扰。

在实际工作中,常会出现接收者对发送者非常严谨的信息缺乏足够的理解的情况。信息发送者的责任是将信息加以综合,无论是笔录还是口述,都要求用容易理解的方式表达。这要求发送者有较高的语言或文字表达能力,并熟悉下级、同级和上级所用的语言。当然,在注意了准确性原则之后,沟通并不一定能正常进行,这是由于要注意的信息太多,而人的注意力有限,所以接收者必须集中精力,克服思想不集中、记忆力差等问题,才能够对信息有正确的理解。

2. 完整性原则

完整性是指沟通信息的收集和加工不仅应全面、系统,而且应具有连续性。只有全面、系统地收集、掌握反映组织内部和外部众多环境因素及其相互关系的信息,才能对组织所面临的形势有一个准确、全面的认识。在此基础上才能够科学地实施管理活动,努力使组织适应环境的要求。同时,环境是在不断变化的,必须对反映这种变化的信息连续不断地进行收集和加工,才能把握环境的动态变化。

这项原则有一个特别需要注意的地方,即信息的完整性部分取决于主管人员对下级工作的支持。主管人员位于信息交流的中心,应鼓励他们运用这个中心职位和权力,起到这个中心的作用。但在实际工作中,有些上级主管人员处于尴尬境地,并且违反了统一指挥的原理。如果确实需要这样做,则上级主管应事先与下级主管进行沟通,只有在时间不允许的情况下,例如紧急动员完成某一项任务,下令撤离某一危险场所等,采用这个方法才是必要的。但必须保证以维护组织的整体性为前提。只有这样,下级主管才会主动配合上级,带领人们去共同完成任务。

3. 及时性原则

由于信息具有时效性,其价值随时间的延续而变小,因此,在信息沟通过程中应保证将信息迅速地收集、加工并传递给有关的部门或人,以有效地利用机会,避开威胁,或及时地采取措施,保证计划目标的实现。

在沟通的过程中,不论是主管人员向下沟通信息,还是下级主管人员或员工向上沟通信息以及横向沟通信息,都应注意及时性原则。这样可以使组织新近制定的政策、组织目标、人员配备等情况尽快得到下级主管人员或员工的理解和支持,同时可以使主管人员及时掌握其下属的思想、情感和态度,从而提高管理水平。在实际工作中,信息沟通常因发送者不及时传递或接收者的理解、重视程度不够,而出现事后信息,或从其他渠道了解信息,使沟通渠道起不到正常的作用。当然,信息的发送者出于某种意图,而对信息交流进行某种程度的控制也是可行的,但在达到控制的目的后应及时进行信息的传递。

三、有效沟通

(一)有效沟通的含义

达成有效沟通需具备两个必要条件:首先,信息发送者清晰地表达信息的内涵,以便信息接收者能确切理解；其次,信息发送者重视信息接收者的反应并根据其反应及时修正信息的传递,免除不必要的误解。这两个条件缺一不可。有效沟通主要是指组织内人员的沟通,尤其是管理者与被管理者之间的沟通。

有效沟通能否成立,关键在于信息的有效性,信息的有效程度决定了沟通的有效程度。信息的有效程度又主要取决于以下几个方面：

(1) 信息的透明程度。当一则信息应该作为公共信息时就不应该导致信息的不对称性,信息必须是公开的。公开的信息并不意味着简单的信息传递,而要确保信息接收者能理解信息的内涵。如果以一种模棱两可的、含糊不清的文字语言传递一种不清晰的、难以使人理解的信息,对于信息接收者而言没有任何意义。另外,信息接收者也有权获得与自身利益相关的信息内涵。否则,有可能导致信息接收者对信息发送者的行为动机产生怀疑。

(2) 信息的反馈程度。有效沟通是一种动态的双向行为,而双向的沟通对信息发送者来说应得到充分的反馈。只有沟通的主、客体双方都充分表达了对某一问题的看法,才真正具备有效沟通的意义。

(二) 有效沟通的基本技巧

人们需要有效沟通的技巧,而这些技巧往往是父母或师长不曾或难以给予的。掌握基本的沟通技巧可以使我们更充分地了解自己和他人,并且能够给予他人所需的信息和获取自己所需的信息,这就是我们通常所说的有效沟通。

1. 改进沟通态度

信息沟通不仅是信息符号的传递,它还包含着更多的情感因素,所以在沟通过程中,沟通双方采取的态度对于沟通的效果有很大的影响。只有双方坦诚相待时,才能消除彼此间的隔阂,从而求得对方的合作。另外,在信息沟通过程中还要以积极的、开放的心态对待沟通,要愿意并且有勇气用恰当的方法展示自己的真实想法,在沟通过程中顾虑重重,会导致很多误解。

2. 提高自己的语言表达能力

语言是信息的载体,是提高沟通效率要解决的首要问题。掌握语言表达艺术的前提是通过学习和训练,使自己运用语言的能力达到熟练自如、得心应手的水平。一般规律是沟通中要与沟通对象、沟通环境、沟通内容结合起来考虑怎么使用语言。也就是说,无论是口头交谈还是采用书面交流的形式,都要力求准确地表达自己的意思。同时,双方还要相互了解对方的接受能力,根据对方的具体情况来确定自己表达的方式和用语等；选择正确的词汇、语调、标点符号；注意逻辑性和条理性,对重要的地方要加上强调性的说明；借助于体态语言来表达完整的思想和感情的沟通,加深双方的理解。

3. 培养倾听的艺术

金 人

曾经有个小国的人到中国来,进贡了三个一模一样金碧辉煌的小金人,把皇帝高兴坏了。可是这小国的人同时出了一道题目：这三个金人哪个最有价值？皇帝想了许多办法,请珠宝匠检查、称重量、看做工,都是一模一样的。怎么办？使者还等着回去汇报呢。泱泱大国,不会说连这点小事都不懂吧？最后，有一位退位的老大臣说他有办法。皇帝便将使者请到大殿上，老臣胸有成竹地拿出三根稻草，分别插入三个金人的耳朵里，第一个金人的稻草从另一边耳朵出来了。第二个金人的稻草则从嘴巴里直接掉出来，而第三个金人，稻草进去后掉进了肚子，什么响动也没有。于是，老臣说：第三个金人最有价值！使者默默无言，答案正确。

（资料来源：htt//202.115.21.138/7wlxt/ncourse/glxyl/web/wlkt.asp? acpage＝wlkt/dz-ja./detail.asp)

以前人们往往只注重说写能力的培养，忽视了听的能力的训练和培养。事实上，没有听就很难接受到有用的信息。而倾听则区别于一般的听，它是一种通过积极的听来完整地获取信息的方法，主要包括了注意听、听清、理解、记忆和反馈五层内容。倾听要点表 6-1。

表 6-1　倾听要点

要	不要
表现出兴趣	争辩
全神贯注	打断
该沉默时必须沉默	从事与谈话无关的活动
选择安静的地方	过快或提前做出判断
留出适当的时间用于辩论	草率地给出结论
注意非语言暗示	让别人的情绪直接影响你
当你没听清楚时，要以疑问的方式重复	
当你发现遗漏时，直截了当地问	

① 注意听。要听得投入，全神贯注地听，不仅要用耳朵去听，还要用整个身体去听对方说话。比如，要保持与说话者的目光接触，身体微微前倾，以信任、接纳、尊重的目光让说话者把要说的意思表达清楚。同时，注意控制自己的情绪，克服心理定式，保持耐心，尽可能站在说话者的角度去听，认真地顺着说话者的思路去听。另外，自己不要多说，尽量避免中间打断别人的谈话。

② 听清内容。要完整地接受信息，听清全部内容，不要听到一半就心不在焉，更不能匆忙地下结论。同时要营造一种轻松、安静的气氛，排除谈话时的各种噪声干扰，使得听者能努力抓住其中的关键点。

③ 理解含义。理解信息并能听出对方的感情色彩，这样才能完全领会说话者的真正含义。同时要准确地综合和评价所接受的信息，对一些关键点要及时加以回顾，通过重复要点或提一些问题来强化和证实自己所理解的信息；对一些疑问和不清楚的问题，也要在适当的时候向对方提问，以保证信息的准确理解。另外，为了能听懂，还要借助一些辅助材料，如报告、提纲、小册子或讲义等来帮助理解。

④ 记忆要点。在理解对方的基础上要记住所传递的信息，可以通过将对方的话用自己的语言来重新表达，或者通过记住所说的典型事例，以及对信息加以分类和整理的方法，增强有效记忆。另外，如有必要，在听的时候做些笔记，以便于事后回忆和查阅。

⑤ 反馈。给予说话人适当的反馈，可以使谈话更加深入和顺利。在听的时候，用点头、微笑、手势等体态语言对说话人作出积极反应，让对方感觉到我们愿意听他说话，以及通过提一些说话人感兴趣的话题，可以加深双方的感情，并使得谈话更加深入。

4. 采用恰当的沟通方式

选用恰当的沟通方式对增强组织沟通的有效性也十分重要,因为组织沟通的内容千差万别,针对不同的沟通需要,应该采取不同的沟通方式。从沟通的速度方面考虑,利用口头和非正式的沟通方法,就比书面的和正式的沟通速度快。从反馈性能来看,面对面交谈可以获得立即的反应,而书面沟通有时则得不到反馈。从可控性来看,在公开场合宣布某一消息,对于其沟通范围及接受对象毫无控制;反之,选择少数可以信赖的人,利用口头传达某种信息则能有效地控制信息。从接受效果来看,同样的信息,可能由于渠道的不同,被接受的效果也不同。以正式书面通知,可能使接受者十分重视;反之,在社交场合所提出的意见,却被对方认为讲过就算了,并不加以重视。因此,要根据沟通渠道的不同性质,采用不同的沟通方式,这样沟通效果才会更好。

5. 创造支持性的沟通氛围

在支持性氛围中,沟通中少用评价性、判断性语言,多用描述性语言,也就是既介绍情况,又探询沟通情况;沟通使问题具有导向性,即表示愿意合作,与对方共同找出问题,一起寻找解决方案,绝不是企图控制和改造对方;坦诚相待,设身处地为对方着想;认同对方的问题和处境;平等待人,谦虚谨慎;不急于表态和下结论,保持灵活和实事求是的态度,鼓励对方反馈,耐心听取对方的说明和解释。

6. 考虑文化因素对沟通的影响

在进行沟通时,应充分了解对方的文化背景,掌握文化对其基本价值观的影响,从而更好地理解对方对事物的看法和态度,以消除或降低沟通中的文化障碍。

 知识直通车

有效沟通的四个法则

法则一:沟通是一种感知

禅宗曾提出过一个问题,"若林中树倒时无人听见,会有声响吗?"答曰:"没有。"树倒了,确实会产生声波,但除非有人感知到了,否则,就是没有声响。沟通只在有接受者时才会发生。

与他人说话时必须依据对方的经验。如果一个经理人和一个半文盲员工交谈,他必须用对方熟悉的语言,否则结果可想而知。谈话时试图向对方解释自己常用的专门用语并无益处,因为这些用语已超出了他们的感知能力。接受者的认知取决于他的教育背景、过去的经历以及他的情绪。如果沟通者没有意识到这些问题的话,他的沟通将会是无效的。另外,晦涩的语句就意味着杂乱的思路,所以,需要修正的不是语句,而是语句背后想要表达的看法。

有效的沟通取决于接受者如何去理解。例如经理告诉他的助手:"请尽快处理这件事,好吗?"助手会根据老板的语气、表达方式和身体语言来判断,这究竟是命令还是请求。德鲁克说:"人无法只靠一句话来沟通,总是得靠整个人来沟通。"

所以,无论使用什么样的渠道,沟通的第一个问题必须是,"这一信息是否在接受者的接收范围之内?他能否收得到?他如何理解?"

法则二:沟通是一种期望

对管理者来说,在进行沟通之前,了解接受者的期待是什么显得尤为重要。只有这样,我

们才可以知道是否能利用他的期望来进行沟通,或者是否需要用"孤独感的震撼"与"唤醒"来突破接受者的期望,并迫使他领悟到意料之外的事已经发生。因为我们所察觉到的,都是我们期望察觉到的东西;我们的心智模式会使我们强烈抗拒任何不符合其"期望"的企图,出乎意料之外的事通常是不会被接收的。

一位经理安排一名主管去管理一个生产车间,但是这位主管认为,管理该车间这样混乱的部门是件费力不讨好的事。经理于是开始了解主管的期望,如果这位主管是一位积极进取的年轻人,经理就应该告诉他,管理生产车间更能锻炼和反映他的能力,今后还可能会得到进一步的提升;相反,如果这位主管只是得过且过,经理就应该告诉他,由于公司精简人员,他必须去车间,否则只有离开公司。

法则三:沟通产生要求

一个人一般不会做不必要的沟通。沟通永远都是一种"宣传",都是为了达到某种目的,例如发号施令、指导、斥责或款待。沟通总是会产生要求,它总是要求接受者要成为某人、完成某事、相信某种理念,它也经常诉诸激励。换言之,如果沟通能够符合接受者的渴望、价值与目的的话,它就具有说服力,这时沟通会改变一个人的性格、价值、信仰与渴望。假如沟通违背了接受者的渴望、价值与动机时,可能一点也不会被接受,或者最坏的情况是受到抗拒。

宣传的危险在于无人相信,这使得每次沟通的动机都变得可疑。最后,沟通的信息无法为人接受。全心宣传的结果,不是造就出狂热者,而是讥讽者,这时沟通起到了适得其反的效果。

一家公司员工因为工作压力大,待遇低而产生不满情绪,纷纷怠工或准备另谋高就,这时,公司管理层反而提出口号"今天工作不努力,明天努力找工作",更加招致员工反感。

法则四:信息不是沟通

公司年度报表中的数字是信息,但在每年一度的股东大会上董事会主席的讲话则是沟通。当然这一沟通是建立在年度报表中的数字之上的。沟通以信息为基础,但和信息不是一回事。

信息与人无涉,不是人际间的关系。信息越不涉及诸如情感、价值、期望与认知等人的成分,它就越有效力且越值得信赖。信息可以按逻辑关系排列,技术上也可以储存和复制。信息过多或不相关都会使沟通达不到预期效果。而沟通是在人与人之间进行的。信息是中性的,而沟通的背后都隐藏着目的。沟通由于沟通者与接受者认知和意图不同显得多姿多彩。

尽管信息对于沟通来说必不可少,但信息过多也会阻碍沟通。"越战"期间,美国国防部陷入到了铺天盖地的数据中。信息就像照明灯一样,当灯光过于刺眼时,人眼会看不见。信息过多也会让人无所适从。

模块二 语言礼仪

 [导入]

景泰蓝食筷

在一家涉外宾馆的中餐厅里,正是中午时分,用餐的客人很多,服务小姐忙碌地在餐台间穿梭着。

有一桌的客人中有好几位外宾,其中一位外宾在用完餐后,顺手将自己用过的一双精美的景泰蓝食筷放入了随身带的皮包里。服务小姐在一旁将此景看在眼里,不动声色地转入后堂,不一会儿,捧着一只绣有精致花案的绸面小匣,走到这位外宾身边说:"先生,您好,我们发现您在用餐时,对我国传统的工艺品——景泰蓝食筷表现出极大的兴趣,简直爱不释手。为了表达我们对您如此欣赏中国工艺品的感谢,餐厅经理决定将您用过的这双景泰蓝食筷赠送给您,这是与之配套的锦盒,请笑纳。"

这位外宾见此状,听此言,自然明白自己刚才的举动已被服务小姐尽收眼底,颇为惭愧。他只好解释说,自己多喝了一点,无意间误将食筷放入了包中,感激之余,更执意表示希望能出钱买下这双景泰蓝食筷,作为此行的纪念。餐厅经理也顺水推舟,按最优惠的价格,记入了主人的账上。

聪明的服务小姐既没有让餐厅受损失,也没用令客人难堪,圆满地解决了事情,收到了良好的交际效果。

(资料来源:http://blog.sina.com.cn/s/blog_66da4a6b0100zffh.html)

餐厅服务小姐的表现如何?

如果是你,你会怎样处理这一问题?

语言是双方信息沟通的桥梁,是双方思想感情交流的渠道,语言交流在人际交往中占据着最重要的位置。

俗话说得好:"会说话的令人笑,不会说话的令人跳。"语言是心灵的一扇窗户,一面镜子,它能反映出一个人的修养与文明程度。多用、善用文明用语,有利于在人际交往中塑造良好的个人形象。

一、语言交际三要素

1. 言语文明得体

言语既是交际心理现象,展现交际心理过程的工具,在具体运用时,就必须做到说话文明得体,恰如其分。任何夸大其词,或是词不达意,都会影响交际心理的展现,妨碍相互间的交流。例如怎样称呼别人,这中间就大有文章。两人见面,第一个词便是称呼,它既是见面礼,也是进入交际大门的通行证。称呼得体,对方会感到亲切、愉悦;称呼不当,对方就会不快,甚至愤怒。

交际中言语要注意分寸,说话有度。例如,某人好不容易才发表了一篇作品,这时我们对他表示祝贺,说他"吃苦"、"有毅力"、"有顽强精神"都可以,但如果以此便夸奖他是"作家",他就感到我们这是在嘲弄和讽刺他了。两人争论问题,对方从全局考虑,作出某些让步,使问题得以及时解决,这时我们诚意地称赞他说:"你的风格真高,实在难得!"这种赞美,往往适得其反。既是真诚地赞美对方,又何必加上一句"实在难得"呢?

"请"与"叫"

我国电影界德高望重的前辈夏衍老先生,临终前遭受病魔折磨,在最痛苦的时候,身边的工作人员情急之下说:"我去叫医生。"夏公听见,用尽最后一丝力气说:"是'请',不是'叫'!"在场的每个人无不为之动容。照理,夏公已90多岁高龄,从年龄看,医生是他的孙子辈,夏公怎么"叫"都是可以的。但夏衍一辈子都注意尊重他人,医生是为自己看病的,无论辈分大小,都要用"请",而不是"叫"。

2. 言语真诚

其实言语得体也是出于真诚,话说得恰到好处,不含虚假成分,这就是真诚的表现。然而真诚还有它的另一面,那就是避免过分客套,过分地粉饰雕琢,失去心理的纯真自然,绕弯过多,礼仪过分,反而给人"见外"的感觉,显得不够坦诚。

与人交际,谦逊礼让是应该的,然而不分对象、不分场合,一味地"请"、"对不起",未免有虚伪之嫌。如故人重逢还过分客套,会让人感觉难为情,这就很难说是真诚。许多情况下,我们需要掌握直抒胸臆的言语艺术,是怎么样就怎么说,还事物以真面目。直言不讳是待人接物很重要的语言技巧。

3. 言语委婉

语言的表达方式是多种多样的,由于谈话对象、目的和情境不同,语言表达方式也没有固定的模式。说话有时要直率,有时则要委婉,要视对象而定。虽然是出于真诚,如果该直率时不直率,该委婉时不委婉,同样达不到交际效果。

当然,言语委婉并不容易做到,它需要有高度的语言修养。如运用什么语气,采用哪一种句式,运用什么言辞,以及暗喻等,既要有高度的思想修养,也要有丰富的语言知识。但用得好,批评的意见可以使对方听得舒服,同样的内容可以使对方乐意接受,而且在极大程度上,可以激起对方的兴趣和热情,其作用往往超过一般的直言快语。

二、语言交际的技巧

交谈的过程是人的知识、智慧和应变能力的综合体现,具有很强的临场发挥的特点,语言运用、逻辑思维、幽默感、精神状态和礼仪修养等都会在交谈中有所体现。因此,掌握语言交际的技巧,对于交际的成功具有重要意义。

1. 选择恰当的交谈话题

交谈话题是指交谈的中心内容。选择得体的、交谈各方都感兴趣的并能积极参与的话题,往往是交谈取得成功的第一步。一般来说,交谈话题多少可以不作限定,但在某一特定时刻则宜少不宜多,最好只有一个。话题少而集中,有助于交谈的顺利进行。话题过多、过散,则会使交谈者无所适从。选择恰当的交谈话题,需要注意以下几个方面:

(1) 选择大家共同关心、都能参与的事情为话题。选择的话题能让在座的每一个人都能参与谈话,这是对人的一种理解和尊重。在这个前提下,一般可以选择一些轻松的、时尚且交谈各方都擅长的话题。

(2) 选择对方感兴趣的事情为话题。对方感兴趣的事情往往是对方所擅长的话题,乐意与人交谈,双方关系必然随着语言交往的顺利进行而变得融洽。

(3) 以对方喜欢听的话为话题。依据对方的心理状态,选择自己说话的方式和内容。例如,朋友的女儿考上大学,不妨多夸奖他的女儿聪明、用功;朋友遇到了不顺心的事,宜表示同情,多加劝导等。

(4) 依据谈话对象与自己关系的亲疏远近来选择话题。关系密切者,可推心置腹,甚至无话不谈,话题选择上可随心所欲;关系一般者,可顾及其爱好和兴趣,选择"中性"话题,保持恭敬之心;关系生疏者,可选择问候、寒暄等客套性话题,以缩短彼此的心理距离;关系相抵触者,可坦诚相见,以德报怨,借交谈机会消除误会,增进了解;关系敌对者,不妨主动上前问候,避重就轻地聊上几句,也是有益无害的。

总之,在话题选择上,应避免在交谈过程中进入对方的"隐私区"和"敏感区";涉及国家机密、商业机密、个人隐私,无论是人员调动、关键技术还是商业信息,都不应该在交际中作为话题,以免造成损失和尴尬。

2. 懂得聆听的艺术

上帝赋予每个人一张嘴巴和两只耳朵,其实就是在告诫人们在生活中要少说多听,学会聆听的艺术,往往会让我们在交际中赢得别人的信赖和尊重。

所谓聆听艺术就是在全神贯注听取对方谈话时,能使对方情绪兴奋、产生亲近、舒畅和愉快的心理反应。作一个忠实的听众,真诚地倾听对方的谈话,就是对对方最好的赞美。聆听可以及时捕捉宝贵的信息,获取重要的知识和见解;可以了解对方谈话的意图和个性特征;通过观察对方的反应,用较为充足的时间想一想自己该怎么说;有利于心灵沟通;能给他人以被尊重和被欣赏的感受。

任何人都渴望倾诉,都希望有真诚聆听的人,即使伟人也是如此。在美国南北战争最困难的时候,总统林肯给一位老朋友写信,请他到华盛顿来,说有一些问题想与他讨论。这位老朋友来到白宫后,才发现自己不过是一名忠实的听众而已,都是林肯一个人诉说着自己的看法,直到他觉得"会谈"可以结束,才和朋友握手告别。实际上林肯并不需要别人发表意见,或许只是需要有人来听听他诉说心中的郁闷。日本松下电器株式会社总裁松下幸之助曾有一句话概括他的经营诀窍:首先要细心倾听他人的意见。要懂得聆听的艺术,就应在交谈中,神情专注、态度诚恳、认真听讲、自然应答。让对方感受到友善和诚意,从而创造一种心理交融的气氛。

总之,在交际中,要想成为一个受欢迎的人,不仅要善于表达自己,还要站在对方的角度去听、去理解、去感受,应学会做一个善于聆听的人。

 案例

堪萨斯纽麦超市的服务员凯琳娜因为对一位顾客表现出不耐烦,导致该顾客要求面见总经理尼亚克。这位顾客坐在尼亚克办公桌的对面,诉说他刚才在该超市购买的牛肉不新鲜,并且告诉尼亚克,他将会联合其他顾客提出索赔。尼亚克亲自给他递上咖啡,安静地聆听他喋喋不休的埋怨。大约过了20分钟,那位原本牢骚满腹的顾客火气稍减,尼亚克就巧妙地把话题转换到对方感兴趣的篮球联赛上。在剩下的半个小时内,尼亚克除了偶尔插话之外,主要是在听对方关于他所崇拜的男篮明星的谈话。最后,那位顾客表示不再考虑索赔的事情,还主动邀请尼亚克下周一起去为本地球队的一场比赛呐喊助威。

3. 学会和使用幽默语言

幽默是社会语言中的高级艺术,也是一个人的文化、修养、道德、机智、心理、气质和语言驾驭能力的多方面素养的综合体现。幽默的语言不仅能够在交谈中吸引别人的注意力,拉近交谈各方之间的距离,营造轻松愉悦的谈话氛围,而且能够体现出说话人的教养、学识与机智。在日常生活中,具有幽默感的人往往都是受欢迎的人。

案例

深受美国民众爱戴的美国前总统林肯的容貌比较难看,他自己也不避讳这一点。在一次演讲时,他的论敌说他是两面派。林肯平和地说道:"现在,让各位评评看,要是我有另一副面孔的话,您认为我会戴着这副难看的面孔吗?"结果观众哄然大笑。幽默,显示了林肯的达观与真诚,也为他赢得了理解和信任。

幽默可以使批评变得委婉而有效果,也可以使紧张氛围得到缓和,既能帮对方摆脱窘境,又能自我解嘲。在公共汽车上,一位姑娘不小心踩到了一个小伙子的脚,姑娘神色紧张,慌忙道歉:"对不起,我踩了你。"那小伙子风趣地回答:"不,是我的脚放错了地方。"这时,姑娘如释重负地笑了,具有这种幽默感的人,给人以亲切感和熟悉感,也带给人宽容大度的感觉。

据说大文豪歌德有一天在公园散步,碰到了一位曾经恶意攻击过他的批评家,那批评家傲慢地说:"我是从来不给傻瓜让路的。"歌德立即回答:"而我却完全相反。"说完就转到一边去了。这种机智幽默绝不单单是言谈技巧的问题,它是一个人智慧、胸怀、性格诸因素的综合体现。

因此,要使自己的语言充满幽默感,关键在于不断地丰富、充实、完善自身,幽默的语言是建立在一个人自信、自尊基础上的机智和聪慧的产物。

4. 学会尊重、赞美和拒绝

(1)学会尊重对方。在人际交往中,尊重对方是最起码的沟通礼仪,也是最重要的沟通技巧。与人交谈时,说话语气要谦和,目光要专注对方,不时表示对谈话的呼应和兴趣,配合以积极的肢体动作,及时表示赞同和欣赏等都是尊重的基本要求。相反,语气傲慢,精神萎靡,打瞌睡,随意打断对方的谈话,东张西望,边谈话边做其他事情等都是对对方的不尊重。

(2)学会赞美。赞美是对他人长处的一种肯定。恰如其分的赞美会给对方带来愉悦感,从而使谈话氛围更加轻松和谐。赞美过程中应注意以下几个问题。

① 要实事求是。最美好的语言是发自内心深处的。赞美对方首先要学会欣赏对方,只有发现对方值得赞美的地方,赞美才能真实自然,否则赞美就会显得勉强和虚伪,赞美不当,便成了盲目的吹捧和刻意的恭维。

② 要因人而异、措辞得当。赞美的言辞、方式要依据赞美对象的不同而有所区别。即使是同一优点,在不同的人身上,也要通过适当的言辞和方式加以赞美。既要做到让对方正确理解,又不能让对方想得太多。

(3)学会拒绝。在人际交往中,难免会遇到主观上不愿意或客观上不能满足对方要求的情况,这时如果仍然给予对方肯定的承诺,其结果可能是勉强应付、言而无信等。因此,学会如何拒绝是语言交际中必不可少的内容。一般来说,用生硬的语言拒绝对方的请求,不仅会引起对方的反感,伤害彼此的友谊,也会使自己内心产生某种不快或不安。所以,必须拒绝时,应先说明原因,摆出困难,求得对方的谅解,并表示出抱歉和同情,以及愿意尽力的意愿,较好的方式是诱导对方采取"替代"办法解决问题。

"给人台阶"避免难堪的沟通艺术

某星级酒店的一位客人在离店时把一条浴巾放在提箱内准备带走,服务员查房时发现了并及时报告给大堂副经理。按酒店规定,少一条毛巾需向客人索赔50元。如何既不得罪客人,又维护酒店的利益呢?大堂副经理胸有成竹地采取了巧妙暗示、诱导客人找到"台阶"下的沟通方法,让客人既避免了难堪,又体面地交出了毛巾。

大堂副经理来到收银台找到正等待结账的客人,礼貌地请她到一处不引人注意的地方,并客气地说:"夫人,很抱歉,服务员在整理房间时发现您住的房间里少了一条浴巾,您能帮忙查找一下吗?"客人面色有些紧张,反问道:"你们想让我怎么配合?"大堂副经理又说:"请您回忆一下,是否有朋友来过您的房间,顺便带走了浴巾?"客人很肯定地说:"我住店期间没有朋友来过!"大堂副经理又进一步引导她:"从前我们也有过类似情况,客人后来回忆起来是把浴巾放在毯子下面盖住了。您是否能上楼看看,看浴巾是否也放在什么地方被遮住了?"客人总算醒悟了,拎着提箱上了楼。大堂副经理示意服务员帮助开门后不要跟进去。

一会儿客人从楼上下来,不高兴地说:"你们服务员检查也不太仔细了,浴巾掉在沙发后面也没发现!"大堂副经理很礼貌地说:"对不起,夫人,谢谢您的合作!"

三、语言交际的禁忌

(一) 谈话时忌缺乏礼貌、态度傲慢

与人交谈时应表现出礼貌和友好,禁忌缺乏礼貌。如对长者说话时,要用敬称,忌直呼"你"。谈话时不要手舞足蹈,过分夸张的手势会显得不文雅,缺乏修养。更不能唾沫横飞。另外还要注意个人卫生,谈话前忌吃洋葱、韭菜等有气味的食品,若已食完,应漱口或嚼口香糖或茶叶以冲淡异味,以保持良好的个人形象。

此外,与人谈话时,态度要谦和,忌态度傲慢无礼。不要总是多嘴、抢话,否则会给人不爽的感觉。若喋喋不休地谈论对方一无所知且毫无兴趣的事情,自以为是、目空一切、夸夸其谈、唠叨不休,不仅遭人厌烦,而且将浅薄的思想暴露无遗。

(二) 谈话时忌涉及对方自身弱点与短处话题

在人际交往中,应以对方为中心,交谈时宜选其擅长或有兴趣的话题。任何一个有自尊心的人,都不希望将自身的弱点与短处当众曝光。即使本无恶意,也会给对方带来不快,在交谈时,对方不愿回答的问题不要穷追不舍,若提出了对方反感的问题要主动道歉。

(三) 忌涉及个人隐私

有些国家和地区的人非常注重个人隐私,不喜欢和别人分享。因此,与人交际时,切忌询问对方工资收入、财产状况、个人履历、服饰价格等私人生活方面的问题。欧美人很忌讳这类提问,认为这类提问侵犯了个人隐私权,是一种很不礼貌的行为。

尤其切忌询问妇女年龄、婚姻状况。女性对年龄和婚姻十分敏感,认为这些是个人隐私,他人不得涉及。与女性谈话时,绝对不要称赞她营养充分,身体壮实,长得富态。那意味着她长得很胖,女性喜欢别人说她长得年轻、苗条。

（四）忌随便训人

在与人交谈过程中，即使你是话题方面的专家、权威，或者是对方的上级领导，都应该注意言语措辞，忌采取耳提面命的生硬教训方式，更不应该挖苦嘲讽，使对方难以接受。生活中我们经常会遇到一些以自我为中心的人，这种人对和自己意见相左的人往往横加指责，甚至是通过训斥来达到让对方接受自己观点和看法的效果，其结果是让人对其避而远之。因此，与人交际时，要注意礼貌用语，谦虚低调，与人谈论时坚持求同存异的原则，忌高高在上或训斥他人。

知识直通车

日常交往中彰显文明礼貌的惯用词

初次见面说"久仰"，好久不见说"久违"；
客人到来说"光临"，等待客人说"恭候"；
招待客人说"洗尘"，陪伴朋友说"奉陪"；
探望别人说"拜访"，起身作别说"告辞"；
中途退出说"失陪"，请人别送说"留步"；
求人指点说"赐教"，请人让道说"借光"；
请人帮忙说"劳驾"，托人办事说"拜托"；
夸人见解说"高见"，麻烦别人说"打扰"；
请人改稿说"斧正"，请人谅解说"包涵"；
向人道贺说"恭喜"，受人夸奖说"惭愧"；
收人礼物说"破费"，送人礼物说"笑纳"；
询问年龄说"贵庚"，询问职业说"高就"；
受人之托说"效劳"，伴人受益说"托福"。

模块三　电话礼仪

[导入]

一个电话成就一段姻缘

青年才俊胡某开了一家装饰设计公司，年近30却一直未婚。他凭着名牌大学的研究生学历，模样俊朗配上近一米八的高挑身材，加上多年苦心经营积累的数百万身家，令身边不少人羡慕不已。许多条件不错的女孩的追求或朋友们给他介绍的对象，都被他婉言谢绝了。人们都以为胡总眼光太高或是时髦的独身主义者。一日，朋友们接到胡总的结婚请柬时，不禁有些意外，当得知他的美好姻缘竟然是由一个电话促成的，无不为之惊讶。

原来，胡总在承接东胜集团产品展示大厅装修设计任务接洽中，一日因为要找该集团的董事长查先生商量方案细节,恰好查先生手机打不通,打到查董办公室,胡总被一个美丽的声音吸引住了。

"喂,您好,东胜集团董事长办公室,我是查董的秘书小叶,请问哪里找?"

"你好,叶小姐,我是海润装饰设计公司的胡××,因时间太紧,有一些设计上的重要细节急于找查董商量,但我打他的手机却接不通,请问怎么才能找到查董?"

"呵,胡总,您好,不好意思,查董今天去上海了,您打电话的时候估计正好在旅途的飞机上。请问您的事情很着急吗?查董后天就回来了。"

"对,很急。设计方案不定下来,装修进度就要受影响,恐怕会耽误集团产品展示会的如期举行。所以,今天我必须要找到查董沟通。"

"哦,胡总,您先别着急,查董乘坐的飞机一落地,一般会打电话回公司,我会在第一时间通知您的,或者,如果您不介意的话,我把您的联系电话告诉查董,您看这样行吗?"

"好的,叶小姐,还是麻烦你尽快把查董的联系方式告诉我吧,我的电话是……,给你添麻烦了,谢谢!"

"我记下了,谢谢!胡总,您不用这么客气,这是我应该做的,我一定尽快通知您。"

"那我等你电话,再见!"

"再见!"

说来也巧,每天打电话无数,唯独这次简短的通话给胡总留下了深刻的印象,叶小姐甜美的声音、温和的语气、热情的服务意识和为他人着想的善良,以及敏捷的反应和礼貌的回应都让胡总感受到一种高素质的秘书形象。后来,胡总见到叶小姐后,她漂亮的长相和婀娜多姿的身材,尤其是举手投足之间表现出的训练有素更是让他觉得这就是他梦寐以求的淑女。于是,胡总破天荒地开始以各种方式接近并追求叶小姐。终于功夫不负有心人,叶小姐也庆幸自己找到了胡总这样的"白马王子"。

(资料来源:王家贵.现代商务礼仪简明教程.暨南大学出版社,2009)

讨论

你认为叶小姐在电话沟通中的行为是否规范?

你能概括出得体的电话礼仪吗?

电话是人类发明中最为便捷的通信工具之一。电话沟通具有即时性、便捷性、经常性、双向性和礼仪性的基本特点。随着技术进步和通信事业的快速发展,固定电话、移动电话等已经日益成为人们日常生活中不可缺少的沟通工具。

当今社会,随着经济的不断发展,人类的生活节奏越来越快。在人际交往中,大家都追求快捷高效的沟通效率,而电话交际就越发显示出其重要性。通过电话沟通,我们能够迅速获取各种各样的信息,迅速快捷地开展工作,免除往返奔波之苦;通过电话沟通,我们可以和千里之外的亲人互致问候,传递思念;通过电话沟通,我们可以迅速组织亲朋好友的聚会。虽然电话交谈不是面对面的沟通,但同样可以反映出一个人的素质和礼仪修养。因此,掌握电话沟通的技巧,对于当下每个人显得是那么的重要。

一、接听电话礼仪

1. 铃响三声,及时接听

通常,应该在电话铃响两三声后即刻接听,不要故意延误。电话一响,立刻接听,有时会显得过于仓促(救援和应急电话除外),双方精神上都没有做好准备,影响沟通效果;如果响铃超过四声还未接听,则会给人反应迟钝之感。如因客观原因未能及时接听,应首先向对方致歉:"对不起,让您久等了"或者"抱歉,刚才因为……未能及时接听您的电话,请见谅。"

2. 礼貌问候,自报家门

在电话接通之后,接电话者应主动向对方问好,尤其是接电话的第一声十分重要,如果语气生硬或无礼,会给对方留下不好的印象,比如:"喂,谁呀?""找谁?说话。"这样的表达方式会极大地伤害对方的沟通情感,影响沟通效果。

尤其是在商务活动中,接听电话时,除了礼貌问候对方之外,还应主动自报家门以方便对方确认电话是否打错。比如:"您好,这儿是×××公司人事处,我是×××。"

3. 认真倾听,及时记录

电话接通后,要耐心聆听对方的讲话,并将重要信息及时做好记录。通常情况下,可以左手握听筒,右手拿纸笔记录。在交谈过程中,还应该给予对方积极的反馈,注意自己的语气语速,这不仅是具有良好的礼仪素养的表现,也是对来电者充分尊重和重视的体现。

4. 礼貌道别,以客为尊

电话沟通完毕后,应礼貌地和对方道别,并应遵循"来者是客,以客为尊"的礼仪。按照惯例,挂断电话时应注意以下几点:

(1) 原则上应是拨打电话的一方先挂电话。

(2) 礼节上应是长辈、上司、客户和女士先挂电话。

(3) 切忌没有结束语就挂断电话。

(4) 切忌"啪"的一声重重地挂上电话,这是一种很不礼貌的行为。

二、拨打电话礼仪

1. 选择时机,控制时长

拨打电话之前,首先要考虑对方的时间,选择恰当的时机是拨打电话的基本礼仪。电话拨通之后,还应注意控制谈话时长,避免过多占用别人的时间以至于给人带来不便。具体要注意以下几点:

(1) 不要一上班就打电话,一般人们上班的第一件事是计划安排好当天的事务,这个时段尽量不要打扰对方。

(2) 不要在临下班时给人拨打电话,对方急着下班,很可能没有耐心倾听谈话内容,本来可能沟通好的事也许由于打电话时机选择不当而得不到满意的答复。

(3) 尽可能避开吃饭、午休和睡觉的时间给人拨打电话,一般也不要在休息日和节假日打电话谈工作,尤其是拨打国际长途电话时要估计好时差,避免打扰别人休息。

(4) 切忌在深夜或凌晨给人打电话,除非十万火急,这段时间不宜打扰别人,避免给对方造成恐慌或厌恶。

(5) 尽量控制好通话时间,一般不要超过3分钟。通话太长,造成电话占线,会影响其他通信业务,也会使对方产生听觉疲劳,影响沟通效果。

2. 自我介绍,直奔主题

电话接通后,首先要证实一下对方信息,确认对方是自己要找的人,并且做自我介绍。拨打电话时规范的开场白往往是:"您好,冒昧地打扰您,请问是×××先生/女士吗?我是×××。"

在通话过程中,发话人讲话要务实,问候完毕应开宗明义,直奔主题,不要无话找话,短话长说。如果内容过多,应逐项商谈,还要不时地礼貌询问对方是否听清楚了。如对方声音不清楚时,应及时告知。

3. 通话结束,道别挂机

通话结束后,应寒暄几句,说些客套的结束语,如"拜托,给您添麻烦了"、"给您添麻烦了,改日再登门拜访"等。在确认对方没有其他事情后,再道别,然后轻轻地放下话筒。

案例

35个越洋电话挽回的公司信誉

某日下午,东京百货公司的售货员为一位来买唱机的女顾客挑了一台"索尼"牌唱机。事后,售货员发现卖给顾客的唱机是一台空心唱机货样,于是立即报告给公司管理层。因事关顾客利益和公司信誉,管理层立即召集相关人员研究解决方法。幸好售货员回忆起这位女顾客是一位美国记者,名叫吉泰斯,还留下了一张美国"快递公司"的名片。据此线索,公司连夜展开一连串查询。他们从美国快递公司那里得知吉泰斯在日本住处的电话。

第二天一早,百货公司的经理亲自致电吉泰斯小姐,深表歉意,并立刻带着公关部的人员来到吉泰斯入住的房间,深深地鞠躬致歉,除送来新的合格唱机外,还赠送给吉泰斯小姐唱片和蛋糕等礼品,并诚挚地恳求吉泰斯小姐给予谅解。

了解到事情的来龙去脉后,吉泰斯小姐深受感动。她坦诚地告诉经理,她回酒店打开唱机准备使用时才发现唱机没有装机芯,根本不能用,当时她火冒三丈,觉得自己上当受骗了,连夜写了一篇题为"笑脸背后的真相"的批评稿,准备去百货公司兴师问罪,讨个说法。没想到百货公司的人这么快就主动登门致歉。于是她决定撤销批评稿,重新写了一篇题为"35个紧急电话"的特写稿。文章见报后,反响强烈,东京百货公司由此名声大震,门庭若市。

(资料来源:http://xuewen.cnki.net/CJFD-ZGBX200503002.html)

三、手机基本礼仪

随着科技和经济社会的发展进步,手机已经普及,成为人们日常生活中越来越重要的通信工具,手机礼仪也越来越受重视。手机使用不当,便会给他人带来不便,比如,课堂、会议厅、图书馆、电影院等场所手机响个不停,无疑是一种令人讨厌的"公害"。在加油站、手术室、飞机上等仪器对电磁波比较敏感的地方使用手机,甚至可能会危及他人的生命安全。因此,掌握手机使用的基本礼仪,正确地使用手机是每个当代人必备的一项技能。

1. 遵守公德

保持公共场所的肃静,是每个人都应该遵守的社会公德。公共场合,如会议室、课堂、法庭、宴会、音乐会、电影院、听证会、博物馆、展览馆、医院、图书馆等场所,应把手机调成静音或振动状态,尽量避免使用手机,实在无法避免时,应找个无人之处或洗手间等避开公众的地方通话,切忌当众大声喧哗。

2. 注意安全

使用手机时，一定要高度重视安全问题。比如在驾驶车辆时，不宜使用手机通话，否则会导致司机注意力分散，易导致交通事故；乘坐飞机时，必须自觉地关闭手机，因为手机所发出的电子信号会干扰飞机的导航系统；进入医院、手术室或加油站等可能危及公共安全的地方，应自觉地关闭手机。

3. 重视私密

一般而论，出于自我保护和安全的考虑，手机号码不宜随便告之别人。因此，不应随便打探他人的手机号码，更不应不负责任地将别人的手机号码转告他人或对外界广而告之。另外，随意借用别人的手机也是不适当的行为。

4. 保持畅通

使用手机主要是方便自己与外界保持联系，所以一般情况下应尽量保持手机开机，以方便别人和自己联系。

5. 及时回话

如果由于别的原因而导致重要的电话未能接听，看到未接电话后应及时回话，并向对方说明原因并致歉，进而保证信息沟通的通畅。

6. 慎重拍照

使用具有拍照功能的手机时，在禁止拍照的参观地或参加保密性会议等场合，注意不要随意拍照。与人交际中，用手机拍照或者摄像时，应该征得对方同意，即便如此，也不能未经对方同意将其照片转发给其他人欣赏或传播。

7. 铃声高雅

个性化的手机铃声为生活增添了许多色彩，但选用手机铃声时要避免内容低俗、不文明的现象，如"有话快说、有屁快放"、"老子现在正忙，不方便接听"等。应选择文明高雅的手机铃声，从而体现出自身的素养。

8. 文明短信

目前大多数年轻人都很习惯于甚至可以说是乐于短信沟通，收发短信需要注意以下礼仪：

(1) 短信问候或祝福要署名，以便接收者辨认；
(2) 尽可能避免语法错误或错别字；
(3) 比较复杂或需要追问的事情最好不要用短信形式沟通；
(4) 除垃圾短信或无关紧要的事情外，礼节上一般的短信都应及时回复；
(5) 给长辈或上司发短信时，一定要注意称呼和措辞的礼貌性。

知识直通车

接听电话的十大礼仪要诀

(1) 尽可能用姓氏称呼对方，使来电者感到备受关注和尊重。
(2) 尽可能使用敬语，这是职业化电话接听的基本礼仪。

(3) 尽可能避免让对方重述内容,重复表达,这样不仅浪费对方的时间和通话费,而且意味着听者并未专心,是不受尊重的表现。当然,遇到线路不好或对方声音太小的情形除外。

(4) 尽可能记住"5W1H",即何时(When)、何人(Who)、何事(What)、何地(Where)、何因(Why)、如何处理(How),以便汇报和尽快回应对方。

(5) 尽可能主动提供方案,并赋予对方优先选择的权利,避免自己定板让对方为难。

(6) 接到责难或批评电话时,应尽可能委婉地解释,并先向对方表示歉意和谢意,尽可能避免与对方发生争辩。

(7) 尽可能避免使用否定或绝对性的答复语,注意语气的委婉性,并要留有回旋的余地。

(8) 尽可能避免使用"喂、喂喂"之类的语言叫个不停,显得极不耐烦或焦躁,而应使用"您好……您好……"或者"我听不到您的声音,对不起,我只好挂机了",在挂机之前向对方说明缘由,避免骂骂咧咧或自言自语地挂机,我们听不清不一定对方也听不清,所以,应礼貌地回应。

(9) 尽可能避免多余的声音,避免给对方传递我们未专心听电话的感觉。比如,音乐声、别人的谈话声、嬉笑声、吸烟、喝茶、吃零食等都可能引起对方的猜测,从而使人感到不受尊重和重视。要是在通话时想打喷嚏或咳嗽,应偏转头,掩住电话,并向对方致歉。

(10) 尽可能礼貌地结束通话和挂机,切忌避免"我懒得跟你说了"、"我无法答复你,你还是找别人吧"、"别再烦我了"之类的极不友好的语言结束通话,至少要给人台阶下,找一些缓冲的语言结束,比如"抱歉,我今天还有别的事需要急着处理,要不我们改天找个时间再行沟通",或者以征询的口吻"我们找机会再沟通好吗?"来委婉地结束通话。切忌不说"再见"就匆匆挂断电话。

模块四 演讲礼仪

[导入]

新东方董事长俞敏洪2008年在北京大学开学典礼上演讲摘录

学生生活是非常美好的,有很多美好的回忆。我还记得我们班有一个男生,每天都在女生的宿舍楼下拉小提琴,希望能够引起女生的注意,结果后来被女生扔了水瓶子。我还记得我自己为了吸引女生的注意,每到寒假和暑假都帮着女生扛包。后来我发现那个女生有男朋友,我就问她为什么还要让我扛包,她说为了让男朋友休息一下。

有一个故事说,能够到达金字塔顶端的只有两种动物,一是雄鹰,靠自己的天赋和翅膀飞了上去。我们这儿有很多雄鹰式的人物,很多同学学习不需要太努力就能达到高峰。很多同学后来可能很轻松地就能在北大毕业以后进入哈佛、耶鲁、牛津、剑桥这样的名牌大学继续深造。有很多同学身上充满了天赋,不需要学习就有这样的才能,比如说我刚才提到的我的班长王强,他的模仿能力就是超群的,到任何一个地方,听任何一句话,听一遍模仿出来的绝对不会两样。所以他在北大广播站当播音员当了整整四年。我每天听着他的声音,心头咬牙切齿充满仇恨。所以,有天赋的人就像雄鹰。但是,大家也都知道,有另外一种动物,也到了金字塔的顶端,那就是蜗牛。蜗牛肯定只能是爬上去。从底下爬到上面可能要一个月、两个月,甚至一年、两年。在金字塔顶端,人们确实找到了蜗牛的痕迹。我相信蜗牛绝对不会一帆风顺地爬上去,一定会掉下来、再爬,掉下来、再爬。但是,同学们所要知道的是,蜗牛只要爬到金字塔顶端,它眼中所看到的世界,它收获的成就,跟雄鹰是一模一样的。所以,也许我们在座的同学有的是雄鹰,有的是蜗牛。我在北大的时候,包括到今天为止,我一直认为我是一只蜗牛。但是我一直在爬,也许还没有爬到金字塔的顶端。但是只要你在爬,就足以给自己留下令生命感动的日子。

(资料来源:http://www.docin.com/p-44767869.html)

俞敏洪的这两段演讲稿有什么特点?
你认为演讲礼仪主要指的是什么?

演讲,又称演说、讲演,是指当众所进行的一种正式而庄重的讲话,旨在就某一问题阐述个人见解,或论证某一观点,说明某种情况。简而言之,演讲是一门与人交流、表达想法、感染他人的艺术。

按照不同的标准,演讲可以分为不同的类型。按演讲的内容,可以分为政治演讲、学术演讲和礼仪演讲;按是否提前准备,可以分为有准备演讲和即兴演讲。即兴演讲需要较高的社会修养和机智,是对演讲者学识、口才、应变能力、表达能力的一场公开"考试"。商务人士发表的演讲对礼仪要求较高,如欢迎辞、欢送辞、祝贺辞、答谢辞、解说辞等。掌握演讲中的礼仪,有助于提高演讲者在演讲活动中的感染力和影响力。

一、演讲流程的基本要求

(一)演讲前及登台的礼仪规范

1. 就座前后

当演讲者与随同者走到座位前时,不应马上坐下,而是要以尊敬的态度主动请大会主席或陪同人员入座,双方稍事相让,即可落座。入座时声音要轻,坐姿要端正。

2. 介绍之时

当主持人介绍演讲者时,演讲者应自然起立,向主持人点头致意,并向观众鼓掌或点头,以示感激。

3. 登上讲台

正式登台演讲时,先向主持人点头致谢,然后从容稳健、充满自信、精神饱满地走向讲台,郑重、恭敬、诚恳地向听众鞠躬或致礼。除严肃的场合外,演讲者应面带微笑,并用目光环视全场,表示光顾和招呼;站稳后不要急于开口,而应用亲切的目光注视或扫视会场几秒钟,使听众的大脑做好接收信息的准备。

(二)演讲的开场白

演讲的开场白没有固定模式,演讲者一般先介绍自己的姓名,并向听众致意,然后选用以下形式的开场白。

1. 提纲概要式开场白

演讲开始前,可以先把自己要讲的问题简明扼要地介绍一下,使听众有个总体的认识,可以使随后的演讲顺藤摸瓜、脉络清晰、一气呵成。

2. 设问式开场白

在演讲开始前,可以向听众提几个问题,使听众与演讲者进入一个共同的思维空间思考。如果演讲者的问题提得富有艺术性,听众自然会格外留神,等待富有见解的答案。

3. 即兴发挥式开场白

演讲者可根据会场气氛拟一段即兴开头,这可以把演讲者与听众一开始就紧紧地联系起来,使听众与演讲者在感情上产生共鸣。

4. 引发好奇式开场白

即把一些与演讲内容有关的罕见的问题先提出来,使听众产生一种非听下去不可的兴趣。例如,用一个与演讲内容有关的有趣的故事作为开头。

(三) 演讲中的礼仪规范

1. 演讲的内容

演讲的选题应当言之有物,内容充实。演讲应当尽量生动、形象、幽默、风趣,可以多举例证,多打比方,多使用名言警句,以吸引听众。

2. 演讲的发音

在演讲时,声音要洪亮,吐字要清晰。同时,要注意声音的抑扬顿挫、有所变化,借以突出重点、表达感情或调动听众情绪。

3. 演讲的称谓

演讲中对听众的称呼有泛称和类称两种,泛称是具有较大的广泛性,能普遍使用的称呼,如"同志们"、"朋友们"等;类称是指具体适用于某一类别的称呼,如"领导们"、"同学们"、"战友们"等。

4. 演讲的语言

演讲语言应准确、鲜明、生动,语句精练,通俗易懂。要使演讲朗朗上口,一般来说,句子不宜过长,宜把长句改为适合听的短句,把倒装句改为一般主谓句,把生僻词换为常用词。同时,要慎用文言和方言词语。对于高深的专业术语和抽象的科学概念,要尽可能用浅显易懂的语言进行解释,做到深入浅出。语音方面,要避免因同音词而产生误解,应把单音词换成双音词。

5. 演讲的仪态

演讲必须站着,这时最基本的原则。其原因在于:第一,表示对听众的尊重;第二,避免长篇大论,埋汰念稿;第三,体现演讲者的精神风貌;第四,增强和听众的较量,调节会场气氛;第五,使演讲时的辅助姿势如手势、身姿更加灵活自如。

演讲者站在台上时要保持双肩持平,上身和两脚与地面基本垂直。演讲者的重心应放在自己的脚上。要保持稳固的站立,通常有两种方法:一种是两脚并行,分开20厘米左右,这种姿势一般用在短篇演讲和比赛演讲中;另一种是一脚稍前,一脚稍后,重心主要压在后脚上,也就是介于立正和稍息之间的姿势。相比之下,后一种方法有助于减轻疲劳,是长篇演讲者常采用的站姿。

站立时两手的姿势一般有四种情况:双手自然垂下,放于身体两侧;两手合拢,放在腹部;

一手拿书,一手垂下;两手按在讲桌边。

演讲时头部要端庄,举止自然得体。当听众鼓掌时,可稍作停顿,并点头或用手势表示谢意。

6. 演讲的眼神

运用眼神与听众适时交流可以增加演讲的感染力,调动会场氛围。常用的方法有以下几种。

一是环视法,即演讲者有意识地环顾全场的每个听众,从左至右,从前到后,从听众的各种神态中了解和掌握现场的情况与情绪。

二是点视法,即把目光集中投向某一角落或个别听众,并配合某种手势或表情。这是一种最有实效、最有内涵的一种眉目语言。譬如有的听众,面带微笑,频频点头,甚至情不自禁地鼓掌喝彩,演讲者投去一丝亲切的目光,这是表示赞许和感谢;有的听众轻轻摇头,甚至在嘀咕着什么,演讲者在做了某种调整之后,再盯着看一眼,这是表示征询和探讨。

三是虚视法,即虚眼。演讲者的目光在全场不断扫视,好像是看着每个听众的面孔,实际上谁也没看,只是为了造成演讲者与听众之间的一种交流感,弥补因为环视和点视而可能使部分听众感觉受冷落的缺陷。

7. 演讲的着装

服装对人体有扬美遮丑的功能,它可以反映人的精神风貌、文化素质和审美观念。演讲者的衣着应该典雅美观、整洁合身、庄重大方、色彩和谐、轻便协调。一般而言,演讲服装应遵循"三子"原则,即一要有领子,二要有袖子,三要有扣子。

(四) 演讲后的礼仪规范

1. 演讲结束语

各项研究表明,演讲结束语比起正题更能被听众注意。好的结尾应该既是收尾又是高峰;既水到渠成,又戛然而止;既别开生面,又自然巧妙。一般可以用总结全篇式、号召式、引用名言式、重申重点式等方法作为演讲的结束语。

2. 走下讲台

演讲结束时,应面带微笑说一声"谢谢"或"我的演讲结束了,谢谢大家"等。先向观众鞠躬或敬礼,再向主持人致意一下后,从容不迫地回到原座。坐下后,如大会主席和听众以掌声向演讲者表示感谢时,应立即起立,面向听众,点头敬礼,以示回谢。

3. 离开会场

会议结束后,主持人或单位负责人陪同演讲者走出会场时,听众常常会出于礼节而鼓掌欢送。这时,演讲者应谦虚谨慎,面带微笑,自然、得体地用鼓掌或招手和点头的方式,向听众表示诚挚的谢意,直到走出会场为止。

二、演讲语言的礼仪规范

(一) 读音准确,吐字清晰

演讲者在做演讲时,为了达到预期的效果,必须做到语言发音准确,吐字清晰。准确清楚是对演讲者的最基本的口语表达要求。

读音准确,是指不念错别字,不念得结结巴巴、丢三落四,不能破坏语句的内在结构,破坏话语的本来联系。要使听众感到很流畅、很通顺。

(二)语速适当,语气合适

演讲,不同于一般的交谈或朗读,既有"讲",又有"演"。其中,讲是最重要的,要使准备好的内容得到生动有力的表达,要有艺术魅力,吸引听众,就需要语速适当,恰当地运用语气语调,增强演讲语言的美感。

1. 语速适当

所谓语速,即说话的速度。在演讲过程中,语速不宜过快,也不可过慢。过快,听众跟不上讲话的节奏,来不及吸收和思考,达不到好的效果;过慢,词与词之间、句与句之间拉得过长,会使听众等得不耐烦,最终影响演讲效果。因此,演讲时语速要根据内容恰当处理,当快则快,当慢则慢。比如,当表现深深思索、非常失望、过于哀痛的内容时宜用慢速;交代情况、插叙故事等处,适用中速;抒发激情、鼓舞士气、号召行动、针砭时弊等处,要用快速。

2. 语气合适

演讲时,除了注意语速之外,还要做到语气合适。需要重读的地方要重读,需要停顿的地方要停顿。一般而论,重读可以起到强调重点、加重语气、突出感情的作用,它是根据思想内容表达的需要和演讲者的感情与心理变化而设置的;恰当的停顿可以使演讲内容得到清楚的表达,让演讲语言呈现出鲜明的节奏感。

(三)语言朴实,句式灵活

演讲语言是一种独白式的、有一定话题的交际口语,语言应该力求自然、朴实、通俗、句式灵活。在演讲中,对自己评价要中肯,不要自吹自擂;也不可妄自菲薄、引喻失义,显得不够真诚。

知识直通车

不同语气语调表达出不同的含义

  爱的感情:"气徐声柔",柔和感
  憎的感情:"气促声硬",挤压感
  悲的感情:"气沉声缓",迟滞感
  喜的感情:"气满声高",跳跃感
  惧的感情:"气提声凝",紧缩感
  急的感情:"气短声促",紧迫感
  怒的感情:"气粗声重",震动感
  疑的感情:"气细声粘",踌躇感

第七单元 日常行为礼仪

本章导学

学习目标：

1. 掌握称呼、介绍和握手礼仪，规范日常行为。
2. 掌握乘车礼仪，规范乘车行为。
3. 掌握乘船礼仪，做到文明乘船。
4. 了解迎送礼仪。

重要知识点：

问候礼仪　介绍礼仪　乘车礼仪　乘船礼仪

[导入]

如此问路

某姑娘从城里到乡下办事，走到镇上迷路了，这时迎面正好走来一位老大爷。姑娘脱口便朝老大爷说："喂，去王村还有多远？"

老大爷上下打量了一下问路的姑娘，没好气地回答："还有五拐杖！"

姑娘心想，我都急死了，哪有心情跟你开玩笑？于是又说："哎呀，别开玩笑了，路程都是论里，哪有论拐杖的？"

老大爷一听乐了："论理？论理你该叫我大爷！"

姑娘这才意识到自己因为心急而忘了礼貌，赶紧给大爷赔不是。老大爷这才详细给姑娘指引了去王村的路，姑娘连声道谢。

（资料来源：http://www.mofangge.com/html/qDetail/08/c2/201209/stbqc208160540.html）

讨论

这位姑娘问路时存在哪些失礼的行为?

你是如何看待日常行为礼仪的?

分享一下你所见到的日常生活中不合规范的行为?

俗话说,好礼如春风。一声礼貌的称呼,一个会心的微笑,一句温馨的问候,是日常行为中基本的礼仪规范。不懂日常行为礼仪,言行举止有失风度,会在人际交往中给人留下不好的印象。因此,每个人必须懂得基本的日常行为礼仪规范,如称呼礼仪、问候礼仪、介绍礼仪、名片礼仪、乘车礼仪、乘船礼仪、迎送礼仪等。让自己的言行举止大方得体,在人际交往中赢得别人的尊重。

模块一 会面礼仪

[导入]

周总理亲切友好的"寒暄"

1971年9月,基辛格为尼克松总统访华一事而前来谈判。当时中美关系冷淡了二十几年,刚开始有些微妙变化。美国代表时时猜测着周总理会以什么样的态度对待他们,当周总理出现在美国代表团面前时,美国人都不免有些紧张。周总理会意地微笑了,伸手与基辛格握手,并友好地说:"这是中美两国高级官员二十几年来第一次握手。"

基辛格一一将自己的随员介绍给周总理。

"约翰·霍尔德里奇。"基辛格指着一位大高个儿说。周总理握着霍尔德里奇的手,说:"我知道,你会讲北京话,还会讲广东话。广东话连我都讲不好,你在香港学的吧?"

基辛格介绍斯迈泽:"理查德·斯迈泽。"

周恩来握着斯迈泽的手说:"我读过你在《外交季刊》上发表的关于日本的论文,希望你也写一篇关于中国的。"

洛德没等周恩来开口就自报姓名:"温斯顿·洛德。"

周恩来握着洛德的手摇晃:"小伙子,好年轻。我们该是半个亲戚。我知道你的妻子是中国人,在写小说。我愿意读到她的书,欢迎她回来访问。"

案例启示:

在这次具有重要历史意义的接见中,周总理通过亲切、友好的"寒暄",使美国代表团成员的紧张心情得以放松,为交谈的顺利进行开了一个好头。以基辛格为首的美国代表团莫不被周总理那高超的交谈艺术与巨大的人格魅力所倾倒。

(资料来源:黄玉萍,王丽娟.现代礼仪实务教程.北京交通大学出版社,2008)

讨论

周总理在与基辛格一行会面时注意了哪些细节？

你认为会面时需要注意哪些方面的礼仪？

以上的案例，带给我们哪些启示？

在现代社会，见面礼是人与人之间交往的第一步，它在礼仪中占有重要的地位，无论哪个国家、哪个民族、哪个信仰的人，见面时都要施用各种各样的见面礼。了解并掌握见面时的礼节，可以帮助人们掌握通往交际殿堂的钥匙，从而给别人留下良好的第一印象。

一、称呼礼仪

称呼也称称谓，是人们交谈中所使用的用以表示彼此身份与关系的名称。在人际交往中，选择正确、恰当的称呼，既体现了自身良好的修养和品位，又表示了对对方的尊敬，同时还能反映出双方关系发展的程度及一定的社会风尚。

（一）称呼的类型

称呼可分为谦称、敬称、泛尊称、姓名性称呼、行业性称呼、职务性称呼、职称性称呼、学衔性称呼等。在人际交往中，应区分不同的场合和环节，选择恰当的称呼。

1. 谦称

谦称是抑己，是间接表示对他人的尊重。最常用的是"在下"、"学生"、"小弟"、"鄙人"等。按照传统礼仪习俗，在向他人称呼自己的家属时，常在家属称呼前冠以"家"、"舍"等字。一般来说，"家"用于指称比自己辈分高、年长的亲人，如向人称自己的父亲时用"家父"，母亲为"家母"；向人称自己的兄长为"家兄"，嫂子为"家嫂"。"舍"则用于向人谦称比自己卑幼的亲人，如对人称自己的弟弟为"舍弟"，侄子为"舍侄"。

2. 敬称

通常所用的词为"您"、"您老"等，使用敬称可表现出说话人的谦恭和客气。

3. 泛尊称

这种称呼几乎适用于所有社交场合，对一般男子称"先生"，对女子称"夫人"、"女士"、"小姐"等。在称呼女子时，需要注意区分婚姻状况，已婚的称为"夫人"，未婚的称为"小姐"，不能判断婚姻状况的称为"女士"。泛尊称可以与姓名、姓氏、行业性称呼分别组合在一起，并在正式场合使用，如"奥巴马先生"、"中校先生"等。

4. 姓名性称呼

一般性场合，彼此熟悉的人之间可以直接称呼对方的姓名或姓氏。对于地位、身份、辈分高者不适用。

中国人为表示亲切，还习惯性地在姓氏前加上"老"、"大"、"小"等字，如"老李"、"小王"等。更加亲密者，不称其姓而直呼其名，如"志凯"。

5. 行业性称呼

对不同行业的人士，可以职业作为称呼，比如"老师"、"医生"、"警官"等。对商务人士，一般按照性别不同分别称呼为"先生"、"小姐"等。此外，还可以将称呼和姓名、姓氏组合使用，如

"李医生"、"王磊老师"等。

6. 职务性称呼

以交往对象的职务相称,如"经理"、"厂长"等,以示身份有别、敬意有加,这是一种最为常见的称呼。

在称呼职务前加上姓氏,如"刘处长"、"肖经理",显示了说话人对对方的熟知和地位的肯定。

在职务前加上姓名,如"朱镕基总理",这仅适用于极其正式的场合。

7. 职称性称呼

交往对象拥有受人尊重的学位、学术性职称、专业技术职称的,可以直接以其职称相称。使用此种称呼时,如下三种情况较为常见:

(1) 仅称职称,如"教授"、"工程师"等。

(2) 在职称前加上姓氏,如"刘教授"、"孙研究员"等。有时这种称呼也可约定俗成地简化,如将"张工程师"简称为"张工"。但使用简称时应避免发生误会、产生分歧。如将"范局长"简称为"范局",易使人理解为"饭局"。

(3) 在职称前加上姓名,它适用于十分正式的场合,如"李婷教授"、"冯小刚导演"等。

8. 学衔性称呼

在工作中,以学衔作为称呼,可以增加被称呼者的权威性,有助于增强现场的学术气氛。常见的有以下四种形式:

(1) 仅称学衔,如"博士"。

(2) 在学衔前加上姓氏,如"李博士"。

(3) 在学衔前加上姓名,如"李毅博士"。

(4) 将学衔具体化,说明其所属学科,并在后面加上姓名,如"生物学博士李毅"等。

(二) 称呼的禁忌

1. 忌用错误的称呼

称呼对方时,记不起对方的名字,或者是张冠李戴,叫错对方的名字,都是失礼的行为,是社交中的大忌。如果没有听清楚或有疑问,可多问几次。

2. 忌用绰号作为称呼

使用绰号作为称呼,有时会给人以亲切感,但如果与交往对象关系一般,切勿自作主张给别人起绰号,不要随便拿别人的姓名开玩笑,更不能随意以道听途说的绰号去称呼对方。严禁以他人生理缺陷为绰号,这是对他人人格的侮辱,是缺乏教养的表现。不论在任何时候,切忌不要使用歧视性、侮辱性的绰号。

3. 忌用有歧义称呼

不论是自称还是他称,要注意不使用让人产生误会的称呼。如"爱人",我们中国人习惯于将自己的配偶称之为"爱人",而外国人会把"爱人"理解为"婚外恋"的"第三者"。

(三) 称呼的原则

1. 称呼要使用敬语

在人际交往中,要学会使用敬语与交往对象打招呼。对年长者、知名人士,要使用尊称。

对上级领导或其他单位负责人,要称呼职务。对职位低于自己的人,也要选择有敬重含义的称呼,一般不宜直呼其名。在职务、职称的称呼中,对于副职的称呼尤其要注意,一般情况下,称呼他人就高不就低,例如对方是副主任,要称呼为主任。

尤其是在商务场合中,要避免使用庸俗低级的称呼。如"哥们儿"、"姐们儿"等一类的称呼,显得档次不高;也不要逢人就称"老板",显得不伦不类。

2. 称呼要注意对象

对不同的交往对象,要使用不同的称呼。对不同亲密关系的人使用不同的称呼。如对亲密度很高的人可以称呼小名,对亲密度低的人则不行。称呼不同国籍的人要符合该国的礼仪习惯。

3. 称呼要注意场合

根据社交场合和具体情况,恰当地使用称呼。比如,在正式商务场合、社交场合,即使对方与自己有一定的亲属关系,一般也不要用亲属称谓,而应使用职业或职务称呼。同一个称呼,在有些场合中同一个称呼,在有些场合中使用就合适,换一个场合就不合适。比如,在一般场合中叫"妈妈",亲切而自然,叫"母亲"就别扭生硬;但是如果在一些比较庄重的场合,则以后者为佳。再如,一个人兼有几种身份,对他的称呼也要视场合的不同而不同。

(1) 注意身份、地位

称呼对方时,要看被称呼人的身份和地位,以及被称呼人和称呼人之间的关系。例如,一位姓陈的教授,他的职务是校长,但是他给学生上课,学生在称呼他的时候,一般称呼他为"老师"或"教授",而不称呼他为"校长"。

(2) 注意称呼顺序

在人际交往中,若需要对多人进行称呼,一般来说,应遵循先长辈后晚辈、先上级后下级、先疏后亲的原则。

(3) 注意表情、语气

准确称呼别人时,带有感情色彩也是非常重要的。特别是称呼地位比较高的人时,眼神、表情、语音的高低及腔调都非常关键。如果声音比较低沉、语气比较平静,对方以及在场的人士,会觉得我们要么没有礼貌,不懂得尊重别人,要么就是性格内向、表现拘谨,或者不够大方。称呼任何人时,都要注意自己的表情和声音,让对方感受到我们的热情和礼貌。

 案例

被拒绝的生日蛋糕

有一位先生为外国朋友订做生日蛋糕。

他来到一家酒店的餐厅,对服务员小姐说:"小姐,您好!我要为一位外国朋友订一份生日蛋糕,同时打一份贺卡,你看可以吗?"小姐接过订单一看,忙说:"对不起,请问先生您的朋友是小姐还是太太?"这位先生也不清楚这位外国朋友结婚没有,从来没有打听过,他为难地抓了抓后脑勺想想,说:"小姐?太太?一大把岁数了,太太。"

生日蛋糕做好后,服务员小姐按地址到酒店客房送生日蛋糕。敲门后,一女子开门,服务员有礼貌地说:"请问,您是怀特太太吗?"女子愣了愣,不高兴地说:"错了!"服务员小姐丈二和尚摸不着头脑,抬头看看门牌号,再回头打个电话问那位先生,没错,房间号码没错。再敲一遍,开门,"没错,怀特太太,这是您的蛋糕。"那女子大声说:"告诉你错了,这里只有怀特小姐,没有怀特太太!"啪的一声,门被使劲地关上了。

案例解析:在现代人际交往活动中,人与人之间交谈的第一步就是称呼和问候。正确与适当的称呼与问候就像人际关系的润滑剂,将有利于进一步的沟通与交往。如果称呼不当会引起相反的效果,正如案例中所遇到的一样。

(资料来源:http://blog.sina.com.cn/s/blog_5d8f22df0100dgvr.html)

二、介绍礼仪

介绍,就是在社交场合把一方介绍给另一方。它是人与人相识的一种手段,是打开交往大门的钥匙,恰当的介绍不仅使人们对对象有一定的了解,还能搭建进一步交流、合作的平台,是现代人不可忽略的交际手段。介绍主要有自我介绍、介绍他人、被他人介绍和集体介绍。

(一) 自我介绍

1. 适合自我介绍的情境

自我介绍是指在人际交往中,由自己担任介绍的主角,自己将自己介绍给他人,以便对方认识自己。通常在以下情况适合采用自我介绍的方式。

第一,自己希望结识他人时。在多人聚会中,如果自己想结识一个不熟悉的人,但又没有合适的人引荐,只好亲自把自己介绍给对方。交谈之前,可以先向对方点头致意,得到回应后,再向对方介绍自己的姓名、身份和单位等。一般情况下,对方也会主动地做自我介绍。

第二,他人希望结识自己时。在社交场合,如果有不相识的人对自己感兴趣,点头致意,表示想结识的愿望时,自己应当主动做自我介绍,表现出对对方的好感和热情。

第三,需要让其他人了解、认识自己时。平时联系工作和求职时,或在社交场合彼此都不熟悉时,主持人提议各人做自我介绍,以便让大家互相了解、认识,这时的自我介绍既是一种礼貌,也是进一步交流的前提和基础。

2. 自我介绍的礼仪

根据场合、对象和实际需要的不同,自我介绍的内容应该具有鲜明的针对性,不能够"千人一面"、一概而论。

(1) 应酬式的自我介绍,应该简单明了,只介绍一下姓名即可。

(2) 工作式的自我介绍,除介绍姓名外,还应介绍工作单位和从事的具体工作。

(3) 社交式的自我介绍,则需要进一步的交流和沟通,在介绍姓名、单位和工作的基础上,可进一步介绍兴趣、爱好、经历、同交往对象的某些熟人的关系等,以便加深了解,建立情谊。

不论在什么场合,自我介绍都应该做到举止庄重、大方,讲到自己时可将右手放在自己的左胸上,表情应坦然、亲切,面带微笑,充满自信与热情,眼睛应看着对方或大家,落落大方。在自我介绍时,要把握好态度,力求真实,注意谦虚,不能自我吹捧,要语气自然、语速正常、吐字清晰、从容不迫,这样会使对方产生好感,对自我介绍的成功大有好处。介绍自己的时间一般以半分钟左右为最佳,如无特殊情况,最好不要超过一分钟。

(二) 介绍他人

1. 适合介绍他人的情境

介绍他人,就是介绍互不相识的人或把一个人引荐给其他人相识沟通的过程。介绍他人

时经常是双向性的,介绍人要将被介绍人双方各介绍一番。一般在下列情形下,要考虑主动为他人作介绍:

(1) 与他人外出或同行时,路遇与其不相识的同事或朋友。
(2) 在室内或公共场所,接待彼此互不相识的来宾或客户。
(3) 推荐或介绍某人加入某一交际圈。
(4) 陪同亲友、同事去拜访我们熟悉而他不熟悉的人。
(5) 受托或受邀为他人介绍。

2. 介绍他人的礼仪

介绍他人时必须记住一条原则:位高者有"优先知情权",简称"尊者优先"原则。基本的介绍顺序为:

先把男士介绍给女士;
先把晚辈介绍给长辈;
先把主人介绍给客人;
先把未婚者介绍给已婚者;
先把职位低者介绍给职位高者;
先把本公司职务低的人介绍给职务高的客户;
先把个人介绍给团体;
先将晚到者介绍给早到者。

介绍他人常见的几种形式:

强调式——刻意强调某些内容,以引起听者关注。
引见式——很普通地简单介绍双方互相认识。
推荐式——有备而来地介绍,突出要点,引起兴趣。
礼仪式——侧重强调姓名、单位、职务等身份信息。
简介式——姓名、职务、职称、主要特点等。

介绍他人举例:

"周董事长,请允许我介绍一下……"
"李教授,请允许我向您介绍我的……"
"董小姐,请允许我给您介绍一位新朋友。"
"诸位,这位是大名鼎鼎的华夏集团总裁吴涛先生,大家用热烈的掌声欢迎他光临!"
"女士们,先生们:大家好!请允许我向大家隆重介绍今天到会的领导和嘉宾,他们是:××市市长魏红女士,著名科学家、两院院士钱奎教授……"

为他人介绍时,应当注意:一是信息量要适当,太简单不行,有敷衍塞责之嫌;太繁杂也不行,让人不得要领。二是切忌涉及个人隐私。比如:"张女士,这是我的好朋×××,单身,最近刚离婚……"这样的介绍会使被介绍人感到尴尬。

介绍他人时,介绍人和被介绍人都应起立,以示尊重和礼貌。被介绍者应起身站立,面带微笑地目视介绍者或对方,介绍完毕,被介绍双方应点头微笑,主动握手、问候、交换名片等。被介绍人应表现出非常愿意结识对方的意思,千万不要扭扭捏捏,面无表情或闭口不言。否则,会使得介绍人和被介绍的对方都很尴尬。

三、握手礼仪

现代人的握手礼具有致意、亲近、友好、寒暄、道别、祝贺、感谢、慰问等多种含义,是世界各国通用、常见的社交礼节。

(一)握手方式

有的人握手使人感到温暖,充满阳光;而有的人握手却使人感到冷冰冰的,就像凛冽的北风一样。可见握手的形式不同,给人的感受有着很大的差异。

典型的握手方式是双方各自伸出右手手掌基本呈垂直状态,掌心向自己的右侧,五指并拢,握手的时间以3秒为宜,用力不要过大。根据不同的社交场合,握手的方式主要有以下几种。

(1)支配式握手,即"控制式"握手。用掌心向下或向左下的姿势握住对方的手。一般是在方社会地位悬殊较大时,地位高的一方采用,以示自己的优势、主动、支配地位。

(2)友善式握手,即顺从型握手。用掌心向上或向左上的手势与对方握手。采用这种握手方式有两种情况:一是自身性格软弱、处于劣势地位,愿意受对方支配,对对方畏惧;另一种是表示自己处世民主、谦和、平易近人,对对方表示尊敬、敬仰,愿意采纳对方意见。

(3)平等式握手,即标准式握手。握手时双方伸出的手心都不约而同地朝着自己左方。一般双方社会地位相当;双方达成共识;单纯表示礼节性的问好采用这种方式。

(4)双握式握手。用右手紧握对方右手时,同时用左手加握对方的手背、前臂、上臂或肩部。表示热情友好的态度。

(5)冷漠式握手。握手时,手无任何力度、质感,不显示任何好恶信息,给人一种死鱼般的感觉。反映一个人对人冷漠无情、消极傲慢或天生懦弱的特性。

(6)捏手式握手。即握手时有意或无意地只捏住对方的几个手指或手指尖。当人们为了表达对女士或地位高的人的尊重时,常采用这种方式。但地位相仿或性别相同的人之间采用这种握手方式,体现的是冷淡和生疏。

(7)拉臂式握手。即将对方的手拉到自己的身边相握,且相握的时间较长。采用这种握手方式一是一人已经伸手,对方无回应,为避免尴尬,主动将对方的手拉过来问候;二是非常喜欢对方的亲热举动。

(8)抠手心式握手。即两手相握后不是很快松开,而是双手掌相互缓缓滑离,在对方手心适当停留。这种方式适用于恋人、情人、好朋友之间,商务场合慎用。

不同的握手方式给人以不同的感觉,传递着不同的信息。如大多数人认为:双手紧紧相握、用力较重是热情诚恳,或有所期待的表示;握手时力度均匀适中,说明情绪稳定。握手既轻时间又短,被认为是冷淡、不热情的表示;握手时拇指向下弯,又不把另外四指伸直,则说明不愿让对方完全握住自己的手,是对对方的一种藐视;用两只手握住对方的一只手,并左右轻轻摇动,是热情、欢迎、感激的表现;反之,握手时掌心朝下的人显得傲慢,控制欲强;掌心朝上的人则显得谦恭;刚触到对方的手立即放开,是冷淡和不愿合作的反应;握手时手指微向内曲,掌心稍呈凹陷,是诚恳、亲切的表示。而伸出双手去捧接对方的手更是谦恭备至了。在人际交往中,与人握手的力量、姿势、时间的长短反映出我们对对方的态度,显现出自己的个性,展示了自己的礼仪修养,会给对方留下深刻的印象。

(二) 握手的顺序

在正式社交场合,握手次序要依据双方所处的社会地位、身份、职位而定,而在社交和休闲场合则主要依据年龄、性别、婚否等条件来确定。

(1) 职位、身份高者与职位、身份低者握手,应由职位、身份高者先伸出手来。
(2) 已婚者与未婚者握手,由已婚者先伸出手来。
(3) 年长者与年幼者握手,年长者先伸出手来。
(4) 长辈与晚辈握手,长辈先伸出手来。
(5) 主人待客时,客人来访,主人先伸出手来。
(6) 社交场合的先至者与后来者握手,先至者先伸出手来。
(7) 客人告辞时,应先伸手与主人相握,以示请主人就此留步。

(三) 握手的禁忌

(1) 不要用左手与他人握手。即使是左撇子,也要伸右手去握手。
(2) 不要戴手套握手。如原先戴着手套,应尽快摘下手套,然后与人握手。如确有不便(残疾),要向他人说明情况,请求对方原谅。按照国际惯例,身穿军服的男人可以先敬礼,后戴着手套和女士握手。社交场合,女士可戴着薄纱手套与他人握手。
(3) 不允许交叉握手。当两人正握手时,别人不能跑上去与正在握手的人握手。
(4) 与女士握手,不宜握得太紧、太久。
(5) 握手时不能精神分散,目光游移,左顾右盼,心不在焉。
(6) 不要以肮脏不洁或患有传染性疾病的手与他人相握。如正在干活、手不干净时,应说明原委,取得他人谅解。
(7) 不要在与人握手后,用手帕擦手。
(8) 不要拒绝与他人握手。
(9) 跨门槛时不可握手。因为这是一种不礼貌的握手。

四、名片礼仪

在社交活动中,名片犹如一个人的脸面。名片发展至今,已是现代人交往中一种必不可少的联络工具,成为具有一定社会性、广泛性,便于携带、使用、保存和查阅的信息载体之一。在各种场合与他人进行交际应酬时,都离不开名片的使用。名片主要用来介绍主人的姓名、联系方式,同时也向他人传递着身份、职业、地位等信息。掌握使用名片的相关礼仪知识,可以使名片在社交中发挥更充分的作用。

(一) 名片的制作

名片一般长10厘米、宽6厘米,或长9厘米、宽5.5厘米。名片的印制以横排为佳。名片通常选用白色、乳白色、浅蓝、黄色光面的优质卡片纸制作。其色彩切忌鲜艳、花哨,讲究淡雅端庄。公务员与职务、职称较高的人士宜用白色,企业界人士可用黄色,营销人员可用彩色的。一般来说,名片的色彩应控制在三种颜色之内,否则显得杂乱无章。两种颜色最好。采用横写的名片时,我国习惯把单位及部门用较小号字体印在名片左上角,姓名在中间用大一号的字体,职务或职称用小一号字体写在姓名之后;外国人习惯将姓名印在中间,职务用小号字体印在姓名下面。如同时印中外文时,则一面中文,另一面外文,外文按国际惯例排列。不论是印制个人名片还是商用名片,上面列的职务都不要太多,列一两个主要职务即可,以免给人以华而不实之感。假如必要,可为自己设计几种单位不同、职衔不同的名片,在公务交往中,该用哪一种,就用哪一种。目前,一般名片除印姓名和单位、职务外,还在右下角印上通信地址、邮编及电话号码等以便于联系。一些企业界人士与营销人员的名片背面还印上经营范围与项目等业务信息。

 案例

张小姐的名片

张小姐的美容小店开张在即,让她苦恼的是店铺的位置不太醒目。张小姐是个细心的人,她想利用名片来做文章。她要求自己的名片别具一格,体现美的内涵,让客户循着名片就能找到店铺。一家广告公司满足了张小姐的要求,并把张小姐的店铺名称做了特殊字符的处理,让客户即使匆匆一瞥也能牢牢记住,整张名片都是四色印刷,精美大方。另外,名片的背面是一张小小的地图,中间醒目位置标出了张小姐店铺的位置,这下再也不用担心客户找不到店址了。小店也从当初只有几个人的门面发展到在全市拥有十几家分店的美容连锁店。后来,张小姐又给自己连锁店设计了一套贵宾卡派送给客户。

(二) 名片递送礼仪

(1) 递送名片时应起身站立,走上前去,上体前倾15度,用双手拇指和食指执名片上端两角,让文字正面朝向对方,递送过去。

(2) 若对方是外宾,应该将名片印有英文的那一面朝着对方。

(3) 递送名片时,可先做一下自我介绍,同时眼睛注视对方,面带微笑并大方地说:"您好,这是我的名片,请多多关照"或"希望以后常联系"等话语。

(4) 与多人交换名片时,应讲究先后次序。交换名片的顺序一般是:"先客后主,先低后高"。依照职位高低的顺序,或是由近及远依次进行,切勿跳跃式地进行,以免对方误认为有厚此薄彼之感。

(5) 在尚未弄清对方身份时不应急于递送名片,更不要把名片视同传单随便散发。参加会议时,应该在会前或会后交换名片,不要在会中擅自与别人交换名片。

(三) 名片接受礼仪

(1) 接受名片时,应起身站立,面带微笑,目视对方,双手捧接,同时说"很高兴认识您"。

(2) 如果对方伸出右手递交名片,最好仍使用双手去接过来,以表示礼貌与尊重。

(3) 接过名片后,要从头至尾认真默读一遍,或将对方引以为傲的内容轻读出声,意在表示重视对方。

(4) 对没有把握念对的姓名,可以向对方请教,然后将名片放入自己的口袋或手提包、名片夹中。

(5) 如果接下来与对方谈话,不要将名片收起来,这会使对方感觉你很重视他。在对方有两人以上时,应将他们的名片放在桌子上排好,并保证不被其他东西压起来,然后分别进行交谈。

(6) 交谈结束后,如果坐在椅子上,应把对方的名片收起来放好,然后再向对方致意告辞。

知识直通车

使用名片的五大禁忌

一忌胡乱散发；

二忌逢人便要；

三忌玩耍名片；

四忌收藏不当；

五忌送出破损和带有脏污的名片。

模块二 乘车礼仪

[导入]

妻子坐在轿车后排

苗先生供职于北欧某国的外贸机构。一天，他应邀参加驻地城市市长的晚宴，他的夫人自然陪同前往。可能是老两口拌了几句嘴或是其他什么原因，苗夫人尽管上了苗先生的车，但是却没有像以往那样亲亲热热地坐在苗先生的身边，而是一言不发地独自坐到了后排去了。苗先生根本没把这当回事，心想：只要她跟我去就算深明大义了，管她坐在哪儿呢。

然而行车不久，苗先生就被一个警察拦住了。他以为是检查驾照之类的例行公事，就赶忙把"本子"递上去。谁知那个警察看都不看，只是对他来了一个立正敬礼，然后请他下车"合作"。

下车后，不容他开口，警察便问："先生，你没有出租车的牌照，为什么还要非法载客呢？"苗先生听了直乐："那是我太太……"想不到那警察一本正经地说："你的太太为什么不陪你坐在前排，反而要坐到后排去呢？"苗先生听后心生怒气，但又不敢表现出来。

眼看着晚宴时间将近，实在沉不住气的苗先生只好拿出市长的请帖和他的护照做最后一搏。那警察倒是通融，只有一个条件，就是要苗先生、苗夫人证明一下双方的确是夫妻关系："据说你们东方人表达感情十分含蓄，既然你们是夫妻，就请两位当众拥吻一下吧。"事已至此，苗先生只要照办。

（资料来源：百度文库）

讨论

苗先生的妻子乘坐后排有何不妥？

你知道乘坐私家车、出租车和大巴车的礼仪规范吗？

现代社会，伴随着经济的快速发展，人们的生活节奏越来越快，访亲探友、旅行观光、拜访客户、出席活动等日常行为离不了乘坐交通工具。常见的交通工具主要有：轿车、公共汽车、火车和地铁。因此每个人都有必要对乘车礼仪有所了解，进而使自己的乘车行为规范得体。

一、乘坐公共汽车的礼仪

公共汽车是中国城市居民最常用的交通工具。平时上下班,双休日上街购物,通常都乘坐票价便宜的公共汽车。乘坐公共汽车,应讲究以下礼仪。

1. 排队上车

在公共汽车起点站,乘客应自觉排队等候,依顺序上车。在中间站,车靠站停稳后要先下后上或从前门上后门下,应主动让老弱病残、妇女儿童先上。上了车的乘客应尽量向车厢内移动,不要堵在车门口,以免妨碍后面的乘客上车。

2. 主动购票

上车后应主动购票或出示月票。下车前,应自觉地向售票员出示车票、月票。乘坐无人售票车时,应主动刷卡或将事先准备好的钱币自觉投入箱内。

3. 互谅互让

在车上遇到孕妇、病人、老人和抱孩子的妇女,有座位的年轻乘客应主动让座。当他人给自己让座时,要立即表示感谢。

车上人多时,乘客之间难免拥挤和碰撞,乘客都应表现出高姿态,互相谅解。乘客还应尊重司机、售票员的劳动。此外,乘客应注意乘车安全。站在车厢要站稳扶好,以免在刹车时碰到他人或踩到他人,如碰到他人要主动道歉。

案例

不讲礼貌带来的尴尬

一天,正是上班时的交通高峰时间,一辆搭载了不少乘客的电车,缓缓地停靠在站台上。一位太太登上了电车,她穿着合体的套装,拎着一只小小的皮包,在车厢里走了一步,便犹豫地站住了,因为乘客太多,已经没有空座位了。一位先生见状,便客气地站起身对她说:"请坐这儿吧。"这位太太走上前,看也没看他一眼,便一声不吭地坐下了。让座的先生颇诧异,周围的乘客也都对她这种不礼貌的行为感到不满。

这位先生站在她的身边,想了一下,俯下身问她:"太太,您刚才说什么来着?我没有听清楚。"那位太太抬头看看他,奇怪地说:"我什么也没有说呀。""喔,对不起,太太"那位先生淡淡地说,"我还以为您在说'谢谢'呢。"车里的其他乘客都笑了起来,那位不讲礼貌的太太在众人的笑声中羞得满脸通红。

4. 注意卫生

乘客在车上不要吸烟,不要随地吐痰,不要乱扔果皮和纸屑。随身携带机器零件或鱼肉等的乘客,应将所带物品包好,以免弄脏其他乘客的衣服。

如果在下雨天乘车,在上车前把雨伞折好,雨衣脱下并且叠好,不要把别人的衣服弄湿。

总之,乘坐公共汽车时,要注意公共文明,不要在车上大声喧哗,以至于影响他人。做到文明乘车,体现出个人的修养和素质。

二、乘坐轿车礼仪

现代社会是高度文明的社会,在乘坐轿车外出或是与他人一同乘坐轿车时,应当注意保持自己应有的风度,使自己的所作所为处处符合礼仪规范的要求,做个"懂礼"的现代人。

(一)座次礼仪

在轿车礼仪中,最重要的问题,自当首推轿车上的座次问题。若是自己家人乘坐商务人员驾驶的轿车外出,这一问题未必值得大惊小怪。但是,商务人员如果在人际交往中,与他人一同乘坐轿车,那么座次的问题就需要讲究。

商务礼仪规定,确定任何一种轿车上座次的尊卑,应当通盘考虑的有:谁在开车、开的什么车、安全与否,以及嘉宾本人的意愿四个基本要点。

1. 谁在开车

何人驾驶轿车,是关系座次尊卑的头等大事。通常认为,轿车的座次应当后排为上座,前排为下座。这一规定的基本依据,是因为轿车的前排座,即驾驶座与副驾驶座最不安全。

(1) 专职司机驾驶车辆时,即由出租车司机或单位的司机开车,轿车的座次应当后排右座为上座,副驾驶座为下座。

(2) 若主人亲自开车,前排的副驾驶座为上座,表示平起平坐,此时,让上宾坐后座是失礼的。若此刻车上的乘客不止一人时,应推举其中地位、身份最高者,在副驾驶座上就座。如果他于中途下车了,则应立即依次类推"替补"上去一个,总之始终不许让该座位"空空如也"。

(3) 当全家外出时,轿车应由男主人驾驶,在其身旁的副驾驶座上就座的应当是女主人。他们的孩子,则应当坐在后排座位上。

(4) 如果主人夫妇开车接送客人夫妇,则男女主人的座次应如前面一样,客人夫妇应当坐在后排。

若主人一人开车接送一对夫妇,则男宾应就座于副驾驶座上,而请其夫人坐在后排。若前排可同时坐3人,则应请女宾在中间就座。

2. 轿车类型

轿车的类型不同,其座次的尊卑也不一样,这是显而易见的。

(1) 若乘双排座五座轿车,驾驶座居左,由专职司机开车时,座次的尊卑应当是后排上,前排下,右为尊,左为卑。具体而言,除驾驶座外,车上其余4个座位的顺序,由尊而卑依次应为:后排右座,后排左座,后排中座,前排副驾驶座。详见图7-1。应当特别说明一点,按照国际惯例,在乘坐由专职司机驾驶的轿车时,通常不应当让女士在副驾驶座上就座。

(2) 由主人亲自驾驶双排五座座轿车时,车上其余的4个座位的顺序,由尊而卑依次应为:副驾驶座,后排右座,后排左座,后排中座。详见图7-1。

(3) 由专职司机驾驶3排7人座轿车时,车上其余6个座位(加上中间一排折叠椅的两个座位)顺序,由尊而卑依次应为:后排右座,后排左座,后排中座,中排右座,中排左座,副驾驶座。图详见7-2。

(4) 由主人亲自驾驶3排7人座轿车时,车上座位的顺序,由尊而卑依次应为:副驾驶座,后排右座,后排左座,后排中座,中排右座,中排左座。详见图7-2。

(5) 由专职司机驾驶3排9人座轿车时,车上其余8个座位的顺序,由尊而卑依次应为:中排右座,中排中座,中排左座,后排右座,后排中座,后排左座,前排右座(假定驾驶座居左),前排中座。详见图7-3。

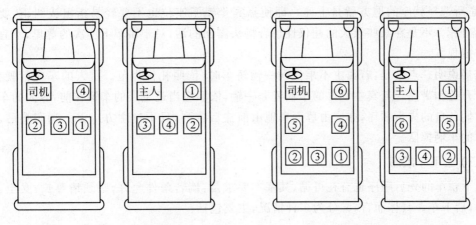

图 7-1　双排座五座轿车座次　　　　图 7-2　3 排 7 人座轿车座次

（6）由主人亲自驾驶的 3 排 9 座轿车上的座次,由尊而卑依次应为:前排右座(假定驾驶座居左),前排中座,中排右座,中排中座,中排左座,后排右座,后排中座,后排左座。详见图 7-3。

（7）在乘坐吉普车或大中型轿车时,由谁开车的问题就不甚重要了。在吉普车上,副驾驶座总是上座。至于其后排座位,则讲究右高左低。

（8）在大中型轿车上,通常合"礼"的座次排列应当是由前而后,由右而左。其位次的排列,由尊而卑依次为:第一排右侧右座,第一排左侧右座,第一排左侧座;第二排右侧右座,第二排左侧右座,第二排左侧座;第三排右侧右座,第三排右左侧右座,第三排左侧座;以此类推。详见图 7-4。

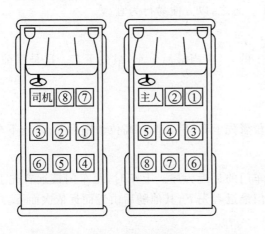

图 7-3　3 排 9 人座轿车座次　　　　图 7-4　大中型轿车座次

3. 安全与否

乘坐轿车外出,除了考虑迅速、舒适问题之外,安全的问题是不容忽视的。从某种意义上讲,甚至应当将它作为头等大事来对待。

4. 嘉宾本人的意愿

通常,在正式场合乘坐轿车时请尊长、女士、来宾就座于上座,这是给予对方的一种礼遇。但与此同时,还要尊重嘉宾本人的意愿和选择,并把这一条放在最重要的位置。应当据此认定,嘉宾所选择就座的地方就是上座。即使嘉宾坐错了座位也不要轻易指出或纠正,要做到"主随客便"。不是在某些重大的礼仪性场合抛头露面的话,对于轿车上座次的尊卑,不宜过分地墨守成规。

应当说明一点的是:若宾主不乘坐同一辆轿车时,依照礼仪规范。主人的车应行驶在前,是为了开道和带路。若宾主双方的车辆皆非一辆,依旧应当是主人的车辆在前,客人的车辆居后。它们各自的先后顺序,亦应由尊而卑地由前往后排列,只不过主方应派一辆车垫后,以防止客方的车辆掉队。

(二) 上下车顺序

上下轿车的先后顺序也有礼可循,其基本要求是:倘若条件允许,必须请尊长、女士、来宾先上车,后下车。具体而言,又分为多种情况,主要包括:

1. 主人亲自驾车

由主人驾驶轿车时,如有可能,主人均应后上车,先下车,以便照顾客人上下车。

2. 分坐于前后排

乘坐由专职司机驾驶的轿车时,坐于前排者,大都应后上车,先下车,以便照顾坐于后排者。

3. 同坐于后一排

乘坐由专职司机驾驶的轿车,并与其他人同坐于后一排时,应请尊长、女士、来宾从右侧车门先上车,自己再从车后绕到左侧车门后上车。下车时,则应自己先从左侧下车,再从车后绕过来帮助对方。若车停于闹市,左侧车门不宜开启,则于右门上车时,应当里座先上,外座后上。下车时,则应外座先下,里座后下。总之,以方便易行为宜。

4. 折叠座位的轿车

为了上下车方便,坐在折叠座位上的人,应当最后上车,最先下车。这是目前所广为沿用的做法。

5. 乘坐三排九座车

乘坐三排九座车时,一般应是低位者先上车,后下车。高位者则后上车,先下车。

6. 乘坐多排座轿车

乘坐多排座轿车,通常应以距离车门的远近为序。上车时,距车门最远者先上,其他人随后由远而近依次而上。下车时,距车门最近者先下,其他随后由近而远依次而下。

(三) 上下车举止礼仪

在上下车时,动作应当温柔文雅,不要大步跨越,连蹦带跳。女士上下轿车,如穿短裙要采用背入式或正出式,即将身子背向车厢入座,坐定后随即将双腿同时缩入车厢。如穿长裙,在关上门前应先将裙子理好;准备下车时,应将身体尽量移近车门,车门打开后,先将双腿踏出车外,然后将身体重心移至双脚,头部先出,然后再把整个身体移离车外。这样可以有效避免"走光",也会显得姿态优雅。如穿低胸服装,不妨加披一条围巾,以免弯身下车时出现难为情的局面,也可利用钱包或手袋轻按胸前,并保持身体稍直。

在社交活动中,如果身居低位,则应在上下车时,主动地为位高者开关车门。具体来说,当高位者准备登车时,低位者应当先行一步,以右手或左右手同时并用,为高位者拉开车门。拉开车门时,应尽量将其全部拉开,即形成90度夹角。在下车时,低位者也可先下车为高位者开车门,以示尊敬。具体操作方法与上车时基本一致。

三、乘坐火车礼仪

人们在出差或长途旅行时,经常需要乘坐火车,因此有必要了解有关乘坐火车的礼仪。乘坐火车的礼仪,主要包括以下几个方面内容。

1. 自觉遵守候车规则

检票时自觉排队,有秩序地上车。不要从车窗等地方上车。多人同行,位卑者先上车,位尊者后上车,便于位卑者寻找座位,照顾位尊者。

2. 按号就座并按要求放好行李

乘坐火车时,往往需要对号入座,座位可供选择的余地并不太大。比较而言,有关座次的讲究也相对较少。基本的规矩是:临窗的座位为上座,临近通道的座位为下座。与车辆行驶方向相同的座位为上座,与车辆行驶方向相反的座位为下座。

在有些车辆上,乘客的座位分列于车厢两侧,乘客面对面就座。在这种情况下,应以面对车门一侧的座位为上座,以背对车门一侧的座位为下座。

所带行李应放在行李架上。长途旅行一般携带行李较多,乘客间要相互照顾,合理使用行李架,存取行李时应脱掉鞋子,以免踩脏座位。自己的行李要摆放整齐,尽量不压在别人的行李上,如果不得不压也应征得别人的同意。

3. 自觉维护车厢环境

不在车厢内吸烟,吸烟时要去吸烟区。不能毫无顾忌地打喷嚏,没有特别原因不要在车厢狭窄的过道上走来走去,坐在座位上不把脚伸到车厢过道上。不应旁若无人地大嚼食品,不要把果皮、残渣及废弃物抛向窗外或在车厢内随地乱扔。不随地吐痰,不在车厢内大声说话。

4. 邻座之间友好相处

上车后应主动与邻座打招呼问好并相互照顾。与邻座的旅客交谈应先看清对象,与不喜欢交谈的人谈话是不明智的,与正在思考问题的人谈话也是失礼的。即便与旅伴谈得很投机,也不要没完没了。如果看到对方有倦意,就应立刻停止谈话。交谈要适度,注意话题的分寸。如果阅览别人的报刊或使用邻座的物品,应先征得对方同意。别的乘客看报时,不能凑上去瞧。

5. 维护个人形象

在车上休息时,不要宽衣解带,也不允许脱鞋、袜(卧铺车座除外)。不要当众更换衣服。不要东倒西歪,卧倒于坐席上下、茶几上或过道上。不要靠在他人身上或把脚跷到对面的坐席上。不要注视他人的睡前准备和睡相等。

 案例

A君是某公司的销售人员,乘火车到外省某公司洽谈一笔生意。火车上人很多,A君感到很疲惫,就将腿伸到过道上,整个人歪在座位上睡了起来,他的头一会儿便歪在旁边一位女士的身上。那位女士很不好意思,不断地移开自己的身体。看着他熟睡的样子和听着他发出的呼噜声,邻座的乘客都觉得很可笑。等他睡醒以后,又打开MP3旁若无人般地听起音乐来了,嘴里还跟着音乐哼唱,声音很大,并取出香烟,开始吞云吐雾。邻座的乘客不禁皱起了眉头。

6. 用餐要文明

在餐车用餐时,如果人数过多,应耐心排队等候。在用餐时,应节省时间,不要大吃大喝,猜拳行令。用餐完毕,应立即离开。

在车厢用餐时,一般情况下不能要他人的东西吃,他人请自己品尝时也应婉言谢绝。尽量不要在车上吃气味刺鼻的食物。吃剩的食物应妥善放好或丢到垃圾箱。公用茶几上不要过多地堆放自己的食物。

7. 下车要礼貌

到达目的地后,拿好自己的物品,有礼貌地与邻座旅客道别,有序下车。与人同行,通常由位卑者先下车,位尊者则应当后下车。

四、乘坐地铁礼仪

地铁作为一种快捷的现代交通工具给我们出行带来极大的方便。我们在享受地铁带来的方便的同时,也应遵守乘坐地铁的礼仪及规定:

(1) 凭票乘车,阅读乘车说明。

(2) 遵守规定,不带禁物。乘坐地铁时,严禁携带的物品有:

a. 易燃、易爆、有毒、腐蚀性、放射性和杀伤性等危险品(如雷管、炸药、鞭炮、汽油、柴油、煤油、油漆、电石、液化气、管制刀具、各种酸类等)以及其他危害公共安全的物品;

b. 超长(1.8米以上)、易碎(如玻璃及易碎玻璃制品等)、笨重(如自行车、洗衣机、电视机、台式计算机显示器、电冰箱等)妨碍公共卫生、妨碍车内通行和容易污损地铁设备和站、车环境的物品及动物。

(3) 注意衣冠整洁。衣冠不整等不文明者可能被拒绝进站。

(4) 服从车站工作人员的管理,听从工作人员指挥,配合工作人员工作。

(5) 注意安全,严守站台规定。严禁跳下站台;禁止在站、车内追逐打闹;禁止在站台、大厅、出入口、通道久留,禁止在出入口平台上坐卧;禁止在地铁出入口及车站内存放物品;禁止在站、车内行乞、表演、擅自销售物品和发放宣传品。

(6) 乘坐扶梯时注意遵守右侧站立、左侧通行的原则。

(7) 遵守文明乘车行为礼仪:候车时禁止越过黄色安全线或倚靠屏蔽门;按线排队候车,先下后上;车门或屏蔽门开、关过程中,禁止强行上下列车;车门或屏蔽门关闭后,禁止扒门;乘车时禁止手扶、挤靠车门;严禁在车厢连接处上下车。

知识直通车

乘坐地铁不文明的五大现象

1. 不等地铁上的乘客下车,就硬挤进去抢座位。乘坐地铁的原则是"先下后上",但一些乘客未等地铁里的乘客出来就硬挤进去,抢占座位,不仅如此,还伸开双臂或用手提包等给亲友占位。

2. 堵在门口，阻碍上下车的乘客。这种行为在上下班时特别严重。如果只坐一两站，不想往里挤，还有情可原，不少乘客乘坐地铁至少在5站以上，但只图自己下车方便，不愿往里走，因此造成列车门口挤得满满的，而车厢里面却空空荡荡。列车门一开，乍看好像已饱和，其实里面还有许多空间，一方面阻碍了下车乘客的通行，另一方面也给要上车的乘客极大困扰，不知该不该挤上去。

3. 制造噪声。现在手机普遍使用了，但某些乘客在使用手机礼仪方面还很欠缺。经常会听到某些人旁若无人、肆无忌惮地大声讲电话，恨不得让全世界人都听到他们所讲的内容。一些乘客还故意把手机音乐开得很大声，好像是故意挑衅似的。一些家长纵容孩子在车厢里追跑打闹，还有的对孩子的大声哭闹听之任之，丝毫不顾周围乘客的感受。

4. 不注意仪态。一些乘客在坐地铁时，其坐姿实在不敢恭维。特别是某些男士，不顾通道狭窄而伸腿、跷脚。最令人遗憾的是有一些乘客，一坐下，一只脚就脱鞋蹬上了座位，十分不雅。甚至有些乘客看有许多空位，就干脆躺下了。

5. 争先恐后。地铁拥挤时，一些站在列车门口附近的乘客，为了方便里面的乘客下车，往往会先暂时下车，等下车的乘客下完后再上车。而站台上的一些乘客不等让路的乘客上车，就抢先冲进车厢。结果，好心让道的乘客反而因"鸠占鹊巢"，只好再等下趟车。

模块三　乘坐飞机礼仪

[导入]

老张坐飞机

老张第一次搭乘飞机出差，从北京到成都。飞机起飞之后，他突然想起有些工作上的事情还要跟公司的同事交代一下，于是拿出了手机，打开准备给公司打电话。旁边的乘客看到他的行为，吓出了一身冷汗，在反复劝阻无效的情况下通知了空乘人员。老张非常生气，在空乘人员的教育下仍然不关手机，最终机组空乘人员为了保证其他乘客的安全强行没收了他的手机。

（资料来源：百度文库）

老张的这一行为是否得当？
你认为老张若一意孤行可能带来什么后果？
搭乘飞机时需要注意哪些礼仪规范？

随着经济的发展，许多商务人士需乘坐飞机商务旅行。在乘坐飞机时，必须认真遵守乘机礼仪，不仅要在空中旅行时保持良好的形象，避免出现尴尬局面，更重要的是维护乘机安全。

一、登机前要耐心办理手续

无论是乘坐国内航班还是国际航班，都必须办理乘机手续。在世界各国，乘机者在办理登机手续之后,还必须接受例行的安全检查,此后方可登机。在进行安全检查时,每位乘客都要通过安全门,而其随身携带的行李则需要通过监测器。如有必要,安检人员还有可能对乘客或其随身携带的行李使用探测仪检查或者手工检查。在接受此类检查时,乘客要予以谅解,耐心等候,主动配合。

二、乘机时应尊重乘务员

上、下飞机时,乘务员都会站在机舱门口迎送乘客,乘客应表示感谢或点头示意。飞行中,如果需要服务,可按头顶上的呼唤按钮或向乘务员招手示意,接受服务后要有礼貌地致谢。为了保证飞行安全,乘客应在乘务员的指点下,按规定系好安全带。在乘机过程中,对乘务员的服务要给予配合。

三、乘机前认真收看飞机安全设备知识

在飞机起飞前,所有客机均会由客舱乘务员或通过播放电视录像片,向全体乘客介绍氧气面罩、救生衣的位置及正确的使用方法,以及机上紧急出口所在的位置及疏散、撤离飞机的办法。在每位乘客身前的物品袋内,通常还会备有专门介绍上述有关内容的图示。对此一定要细心观看,认真阅读,并且牢记在心。

四、飞机飞行期间,牢记并遵守各项有关安全乘机的规定

当起飞或降落时,一定要自觉地系好自己的安全带,并且收起自己所使用的小桌板,同时将自己的坐椅调直。当飞机受到高空气流的影响而发生颠簸、抖动时,也要将安全带系好。在飞行期间,不得使用移动电话、手提电脑、激光唱机、微型电视机、调频收音机、电子式玩具、电子游戏机等电子设备。对飞机上的一切禁用之物不要乱摸乱动,否则可能危及自己和其他乘客的生命安全。

五、在飞机上应以礼律己、以礼待人

上、下飞机及使用卫生间时要注意依次而行。在机上放置自己随身携带的行李时,与其他乘客要互谅互让。在属于本人的座位上就座,就座时可以向旁边的乘客点头示意。在自己的座位上就座时,要保持自尊。与他人交谈时,说笑声切勿过高。万一晕机呕吐,务必使用专用的清洁袋。

六、停机后带好随身携带的物品

国际航班上、下飞机后需办理入境手续,通过海关后便可凭行李卡认领托运行李。许多国际机场都有传送带设备,还有机场行李搬运员可协助乘客,但要给一定小费。

知识直通车

世界各国姓名的构成

第一类,前姓后名,主要有亚洲一些国家,例如中国、日本、韩国等,欧洲的匈牙利也一样。但日本的妇女婚前使用父姓,婚后使用夫姓,本人名字则不变;我国香港、台湾地区的女性也有

些结婚后,将夫姓冠在自己姓名前。

第二类,前名后姓,主要是英国、美国等英语使用国家。法国人的姓名一般由两节或三节组成,前一、二节为个人名字,最后一节为姓;西班牙人的姓名通常由3~4节组成,前一、二节为本人名字,倒数第二节为父姓,最后一节为母姓;俄罗斯人的名字由三节组成,分别为名字、父名、姓;阿拉伯人的名字由四节组成,分别为本人名字、父名、祖父名、姓。另外,泰国等国家的姓名也是名字在前、姓氏在后的排列顺序。

第三类,有名无姓,姓名结构只有名而没有姓的人以缅甸、印度尼西亚等国家为多。常见缅甸人名字前有"吴",不是姓,而是一种尊称,是"先生"的意思;缅甸人名字前常冠以表示性别、长幼、地位的字和词,如"杜"意为女士,"玛"意为姐妹,"郭"意为平辈,"哥"意为兄弟,"波"意为军官等。一个缅甸男子名为"刚",同辈称呼他为"哥刚",如果有一定身份地位的,则被称为"吴刚"。

(资料来源:何伟祥.公关礼仪[M].大连:东北财经大学出版社,2005)

第八单元
商务活动礼仪

本章导学

学习目标：

1. 掌握商务接待、拜访和馈赠的流程细节安排以及礼仪文化知识，提升商务接待、拜访和馈赠水平与素养，做到礼节周到、真诚亲切，给对方人员留下良好的印象。

2. 掌握商务会议、商务谈判的工作流程安排以及礼仪知识，做好商务会议和商务谈判的筹备、参与等工作。

3. 掌握特定商务活动礼仪，包括展览会礼仪、新闻发布会礼仪、商务庆典活动礼仪和人事招聘礼仪。

重要知识点：

商务接待礼仪　　商务拜访礼仪　　商务馈赠礼仪　　商务会议礼仪　　商务谈判礼仪
特定商务活动礼仪

[导入]

会场的"明星"

小刘所在的公司应邀参加一个研讨会，该次研讨会邀请了很多商界知名人士以及新闻界人士参加。老总特别安排小刘和他一道去参加，同时也让小刘见识见识大场面。

当天早上小刘睡过了头，等他赶到，会议已经进行了 20 分钟。他急急忙忙推开了会议室的门，"吱"的一声脆响，他一下子成了会场上的焦点。刚坐下不到 5 分钟，肃静的会场上响起了摇篮曲，是谁在播放音乐？原来是小刘的手机响了！这下子，小刘可成了全会场的明星……

没过多久，听说小刘已经被辞退了。

（资料来源：孙金明，等.商务礼仪实务.北京：人民邮电出版社，2013）

讨论

- 在这个故事中，小刘失礼的地方表现在哪里？

- 参加各种会议应该注意哪些礼仪?
- 商务活动礼仪是现代商务交往中必须要掌握的礼仪之一,你都掌握这些商务活动礼仪吗?

随着社会经济的发展,商务活动是现代社会生活中最广泛的社会交往之一。俗话说"好的开始是成功的一半"。在现代商务交往活动中,只有切实做到"以客为尊,待客以礼",才能赢得顾客,令顾客满意。在搞好与顾客关系的同时,和商务活动相关的各界人士(包括政府、新闻界、合作伙伴、竞争对手、社区邻里、社会大众等)友好、和睦相处,方能使业务活动顺利进行,为赢得整个商务活动的成功打下坚实的基础。

商务活动,是指企业为实现生产经营目的而从事的各类有关资源、知识、信息交易等一切经济业务活动的总称。商务活动礼仪是一个抽象的概念,它是指在商务活动中应遵守的礼仪规范,其核心是一种行为准则,用来约束我们日常商务活动的各个方面。商务活动礼仪的核心作用是为了体现人与人之间的相互尊重,若用一种简单的方式来概括商务活动礼仪,它就是商务活动中对人的仪容仪表和言谈举止等各方面的普遍要求。

商务活动礼仪是现代商务交往中必须要掌握的礼仪之一。掌握商务活动礼仪的要点、规范,在商务场合中做到事事合乎礼仪,处处表现自如、得体,可以使商务交往活动顺利进行事半功倍。

商务活动礼仪包括的内容十分广泛,从商务活动的接待、拜访到会议、谈判等各方面,都是商务活动中非常重要的组成部分。

模块一 商务接待、拜访与馈赠礼仪

一、商务接待礼仪

案例:

商务接待礼仪——细节决定成败

有一位德国专家到日本工作,经常往返于东京、大阪之间,几周后他发现,他每次座位的窗口都朝着日本的圣山——富士山。这件事令那位德国专家激动不已。

迎来送往,是社会交往接待活动中最基本的形式和重要环节,是表达主人情谊、体现礼貌素养的重要方面。商务接待礼仪正在成为现代企业快速发展的重要组成部分。要建立成功的客户往来,掌握和学习商务接待流程、商务接待礼仪知识等是必不可少的。

知识直通车

接待 3S

3S 是指 Stand up、Smile、See,即起立、微笑、目视对方。

- Stand up:用身体语言表示欢迎之意,起立是最基本的礼貌。

- Smile：微笑的魅力是无穷的，它会把欢迎和欢喜无言地传递给对方。
- See：起身目视对方，眼神可以把我们的诚意准确表达。

1. 接待工作流程

好的接待工作将给客人留下深刻的印象，并有效促进业务的达成，是提升公司形象的重要途径。因此，接待工作要做好统筹安排，对接待工作流程做好周密的安排，具体接待工作流程是：接待申请→确定接待级别→布置接待环境→迎接来访者→向领导通报来访者情况→引导客人→介绍主客双方→领导接见、会谈/处理临时失约→做好来访记录→送客→电话回访。

2. 迎客礼仪

迎客是接待中的重要礼仪之一，是给客人良好第一印象的最重要工作。它不仅显示出主人的热情，更能给来客如春风般的愉快感受，为下一步深入接触打下基础。一般来说，其礼节规范有如下方面：

（1）明确来宾意图，确定迎客规格。认真研究客人基本资料信息，在明确来宾身份、单位、职务及来访目的的基础上，安排与之身份基本相等的人前往迎接。迎客规格主要有三个层次：普通人员级别、高级人员级别和特级人员级别。

（2）做好迎接准备。对前来访问、洽谈业务、参加会议的外国、外地客人，应首先了解对方到达的车次、航班，安排与客人身份、职务相当的人员前去迎接。若因某种原因，相应身份的主人不能前往，前去迎接的主人应向客人作出礼貌的解释。本地客人，应主动派车、派人前往客人居所迎接。主人到车站、机场去迎接客人，应提前到达，恭候客人的到来，绝不能迟到让客人久等。

（3）迎接到达宾客。接到客人后，应首先问候"一路辛苦了"、"欢迎您来到我们这个美丽的城市"、"欢迎您来到我们公司"等。然后向对方作自我介绍，如果有名片，可送予对方。随后，引导客人上事先备好的车辆。上车时，接待者应为客人打开车门，由右边上车，然后自己再从车后绕到左边上车。车内的座位，后排的位置应当让尊长坐（后排两人座，右边为尊；三人座中间为尊，右边次之，左边再次），晚辈或地位较低者，坐在司机旁边的座位。如果是主人亲自开车，则应把司机旁边的位置让给尊长，其余的人坐在后排。在车上主人应主动与客人交谈，同时还可以把本地的风土人情、旅游景点介绍给客人。车到地点后，接待者应先下车，为客人打开车门，请客人下车。

（4）妥善安排。主人应提前为客人准备好住宿，帮客人办理好一切手续并将客人领进房间，同时向客人介绍住处的服务、设施，将活动的计划、日程安排交给客人，征求意见，并把准备好的地图或旅游图、名胜古迹等介绍材料送给客人。分手前应越好下次见面时间及联系方式等，以便为客人提供及时帮助。

3. 现场接待的礼仪

接待工作是重要的礼仪活动，应使客人高兴而来，满意而归，对主人留下美好的印象。接待礼仪的基本原则是文明待客、礼貌待客、热情待客，应选派具有较高礼仪素养的人员承担接待工作，具体要注意：

（1）如事先知道客人来访，应提前布置接待环境，使接待场所整齐、美观，给客人留下好的印象。

（2）做好相关资料、座位、饮料果品等的准备工作。

(3)若客人不期而至,也应放下手中工作,热情接待。

(4)若客人到来时,要找的人不在,或由于种种原因不能马上接见时,要向客人说明等待理由与等待时间,若客人愿意等待,应该向客人提供饮料、杂志,如果可能,应该时常为客人换饮料。

(5)接待人员带领客人到达目的地,应该有正确的引导方法和引导姿势。

(6)将客人引至接待场所后,应安排其就坐,诚心诚意地奉茶。我国习惯以茶水招待客人,在招待尊贵客人时,茶具要特别讲究,倒茶有许多规矩,递茶也有许多讲究。敬茶的顺序应从最上座的客人开始,先客后主;茶水要从客人的右后侧递送,每杯斟七分满即可。

(7)接待时,要避免他人干扰,以便专心致志地与客人交流、洽谈。

(8)客人告辞时,要等客人起身后再站起来相送,切忌没等客人起身,先于客人起立相送,这是很不礼貌的。"出迎三步,身送七步"是迎送宾客最基本的礼仪。因此,每次待客结束,都要以欢迎"再次见面"的心情来恭送对方。与客人在门口、电梯口或汽车旁告别时,要以恭敬真诚的态度,笑容可掬的表情鞠躬或挥手致意,不要急于返回,要目送客人上车、关上电梯门后离开。

知识直通车

有效的引导方法和姿势

1. 在走廊的引导方法

接待人员在客人两三步之前,配合步调,让客人走在内侧。

2. 在楼梯的引导方法

当引导客人上楼时,应该让客人走在前面,接待人员走在后面,若是下楼时,应该由接待人员走在前面,客人在后面,上下楼梯时,接待人员应该注意客人的安全。见图8-1。

图8-1 上下楼梯引导方法(其中男士为客人,女士为引导者)

3. 在电梯的引导方法

引导客人乘坐电梯时,接待人员先进入电梯,等客人进入后关闭电梯门,到达时,接待人员按"开"的钮,让客人先走出电梯。

4. 客厅里的引导方法

当客人走入客厅,接待人员用手指示,请客人坐下,看到客人坐下后,才能行点头礼后离开。如客人错坐下座,应请客人改坐上座(一般靠近门的一方为下座)。

4. 送客礼仪

"迎来送往"构成了完整的接待过程,而在接待中经常忽视"送"的礼仪。欢送来访客人是整个接待过程最后服务,要认真对待,给客户留下难忘的美好印象。具体需要注意:

(1) 核实客户离去所乘航班或车次抵达时间、地点有无变化,以及飞机(火车)停靠的情况。

(2) 按照接待方针和接待方案,设计和实施欢送礼仪。

(3) 为了表示隆重,参加接待服务的人员在客户住地列队欢送。

(4) 欢送人员目送客户所乘飞机、火车启动后再返回。

每次接待任务完成后,要及时、认真进行总结。肯定成绩,找出差距,对有突出贡献的单位和个人进行表彰。通过进行总结经验教训,深化对接待工作规律的认识,促进接待工作水平不断提高。

小测试:周总理为什么发火?

1962年,周总理到西郊机场为西哈努克和夫人送行。亲王的飞机刚一起飞,我国参加欢送的人群便自行散开,准备返回,而周总理这时却依然笔直地站在原地未动,并要工作人员立即把那些离去的同志请回来。这次总理发了脾气,他严厉起来了,狠狠地批评了相关同志。当天下午,周总理就把外交部礼宾司和国务院机关事务管理局的负责同志找去,要他们立即在《礼宾工作条例》上加上一条,即今后到机场为贵宾送行,须等到飞机起飞,绕场一周,双翼摆动三次表示谢意后,送行者方可离开。

问题讨论:周总理为什么发火?工作人员违反了什么送客礼仪规范?我们在迎送客人时应该遵循哪些礼仪规范?

(资料来源:王祥林.现代礼仪实用教程.成都:电子科技大学出版社,2011)

二、商务拜访礼仪

拜访是指亲自或派人到朋友家或与业务有关系的单位去拜见访问某人的活动。人际之间、社会组织之间、个人与企业之间都少不了这种拜访。拜访有事务性拜访、礼节性拜访和私人拜访三种,而事务性拜访又有商务洽谈性拜访和专题交涉性拜访之分。但不管哪种拜访,都应遵循一定的礼仪规范。

1. 商务拜访流程

商务拜访是商务交往的一种重要形式。拜访的流程是:联系拜访→准备、确认拜访→准时赴约→寒暄问候→拜访交谈→适时请辞→礼貌告辞。

2. 商务拜访礼仪

(1) 有约在先

在对外交往中,未曾约定的拜会,属失礼之举,是不受欢迎的。不论因公还是因私而访,都要事前与被访者进行电话联系。说明拜访的目的,提出拜访的内容,使对方有所准备,询问是否有时间或何时有时间。在对方同意的情况下确定具体的时间、地点。不要在客户刚上班、快下班、异常繁忙、正在开重要会议时去拜访,不要在客户休息和用餐时间去拜访。因事急或事先并无约定,但又必须前往时,则应尽量避免在深夜打扰对方;如万不得已非得在休息时间约见对方不可时,则应见到主人立即致歉,说"对不起,打搅了",并说明打搅的原因。

(2) 做好准备

拜访前要做好准备工作,了解拜访性质与目的,明确谈话主题、思路,注意着装与个人形象,阅读拜访对象的个人和公司资料,了解对方的经营状况,做到知己知彼。出发前检查各项携带物是否齐备(名片、笔和记录本、电话本、磁卡或现金、计算器、公司和产品介绍、合同等);最好与客户通电话确认一下,以防临时发生变化;选好交通路线,算好时间出发;确保提前5~10分钟到。

(3) 如约而至

宾主双方约定了会面的具体时间,作为访问者应履约守时如期而至。既不能随意变动时间,打乱主人的安排,也不能迟到或早到,准时到达才最为得体。如因故迟到,应向主人道歉。如因故失约,应在事先诚恳而婉转地说明。

若拜访对象不能马上见面,等候时要耐心,不随意走动,不乱翻别人的资料;一般准时赴约而等候了20分钟以上面则可以礼貌询问对方是否有空。若无法与己见面,而自己又无法等候下去时,可以留下名片,并将名片左上角往内折。

(4) 上门有礼

如拜访对象的办公室关着门,应先敲门,听到"请进"后再进入;问候、握手、自我介绍、交换名片、与其他人打招呼、奉上纪念品;脱下外套、摘帽子、手套,将物品放在指定位置;放置好伞或雨衣;主人不让座不能随便坐下,就座于指定位置、谦让同行者,与主人一同落座;主人请人奉上茶水或咖啡时,应表示谢意。

(5) 举止有方

拜访内容、要达到什么目的,事先要有打算,以免拜访时跑"马拉松",若无要事相商,拜访时间不要过长、过晚,以不超过半小时为宜。交谈时,举止要端庄,注意遣词用字、语速、语气、语调;应围绕主题,开门见山;注意主人态度情绪反应,适可而止;如遇他人来访,要适当减少做客时间;会谈过程中,如无急事,不打电话或接电话。

(6) 告辞有礼

根据对方的反应和态度来确定告辞的时间与时机,及时告辞;说完告辞就应起身离开座位,不要久说久坐不走;感谢对方的接待,握手告辞;如办公室门原来是关闭的,出门后应轻轻把门关上;客户如要相送,应礼貌地请客户留步。

知识直通车

拜访礼仪的21个细节错误

每一次和客户的会面,我们都要当成"只有一次机会"的心态。比如拜访礼仪当中就要十分注意礼仪的每一个细节。当我们和一位客户会面时,以下的21个拜访礼仪错误是应绝对必须避免的:

错误1:没有为登门拜访做计划。听起来简单,但是如果这单生意做不成,就仅尝试了"结束"。

修止:在首先考虑好自己计划实现的目标之前,永远不要推开一扇门。

错误2:和前台调情。这或许很诱人,但除非你有电视剧里的帅哥外表,否则你很有可能只会激怒对方,然后通知保安。

修正:彬彬有礼,友好而恭谦。

错误3:对行政人员粗鲁无礼。如果你表现得傲慢自大和高人一等,你只会引起反感。

修正:再次重申,无论是对工作人员还是其他人,请友好并尊重他们。

错误4:和一群人一起出现。如果你带的人太多,会让客户觉得你的成本为什么如此之高。

修正:当你需要让其他人也参与进来时,请使用网络会议。

错误5:没有注意你的穿着打扮。不要表现出不恰当的举止,借用客户的洗手间可能会很糟糕。

修正:在拜访客户之前,先在外面找个洗手间,整理仪容着装。

错误6:假装顺道来拜访。你在和谁开玩笑吧?你认为如果你假装这不是一次专门拜访,被拒绝的可能性会降低?

修正:预约会面时间,专程而来。

错误7:迟到。如果你没有按时到达,这清楚地告诉客户,你不在乎他们或者他们的时间。

修正:总是提前15分钟到达。如果你驱车去赴约,把GPS打开。

错误8:一开始过于商业化。请记住,你在和另一个人建立沟通的桥梁,而不只是明晃晃的就要卖东西。

修正:微笑而友好,但不要太容易动感情。

错误9:一开始太友好,没有比假装潜在客户是久违的朋友而看起来虚假的更好方式了。

修正:怀着对每位潜在客户时间的尊重和恰当的礼貌接近他们。

错误10:说的比听的多。初期的登门拜访都是关于建立关系和收集信息,如果你不持续讲话就无法实现目标。

修正:对客户表示好奇并提问。

错误11:与客户争辩。如果客户不同意一个观点,争论只会将他的不同意越挫越激烈。

修正:询问客户他为什么这么想,然后倾听。

错误12:讨论政治或宗教。

修正:将讨论限制在业务或中性的领域。

错误13:对你的产品高谈阔论。确保你有东西要卖,但是如果过早为你的产品做广告,你会被请出门。

修正:在你推销之前,提出能理解需求的问题。

错误14:显得轻率或讽刺。对一个笑话的善意大笑可能让在窗外密切关注但没有听到上下文的某人曲解。

修正:在任何时候都注意你的言行举止。

错误15:缺乏必要的产品知识。潜在客户不希望反复听到"我下次告诉你……"。

修正:确保你在登门拜访之前,对目前的产品和政策有了充分的了解。

错误16:忘了客户的名字。还有比居然忘了你在与之交谈的人的姓名更尴尬的事情吗?

修正:在一张小的图表中写下房间里每个人的姓名。

错误17:打听私人问题。你或许认为客户是你的朋友,但是如果问题过于隐私,你会很容易把事情搞砸。

修正:将谈话的重点放在业务问题上,特别是客户的需求上。

错误18：接听你的手机。哎呀！你到底在想什么？有什么电话比一位就在你眼前的潜在客户还要重要？

修正：把手机关了或调成振动，放在公文包里。

错误19：逗留的时间太长。你的潜在客户还有数以百计的事情等着他去做，而不是花时间陪你。

修正：设定拜访的时间限制。

错误20：让会议偏离了主题。此时并非东拉西扯或者聊一大堆复杂问题的闲谈时间。

修正：对你将如何让拜访顺利进行提供简短的提纲。

错误21：没有跟进。如果你的会议很成功，你想让客户记住决定了哪些事情。

修正：在会议之后迅速安排你的后续活动。

（资料来源：http://www.chinabaike.com/t/10186/2013/0524/1207085.html）

小测试：这样做合乎礼仪吗？

张莉于一周前已与李经理约好在公司洽谈业务，因此当天就直接前往拜访。可是，对方却忘了这个约会而外出，张莉气得简直七窍生烟。

问题：

1. 张莉为什么生气？她的做法合乎礼仪吗？
2. 接受拜访的一方有没有失礼的地方？应该怎么做？

三、商务馈赠礼仪

在经济日益发达的今天，人与人之间的距离逐渐缩短，接触面越来越广，一些迎来送往及喜庆宴贺的活动越来越多，彼此馈赠的机会也随之增加。馈赠作为社交活动的重要手段之一，受到古今中外人士的普遍肯定。馈赠作为一种非语言的重要交际方式，是以物的形式出现，以物表情，礼载于物，起到寄情言意的"无声胜有声"的作用。得体的馈赠，恰似无声的使者，给交际活动锦上添花，不仅能达到大方得体的效果，还可增进彼此感情，保持联系，体现馈赠者的品质和诚意。

1. 馈赠的原则

交往活动中互相馈赠或接受的礼物、礼品应以表达尊敬的意愿为主，以经济价值为辅，以好创意为佳。礼不在轻重，只要合乎时宜，就可以加深彼此的情谊，促进具体活动的开展。

（1）因人而异，投其所好

根据不同人的性别、年龄、职位、爱好、宗教信仰、风俗习惯等选择不同的礼品，有的放矢，投其所好，以达到表示友好的诚意。

（2）礼轻情意重

通常情况下，礼品的贵贱，往往是衡量交往人的诚意和情感浓烈程度的重要标志。然而礼品的贵贱与其物质价值含量并不是总成正比的。送礼物是为了表达情谊的，人情无价、物有价，也就是说，礼物即有物质的价值含量，也有精神的价值含量。

（3）精心包装，美观适用

精美的包装不仅使礼品的外观更具艺术性和高雅的情调，并显现出赠礼人的文化和艺术品位，而且还可以使礼品产生和保持一种神秘感，既有利于交往，又能引起受礼人的兴趣和探究心理及好奇心理，从而令双方愉快。所送礼品不仅要外观精美而且最重要的是实用，受者实惠,送者大方,还能增进友谊。

(4) 把握时机,场合适宜

就馈赠的时机场合而言,及时适宜是最重要的,因为只有在最需要时得到的才是最珍贵的,才是最难忘的。因此,要注意把握好馈赠的时机和场合,一般情况下人们选择在下面的几种时机馈赠:传统的节日、喜庆之日、惜别送行、酬谢他人、探视病人、回赠;一般情况下不在公开场合送礼,只有礼轻情重的特殊礼物才适宜在大庭广众前馈赠。

2. 馈赠的目的

任何馈赠都是有目的的,或为结交友谊,或为祝贺,或为酬宾谢客,或为其他。

(1) 以交际为目的的馈赠。这是一种为达到交际目的而进行的馈赠。它有两个特点:一是送礼的目的与交际的目的直接一致,二是礼品的内容与送礼者的形象一致。

(2) 以巩固和维系人际关系为目的的馈赠。这类馈赠即为人们常说的"人情礼"。无论是个人间的还是组织间的人际交往,都会产生各类关系和各种感情。人情礼强调礼尚往来,以"来而不往非礼也"为基本准则。因此,从礼品的种类、价值的轻重、档次的高低、包装的式样、蕴含的情义等方面都呈现多样性和复杂性。

(3) 以酬谢为目的的馈赠。这类馈赠是为答谢他人的帮助而进行的,因此在礼品的选择上十分强调其物质利益。礼品的贵贱,首先取决于他人帮助的性质;其次取决于帮助的目的;最后取决于帮助的时机,一般情况还是危难之中,这是日后酬谢他人的最重要的衡量标准。

3. 商务馈赠礼仪的注意事项

(1) 不送违背社会公德物品。

(2) 不送国家秘密、商业机密物品。

(3) 必须考虑接受礼物人的职位、年龄、性别等。

(4) 考虑接受者在日常生活中能否使用所送的礼物。

(5) 切忌送一些将会刺激别人感受的东西。

(6) 不送过分昂贵的物品,送一些有纪念价值的礼物较好。

(7) 谨记除去价钱牌及商店的包装袋,无论礼物本身是如何不名贵,最好用包装纸包装。

 知识直通车

馈赠六要素

得体的馈赠要考虑六个方面的问题:送给谁(Who),为什么送(Why),送什么(What),何时送(When),在什么场合送(Where),如何送(How)。也就是要考虑馈赠对象、馈赠目的、馈赠时机、馈赠场合、馈赠方式六个要素,简称馈赠"5W1H"规则。

[实操训练] 商务接待、拜访、馈赠礼仪

实操背景:某商贸集团(A公司)准备为一家外贸企业(B公司)推荐一套自己集团代理的先进的产品生产线。经过前期沟通后,B公司副总决定带人到A公司进行实地考察并落实合作事宜。A公司在接到消息后,迅速安排办公室主任张某负责此次接待,并准备了公司对外联络用的礼品。

任务1 请以B公司副总秘书的身份做一份详细的此次拜访活动方案,小组讨论后模拟这次访问活动；

任务2　请以A公司办公室主任的身份安排此次接待工作。

形式：学生分成两组，分别模拟拜访、接待双方，先做好各种准备，拟写拜访和接待计划，并组织实施模拟演练整个拜访和接待（包括馈赠）过程。

模块二　商务会议与谈判礼仪

一、商务会议礼仪

商务会议是指带有商业性质的会议形式，其目的是为了增加彼此面对面交流，提高工作效率。良好的会议风范，既是尊重自己，也是尊重别人。

会议礼仪，是指召开会议前、会议中、会议后及与会者应注意的事项。把握一定的会议筹备礼仪、会议参与礼仪等，会使商务会议更富有成效。

(一) 商务会议流程

1. 会前工作流程

会议开始之前，要注意各方面的准备工作，其主要工作流程是：确定会议主题与议题→确定会议名称→确定会议规模与规格→确定会议时间与会期→明确会议所需设备和工具→明确会议组织机构→确定与会者名单→选择会议地点→安排会议议程和日程→制发会议通知→制作会议证件→准备会议文件材料→安排食住行→制订会议经费预算方案→布置会场→会场检查。

2. 会中工作流程

在会议进行时，要做好各方面的工作，以确保会议按照会议议程顺利完成，其基本工作流程是：报到及接待工作→组织签到→做好会议记录→会议信息工作→编写会议简报或快报→做好会议值班保卫工作→做好会议保密工作→做好后勤保障工作。

3. 会后工作流程

会议结束后，要做好收尾及总结工作，其工作流程是：安排与会人员离会→撰写会议纪要→会议的宣传报道→会议总结→催办与反馈工作→会议文书的立卷归档。

(二) 商务会议礼仪规范

会务礼仪最基本的要求就是"三周"：周全的考虑、周密的安排、周到的服务。

1. 会议准备礼仪

要进行的组织准备工作大体上有如下四项：

(1) 拟定会议主题。会议的主题，即会议的指导思想。会议的形式、内容、任务、议程、期限、出席人员等，都只有在会议主题确定下来之后，才可以据此一一加以确定。

(2) 拟发会议通知。它应包括以下六项：一是标题，其重点是交代会议名称；二是主题与内容，这是对会议宗旨的介绍；三是会期，应明确会议的起止时间；四是报到的时间与地点，对交通路线，特别要交代清楚；五是会议的出席对象，如对象可选派，则应规定具体条件；六是会议要求，指的是与会者材料的准备与生活用品的准备，以及差旅费报销和其他费用问题。

(3) 起草会议文件。会议所用的各项文件材料,均应于会前准备完成。其中的主要材料,还应做到与会者人手一份。需要认真准备的会议文件材料,最主要的当属开幕词、闭幕词和主题报告。

(4) 要安排好与会者的招待工作。对于交通、膳宿、医疗、保卫等方面的具体工作,应精心、妥当地做好准备。要布置好会场,不应使其过大,显得空旷无人;也不可使之过小,弄得拥挤不堪。对必用的音响、照明、空调、投影、摄像设备,事先要认真调试。需用的文具、饮料,也应预备齐全。

2. 会中礼仪

在会议进行阶段,会议的组织准备者要做的主要工作大体包括:

(1) 进行例行服务工作。在会场之外,应安排专人迎送、引导、陪同与会人员。对与会的年老体弱者,还需进行重点照顾。此外,必要时还应为与会者安排一定的文体娱乐活动。在会场之内,则应当对与会者应有求必应,闻过即改,尽可能地满足其一切正当要求。

(2) 与会者礼仪。一般而言,与会人员在出席会议时应当严格遵守的会议纪律,主要有以下四项内容:①规范着装。参加会议应当着正装,以示庄重和严肃。②严守时间。对于会议主办方来说,应严守会议时间,不要随意推后,也不要超时;对与会人员来说,准时参加会议,表现出守时的文明素养。③维护秩序。会场要井然有序,不随意走来走去,干扰会场气氛。④专心听讲。手机一般应该关机或调到振动,更不应该在会场中大声打电话。

(3) 精心编写会议简报。举行会期较长的大中型会议,依例应编写会议简报。认真做好会议记录。凡重要会议,不论是全体大会,还是分组讨论,都要进行必要的会议记录。会议记录,是由专人负责记录会议内容的一种书面材料,会议名称、时间、地点、人员、主持者等要记录在内。

3. 会后礼仪

在会议结束阶段,一般的组织准备工作主要有以下三项:

(1) 形成可供传达的会议文件。

(2) 处理有关会议的文件材料。

(3) 为与会者的返程提供方便。

(三) 商务会议座次安排礼仪

知识直通车

座次排序基本规则

- 以右为上(遵循国际惯例)
- 居中为上(中央高于两侧)
- 前排为上(适用所有场合)
- 以远为上(远离房门为上)
- 面门为上(良好视野为上)

1. 小型会议座次安排

小型会议,可以把会场布置成圆桌型或者方桌型,领导和会议成员可以互相看得见,大家可以无拘无束地自由交谈,这种形式适合于召开15~20人的小型会议。如工作周例会、月例会、技术会议、董事会。它的主要特征是全体与会者均应排座,不设立专用的主席台。小型会议的排座,主要有以下两种具体形式。

(1) 面门设座。它一般以面对会议室正门之位为会议主席之座,即尊位。通常会议主席坐在离会议门口最远的桌子末端。主席两边是为参加公司会议的客人和拜访者的座位,或是给高级管理人员、助理坐的,以便能帮助主席分发有关材料、接受指示或完成主席在会议中需要做的事情。

(2) 依景设座。所谓依景设座,是指会议主席的具体位置,不必面对会议室正门,而是应当背依会议室之内的主要景致之所在,如字画、讲台等。

2. 大型会议座次安排

(1) 主席台排座

大型会场的主席台,一般应面对会场主入口。在主席台上的就座之人,通常应当与在群众席上的就座之人呈面对面之势。在其每一名成员面前的桌上,均应放置双向的桌签。主席台排座,具体又可分作主席团排座、主持人座席、发言者席位三个不同方面的问题。

① 主席团排座。主席团是指在主席台上正式就座的全体人员。按照国际惯例,排定主席团位次的基本规则有三个:一是前排高于后排,二是中央高于两侧,三是右侧高于左侧。判断左右的基准是顺着主席台上就座的视线,而不是观众视线。

② 主持人座席。会议主持人,又称大会主席,其具体位置之所在有三种方式可供选择:一是居于前排正中央;二是居于前排的两侧;三是按其具体身份排座,但不宜令其就座于后排。

③ 发言者席位。发言者席位,又称为发言席。在正式会议上,发言者发言时不宜就座于原处发言。发言席的常规位置有两种:一是主席团的正前方;二是主席台的右前方。

(2) 群众席排座

在大型会议上,主席台之下的一切座席均称为群众席。群众席的具体排座方式有两种:自由式择座和按单位就座。

① 自由式择座,即不进行统一安排,而由大家各自择位而坐。

② 按单位就座,是指与会者在群众席上按单位、部门或者地位、行业就座。它的具体依据,既可以是与会单位、部门的汉字笔画的多少、汉语拼音字母的前后,也可以是其平时约定俗成序列。按单位就座时,若分为前排后排,一般以前排为高,以后排为低;若分为不同楼层,则楼层越高,排序便越低。在同一楼层排座时,又有两种普遍通行的方式:一是以面对主席台为基准,自前往后进行横排;二是以面对主席台为基准,自左而右进行竖排。大型会议座次安排如图8-2所示。

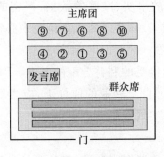 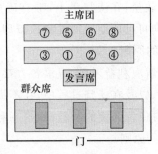

图8-2 大型会议座次安排

 **案例**

座次的风波

某分公司要举办一次重要会议,请来了总公司总经理和董事会的部分董事,并邀请当地政府要员和同行业重要人士出席。由于出席的重要人物多,领导决定用U字形的桌子来布置会议桌。分公司领导坐在位于长U字横头处的下首。其他参加会议者坐在U的两侧。在会议的当天开会时,贵宾们进入了会场,按安排好的座签找到了自己的座位就座,当会议正式开始时,坐在横头桌子上的分公司领导宣布会议开始,这时发现会议气氛有些不对劲,有些贵宾相互低语后借口有事站起来要走,分公司领导人不知道发生什么事或出了什么差错,非常尴尬。

思考题:
1. 为什么有贵宾相互低语后借口有事站起来要走?
2. 分公司的领导人为什么非常尴尬?失礼在何处?

二、商务谈判礼仪

商务谈判是指人们为了协调彼此之间的商务关系,满足各自的商务需求,通过协商对话以争取达成某项商务交易的行为和过程。商务谈判作为商务交往与商务合作的重要形式和手段,是企事业单位的领导、营销等人员的一项经常性工作。在商务活动中,无论是接洽、会晤客户,还是与合作伙伴进行谈判,都要重视礼仪要求。事实证明,商务谈判方在谈判中的风范、礼节、举止直接影响着谈判气氛。如果商务谈判人员在商务谈判前或谈判过程中,能够积极了解和掌握对方的特别礼仪或风俗,尊重对方的风俗习惯,注意对外的礼节,那么更容易促成谈判的成功。

1. 商务谈判的基本原则

商务谈判原则是指在谈判过程中,谈判双方必须遵守的思想和行为规则。无论是什么主题的谈判,一般应遵守以下原则。

(1) 知己知彼的原则

"知己知彼,方能百战不殆"。"知己",则就指要对自己的优势与劣势非常清楚,知道自己需要准备的资料、数据和要达到的目的以及自己的退路在哪儿。"知彼",就是通过各种方法了解谈判对手的礼仪习惯、谈判风格和谈判经历,不要违反对方的禁忌。

(2) 平等协商的原则

谈判是智慧的较量,在谈判桌上,唯有确凿的事实、准确的数据、严密的逻辑和艺术的手段,才能将谈判引向自己所期望的胜利。以理服人、不盛气凌人是谈判中必须遵循的原则。

(3) 互惠互利的原则

谈判就是为了解决利益矛盾,寻求各方都能接受的利益分配的方案。因此,商界人士在准备进行商务谈判时,以及在谈判过程中,在不损害自身利益的前提下,应当尽可能地替谈判对手着想,主动为对方保留一定的利益,做到互利,实现双赢。

(4) 客观标准的原则

在谈判过程中,一定要用客观标准来谈判。这些客观标准,包括等价交换、国际惯例、法律法规等。只有这样坚持客观标准,才会使谈判有更高的效率。

(5) 灵活变通的原则

商务谈判具有很强的随机性,因为它受到多种因素的制约,其变数很多,所以,只有在谈判中随机应变,灵活应对,加以变通,才能提高谈判成功的概率。这就要求谈判者具有全局、长远的眼光,敏捷的思维,在把握己方最低利益目标的基础上,为了使谈判协议得以签署,用多种途径、多种方法、多种方式灵活地加以处理。

(6) 求同存异的原则

谈判既然是作为谋求一致而进行的协商洽谈,本身意味着谈判各方在利益上的"同"、"异",因此,为了实现谈判的成功,必须认准最终的目标,求大同,同时要发现对方利益要求上的合理成分,并根据对方的合理要求,在具体问题上采取灵活的态度、变通的办法,作出相应的让步举动,这样才能推动对手作出让步,从而促使谈判有一个公正的协议产生。

(7) 人与事分开的原则

在谈判会上,谈判者在处理己方与对手之间的相互关系时,必须要做到人与事分别而论。要切记朋友归朋友、谈判归谈判,二者之间的界限不能混淆。

(8) 礼敬对手的原则

礼敬对手,就是要求谈判者在谈判会的整个进程中,要排除一切干扰,始终如一地对自己的对手,时时、处处、事事表现出对对方不失真诚的敬意。

2. 商务谈判的准备工作

作为东道主一方出面安排各项谈判事宜时,一定要在迎送、款待、场地布置、座次安排等各方面精心周密准备,尽量做到主随客便,主应客求,以获得客方的理解、信赖和尊重。同时要确定谈判目标、内容、策略等,注重己方参与谈判人员的整体形象。商务谈判前的准备工作,具体包括以下几方面。

(1) 成立接待小组。成员由后勤保障(食宿方面)、交通、通信、医疗等各环节的负责人员组成,涉外谈判还应备有翻译。

(2) 了解客方基本情况,收集有关信息。可向客方索要谈判代表团成员的名单,了解其性别、职务、级别及一行人数,以作食宿安排的依据。掌握客方抵离的具体时间、地点、交通方式,以安排迎送的车辆和人员,预订、预购返程车船票或飞机票。

(3) 制定谈判主题、内容、谈判策略。谈判前应对谈判主题、内容等做好充分准备,制订好计划、目标及谈判策略。

(4) 拟订接待方案。根据客方的意图、情况和主方的实际情况,拟订出接待计划和日程安排表。日程安排还要注意时间的紧凑。日程安排表拟出后,可传真给客方征询意见,待客方无异议确定以后,即可打印。注意:如涉外谈判,则要将日程安排表译成客方文字,日程安排表可在客方抵达后交由客方副领队分发,也可将其放在客方成员住房的桌上。东道主可根据实际情况举行接风、送行、庆祝签约的宴会或招待会,客方谈判代表在谈判期间的费用通常都是由其自理的。

(5) 谈判会场的选择与布置。选择和布置好谈判会场,应注意采用长方形或椭圆形的谈判桌,门右手座位或对面座位为尊,应让客方入座。

知识直通车

谈判座次礼仪

(1) 谈判室的选择与布置

谈判室布置以高雅、宁静、和谐为宜,环境安静,没有外人和电话干扰,光线充足,室温适宜,装饰陈设简洁、实用、美观。

小规模谈判还可在会客室,有条件的话最好安排两三个房间,一间作为主要谈判室外,另一间作为双方进行内部协商的密谈室,再配一间休息室。

(2) 谈判桌摆放及座次安排

① 长方形或椭圆形

横放,则正面对门为上座,应属于客方,背面对门为下座,属于主方,如图8-3所示。

竖放,则应以进门方向为准,右侧为上,属客方,左侧为下,属主方,如图8-4所示。

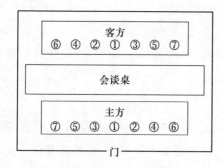

图8-3 横放式座次安排

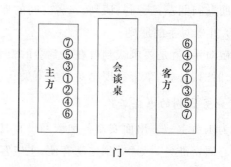

图8-4 竖放式座次安排

双方主谈人(首席代表)各在己方一边的中间就坐,译员安排在主谈人右侧,其余人员则遵循右高左低的原则,依照职位高低自近而远地分别在主谈人两侧就坐。

② 圆形

多边谈判一般采用圆形谈判桌,国际惯例上称为"圆桌会议",如图8-5和图8-6所示。

图8-5 多边会谈圆形谈判桌

图8-6 多边会谈"圆桌会议"

(6) 谈判代表的整体形象准备。谈判代表要有良好的综合素质,谈判前应整理好自己的仪容仪表,穿着要整洁正式、庄重。男士应刮净胡须,穿西服必须打领带。女士穿着不宜太性感,不宜穿细高跟鞋,应化淡妆。

2. 商务谈判中的礼仪

(1) 谈判之初

谈判之初,谈判双方接触的第一印象十分重要,言谈举止要尽可能创造出友好、轻松的良好谈判气氛。

作自我介绍时要自然大方,不可露傲慢之意。被介绍到的人应起立一下微笑示意,可以礼貌地说:"幸会"、"请多关照"之类的话。询问对方要客气,如"请教尊姓大名"等。如有名片,要双手接递。介绍完毕,可选择双方共同感兴趣的话题进行交谈。稍作寒暄,以沟通感情,创造温和气氛。

谈判之初的姿态动作也对把握谈判气氛起着重大作用,应目光注视对方时,目光应停留于对方双眼至前额的三角区域正方,这样使对方感到被关注,觉得我们诚恳严肃。手心冲上比冲下好,手势自然,不宜乱打手势,以免造成轻浮之感。切忌双臂在胸前交叉,那样显得十分傲慢无礼。

谈判之初的重要任务是摸清对方的底细,因此要认真听对方谈话,细心观察对方举止表情,并适当给予回应,这样既可了解对方意图,又可表现出尊重与礼貌。

(2) 谈判之中

这是谈判的实质性阶段,主要是报价、查询、磋商、解决矛盾、处理冷场。

① 报价。要明确无误,恪守信用,不欺蒙对方。在谈判中报价不得变换不定,对方一旦接受价格,即不再更改。

② 查询。事先要准备好有关问题,选择气氛和谐时提出,态度要开诚布公。切忌气氛比较冷淡或紧张时查询,言辞不可过激或追问不休,以免引起对方反感甚至恼怒。但对原则性问题应当力争不让。对方回答问题时不宜随意打断,答完时要向解答者表示谢意。

③ 磋商。讨价还价事关双方利益,容易因情急而失礼,因此更要注意保持风度,应心平气和,求大同,容许存小异。发言措词应文明礼貌。

④ 解决矛盾。要就事论事,保持耐心、冷静,不可因发生矛盾就怒气冲冲,甚至进行人身攻击或侮辱对方。

⑤ 处理冷场。此时主方要灵活处理,可以暂时转移话题,稍作松弛。如果确实已无话可说,则应当机立断,暂时中止谈判,稍作休息后再重新进行。主方要主动提出话题,不要让冷场持续过长。

(3) 谈后签约

在签约仪式上,双方参加谈判的全体人员都要出席,共同进入会场,相互致意握手,一起入座。双方都应设有助签人员,分立在各自一方代表签约人外侧,其余人排列站立在各自一方代表身后。

助签人员要协助签字人员打开文本,用手指明签字位置。双方代表各在己方的文本上签字,然后由助签人员互相交换,代表再在对方文本上签字。

签字完毕后,双方应同时起立,交换文本,并相互握手,祝贺合作成功。其他随行人员则应该以热烈的掌声表示喜悦和祝贺。

[实操训练2] 商务谈判方案

如果你是公司的公关部经理。公司最近要购买生产设备,下周有一家企业"恒星实业有限公司"派人前来洽谈业务,对方来两个人:刘经理(营销部经理)和李经理(市场部经理)。作为公关部经理,这场商务谈判需要你来准备。请你从着装、介绍、握手、名片、入座、接待、谈判、宴会、送客等方面细述方案设计。

模块三 特定商务活动礼仪

商务专题活动,是指公司为了某一目的,围绕某一特定主题而精心策划的商务活动。商务专题活动是公司与广大公众进行沟通,塑造自身良好形象的有效途径。因此,国内外很多公司经常采用商务专题活动的形式来扩大影响,提高声誉。商务专题活动对于改善公司的公共关系有着极为重要的作用。成功的商务专题活动,能够使组织形象得到提升,是塑造组织形象的有力工具。商务专题活动主要有展览会、新闻发布会、商务庆典、人事招聘等,本模块将一一介绍这些特定商务活动的礼仪规范。

一、展览会礼仪

随着市场经济的发展,形式多样的展览会成了商务活动中最常见的形式之一。展览会是指集中陈列实物、模型、文字、图表、影像资料等形式供人参观了解,所组织的宣传性聚会,它在商务交往中发挥着重大作用。为实现展览会的目的,商界单位在组织、参加展览会时,应当遵循一定的商务礼仪与规范。

1. 展览会组织

一般的展览会既可以由参展单位自行组织,也可以由社会专门机构组织。根据惯例,展览会的组织者需要重点进行的工作包括参展单位的确定、展览内容的宣传、展示位置的分配、安全保卫的事项、辅助服务的项目等。

为引起社会各界对展览会的重视,并尽量扩大其影响,主办单位必须对其进行大力宣传,宣传的重点是展览内容。具体的宣传方式可以选择举办新闻发布会、发表新闻稿、邀请新闻界人士参观采访、公开刊发广告、张贴展览会宣传画、现场散发宣传性材料和纪念品、举办地悬挂彩旗横幅升空气球等。

展览会的组织者要想尽一切办法满足参展单位关于展位的合理要求,可以选择竞拍、投标、抽签或先来后到等方式分配展位。布展的效果应达到与展出的物品合理搭配、互相衬托、相得益彰,以烘托展览会的主题,给人一种浑然一体、井然有序的感觉。

2. 展览会礼仪

参展单位在正式参加展览会时,必须要求派出人员齐心协力、同心同德,为大获全胜而努力奋斗。尤其是在整体形象、待人礼貌、解说技巧等三个主要方面,参展单位要予以特别的重视。

(1) 维护整体形象

在一般情况下,在展位上工作的人员应当统一着装。在大型的展览会上,参展单位若安排专人迎送宾客时,则最好请其自穿色彩鲜艳的单色旗袍,并胸背写有参展单位或其主打展品名称的大红色绶带。为了说明各自的身份,全体工作人员皆应在左胸佩戴写明本人单位、职务、姓名的胸卡,唯有礼仪小姐可以例外。按照惯例,工作人员不应佩戴首饰,男士应当剃须,女士则最好化淡妆。

(2) 注意待人礼貌

展览一旦正式开始,全体参展单位的工作人员即应各就各位,站立迎宾。不允许迟到、早退,无故脱岗、东游西逛,更不允许在观众到来之时坐卧不起,怠慢对方。当观众走近自己的展位时,不管对方是否向自己打了招呼,工作人员都要面含微笑,主动向对方说:"您好!欢迎光临!"随后,还应面向对方,稍许欠身,伸出右手,掌心向上,指尖直指展台,并告知对方:"敬请参观。"当观众离去时,工作人员应当真诚地向对方欠身施礼,并道以"谢谢光临",或是"再见"。

(3) 运用解说技巧

解说技巧,主要是指参展单位的工作人员在向观众介绍或说明展品时,所应当掌握的基本方法和技能。在实事求是的前提下,要注意对其扬长避短,强调"人无我有"之处。在必要时,还可邀请观众亲自动手操作,或由工作人员为其进行现场示范。不过,争抢、尾随观众兜售展品,弄虚作假,或是强行向观众推介展品,则不可取。

小测试:一次准备不足的展销会

某计算机工程有限公司定于9月28日在某职业技术学院举办图书馆计算机管理系统软件产品展销会,通知很快地寄发到各有关学校图书馆。日程安排表上写着9点介绍产品,10点参观该职业技术学院图书馆计算机管理系统,11点洽谈业务。展销会当天,9点大会本该开始介绍产品,可应该到的各校图书馆代表却只到了1/3。原来,由于通知中没有写明展销会具体地点,加上公司接待人员不耐烦,对代表不够热情,所以引起了代表们的抱怨。会议开始时已是9点30分了。公司副总经理、高级工程师作产品介绍及演示,内容十分丰富,10点30分还没讲完。由于前面几项活动时间不够紧凑,结果业务洽谈匆匆开始,草草收场。

问题讨论:请你指出此次展销会的不足之处。

二、新闻发布会礼仪

为了宣传自身的形象,提高社会知名度或澄清事实的真相,公司经常通过新闻发布会的方式向社会传递信息。

新闻发布会简称发布会,有时也称记者招待会,是一种主动传播各类有关信息,谋求新闻界对某一社会组织或某一活动、事件进行客观而公正的报道的有效的沟通方式。对商界而言,举办新闻发布会,是自己联络、协调与新闻媒介之间的相互关系的一种最重要的手段。

1. 新闻发布会的筹备

(1) 确定主题

决定要召开新闻发布会之后,首先就要确定其主题。一般来说,其主题主要有两类:一是说明性主题,如企业推出新产品、企业的经营方针有所改变等。此时新闻发布会主要是对外宣布决定。二是解释性主题,如企业产品质量出现了问题,企业出现了重大事故等。此时,新闻发布会主要是对所发生的事件进行解释。主办单位应根据具体情况确定好主题。

(2) 选择时间

避开节假日;避免与重大社会活动相冲突;避开其他单位的新闻发布会;防止与新闻界的宣传报道重点相左;紧迫性、时效性极强的事件,应马上组织召开新闻发布会。通常认为,举行新闻发布会的最佳时间,在周一至周四的上午十点至十二点或是下午的三点至五点。在此时间内,绝大多数人还是方便与会的。

(3) 选择地点

主要考虑本单位所在地,事件的发生地,当地较有名气的宾馆、会议厅等。应考虑交通是否方便,采访条件是否优越,扩音、录音、录像设备是否完好,座位是否够用等问题。还可选择首都或其他影响巨大的中心城市。

(4) 安排人员

新闻发布会的主持人、发言人的选择是否得当,直接关系到发布会的成败。新闻发布会的主持人大都由主办单位的公关部长、办公室主任或秘书长担任。主持人应该仪表堂堂、反应灵敏、语言流畅、善于把握大局、长于引导提问、对主持会议具有丰富经验。而发言人则通常由本单位的领导人担任。因为领导人对本单位的方针、政策及各方面情况比较了解,由他们回答记者提问更具有权威性。除此以外,发言人还要在社会上口碑较好、与新闻界关系较为融洽,还应当有良好的修养、渊博的学识、敏捷的思维较强的记忆并且善解人意、能言善辩等。

(5) 准备材料

① 发言提纲:既要紧扣主题,又要全面、准确、真实、生动。

② 问答提纲:可事先预测一下记者将要问到的问题并准备好答案,以使发言人在现场回答问题时心中有数、表现自如。

③ 宣传提纲:事先可将报道重点、有关数据、资料编印出来,作为记者采访报道的参考资料,明确召开新闻发布会的宣传目的。

④ 其他辅助材料:包括图片、实物、模型、录像、光碟等,其目的是增强发言人的讲话效果,加深与会者对会议主题的认识和理解。

(6) 邀请媒体

邀请哪些记者参加,应根据发布会的性质而定;为扩大影响和知名度,可以多种类、多层次地广邀记者参加;应将请柬送到新闻单位或记者本人手中,并及时利用电话联系,落实记者的出席情况。

 案例

周总理答记者问

西方记者有一次问周总理:"请问,中国人民银行有多少资金?"这问话实质是讥笑中国贫穷。总理回答说:"中国人民银行的货币资金嘛,有十八元八角八分。"全体记者为之一愕然,总理接着解释:"中国人民银行发行面额为十元、五元、二元、一元、五角、二角、一角、五分、二分、一分的主辅币人民币,合计十八元八角八分。"总理采用有意一转,不回答对方所指的"资金",而是人民币的面额,这既保守了国家机密,又解答了问题。

2. 新闻发布会程序礼仪

(1) 签到

新闻发布会的入口处要设立签到处,安排专人负责签到、分发材料、引入会场等接待工作。相关人员要热情、大方、举止文雅。

(2) 会议开始

主持人宣布开始,并将召开新闻发布会的目的、将要发布的消息或要公布的事情经过、真相等作简要介绍。这番话是整个新闻发布会所要传达的主旨,相当重要。新闻发布会主持人的作用是:根据会议主题调节好会议气氛;当记者的提问离会议主题太远时,要善于巧妙地将话题引向主题;当会场出现紧张气氛时,能够及时调节、缓和;切实把握好会议的进程和时间。

(3) 领导人发言

发言要突出重点、具体而恰到好处;语言要生动、自然,吐字要清晰,切忌啰唆冗长。

(4) 答记者问

在回答记者提问时要准确、自如,不要随便打断记者的提问;对于不愿透露或不好回答的事情,不应吞吞吐吐,要婉转、幽默地向记者做出解释;遇到不友好的提问,应该保持冷静,礼貌地阐明自己的看法,不能激动或发怒,以免引出负面报道。

(5) 会议结束

新闻发布会结束后,主办人员要向参加者一一道别,并感谢他们的光临。如有必要还可以向参加者赠送一些小礼品。个别记者有特殊问题时,有关人员还应耐心地予以答复。新闻发布会后,主办单位还应整理保存相关资料,并及时收集与会记者做出的报道,检查是否达到了举办新闻发布会的目的,如有不利于本单位的报道,要采取适当方式予以更正说明。

[实操训练3] 新闻发布会

国内 A 生物制药企业研制出一种"艾滋病疫苗"和艾滋病治疗新药"艾而必妥"。该疫苗可以采用注射,也可以采用口服的方式植入人体,植入人体后,三天内即充分产生"抗体"。在被注射人通过各种传播途径接触 HIV 病毒时,"抗体"将自动发挥免疫功能。而艾滋病治疗新药"艾而必妥"则可控制病情,逐步达到治疗(尚不能根治,根治药品正在进一步研究中)的效果。其有效性得到药品管理部门认可,并获得专利。

A 企业准备在国内大规模上市该药品,下一步在国外寻找总代理商,为此他们准备在北京召开发布会。因为该产品填补了国内的空白,也走在世界医药技术的前沿,因此,企业决定花大力气做好本次新闻发布会。

任务:请分组模拟新闻发布会的筹备、签到、开始、发言、答记者问、结束等整个发布会过程。

三、商务庆典活动礼仪

1. 商务庆典的含义与类型

商务庆典,简称庆典,是各种庆祝礼仪式的统称。在商务活动中,商务人员参加庆祝仪式的机会是很多的,既有可能为本单位组织一次庆祝仪式,也有可能应邀去出席其他单位的庆祝仪式。

商界各单位所举行的各类庆祝仪式,都有一个最大的特色,那就是要务实而不务虚。就内容而论,在商界所举行的庆祝仪式大致可以分为四类:第一类,本单位成立周年庆典;第二类,本单位荣获某项荣誉的庆典;第三类,本单位取得重大业绩的庆典;第四类,本单位取得显著发展的庆典。

对商界人士来讲,组织庆典与参加庆典时,往往会各有多方面的不同要求。庆典的礼仪,即有关庆典的礼仪规范,就是由组织庆典的礼仪与参加庆典的礼仪两项基本内容所组成的。

2. 组织庆典的礼仪

组织筹备一次庆典,如同进行生产和销售一样,先要对它作出一个总体的计划。商务人员如果受命完成这一任务,需要记住两个要点:一是要体现出庆典的特色;二是要安排好庆典的具体内容。

庆典既然是庆祝活动的一种形式,那么它就应当以庆祝为中心,把每一项具体活动都尽可能组织得热烈、欢快而隆重。不论是举行庆典的具体场合、庆典进行过程中的某个具体场面,还是全体出席者的情绪、表现,都要体现出红火、热闹、欢愉、喜悦的气氛。唯有如此,庆典的宗旨——塑造本单位的形象、显示本单位的实力、扩大本单位的影响——才能够真正地得以贯彻落实。

如果站在组织者的角度来考虑,庆典的内容安排,至少要注意出席者的人员确定、来宾的接待、环境的布置以及庆典的程序四大问题。

(1) 确定庆典活动主题,布置庆祝仪式现场

商务人员在确定庆典活动主题时,需要进行精心策划,并做好庆典宣传工作,如海报、宣传品、纪念品、广告等。举行庆祝仪式的现场,是庆典活动的中心地点,对它的安排、布置是否恰如其分,往往会直接地关系到庆典留给全体出席者的印象的好坏。商务人员在布置举行庆典的现场时,需要考虑的主要问题有:

一是地点的选择。在选择具体地点时,应结合庆典的规模、影响力以及本单位的实际情况来决定。本单位的礼堂、会议厅,本单位内部或门前的广场,以及外借的大厅等,均可相机予以选择。不过在室外举行庆典时,切勿因地点选择不慎,从而制造噪声、妨碍交通或治安,顾此而失彼。

二是环境的美化。在反对铺张浪费的同时,应当量力而行,着力美化庆典举行现场的环境。为了烘托出热烈、隆重、喜庆的气氛,应张挂标明庆典具体内容的大型横幅。

三是场地的大小。在选择举行庆祝仪式的现场时,并非越大越好。从理论上说,现场的大小应与出席者人数的多少成正比。也就是说场地的大小,应与出席者人数的多少相适应。人多地方小,拥挤不堪,会使人心烦意乱。人少地方大,则会让来宾对本单位产生"门前冷落车马稀"的感觉。

四是音响的准备。在举行庆典之前,务必要把音响准备好。尤其是供来宾们讲话时使用的麦克风和传声设备,在关键时刻,绝不允许出差错,让主持人手忙脚乱、大出洋相。在庆典举行前后,摆放一些喜庆、欢快的乐曲。对于播放的乐曲,应进行审查。切勿让工作人员自由选择,随意播放背离庆典主题的乐曲,甚至是那些凄惨、哀怨、让人心酸和伤心落泪的乐曲,或是那些不够庄重的诙谐曲和爱情歌曲。

 案例

某酒店失败的庆典

某酒店为庆祝开业,在酒店门口举行隆重而盛大的开业典礼。邀请了全市的重要领导及知名人士,同时还预备了电视台对现场进行记录和报道。典礼开始时,主持人在一边热情洋溢的念着祝词,但麦克风却不断地产生啸叫,让现场人员直捂耳朵。主持人话还没讲完,话筒就从支架上掉在地上摔坏了。等换好话筒后,天又下起了大雨,只好中途暂停。待到将活动移到

酒店大厅,人员就绪时,又突然停电。整个现场一片混乱,该酒店总经理只好宣布典礼延后举行。

请分析上述案例中该酒店开业典礼失败的原因。

(2) 确定出席庆典的人员名单

庆典的出席者不应当滥竽充数,或是让对方勉为其难,确定庆典出席者名单时,始终应当以庆典的宗旨为指导思想,一般来说,庆典的出席者通常应包括如下人士:

一是上级领导。地方党政领导、上级主管部门的领导,大都对单位的发展给予过关心、指导。邀请他们参加,主要是为了表示感激之心。

二是社会名流。根据公共关系学中的"名人效应"原理,社会各界的名人对于公众最有吸引力,能够请到他们,将有助于更好地提高本单位的知名度。

三是大众传媒。在现代社会中,报纸、杂志、电视、广播等大众媒介,被称为仅次于立法、行政、司法三权的社会"第四权力"。邀请它们,并主动与它们合作,将有助于它们公正地介绍本单位的成就,进而有助于加深社会对本单位的了解和认同。

四是合作伙伴。在商务活动中,合作伙伴经常是彼此同呼吸、共命运的。请他们来与自己一起分享成功的喜悦,是完全应该的,也是绝对必要的。

五是社区关系。是指那些与本单位共居于同一区域、对本单位具有种种制约作用的社会实体。例如,本单位周围的居民委员会、街道办事处、医院、学校、幼儿园、养老院、商店以及其他单位等。请他们参加本单位的庆典,会使对方进一步了解本单位、尊重本单位、支持本单位,或是给予本单位更多的方便。

六是单位员工。员工是本单位的主人,本单位每一项成就的取得,都离不开他们的兢兢业业和努力奋斗。所以在组织庆典时,是不容许将他们完全"置之度外"的。

以上人员的具体名单一旦确定,就应尽量发出邀请或通知。鉴于庆典的出席人员甚多,牵涉面极广,故不到万不得已,均不许将庆典取消、改期或延期。

(3) 安排好来宾的接待工作

与一般商务交往中来宾的接待相比,对出席庆祝仪式的来宾的接待,更应突出礼仪性的特点。不但应当热心细致地照顾好全体来宾,而且还应当通过主方的接待工作,使来宾感受到主人真挚的尊重与敬意,并且想方设法使每位来宾都能心情舒畅。最好的办法,是庆典一经决定举行,即成立对此全权负责的筹备组。筹备组成员通常应当由各方面的有关人士组成,他们应当是能办事、会办事、办实事的人。

在庆典的筹备组之内,应根据具体的需要,下设若干专项小组,在公关、礼宾、财务、会务等各方面"分兵把守",各管一段。其中负责礼宾工作的接待小组,大都不可缺少。

庆典的接待小组,原则上应由年轻、精干、身材与形象较好、口头表达能力和应变能力较强的男女青年组成。接待小组成员的具体工作有以下几项:其一,来宾的迎送。即在举行庆祝仪式的现场迎接或送别来宾;其二,来宾的引导。即由专人负责为来宾带路,将其送到既定的地点;其三,来宾的陪同,对于某些年事已高或非常重要的来宾,应安排专人陪同始终,以便关心与照顾;其四,来宾的接待。即指派专人为来宾送饮料、上点心以及提供其他方面的关照。

(4) 拟定庆典的具体程序

一次庆典举行的成功与否,与其具体的程序不无关系。拟定庆典的程序时,有两条原则必须坚持:第一,时间宜短不宜长。大体上讲,它应以一个小时为其极限。这既为了确保其效果良好,也是为了尊重全体出席者,尤其是为了尊重来宾;第二,程序宜少不宜多。程序过多,不仅会延长时间,而且还会分散出席者的注意力,并给人以庆典内容过于凌乱之感。

 知识直通车

商务庆典的具体程序

依照常规,一次庆典大致上应包括下述几项程序:
- 预备:请来宾就座,出席者安静,介绍佳宾。
- 第一项,宣布庆典正式开始,全体起立,奏国歌,唱本单位之歌。
- 第二项,本单位主要负责人致辞。其内容是,对来宾表示感谢,介绍此次庆典的缘由等,其重点应是报捷以及庆典的可"庆"之处。
- 第三项,邀请嘉宾讲话,大体上讲,出席此次的上级主要领导、协作单位及社区关系单位,均应有代表讲话或致贺辞。不过应当提前约定好,不要当场当众推来推去。对外来的贺电、贺信等,可不必一一宣读,但对其署名单位或个人应当公布。在进行公布时,可依照其"先来后到"为序,或是按照其具体名称的汉字笔画的多少进行排列。
- 第四项,安排文艺演出。这项程序可有可无,如果准备安排,应当慎选内容,注意不要有悖于庆典的主旨。
- 第五项,邀请来宾进行参观。如有可能,可安排来宾参观本单位的有关展览或车间等等。当然,此项程序有时也可省略。

3. 参加庆典的礼仪

参加庆典时,不论是主办单位的人员还是外单位的人员,均应注意自己临场之际的举止表现,其中主办单位人员的表现尤其为重要。

(1) 主办单位人员礼仪

在举行庆祝仪式之前,主办单位应对本单位的全体员工进行必要的礼仪培训。对于本单位出席庆典的人员,还需定好有关的注意事项,并要求大家在临场之时,务必要严格遵守。作为东道主的商界人士在出席庆典时,应当注意以下问题。

第一,仪容要整洁。所有出席本单位庆典的人员,事先都要洗澡、理发,男士还应刮胡须。无论如何,届时都不允许本单位的人员蓬头垢面、胡子拉碴、浑身臭汗,有意无意的给本单位形象"抹黑"。

第二,服饰要规范。有统一式样制服的单位,应要求以制服作为本单位人士的庆典着装。无制服的单位,应规定届时出席庆典的本单位人员必须穿着礼仪性服装。

第三,要遵守时间。遵守时间,是基本的商务礼仪之一。对本单位庆典的出席者而言,更不得小看这一问题。上到本单位的最高负责人,下到级别最低的员工,都不得姗姗来迟,无故缺席或中途退场。如果庆典的起止时间已有规定,则应当准时开始,准时结束,要向社会证明本单位言而有信。

第四,表情要庄重。在庆典举行期间,不允许嬉皮笑脸、嘻嘻哈哈,或是愁眉苦脸、一脸晦气、唉声叹气,否则会使来宾产生很不好的想法。在举行庆典的整个过程中,都要表情庄重、全神贯注、聚精会神,在起立或坐下时,把座椅搞得乱响,或是在此期间走动和找人交头接耳,都应被为危害本单位形象的极其严重的事件。

第五,态度要友好。主要是对来宾态度要友好。遇到了来宾,要主动热情地问好。对来宾提出的问题,都要立即予以友善的答复。不要围观来宾、指点来宾,或是对来宾持有敌意。不论来宾在台上台下说了什么话,主方人员都应当保持克制,不要吹口哨、"鼓倒掌"、敲打桌椅、胡乱起哄。不允许打断来宾的讲话,向其提出挑衅性质疑,与其进行大辩论,或是对其进行人身攻击。

第六,行为要自律。既然参加了本单位的庆典,主方人员就有义务以自己的实际行动,来确保它的顺利与成功。在出席庆典时,主方人员在举止行为方面应当注意的问题有:不要"想来就来,想走就走",或是在庆典举行期间到处乱走、乱转;不要让人觉得自己心不在焉。

第七,发言要简短。倘若商务人员有幸在本单位的庆典中发言,则务须谨记以下四个重要的问题:一是上下场时要沉着冷静。在开口讲话前,应平心静气;二是要讲礼貌。在发言开始,勿忘说一句"大家好"或"各位好"。在提及感谢对象时,应目视对方。在表示感谢时,应郑重地欠身施礼。对于大家的鼓掌,则应以自己的掌声来回礼。在讲话末了,应当说一声"谢谢大家";三是发言一定要在规定的时间内结束,宁短勿长,不要随意发挥,信口开河;四是应当少作手势。含义不明的手势,尤其应当在发言时坚决不用。

(2) 外单位人员的礼仪

当外单位的人员在参加庆典时,同样有必要"既来之则安之",以自己上佳的临场表现,来表达对于主人的敬意与对庆典本身的重视;若是以本单位代表的身份而来,更是特别要注意自己临场表现,丝毫不可对自己的所作所为自由放纵。

四、人事招聘礼仪

为了提高面试过程中应试者对公司的认可度,体现公司员工素质和企业形象,做好面试礼仪是非常必要的。良好的人事招聘礼仪能让应试者享受被尊重的感觉,更愿意加入公司。若有的地方做不到位,公司的形象就会受到"严厉打击"。

1. 人事招聘流程

企业的招聘千变万化,但招聘与录用程序基本都有统一共识,大致有以下几个步骤,具体如图 8-7 所示。

2. 发布招聘信息礼仪

人事招聘礼仪其实从写招聘广告就开始了。在招聘广告中要通过短短几句话让应试者看过之后愿意向公司投简历,不是件容易的事,但至少要做到以下几点:

(1) 广告语通顺,无方言成分或用词错误。

(2) 不能有错别字。

(3) 不要用歧视性的语句。

(4) 慎用性别限制。

3. 面试指引及面试通知礼仪

很多公司花很多钱到外面发广告、在人才市场设摊位,但在面试指引或通知上却不愿意下功夫。对于此,要做到以下几点:

(1) 事先掌握公司所在地的位置——准备地图。

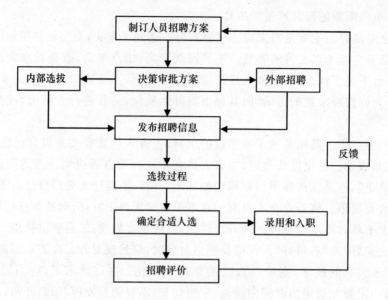

图 8-7　招聘与录用程序

(2) 事先了解能到公司所在位置的车次——编制车次表。

(3) 设计精美的面试通知单。

招聘时,公司在面试应试者,应试者同时也在面试企业。精美的面试通知单一方面能让人感觉到公司对招聘还是很重视的,另一方面,应试者也能体会到被尊重的感觉。如果条件允许,还可以考虑印刷精美的企业招聘名片,正面印刷公司图片和联系方式,背面印刷公司的简介。

(4) 良好的电话礼仪和邮件礼仪。

在招聘过程中,都有可能打电话给应试者或接到应试者咨询的电话,也经常会发邮件给应试者或收到应试者的邮件。如果接打电话(或收发邮件)的方式不正确或礼仪不到位,很可能使应试者放弃来公司面试的计划。良好的电话礼仪、邮件礼仪是一个人的自身修养的体现,同时打造良好的企业形象。关于接打电话和收发邮件的礼仪参阅其他单元内容。

4. 面试接待礼仪

当公司面试者到达公司后,基本的礼仪如下:

(1) 面带微笑,向到来者致以欢迎。

(2) 主动介绍自己:"我是××公司的×××,请问您是?"到来的客人有了解信息的优先权,对方会告之面试的职务,自己的姓名。

(3) 将应试者带到接待室。如果天气稍热,打开空调,不要让来者感觉到非常不舒服,这样会影响到接下来面试进程中的效果。

(4) 严格来讲,应该给每位来访者倒一杯水,这是中国人欢迎客人的最基本的礼节。

(5) 如果已经有事先到来的面试者在会议室等候,为了体现我们的专业化,先将已经在坐位上的应试者介绍给新来的应试者,再将新来的应试者介绍给已经在坐应试者。如果之前的人已经超过三位,可以将新到来的应试者介绍给在坐的应试者,再让他们自己互相介绍认识。这一过程体现的是企业的人性化和专业化,还能打破很多公司面试者一大堆人坐在那里互相不说话的冷场氛围。

5. 面试中的礼仪

（1）面试中不要接听手机。面试是一个非常严肃和庄重的事情,如果因手机的事导致不愉快,那是很不值得的。有三个要求:不响、不听、不出去接听。在这样的氛围中无论谁接听手机,都是对其他人的不尊重。

（2）面试中不要有轻佻的言语和行为。不可以有搔首弄姿之势,不可以通过言语表露出对应试者的极度不满,不可以以面试中的表现对应试者的价值观、道德观和家庭情况进行评判。

（3）观察和注意应试者的表情。如果应试者表现出非常不愿意回答某个问题的信息,应立即这样对应试者说:"如果你确定不方便或不愿意回答这个问题,可以不回答。"了解一个人是多方面的,某方面的问题他/她不回答并不表示不能判定应试者的能力和水平。

（4）当与应试者面试结束时,要告诉应试者面试结束了,向应试者致以真诚的感谢。面试结束后,无论多忙,都要将应试者至少送出门,这是一种对来参加面试者的最基本的尊重。

6. 面试后的礼仪

面试结束后,有一些最基本的要求,是经常被忽视的,如结果通知、简历处理、后期跟进等。面试后的这些事情是非常重要的,只有做好了这些工作,人事招聘工作才算结束。如果面试后的礼仪做得好,会让应聘者感觉企业有始有终,为企业树立良好的形象。

 案例

宝洁公司的校园招聘

曾经有一位宝洁的员工这样形容宝洁的校园招聘:"由于宝洁的招聘实在做得太好,即便在求职这个对学生比较困难的关口,自己第一次感觉自己被人当作人来看,就是在这种感觉的驱使下我应该说是有些带着理想主义来到了宝洁。"

宝洁的校园招聘流程大致如下:

1. 前期的广告宣传

派送招聘手册,招聘手册基本覆盖所有的应届毕业生,以达到吸引应届毕业生参加其校园招聘会的目的。

2. 邀请大学生参加其校园招聘介绍会

宝洁的校园招聘介绍会程序一般如下:校领导讲话,播放招聘专题片,宝洁公司招聘负责人详细介绍公司情况,招聘负责人答学生问,发放宝洁招聘介绍会介绍材料。

宝洁公司会请公司有关部门的副总监以上高级经理以及那些具有校友身份的公司员工来参加校园招聘会。通过双方面对面的直接沟通和介绍,向同学们展示企业的业务发展情况及其独特的企业文化、良好的薪酬福利待遇,并为应聘者勾画出新员工的职业发展前景。通过播放公司招聘专题片、公司高级经理的有关介绍及具有感召力的校友亲身感受介绍,使应聘学生在短时间内对宝洁公司有较为深入的了解和更多的信心。

3. 网上申请

从 2002 年开始,宝洁将原来的填写邮寄申请表改为网上申请。毕业生通过访问宝洁中国的网站,点击"网上申请"来填写自传式申请表及回答相关问题。这实际上是宝洁的一次筛选考试。宝洁的自传式申请表是由宝洁总部设计的,全球通用。宝洁在中国使用自传式申请表之前,先在中国宝洁的员工中及中国高校中分别调查取样,汇合其全球同类问卷调查的结果,从而确定了可以通过申请表选拔关的最低考核标准,同时也确保其申请表能针对不同文化背景的学生仍然保持筛选工作的相对有效性。申请表还附加一些开放式问题,供面试的经理参考。

(资料来源:时代光华资讯中心频道,2013-7-24)

学 习 评 价

[单项选择题]

1. 在商务交往中,座次以(　　)为尊。
   A. 右　　　　　B. 左　　　　　C. 上　　　　　D. 下

2. 在商务馈赠中,下列物品中(　　)不宜送作为礼品。
   A. 花篮　　　　B. 工艺品　　　C. 钟　　　　　D. 衣物

3. 开会期间,当你需要发言时,应该(　　)。
   A. 打断会议进程,说出自己的想法
   B. 把所有要说的话写下来,会后交给会议司仪
   C. 举手示意,征询会议主席的许可后进行
   D. 先与你临位的与会者共同探讨

4. 中国××协会定于下月20日召开本行业内的供需洽谈会,你认为该会议的时长应是(　　)。
   A. 30～90分钟　　B. 30～120分钟　　C. 一天　　　　D. 一天以上

5. 周二下午,总经理临时通知部门经理,要求周三上午召开本部门的工作会议,总经理参加。你认为该会议的时长应是(　　)。
   A. 30分钟以内　　B. 30～120分钟　　C. 一天　　　　D. 一天以上

6. 通常谈判前,主要迎送人的身份、地位与来者应该(　　)。
   A. 略低　　　　　B. 略高　　　　　C. 对等　　　　D. 无所谓

7. 商务谈判追求的主要目的是(　　)。
   A. 让对方接受自己的观点　　　　　B. 让对方接受自己的行为
   C. 平等的谈判结果　　　　　　　　D. 互惠的经济利益

8. 当商务谈判陷入僵局时,以下哪个技巧有助于改变气氛?(　　)
   A. 改变谈判话题　　　　　　　　　B. 改变谈判环境
   C. 改变谈判日期　　　　　　　　　D. 更换谈判人员

9. 举行新闻发布会的最佳时间为(　　)。
   A. 周一至周四的上午9～11点　　　B. 周六至周日的上午9～11点
   C. 周一至周四的中午12～14点　　 D. 周六至周日的下午13～15点

10. 下列关于商务庆典描述错误的是(　　)。
    A. 商务庆典时间宜短不宜长
    B. 商务庆典程序宜少不宜多
    C. 商务庆典可以邀请上级领导、社会名流、大众传媒、公司员工等出席
    D. 商务庆典播放的乐曲不用进行审查,届时工作人员可以自由选择

学习评价答案

1. A　2. C　3. C　4. C　5. B　6. C　7. D　8. A　9. A　10. D

参考文献：

【1】孙金明,等.商务礼仪实务.北京:人民邮电出版社,2013.

【2】王祥林.现代礼仪实用教程.成都:电子科技大学出版社,2011.

【3】孙伶俐.现代企业管理.长春:东北师范大学出版社,2014.

第九单元
行业礼仪

本章导学

学习目标：
1. 学习行业职业礼仪，提升职业形象和专业素养。
2. 规范行业内的职业行为，营造良好的职业形象。
3. 理解不同行业的礼仪规范与礼仪标准。
4. 掌握不同行业的礼仪准则和技巧。

重要知识点：

行业礼仪　金融礼仪　汽车销售礼仪　礼仪

[导入]

在日本有一家非常有名的面包连锁店，它的总部设在东京。有一次总部进来了一个乞丐，面包店经理马上从柜台后面走了出来。经理的行为让售货小姐非常紧张，她急于赶走这个乞丐。

出乎她意料的是，她看到自己的经理在向那位乞丐谦恭有礼地介绍自己的产品："这个是我们的'渣怀'面包，是我们今天刚出炉的，您慢慢挑，如果有什么需要叫我一声。"当这个乞丐挑了一块面包以后，经理又亲自把面包拿到柜台上包装好，双手奉上。这个乞丐从口袋里面掏了一些铜板，经理伸开双手，让他把这些铜板放到自己的手掌心，接着谦恭有礼地把乞丐送到门口，并不断地打躬作揖。

员工对经理的这种行为不太理解，他们向经理问道："我们这里即使是一些有钱人进来了，你顶多就是出来跟人家打个招呼，然后就招呼我们出来服务。今天你为什么对一个乞丐那么客气呢？"这位经理是这样回答他们的："你们有没有想过，那些有钱人要想吃我们的一块面包是多么的简单，只要一掏口袋，百元大钞就出来了。但是对这个乞丐来说，他可能在外面风餐露宿、日晒雨淋，才能要到这一点点的铜板，就只为了享受我们的一块面包，这是多么珍贵呀！

247

所以,他才是我们最潜在的客户,我们应该心存感恩,感谢他对我们的支持。"

(资料来源:http://blog.sina.com.cn/s/blog_6e0757d90100oqxw.html)

讨论

1. 接待顾客的方式有很多,哪些接待方式是顾客喜欢的?
2. 案例中使用了哪种方式接待客户,从而获得了良好的效果?
3. 在接待顾客的过程中,应该注意什么?

礼仪,作为人类社会维系社会正常生活的道德行为规范,必须以共同遵守为前提。在服务行业的服务活动中每一位参与者都必须用礼仪去规范自己的言行举止。服务行业的待客准则,是对所有服务人员的基本要求,也是服务人员良好素质的基本体现,是确保服务活动达到预期效果的基本规范。

语言是行业服务人员与客户沟通与交流时最重要的手段,准确优美、生动形象、亲切感人的语言会给人以愉悦的感受,创造出融洽和谐的气氛。在行业服务中,准确地运用文明有礼、高雅清晰、称谓恰当、声音柔和的语言,体现出工作人员内在的职业素养,也是各行业提高服务质量的内在要求。本单元通过介绍金融行业、汽车服务行业等目前社会上大家接触比较多的行业的工作人员的礼仪基本要求、仪表仪态、仪态礼仪和语言礼仪这四个方面,从而规范金融行业工作人员在工作中应该注意的一些细节问题,从而提高金融行业工作人员的内在的职业道德和修养。

[导入]

某日国内某家股份银行,到了下午准备关门了,保安在那里按了电钮,门就慢慢关了。这个时候外面突然间出现了一位客户,客户说了一句话:"你们要下班了?"就准备走了。

被大堂经理看到了,大堂经理赶紧把他叫住了:"您好,请问有什么可以帮到您吗?"客户说:"你们不是要下班了吗?""没有关系的,您说说看,我们看看能不能在关门之前为您提供服务。"大堂经理赶紧把门往上拉,客户就进来了。客户说:"我没有什么事情,就是想问问开基本账户的事情。""哎哟,不巧,今天确实办不了,不过明天可以办,我们这里的服务是一流的。"大堂经理说。

客户说了句:"没有什么,我想问问而已。""明天我介绍一个优秀的客户经理给您,您看怎么样?"大堂经理说。

第二天早上8:30,门一打开,昨天下午那个客户果然第一个来了。这个客户拎了一大堆东西,所有的资料、印章、印件都带过来了。大堂经理赶紧把他介绍给客户经理办理了开户业务,三天以后这个账户开始正式启用,共转过来1 500万元人民币。大堂经理和这位客户聊天后了解到,原来客户在马路对面的银行开了基本账户,但是感到那家服务态度不好想销户,一直没有下决心,而那天下午这位大堂经理给他留下了很好的印象,所以决定第二天在这家银行开立新的账户。

分析

大堂经理是银行的窗口,是银行的形象代表。这个案例是很偶然的案例。偶然的案例当中有没有必然?如果那个客户一走进银行."你们下班了?"银行的职员如果回答一句:"是的,下班了。"还有没有机会了？答案是没有。就因为银行的大堂经理在下班关门的时候仍然能够热情接待客户，并没有因为将近下班而将客户拒之门外，处处为客户着想，使客户对大堂经理产生了好感，从而对这家银行产生了信任。这就是大堂经理的优质服务带来的千万存款。

金融服务就是满足人的生产活动、经济交往、价值实现和物质交换需要而出现的互利性互动。金融服务的本质是通过主动为他人提供特定服务获取利益。在市场经济条件下，金融业的竞争更多是服务的竞争，因此金融企业必须在服务上下工夫，才能在同行中获得持续、强劲的竞争力。

如何与客户打交道？面对不同性格的客户如何沟通？如何把为客户服务放在首位，最大限度提供规范化、人性化、专业化的服务，以满足客户需求，是金融行业面临的挑战之一。而掌握对客户服务的行为规范，展现一名金融行业专业服务人员的外在美和内在修养，能更容易赢得客户的满意度和忠诚度，提升企业的形象。

一、金融行业服务基本礼仪

服务质量的优劣直接体现金融行业服务人员的文明程度和文化修养，体现着金融行业的服务质量和管理水平。金融行业是窗口行业，与社会接触面最广，与人们的经济生活息息相关。从根本上提升服务品质、打造金融行业核心竞争优势、增强服务意识、提升服务素养是金融行业服务的基本礼仪。

1. 职业道德

职业道德是金融行业服务人员的基本要求，是金融行业服务人员在服务过程中，接待服务对象、处理各种关系时所应当遵守的职业行为准则。

金融行业职业道德是金融行业服务人员在工作中的行为准则，主要包括金融行业服务人员的思想品质、服务态度、经营风格、工作作风、职业修养五个方面的规范化要求。

2. 角色定位

角色定位主要是要求金融行业服务人员在为服务对象提供服务之前，必须准确地确定好彼此双方各自扮演的是何种角色，只有准确地确定了双方各自所扮演的特定角色，金融行业服务人员才能为服务对象提供更到位的服务。主要体现在四个方面：①确定角色；②摆正位置；③特色服务；④不断调整。

3. 双向沟通

双向沟通理论是金融服务礼仪的重要支柱之一，其中心内容是主张以相互交流、相互理解作为金融行业服务人员与服务对象之间进行合作的基本前提。主要体现在以下四个方面：①理解服务对象；②加强相互理解；③建立沟通渠道；④重视沟通技巧。

4. 3A法则

金融行业服务人员向服务对象表达自己的敬意时，必须善于抓住三个主要环节：①接受服务对象；②重视服务对象；③赞美服务对象。"接受"、"重视"、"赞美"这三个词汇的英语单词分别都是以字母"A"开头，所以它们又称为3A法则。

5. 形象效应

金融服务礼仪的形象效应指的是金融企业形象在人们心目中所产生的反映和效果。金融企业的形象效应主要体现在服务的第一环节、中间环节和最后环节,也就是金融行业服务人员在与服务对象交往过程中的第一印象、中间印象和最后印象,称为服务礼仪的首轮效应、亲和效应和末轮效应。

二、金融行业仪表礼仪

案例

总经理穿衣风格:丢客户

某大型上市公司的总经理王强获悉有一家著名的500强企业的董事长约翰先生正在本市进行访问,并有寻求合作伙伴的意向。他于是想尽办法,请有关部门为双方牵线搭桥。让王总欣喜若狂的是,对方也有兴趣与他的企业进行合作,希望尽快与他见面。

到了双方会面的那一天,王总对自己的形象刻意地进行了一番修饰,他根据自己对时尚的理解,上穿夹克衫,下穿牛仔项目裤,头戴棒球帽,足蹬旅游鞋。无疑,他希望自己能给对方留下精明强干、时尚新潮的印象。然而,事与愿违,王总自我感觉良好的这一身时髦的"行头",却偏偏坏了他的大事。约翰先生在和王总简单闲聊不到半个小时就借故离开。以后,王总多次尝试约翰先生联系再次见面均被对方婉言谢绝。

仪表,是指人的外表,包括仪容和服饰、仪态和个人卫生等方面,它是人的精神面貌的表现。仪表在人际交往的最初阶段,往往是最能引起对方注意的,人们常说的"第一印象",它的产生多半就来自个人的仪表。清新、端庄的仪容和恰当自然的修饰是对金融服务人员仪容的基本要求。端庄的仪容可以给予人们以信任感,而恰当自然的修饰又可以给人以愉悦感。

职业形象是一个行业或组织的精神内涵和文化理念在从业人员身上的具体体现,是一定行业或组织的形象与具体从业人员个体形象的有机结合。仪表礼仪也是现代金融行业服务人员职业形象礼仪的重要组成部分,对塑造良好的金融行业服务人员的职业形象起着举足轻重的作用和意义。

1. 个人卫生良好

经常与客户交往的金融行业服务人员应做到三勤一不留:"勤洗澡、勤换衣、勤漱口,身上不能留有汗味或异味"。上班前不能喝酒,忌吃葱、蒜、韭菜、洋葱等有刺激气味的食物,保持牙齿清洁,口气清新;保持指甲清洁,大拇指、小拇指指甲均应剪短;衣领、衣袖要干净;头发清洁,不能有头屑,并要适当梳理;男士的鼻毛应剪短,不留长发和胡须;女士不能穿破损的袜子;保持鞋子干净、光亮、无破损。

2. 整体效果美观

仪表美也应当是整体的美,强调的是整体的效果。白皙的皮肤、端庄的五官,令人赞叹;修长的身材、优美的线条,让人羡慕。但仪表美绝不仅仅限于此,它是各个方面因素的和谐统一。为了更好地服务客户,为公司树立良好的形象,现代审美观要求金融行业服务人员按照各岗位特点来塑造自己的仪表美。

3. 追求秀外慧中

作为金融行业服务人员,要努力将自己的形象塑造得端庄而稳重、大方又富有亲和力,是良好气质与风度的综合体现。金融行业人士的仪表美必须是内在美与外在美的和谐统一,要有美的仪表,必须从提高个人的内在素质入手,"诚于中而形与外"。如果没有文明礼貌、主动热情、文化修养、知识才能这些内在素质做基础,那么所有外在的容貌、服饰、打扮、举止都会让人感到矫揉造作。进而会使服务人员的道德、情操、智慧、志向、风度等方面大打折扣,而不会给人产生美感。

三、金融行业仪态礼仪

《弟子规》曰:"步从容,立端正,揖深圆,拜恭敬;勿践阈,勿跛倚,勿箕踞,勿摇髀;缓揭帘,勿有声,宽转弯,勿触棱。"这些对我们现代人来说,具有积极的意义,对人们讲究仪态端庄、行为优雅依然实用。

仪态是指人在行为中的姿势和风度。姿势是指身体所呈现的样子,风度则是内在气质的变化。仪态在社交活动中有着特殊的作用。仪态是一种无声的语言。在日常交往中,人们通过语言交流信息,在说话的同时,面部表情、身体姿势、手势和动作也在传递着信息。对方在接受信息时,不仅"听其言",也在"观其行"。

因此,按照金融行业服务的规范化要求,金融行业服务人员在自己的工作岗位上及其他任何与客户交往的过程中都应注意自己的仪态,重视体态语的正确运用,更为有效地运用体态语和更为准确地理解他人的体态语。

1. 表情

表情是指通过人的面部形态变化所表达的内心的思想感情。表情能生动、充分地展现人类的各种情感,如喜悦、依恋、真诚、友好、谦恭、失望、自卑等。在运用表情时,应当以面部具体形态的变化为主,其中眼神与笑容的变化,更需要倍加重视。

美国心理学家登布在《推销员如何了解顾客心理》中说:"假如顾客的眼睛朝下看,脸转向一边,表示你被拒绝了;假如他的嘴唇放松,笑容自然,下颌向前,则可能会考虑你的提议;假如他对你的眼睛注视几秒钟,嘴角以至鼻翼部位都显出微笑,笑得很轻松,而且很热情,这项买卖就做成了。"由此可见,面部表情在传情达意方面有着重要的作用。

美国心理学家艾伯特·梅拉比安把人的感情表达效果总结成一个公式:情感的表达=语言(7%)+声音(38%)+感情(55%)。这个公式说明了表情在人际沟通时能够恰如其分地表现出人的内在情感。现代社会做任何事情都要讲究礼节,服务行业尤其如此。有时潜在消费客户未能成交的原因并不在服务人员的服务态度上,而是由于服务人员没有注重礼节造成的。

① 目光(眼神)——心灵的语言

人与人之间进行交流时,目光的交流总是处于最重要的地位。眼睛不仅是人体传递信息最有效的器官,而且能表达最细微、最精妙的差异,显示出人类最明显、最准确的交际信号。正确地运用目光,能恰当地表现出内心的情感。因此,要把握好自己的内心情感,在不同的场合运用不同的目光,使目光很好地发挥作用。

② 微笑——甜蜜的事业

笑容,即人们在笑的时候的面部表情。利用笑容,可以消除彼此间的陌生感,打破交际障碍。

微笑是一种"情绪语言",它来自心理健康者。它可以和有声语言及行动相配合,起互补作用,沟通人们的心灵,架起友谊的桥梁,给人以美好的享受。

微笑在人际交往中有非常重要的作用,在不同的场合、不同的情况下,如果能用微笑来接纳对方,可以反映出本人高超的修养、待人的至诚,是处理好人际关系的一种重要手段。微笑具有一种磁性的魅力,它可以使强硬者变温柔,使困难变得容易,所以,微笑是人际交往中的润滑剂,是广交朋友、化解矛盾的有效手段。

微笑是世界通用的体态语,它超越了民族和文化的差异。真诚的微笑是世人公认的最美好的体态语。

微笑的美在于文雅、适度、亲切自然,符合礼貌规范。微笑要诚恳和发自内心,做到"诚于中而形于外",切不可故作笑颜,假意奉承,作出"职业性的笑",更不要狂笑、浪笑、奸笑、傻笑、冷笑。发自内心的笑像扑面春风,能温暖人心,消除冷漠,获得理解和支持。

金融行业服务人员微笑的主要特征是:面含笑意,但笑容不甚显著。一般情况下,人在微笑时,是不闻其笑声、不见其牙齿的。

③ 对面目表情的要求。

金融行业服务人员在掌握表情的两大构成要素眼神(目光)与微笑的同时,了解面目表情的要求也是十分必要的,既有助于使自己礼仪表现得更为得体,也有助于通过分析服务对象的面目表情来读懂和理解对方体态语的确切含义,从而给人以善解人意的形象,提供相应的优质服务。

2. 站姿

在中华民族的礼仪要求中,"站有站相"、"站如松",是对一个人礼仪修养的基本要求,意思是站要像松树一样挺拔,同时还需要注意站姿的优美和典雅。而一个人的礼仪修养如何,是可以从他的举止中觉察出来的,最容易表现的姿势特征就是人站立时的姿势。由于性别的差异,男女站姿的美感是不同的:男性应该是刚劲挺拔,气宇轩昂。女性应该是亭亭玉立,文静优雅。

站姿是人际交往中最基本的姿势。标准站姿应该是端正、庄重、具有稳定性。处于站立状态时,从正面看,以鼻为点向地面作垂直线,人体在垂直线两侧应对称,表情自然明朗。

3. 坐姿

坐姿是人际交往中最重要的人体姿势和举止,它反映的信息也非常丰富。坐姿是指人在就座以后身体保持的一种姿势。端庄优美的坐姿,会给人以文雅、稳重、自然大方的美感。要做到"坐有坐相",坐姿文雅优美,并非易事。坐姿要做到"坐如钟",即坐时要像钟那样端庄、沉稳,镇定安详。

坐姿是随外界变化的,但原则是要端坐,腰立直,头、上体与四肢协调配合,那么各种坐姿都会是优美自然的。因男女性别不同,坐姿也有所区别。在社交场合,男士坐姿应该以"坐如钟"的姿势,给人一种四平八稳的感觉,而女士应时时注意"阴柔之美",就座时要缓而轻,如清风徐来,给人以美感。

金融行业服务人员不论是工作还是休息,坐姿都是其经常采用的姿势之一。所以需明确两点:一是允许采用坐姿时,才可以坐下;二是坐下之后,尤其是在外人面前坐下时,务必要自觉地采用正确的坐姿。

4. 走姿

行走是人生活中的主要动作。生活中有的人穿着入时,但如果行走姿态不美,也会逊色三分;有的人尽管服装款式简单,但优美的行走姿态却使他/她气度不凡。走姿也称步态,是指一个人在行走过程中的姿势。它以人的站姿为基础,始终处于运动中,体现的是一种动态美。

行走中的姿态,男士应显出阳刚之美,在工作场合给人以充满自信的感觉,表现镇定自如的气度,而女士要显示出阴柔之美,在保持步态轻盈的同时,注意体现健康、自然、大方、力度与弹性。

金融行业服务人员的走姿应特别重视以下6个环节:①方向明确。行走时必须保持明确的行进方向,尽可能地使自己犹如在一条直线之上行走;②步度适度。金融行业服务人员在行进之时,最佳的步度应为本人的一脚之长;③速度均匀。对金融行业而言,步速固然可以有所变化,但在某一特定场合,一般应当使其保持相对稳定,较为均匀,而不宜过快过慢,或者忽快忽慢,短时间内变化过大;④重心放准。在行进时,能否放准身体的重心极其重要;⑤身体协调。在行进时,身体的各个部分之间必须完美配合;⑥造型优美。行进时保持身体整体造型的优美是金融行业服务人员需要注意的重点问题。

5. 手势

手是人体上最富灵性的器官。如果说眼睛是心灵的窗户,那么手就是心灵的触角,是人的第二双眼睛。

手势是指人们在运用手臂时所显现出的具体动作与体位。手势是人交往时不可缺少的动作,是一种表现力较强的体态语言,在传递信息、表达意图和情感方面发挥着重要的作用。恰当地运用手势可以增强表情达意的效果,并给人以感染力,加深印象。在工作中,假如手势运用不规范、不明确,动作不协调,寓意含混,就会给别人留下素质不高、工作漫不经心等印象。

手势的运用应规范适度,且符合礼仪。规范标准是:五指伸直并拢,掌心倾斜向上方,腕关节伸直,手与前臂成直线,以肘关节为轴,肘关节既不要成90度直角,也不要完全伸直,弯曲140度左右为宜,手掌与地面基本上形成45度。

金融行业服务人员运用手势时要给人一种庄重含蓄、彬彬有礼、优雅自如的感觉。

知识直通车

职场第一课——职业形象

张明是某银行机构行政部的一名工作人员。刚来公司上班时,因为外在形象好,有一定的口头表达能力,张明对自己信心十足。工作的第一天,在和其他新来的职员站在一起集队时,他尽量保持一种优越的姿态,一只手插在裤袋里,双脚叉开,一只脚随意乱动,眼睛四处扫视。结果,工作的第一天张明就在大庭广众之下受到经理的严厉批评。

王玲是一名金融专业的高职生,早就意识到就业形势的严峻,毕业前就花了很多心思做好了个人简历,但一直没有机会投出去。后来好不容易碰到一家证券公司来学校开展校园招聘,王玲满怀希望地去面试了。但是,王玲很快被告知没有复试机会。自己明明感觉不错,可是没有通过初试。探问情况后才知道这里面有很多学问。原来,王玲虽然有很好的硬件条件,却忽略了一些基本的礼仪规范,如如何跟主考官打招呼、如何保持良好的坐姿等。

四、金融行业语言礼仪

语言是服务人员与客户沟通和交流的最重要的工作手段,准确优美、生动形象、亲切感人的语言会给人以愉悦的感受,创造出融洽和谐的交流气氛。掌握语言沟通礼仪规范和技巧是做好服务的一项必备的基本功,也是员工个人综合素质的体现。

金融行业服务人员的语言礼仪规范,是指金融行业服务人员在语言的选择和使用中,表现出良好的文化修养和职业素质,准确地运用文明有礼、高雅清晰、称谓恰当、标准柔和的语言。语言礼仪是服务礼仪的重要组成部分,金融行业服务人员掌握语言礼仪规范是改善和提高服务质量的内在要求。

(1)礼貌用语。问候语用于见面的时候,根据时间、地点、对象、场合的不同使用不同的问候语。

(2)迎送语。迎送语是指在服务上迎来送往服务对象时使用的语言。金融行业常用的迎送语有:"欢迎光临"、"再见"、"请慢走",同时还可以施以注目、点头、微笑、鞠躬等。

(3)致谢语。应用范围比较广,既可以用于表示感谢,也可以表示感谢的应答,如"谢谢"、"不客气"等。

(4)请托语。常用在请求他人帮忙或是托付他人代劳时,中心语是一个"请"字,如"请问"、"请稍后"等。

(5)征询语。金融行业服务人员在服务过程中往往需要以礼貌的语言向服务对象进行征询,此时采用的用语为征询语。在主动向客户提出帮助时,通常使用"您需要帮助吗?""我可以为您做点什么?""您需要什么?"等。

(6)应答语。金融行业服务人员在岗位上回应服务对象的召唤或是答复询问时使用的语言。用语是否规范,直接反映了服务态度、技巧和质量。常用肯定式应答有:"好的"、"是";谦恭式应答有:"请不必客气"、"这是我们应该做的"。

(7)道歉语。在工作中因为主客观原因导致差错、延误或者考虑不周时,应诚恳致歉。致歉应实事求是,也应适度,让服务对象明白我们内疚的心情和意愿,把工作继续做好的愿望即可。常用的有"对不起"、"抱歉"等。

模块二 汽车服务行业礼仪

[导入]

专业知识、销售技巧欠缺而丢客户

一天,某汽车公司销售人员小张值班时,有位客户在展厅里看了一款轿车之后,向小张问了两个问题。这个客户很关心安全问题,他问小张:"这款车的 ABS 是哪里生产的?"这个问题很普通,在汽车销售公司日常的销售过程当中,客户提这个问题的频率也比较高。而小张一下子不知道该怎么回答,因为他不知道这辆车所装配的 ABS 到底是国产的还是进口的,只好问旁边的销售人员,结果没有得到满意的答复。小张为了把这辆车卖给客户,他就回答说:"可能是进口的。"这个客户又问:"这款车现在没货,那什么时候才会有呢?"这个问题也是日常销售当中客户问得最多的一个问题。因为汽车销售公司不可能把每一款汽车、每一种颜色都备齐了。小张又着急了,他说:"你等一下,我去问一下我们领导。"刚巧,他的领导当时不在公司,而电话又无法接通。客户等不及,就在那里不断地问他:"怎么样?到底什么时间有货?"小张没有办法,最后说:"大概需要半个月左右吧。"客户提了两个问题,一个是不清楚,另一个是大概,这位客户有点不高兴。客户说:"我的时间这么紧,你却告诉我可能、大概,你让我怎么决定,我还是到别的地方去看看吧。"

一、汽车销售人员职业素养

1. 汽车销售人员的基本职责

汽车销售的职责是指作为汽车销售人员必须做的工作和承担相应的责任。汽车销售人员是联系企业与顾客的桥梁和纽带,它既要对企业负责,又要对顾客负责。所以,汽车销售人员的基本职责并非仅限于把企业的产品销售出去,而是承担着多方面的义务与责任。

(1) 收集信息:企业在市场竞争中能否占到有利的地位,在很大程度上取决于信息的获得程度。汽车销售人员对于获得信息具有十分有利的条件,易于获得需求动态、竞争状态以及顾客的意见等重要信息,及时地、持续不断地搜集这些信息并将其反馈给企业,是汽车销售人员应当承担的一项重要责任。

(2) 建立沟通关系:汽车销售人员运用各种管理和人际交往手段,建立、维持和发展与主要潜在客户、老顾客之间的业务关系和人际关系,以便获得更多的销售机会,扩大企业产品的市场份额。

(3) 销售产品:汽车产品销售是通过销售过程中的一系列活动来完成的。这些活动包括寻找潜在客户、展厅接待、产品介绍、试乘试驾、价格谈判、递交新车、售后跟踪等环节。

(4) 提供服务:"一切以服务为宗旨"是现代销售活动的出发点和立足点。汽车销售人员不仅要为顾客提供满意度产品,更重要的是要为顾客提供各种周到和完善的服务。未来在企业竞争中,日趋集中在非价格上,非价格竞争的主要内容就是服务。

(5) 建立形象:汽车销售人员是通过销售过程的个人行为,使顾客对企业产生信赖和好感,并促使这种信赖或好感向市场扩散,从而为企业赢得广泛的声誉,建立良好的品牌形象。

2. 汽车销售人员的基本素质

(1) 业务素质:

① 具有现代化销售观念。是指汽车销售人员对销售活动的基本看法和在销售实践中遵循的指导思想。销售观念决定着汽车销售人员的工作目标和工作态度,影响着销售过程中的各种销售方法和技巧的运用,也影响着企业和顾客的利益。

② 具有丰富的专业知识。汽车销售人员应当掌握的专业知识是非常广泛的,专业知识的积累关系着素质、能力的提高。

③ 具有扎实的基本功。

④ 具有熟练的销售技巧。汽车销售人员必须要站在顾客的立场上,为顾客着想的同时兼顾企业的利益,在说服顾客购买产品的同时,让顾客充分感受到购买的愉快,并因此获益而满足需求。

(2) 个人素质:

① 良好的语言表达能力;

② 勤奋好学的精神;

③ 广泛的兴趣;

④ 端庄的仪态；

⑤ 健康的身体；

⑥ 良好的心理素质。

（3）基本职业能力：

① 观察能力：汽车销售人员必须具备敏锐的观察能力，是深入了解顾客心理活动和准确判断顾客特征的必要前提；

② 记忆能力；

③ 思维能力；

④ 交往能力；

⑤ 劝说能力；

⑥ 演示能力：在销售过程中，汽车销售人员要使顾客对所销售的产品感兴趣，就必须使他们清楚地认识到购买这种产品以后，会得到什么样的售后服务，会得到什么好处；

⑦ 核算能力；

⑧ 应变能力。

二、服务形象礼仪

1. 仪容礼仪

仪容即人的容貌，是个人仪表的重要组成部分之一，它由头发、面容、口部、手部、脚部等构成。仪容美在人的仪表中占有举足轻重的地位。仪容之美包括发饰、面容、口部及手脚部之美，个人礼仪对此均有明确的规定和具体的要求。

发型要与自己的性别、脸型、肤色、体型相匹配，与自己的气质、职业、身份相吻合，才能显现出真正的美。对男士来讲，头发的具体长度，有着规定的上限与下限。上限是指头发最长的极限。按照常规，一般不允许男士在工作之时长发披肩或者梳起发辫。下限是不允许剃光头。一般要求男士在修饰头发时要做到：前发不覆额，侧发不掩耳，后发不触领。女士在工作岗位上头发长度的是不宜长于肩部，不宜挡住眼睛。一般是在上岗之前，将超长的头发盘起来、束起来、编起来，或是置于工作帽之内，不可披头散发。

为确保个人发部的清洁，维护自身的完美形象，必须自觉地对自己的头发进行清洗、修剪和梳理。同时为了维护自己的形象，通常应当采用适当的方法来美发。

面容是人的仪表之首，是人体暴露在外时间最长的部位，也是最为动人之处。由于性别的差异和人们认知角度的不同，使得男女在面容美化的方式、方法和具体要求上有各自不同的特点。

男士应养成每天修面剃须的良好习惯。女士面容的美化主要采取整容与化妆两种方法。

2. 服饰礼仪

服饰是一种无声的语言，显示着一个人的社会地位、文化品位、艺术修养以及待人处世的态度。随着社会的进步，服饰已不仅是一种生活必需品，也是装饰人们躯体的美化物。人们利用服饰来装饰、塑造自己，突出自己的"美点"，掩饰自己的不足，以达到比自身原有条件更加完美的效果。事实表明，穿着得体不仅可以显示一个人良好的文化修养，高雅的审美情趣，还能给人留下良好的印象，赢得他人的信赖。

当服饰与穿戴者的气质、个性、身份、年龄、职业以及穿戴环境、时间协调一致时，就能真正达到美的境界。服饰的美要达到和谐统一的整体视觉效果,人们就应恪守服饰穿戴的基本原则——"TPO"原则:是指人们的穿着打扮要兼顾时间(time)、地点(place)、场合(occasion),并与之对应。服饰的选择要与穿戴者的自身条件相协调。人们追求服饰美,就是要借服饰之美来装扮自身,即利用服饰的质地、色彩、图案、造型和工艺等因素的变化引起他人的各种美的感觉,从而美化自己。

作为一名汽车4S店工作人员,要直接和形形色色的客户打交道。第一印象的重要性毋容置疑。在开头的两分钟,客户已经通过观察,决定了是否留下来听我们把商品介绍完。我们的服装必须与时间、地点等因素符合,自然而大方。同时要注意:

① 穿衣得体最重要。销售人员所穿的服装一定要以得体为准则,给客户干练而又自信的感觉。

② 随心所欲要不得。年轻人总爱凭着个人喜好,直接穿着喜欢的衣服去见客户,这样会给人一种不稳重的感觉,而我们销售的商品也会因为我们的着装变得让客户不信任。

③ 根据年龄着装。不同的年龄有不同的气质特点,因此,应该寻找和年龄相当的穿着。

④ 根据场合着装,服饰的选择一定要看场合。

男士、女士的仪表如图9-1所示。

女士仪表

男士仪表

图9-1 仪表

三、服务交际礼仪

案例

风景秀丽的某沿海城市的国贸广场,高耸着一座宏伟楼房,楼顶上"远东贸易公司"六个大字格外醒目。某照明器材厂的业务员金先生按原计划,手拿企业新设计的照明器材样品,兴冲冲地登上六楼,脸上的汗珠未来得及擦一下,便直接走进了业务部张经理的办公室,正在处理业务的张经理被吓了一跳。

"对不起,这是我们企业设计的新产品,请您过目。"金先生说。张经理停下手中的工作,接过金先生递过的照明器,随口赞道:"好漂亮啊!"并请金先生坐下,倒上一杯茶递给他,然后拿起照明器仔细研究起来。金先生看到张经理对新产品如此感兴趣,如释重负,便往沙发上一靠,跷起二郎腿,一边吸烟一边悠闲地环视着张经理的办公室。当张经理问他电源开关为什么装在这个位置时,金先生习惯性地用手搔了搔头皮。虽然金先生作了较详尽的解释,张经理还是有点半信半疑。谈到价格时,张经理强调:"这个价格比我们预算高出较多,能否再降低一些?"金先生回答:"我们经理说了,这是最低价格,一分钱也不能再降了。"张经理沉默了半天没有开口。金先生却有点沉不住气,不由自主地拉松领带,眼睛盯着张经理,张经理皱了皱眉,"这种照明器的性能先进在什么地方?"金先生又搔了搔头皮,反反复复地说:"造型新、寿命长、节电。"张经理托辞离开了办公室,只剩下金先生一个人。金先生等了一会儿,感到无聊,便非常随便地抄起办公桌上的电话,与一个朋友闲谈起来。这时,门被推开,进来的却不是张经理,而是办公室秘书。

在日常工作中,汽车服务人员要经常与客户打交道,在与客户的交往中,称呼他人、介绍自己、握手致谢、递送名片等是家常便饭。如何介绍自己或他人,如何作他人介绍,如何称呼别人,如何称呼自己,如何握手致谢,如何递送名片等,这些看似简单的礼节,却蕴藏着丰厚的学问,每一种礼节都有基本的礼仪标准,如果在日常生活中遵守这些基本的礼仪规范,往往会收到意想不到的效果。

1. 见面介绍礼仪

因为行业的特殊性,汽车服务人员似乎每天都在认识新的面孔,结交新的朋友。初次认识,总少不了介绍。介绍自己,介绍别人。得体的介绍往往会给对方留下良好的第一印象,因此,人们又把介绍称为交际之桥。介绍是一切社交活动的开始,是人际交往中使互不认识的人之间解除陌生感,缩短人与人之间的距离,建立必要的了解、信任和联系的一种最基本、最常见的方式。

介绍自己即自我介绍,就是在商务交际场合,把自己介绍给其他人以使对方认识自己。

(1) 介绍的时机。应在适当的时机及时进行自我介绍,比如,在社交场合中,与一个不相识的人单独相处时、进行业务推广时以及有不相识的人对自己表现出兴趣时,应当进行适当的自我介绍。以下6种情况适合做自我介绍:①没有其他介绍人在场的时候;②没有其他闲杂人员在场的时候;③对方并未忙碌,而且看起来有一个较为轻松的心情;④周围的环境比较安静、氛围比较舒适的时候;⑤比较正式的社交场所;⑥对方在与别人谈话出现停顿的时候。

(2) 自我介绍的要点。在进行自我介绍时,应注意三点:一是先递名片;二是时间简短,一般以一分钟或半分钟为宜;三是内容完整。

(3) 自我介绍的形式。一般情况下,做自我介绍时应先向对方点头致意,得到回应后再向对方介绍自己。

(4) 自我介绍的顺序。介绍的标准化顺序是所谓的位低者先行,就是地位低的人士先做介绍。一般的规则是:主人和客人做介绍,主人先做介绍;长辈和晚辈在一块儿,晚辈先做介绍;男士和女士在一块儿,男士先做介绍;地位低的人和地位高的人在一块儿,地位低的人先做介绍。

(5) 自我介绍的注意事项。①注意时间。要抓住时机,在适当的场所进行自我介绍。介绍时要简洁,尽可能地节省时间,以半分钟左右为佳;②讲究态度。进行自我介绍,态度一定要自然、友善、亲切、随和。语气要自然,语速要正常,语音要清晰。

(6) 自我介绍时的礼仪规范。①必须镇定而充满信心;②根据场合与时机,把握介绍的深度;③要注意眼神的运用;④表情庄重,尊重对方;⑤如果希望认识某一个客户,要采取主动,不能等待对方注意自己。

 案例

"杯具"的自我介绍

有一个大学生在某4S店实习期间,向客户推销车辆养护用品,他只要见到客户就介绍:我是××,××学校毕业,我的特长爱好是×××,我为什么向你们推销,说了很长一串,东西没有卖出去,还遭人白眼。他非常郁闷,不知道什么地方做得不妥。

他人介绍也称第三方介绍,即自己作为第三者,替不相识的双方做介绍。为他人做介绍时,要遵守"尊者优先"的规则。其先后顺序大体上有以下6个方面:

① 先男后女:把男士引见给女士。这是最常见的一种方式。唯有女士面对尊贵人物时,才允许有例外。

② 先少后老:即优先考虑被介绍人双方的年龄差异,通常适用于异性之间。

③ 先宾后主:适用于来宾众多的场合,尤其是主人未必与每个客人相识的时候。

④ 先未婚者后已婚者:此顺序仅适用于对被介绍人非常知根知底的前提之下,要是拿不准,最好不要冒昧行事。

⑤ 先低后高:它适用于比较正式的场合,特别适用于职业相同的人士之间。

⑥ 先个体后团体:当新加入一个团体的人初次与该团体的其他成员初次见面时,负责人将新人介绍给团体的其他成员。

接受介绍时的礼仪:

(1) 起立。男士起立,女士也要起立,尤其是向我们介绍长辈时,应起立以示对对方的尊重。

(2) 目视对方,面带微笑。无论男女,被介绍人的目光一定要注视着对方的脸部。不要让其他事情分散自己的注意力,不要东张西望,以免给对方留下心不在焉、不重视或不欢迎对方的印象。

(3) 握手。如果双方均为男性,握手绝对有必要。如果把男性介绍给女性认识时,女性觉得有握手的必要时,可以先伸出手来,以表示感谢。

(4) 问候对方并复述对方姓名。可以说:"认识你很高兴,刘丽女士"或"你好,王强先生"。

(5) 交谈后离开时要互相道别。离开时,说一声"再见"可以给对方留下很好的印象。

2. 称呼礼仪

在人际交往中,称呼别人一是看对象,对不同的人采取不同的称呼;二是称呼时更要注意看场合,对他人的称呼应与具体的环境相对应。

称呼也称称谓,是人们交谈中所使用的用以表示彼此身份与关系的名称。在商务活动中,选择正确、恰当的称呼,既体现了自身的良好教养,又表示了对对方的尊敬,同时反映出关系发展的程度及一定的社会风尚。

(1) 称呼的方式。在工作上,彼此之间的称呼有其特殊性。总的要求是庄重、正式、规范。常见的称呼有以下三种。

① 职务性称呼。在工作中,以交往对象的职务相称,以示身份有别、敬意有加,这是一种最常见的称呼方法。如仅称职务,"部长"、"经理"等;也有职务之前加上姓氏,如"王总经理"、"张处长"等;或者职位之前加上姓名,仅适用极其正式的场合,如"邓小平主席"等。

② 职称性称呼。对于具有职称者,尤其是具有高级、中级职称者,可以直接以其职称相称。以职称相称,主要体现在三个方面:仅称职称,如"教授"、"工程师";在职称前加上姓氏,如"李教授"、"王研究员"、"张工程师"。有时这种称呼也可以加以约定俗成的简化,如"张工程师"简称为"张工"。在职称前加上姓名,它适用于十分正式的场合,如"张涛教授"、"王艳主任医师"等。

③ 姓名性称呼。在工作岗位上称呼姓名,一般限于同事、熟人之间。其具体方法有:直呼起名;只呼其姓,不称其名,但要在它前面加上"老"、"大"、"小"。只称其名,不呼其姓,通常限于同性之间,尤其是上司称呼下级、长辈称呼晚辈之时。亲朋邻里之间也可以使用这种称呼。

(2) 称呼的禁忌

在使用称呼时,一定要回避以下几种错误的做法。

① 使用错误的称呼。使用错误的称呼,主要在于粗心大意,用心不专。常见的错误称呼有误读、误会。

② 使用过时的称呼。有些称呼,具有一定的时效性,一旦时过境迁,若再采用,难免贻笑大方。如古代对官员称为"老爷"、"大人",现在若使用就会显得滑稽可笑,不伦不类。

③ 使用不同行的称呼。有些称呼具有一定的地域性,比如,北京人爱称人为"师傅",山东人爱称人为"伙计",中国人把配偶、孩子经常称为"爱人"、"小鬼"。但在南方听来,"师傅"等于出家人,"伙计"肯定是"打工仔"。外国人则将"爱人"理解为进行"婚外恋"的"第三者",可见为"南辕北辙",误会就大了。

④ 使用不当的行业称呼。学生喜欢互称为"同学",军人经常互称为"战友",工人可以称为"师傅",这并无可厚非。但以此去称呼"界外"人士,并不表示亲近,没准对方还不领情,反而产生被贬低的感觉。

⑤ 使用庸俗低级的称呼。在人际交往中,有些称呼在正式场合切勿使用。如"兄弟"、"朋友"、"哥儿们"、"死党"等一类的称呼,就显得庸俗低级,档次不高,它们听起来令人觉得肉麻且带有明显的黑社会人员的风格。

⑥ 使用绰号作为称呼。对于关系一般者,切勿自作主张给对方起绰号,更不能随意以道听途说的对方的绰号去称呼对方。至于一些对对方具有侮辱性质的绰号,如"阿乡"、"鬼子"、"鬼妹"、"罗锅"、"四眼"、"柴火妞"等,则更应该免开尊口。需要注意的是不要随便拿别人的姓名乱开玩笑。要尊重对方,先从尊重他的姓名开始。每一个正常人,都极为看重本人的姓名,而不容他人对此进行任何形式的轻蔑。

总而言之,称呼是交际之始、交际之先。慎用称呼、巧用称呼、善用称呼,将使我们赢得别人的好感,将有助于我们的人际沟通自此开始顺畅的进行。

(3) 称呼应注意的问题

① 称呼要看对象

与多人见面招呼时,称呼应遵循先上级后下级、先长辈后晚辈、先女士后男士、先疏后亲的礼遇顺序进行。

同事之间的称谓也有一定的讲究。一般来说,在开会、工作场合,直接称呼职务、职业。可以采用"姓+职务、职业称谓",如"王经理";也可以采用"名+职务",如"博浪经理";还可以"采用姓名+职位+职称称谓"相称,如"张林教授"。

一般年纪较大、职位较高、辈份较高的人长对年纪较轻、职务较低、辈份较小的人称呼姓名。相反,年纪较轻、职位较低、辈份较小的人对年纪、职位较高的人称呼姓名是没有礼貌的。

在所有称呼中,最亲切、最随便的一种称呼是不称呼姓而直呼其名,但只限于长者对年轻人、老师对学生或亲密关系的个人之间。

② 称呼要看场所

一般情况下,人们对对方的称呼都是与其环境相对应的正式称谓。

③ 称呼与身份、修养有关

能否恰当地称呼对方还与一个人的文化修养有关,一个没见过场面的农民很难称呼一个风度翩翩的男士为"先生",因此,作为汽车服务人员应该不断提高自身修养,学会恰当地称呼对方。

3. 握手礼仪

握手已经是我们国内最通行的相见礼节,从某种意义上讲,它其实也是国际社会社交场所最常见的礼节。握手时标准的伸手顺序,应该是位高者居前,也就是地位高的人先伸手。男性和女性在社交场所见面的话,一般是女士先伸手,这可以看作是一个默认准则。

案例

在一次接待某大客户到访的任务中,销售顾问小李因与客户的技术总监熟识,因而作为主要迎接人员陪同领导前往机场迎接贵宾。当客户的技术总监率领其他工作人员到达后,销售顾问小李面带微笑热情地走向前,先于部门领导与客户技术总监握手致意,表示欢迎。小李旁边的领导已面露不悦之色。

(1) 握手的次序。在正式场合,握手时伸手的先后次序主要取决于职位、身份。在社交场所,则主要取决于年纪、性别、婚否。根据规范,握手时双方伸手的先后次序,一般应当遵守"尊者先伸手"的原则,应由尊者首先伸出手来,位卑者只能在此后予以响应,而绝不可贸然抢先伸手,不然就是违反礼仪的举动。基本规则主要有:

① 职业、身份高者与职位、身份低者握手,应由职位、身份高者先伸出手来。

② 男女之间握手,男士要等女士先伸出手后才握手。如果女士不伸手或无握手之意,男士向对方点头致意或微微鞠躬致意。男女初次见面,女方可以不和男士握手,只是点头致意即可。

③ 宾客之间握手,主人有向客人先伸手的义务。在宴会、宾馆或机场接待宾客,当客人抵达时,不论对方是男士还是女士,女主人都应该主动先伸手。男士因是主人,尽管对方是女宾,也可以先伸出手来,以表示对客人的热情欢迎。

④ 长幼之间握手,年幼的一般要等年长的先伸手。和长辈及年长的人握手,不论男女,都要起立趋前握手。

⑤ 上下级握手,下级要等上级先伸出手。但涉及主宾关系时,可不考虑上下级关系,主人应该先伸手。

⑥ 若一个人需要与多人握手,则握手时也应讲究先后次数,由尊而卑,即先年长者后年幼者,先长辈后晚辈,先老师后学生,先女士后男士,先上级后下级,先职位、身份高者后职位、身份低者。

(2) 握手姿态。

① 男士握位为整个手掌,如图9-2所示。

图 9-2　男士握位

② 女士握位为食指位,如图 9-3 所示。

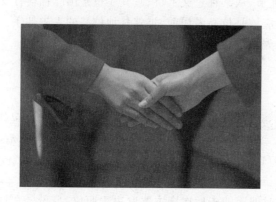 

图 9-3　女士握位

③ 男女握位为男士应握女士的手指部位(或手掌三分之一处),如图 9-4 所示。

(3) 握手"七要诀",如图 9-5 所示。

(4) 握手的技巧:

① 主动与每个人握手,如谈判开始前,双方都要互相介绍认识一下。这时候,我们最好表现得积极一些,主动一些,表示自己很高兴与他们认识。为了表示自己的这种善意,我们可以主动与他们每一个人握手,因为自己主动就说明对对方尊重,只有在自己尊重别人时,才会受到别人的尊重。

② 有话让对方出来讲,握手时不要松开。有时我们想找对方谈一些事,不巧的是里边还有其他人在,我们想与对方单独谈,耐心等了很久后仍没有机会,那我们只好想办法让对方出来说了。

图 9-4　男女握位

③ 握手时赞扬对方。握手时的寒暄话是非常重要的,在我们与对方握手的时候,可以对对方表示一下关心和问候,或赞扬对方两句。

4. 名片礼仪

(1) 发送名片的时机。

① 希望与对方认识时,尤其是初次见面,相互介绍时。

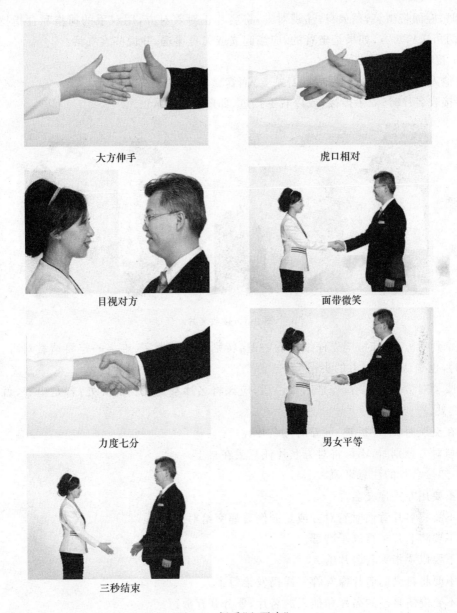

图 9-5　握手"七要决"

② 当被介绍给对方时。
③ 初次登门拜访时。
④ 当对方希望与自己交换名片时。
⑤ 当自己的信息有变更时。
⑥ 当对方主动向自己索要名片时。
⑦ 当需要知晓对方的准确情况,想要获得对方的名片时。
⑧ 好朋友很久没有见面时。
（2）发送名片的礼节。
① 首先要把自己的名片准备好,整齐地放在名片夹、盒或口袋中。
② 出示名片的顺序:地位低的人先向地位高的人递名片男性先向女性递名片。当对方不

止一人时,应面带微笑,稍欠身,注视对方,将名片正对着对方,用双手的拇指和食指持握名片上端的两角送给对方,如果是坐着的,应当起立或欠身递送,并说些客气话。

(3) 接收名片的礼节。

① 他人递名片给自己时,应起身站立,面含微笑,目视对方。

② 接收名片时,双手捧接,或以右手接过,如图9-6所示。

图9-6　接收名片

③ 拿到对方名片时,应先仔细地看一遍,特别是碰到生字、难字一定要请教对方,以免出错。同时,也确认一下对方的头衔。

④ 收了对方的名片后,若是站着说话,应该将名片拿到齐胸的高处;若是坐着,就放在视线所及之处。

⑤ 在交谈时,不可折皱、玩弄对方名片。

⑥ 与对方分别时,不可将对方名片任意丢在桌上。

(4) 递接名片的注意事项

① 不要用左手递交名片。

② 不要将名片背面对着对方或是颠倒着递交给对方。

③ 不要将名片举得高于胸部。

④ 不要以手指夹着名片给人。

⑤ 不要将自己的名片像发牌一样扔发给每个人。

⑥ 不要混淆自己的名片和他人的名片,要分开存放。

⑦ 不要在对方的名片上压放任何物品,也不可在离去时忘拿对方的名片。

⑧ 不要将名片放在后裤袋或裙兜里。

四、销售服务礼仪

[导入]

某销售人员第一次去拜访客户,到了那位客户的公司以后,他意外地发现另外一家汽车公司的销售人员也在那里,且比他先到。这位销售人员是急忙赶过去的,脸上带着汗水,领带还有点歪。那位客户出来以后,将另外一家公司的销售人员请进去了,而这位销售人员因为仪表

的问题,客户不愿接待。那位客户对他的秘书说:"你把他的汽车资料留下来就行,让他先回去吧。"

在汽车销售工作中,销售人员要学习、应用销售礼仪,必须要把握具有普遍性、共同性、指导性的礼仪规律。面对激烈的市场竞争,销售人员不规范的销售和服务行为,导致销售业绩不佳和客户流失。企业因此表现为对外无法获得客户的满意度、忠诚度和回头率;对内缺乏规范的科学管理。因此,规范产品的销售流程和销售服务,提升销售人员的营销技能和销售服务,成为当今各汽车公司及其4S店追求的目标。

1. 客户开发礼仪

销售人员在与客户见面的时候也要讲究技巧。首先要有一个很好的开场白,这个开场白应该事先准备好。如果事先没有准备,应凭借实战经验进行应对。与客户见面要注意以下几点:

(1) 彬彬有礼地介绍。要彬彬有礼地介绍自己和自己所在的汽车公司,或者自己所在的专营店。

(2) 适当地提示。可以通过电话或者拜访的方式提示他。还可以告知客户公司目前新推的优惠政策,如"您在活动期间下单的话,可以参加出国游的抽奖活动"。

(3) 尊重客户,注意细节。销售人员去拜访客户的时候,必须要尊重客户,注意细节。见到客户时首先说:"这位先生您工作很忙,我占用您5分钟时间。"当然5分钟时间肯定不够,不过没关系,这种做法充分体现尊重了客户。听销售人员说完如果客户有兴趣,就会说:"你再继续讲没关系,我有时间。"销售人员就可以继续谈下去了。

(4) 了解客户需求。与客户谈话时,销售人员还可以了解客户的需求,以客户的需求为导向,参照客户的需求给他提供一辆符合他需要的车。

(5) 车辆介绍与试乘试驾相结合。销售人员要向客户介绍这款车的亮点、优点能满足客户的哪些需要。客户听了以后似信非信,这时,销售人员可以请他来试乘试驾,这是对产品介绍的一种延伸和证实。

2. 客户接待礼仪

客户第一次和销售服务人员接触时,销售顾问应当应用职业化的欢迎顾客的礼仪与技巧,明确客户的想法和关注的问题,建立咨询服务关系,友好地推介自己所要销售的车辆。客户和销售服务人员第一次接触,包括以下两种情况:

(1) 接电话的礼仪。电话铃响两声后,接听电话时,第一句话应该说:"您好,×××公司。请问有什么可以帮到您?"

打电话时注意的原则是:礼貌而友好,不要打断对方,简洁有效地了解到问题。

做电话记录很重要,应准备好电话记录表,记录好打进来的每一个电话和沟通内容。电话中回答客户咨询的时间不要太长,一般控制在3~5分钟。当对方咨询问题较多时,可以邀请他来店沟通。

(2) 接待来访顾客。客户来店时,销售人员应主动上前迎接和问候,微笑而亲切地说:"您好,欢迎光临!有什么可以帮到您?"一般情况下,客户刚走进展厅时多少会有一点陌生和紧张感,有礼貌地欢迎会减少客户的这种紧张感,使客户意识到销售人员是有准备的,可以帮助他的。

在恰当的时机,销售顾问及时地与客户建立起友好的咨询关系,如问:"您需要什么样的帮助?""您对哪款车感兴趣?"等。如果在客户观看的一辆车附近,可以及时介绍车型及主要特点。如果客户积极回应,要主动交流,互递名片,建立友好咨询关系。

在与客户交谈的时候,为了获悉客户真正的需求,要以端正的态度倾听对方说话的内容,然后再给予对方确切的回答。必要时,可就客户的愿望或关注的问题提供信息,与客户进行充分的沟通交流。

在接待客户的过程中,不可以根据客户的年龄和相貌进行主观判断,要彬彬有礼,随机应变地迎合客户的话题。

当需要索取客户名片时,应说:"您方便留张名片给我吗?方便我及时为您提供服务。"

当客户离开时,应送至店门口,并说:"您走好,欢迎再次惠顾。"

3. 客户需求咨询礼仪

顾客需求是多方面的,交通工具的背后许多实际的需求都制约顾客购买的心理,比如,可能是身份需要,也可能是运输的需要,更可能是圆梦。汽车营销人员要根据需求,切实了解顾客购买汽车的需求特点,为推荐、展示产品和最终的价格谈判提供必要的信息支持。

在咨询服务的过程中,应该从客户的角度出发,倾听他们的谈话,关注他们的需求,建议他们买什么合适,介绍清楚车辆的特征、配置、选装设备和优势。要友好、尊敬地进行交流,诚实、真诚地提供信息,让顾客在销售中占主导地位。

 案例

个人爱好与实际需求

有一天,一位客户到某专营店来买车,他在展厅里仔细地看了一款多功能的SUV车,该公司的销售人员热情地接待了他,并且对这位客户所感兴趣的问题也做了详细的介绍,之后,这位客户很爽快地说马上就买。他接着还说,之所以想买这款SUV车是因为他特别喜欢郊游,喜欢出去钓鱼。这是他的一个爱好,他很早以前就一直想这么做,但是因为工作忙,没时间,现在他自己开了一家公司,已经经营一段时间了,但总的来说还处于发展阶段,现在积累了一点钱,想改善一下。

当时客户和销售人员交谈的气氛比较融洽,要是按照以前的做法,销售人员不会多说,直接签合同、交定金,这个销售活动就结束了。但是这名销售人员没这么简单地下定论,他继续与这个客户聊天,通过了解客户的行业他发现了一个问题。

这位客户是做工程的,他业务的来源是他的一位客户。他的客户一到这个地方来他就去接他,而跟他一起去接他的客户的人还有他的一个竞争对手。这位客户过去没车,而他的竞争对手有一辆北京吉普——切诺基,人家开着车去接,而他只能找个干净一点的出租汽车去接。他的想法是不管接到接不到,一定要表示自己的诚意。结果每次来接的时候,他的客户都上了他这辆出租车,而没去坐那辆切诺基。这位客户并不知道其中的原因。但这名销售人员感觉到这里面肯定有问题,销售人员就帮助这位客户分析为什么他的客户总是上他的出租汽车,而不上竞争对手的切诺基呢?

销售人员问:"是因为您的客户对你们两个人厚此薄彼吗?"

他说:"不是的,有的时候我的客户给竞争对手的工程比给我的还多,有的时候给他的是肉,给我的是骨头。"

这名销售人员分析以后发现,他那位客户尽管是一视同仁,但实际上他有一种虚荣心,不喜欢坐吉普车而要坐轿车,出租车毕竟是轿车。于是这位销售人员就把这种想法分析给这位客户听。

销售员说:"我认为,您现在买这辆SUV车不合适,您的客户来了以后,一辆切诺基,一辆SUV,上哪辆车都脸上都挂不住。以前一辆是吉普车,一辆是出租车,他会有这种感觉,毕竟出租车是轿车。到那个时候万一您的客户自己打的走了,怎么办?"

这位客户想想有道理。然后这名销售人员又给他分析,说:"我认为根据您的这个情况,您现在还不能够买SUV。您买SUV是在消费,因为您买这辆车只满足了您的个人爱好,对您的工作没有什么帮助。我建议您现在还是进行投资比较好,SUV的价格在18万~20万元之间,在这种情况下,我建议您还是花同样多的钱去买一辆自用车,也就是我们常说的轿车,您用新买的轿车去接您的朋友和您的客户,那不是更好吗?"

这位客户越听越有道理,他说:"好吧,我听你的。"他之所以听从销售人员的建议,是因为从客户的角度来讲,销售人员不是眼睛只看着客户口袋里的钱,而是在为客户着想。他说:"我做了这么多年的业务了,都是人家骗我的钱,我还没遇到过一个我买车他不卖给我,而给我介绍另外一款车的情况,还跟我说买这款车是投资,买那款车是消费,把利害关系分析给我听,这个买卖的决定权在我,我觉得你分析得有道理。确实是这种情况,按照我现在公司的水平还不具备消费这种水平。"于是他听从这名销售人员的建议,买了一款同等价位的轿车,很开心地把这辆车开走了。

在开走之前,那位客户对销售人员说:"非常感谢你,我差点就买了一辆我不需要的车,差点白花了这20万元还不起作用。"他一声一个谢。

这名销售人员很会说话:"先生,您不用对我客气,您要是谢我的话,就多介绍几个朋友来我这买车,这就是对我最大的感谢。"

这位客户说:"你放心,我一定会帮你介绍的。"

果然,没过多长时间,他亲自开车带了一个朋友来找那位销售人员。经过介绍,大家一聊,销售人员不是问买什么车,而是问买什么样的车,买车做什么用,是从事哪个行业的,这几个问题一问,客户觉得这名销售人员很会为客户着想,于是又在这儿买了一辆车。

这位销售人员还是用同样的方法跟他说:"您买了这辆车以后,如果觉得好就给我在外边多宣传,多美言两句。"

那位客户说:"好,我们王兄就是在你这儿买的车,我就是他介绍来的。现在我也很满意,我也会给你介绍的。"下面肯定也会有这样的事情发生,因为那位客户也有他的朋友社交圈。

半年以后,第一位客户又来找这名销售人员。他说:"我找你是来圆我的那个心愿的。"

这名销售人员一听就乐了,他是来买那辆SUV的。

以客户为中心的顾问式销售使这位销售人员在半年之内卖了三辆车。

(1) 倾听的技巧。了解客户的需求是一种崭新的观念,是以客户为中心的基础,以这种观点和理念进行销售,销售人员会取得更长远的、更好的效果。在与客户接触的时候,一方面是问,另一方面就是听。如果销售人员在很好地听客户讲,客户认为很尊重他;如果客户在讲,销售人员三心二意,客户会认为不尊重他。我们的目的是让客户尽快地购买,所以,每一个环节销售人员都要处理好,其中之一就是要会聆听。倾听时,要全神贯注,及时给出反馈的信息,让客户知道销售人员在聆听,对重要信息应加以强调,及时检查自己对主要问题理解的准确性,并重复自己不理解的问题。

（2）与客户交流的技巧。在服务过程中，应该打消客户的各种担忧：如担心受到虚假不平等的待遇，销售的产品和维修不能满足他们的要求，价格比他们预计的要高一些。

①注意与客户的距离。有的客户很敏感，人与人之间的距离也是很微妙的，当一个人的视线能够看到一个完完整整的人，上面能看到头部、下面能看到脚的时候，这个人感觉到是安全的。②认同对方的观点。销售人员要认同对方的观点，不管对方对错，只要与买车没有什么原则上的冲突，就没必要去否定对方。我们可以微笑着对客户说："对，您说得有道理。"这样的沟通方式，客户才会感觉我们和蔼可亲，特别是"那是啊"这三个字要经常挂嘴边，让客户在心理上感觉非常轻松，感觉到我们很认同他。③善意应用心理学。作为销售人员，掌握心理学知识，能够与客户快速建立起信任关系，准备把握的购买需求。

4. 车辆劝购技巧

产品劝购是一门艺术。销售人员在进行劝购时应该注意自己的语气和用词。说话不能太多、太快或者漫不经心；针对不同性格的客户，采用不同的劝购方式方法，要让客户自己拿主意，满足顾客受尊重的心理需要。

（1）巧妙地赞美顾客。巧妙地介绍自己的产品，有效地赞美顾客，将产品的优点与顾客的利益点有效地结合起来。通常在展示产品的过程中，优秀的销售员会用恰如其分的语言赞美顾客，赢得顾客的好感和信任。

（2）打个恰当的比喻。有时候长长的产品说明书，不但不能起到劝购的作用，反而会引起顾客的反感。短时间内，很多客户不愿意听销售人员长篇大论地介绍产品，在沟通过程中销售人员打个恰当的比喻，用最简短、最精炼的语言，最恰当、最形象的比较，将它们表达清楚，这是销售人员在劝购中一项重要的技能。

（3）将缺点"全盘托出"。任何产品都会存在一些缺陷，这些缺陷对销售存在着诸多不利的因素，很多时候它们是推销失败的罪魁祸首。所以，永远不要把产品的缺陷当作一项秘密，因为这是一种欺骗行为，一旦顾客发现有隐瞒，势必会导致信誉的丧失。

（4）让顾客参与其中。在销售时，巧妙的做法是提供一套不完整的方案，给的对方留下调整的余地；赋予对方修改的权利。当顾客参与使方案或商品更完美之后，顾客就会更乐于接受我们的建议。

5. 客户异议处理

顾客异议是成交的障碍，因为无论何时出现，它都是顾客拒绝的理由。然而，顾客的异议并不都是消极的，有时它不但不会妨碍销售，反而可以使销售人员找到成交的途径。销售人员要善于分析和处理各种顾客异议，正确对待顾客的异议，努力促使顾客产生购买行为。

顾客的异议有时是真实的，有时是虚假的。真实的异议是那些现实存在着的、顾客的真实顾虑，而虚假的异议往往是隐含的，表现在顾客只提出一些表面问题或在没有明确理由下的推托或犹豫不决。

（1）把顾客异议看成是一种正常现象。俗话说"褒贬是买主，喝彩是闲人"，对顾客来说，表示异议是顾客的权利。顾客有权利获得最优惠的价格、最好的质量和最佳的服务。而保证顾客获得这些权利的唯一途径就是对推销提出质疑，采取方式是对一个或几个推销特色提出疑问或表示异议。即使顾客发现这笔交易总体上是可以接受的，顾客也总是会提出一些这样或那样的疑问来获取有利的成交条件。

（2）对销售人员来说，这些异议体现了潜在顾客对销售人员感兴趣。当顾客不知道销售人员的产品如何能满足顾客的需要时，顾客就会提出异议。如果销售人员不能有效地回答顾客的问题或解决异议，销售人员就不能达成交易。通过潜在顾客提出的异议，销售人员还可以了解顾客到底在想什么，同时，也有助于确定潜在顾客处于购买过程的哪一个环节，是注意、兴趣、欲望还是在准备购买。调查发现，异议在推销过程中有着很重要的作用，当异议不存在时，交易只有54%的成功率，当顾客有异议时，交易的成功率达到了64%。

（3）顾客异议是一种挑战。推销是一种特征性的工作，如果没有顾客拒绝，还要销售人员干什么？销售的本身就是要求销售人员去改变顾客以往的观念行为而接受新的观念、新的产品、新的消费方式等。

（4）顾客异议的处理原则主要包括4个方面：

① 事前做好准备的原则。销售人员在与顾客接触之前要预计顾客可能提出的各种反对意见，并做好充分准备，当顾客提出时就能从容应对。

② 保持冷静，避免争论的原则。争辩不是解决问题的最好办法，尤其是在销售过程中，往往会导致交易的提前终结。

③ 留有余地的原则。无论顾客对错，销售人员都要注意为顾客留有余地，维护顾客的自尊心。

④ 以诚相待的原则。汽车营销的目的在于与顾客建立长期的关系，因此，销售人员要以诚相待，才能获得顾客的持久信任。

⑤ 及时处理的原则。对出现的异议要及时进行处理，从而防止矛盾聚集和升级。

（5）处理顾客异议的步骤：

① 倾听顾客异议。这是收集信息的一种过程，这些信息有助于解决问题，要耐心听完，不要急于做出反应；否则，会让顾客感到我们非常敏感而起疑心。不可打断顾客，因为这样会激怒他。听取顾客意见时要诚心。

② 对顾客异议表示理解。在对一个异议做出反应之前，应保证正确把握异议的真实含义并向顾客表示自己对顾客异议的善意、诚意。

③ 澄清和确定顾客异议。顾客提出异议后，必须澄清其真伪性，通过一系列的提问，确定真实的顾客异议，然后表述一下销售人员对顾客提出的异议的理解是否与顾客的出发点一直，对自己的判断予以确定。找不到真实的顾客异议，就不能解决顾客心中最大的顾虑。

④ 解答顾客异议。澄清顾客异议的同时，要掌握处理异议的技巧，选择最好的回答。需要强调的是，最佳的回答总是取决于顾客当时的情况和异议本身的特点，只有完全满足了顾客的一切要求，异议才会消除。

⑤ 努力完成销售。在销售人员圆满地处理顾客异议之后，就有可能达成交易，但是假如顾客对销售人员的解答仍不满意，则说明销售人员没有真正弄清楚顾客的需要，仍需要进行沟通，直至顾客满意，销售才能成功。

（6）处理顾客异议的方法：

① 转折处理法，是销售人员处理异议时常用的方法。销售人员应用这种方法，首先要承认顾客的看法有一定的道理，也就是向顾客做出一定的让步；然后再根据有关事实和理由来间接否定顾客的意见，提出自己的看法。

② 转化处理法，是利用顾客的反对意见本身来处理异议的方法。顾客的反对意见有双

重属性,它既是交易的障碍,又是很好的交易机会,销售人员要利用其积极因素去抵消消极因素。

③ 补偿处理顾客异议。如果顾客的反对意见的确切中了商品和服务的缺陷,销售人员千万不可以回避或直接否定。明智的方法是先承认有关缺点,然后淡化处理,利用产品的优点来补偿甚至抵消这些缺点。

④ 询问法处理顾客异议。在没有考虑好如何答复顾客的反对意见时,销售人员不防先用委婉的语气,把对方的反对意见重复一遍,或用自己的话重复一遍,这样可以削弱对方的气势,有时转换一种说法会使问题容易回答得多。

模块三 旅游服务礼仪

旅游从业人员能否以文明的素质、规范的礼仪、真诚的热情为游客提供优质周到的一流服务,直接关系到旅游企业的效益,因此,旅游从业人员应该用自己出色的服务,让顾客感受到亲切、温暖。

一、员工素质

旅游服务人员的言谈举止、行为规范代表着旅游企业的形象,他们的水平及工作质量直接影响着旅游企业的服务效果。

1. 职业道德素养

旅游服务礼仪是以人际交往中的基本准则为主要内容,其基本准则主要有:

① 遵守公德。在旅游服务中,遵守公德包括要求旅游服务人员尊重妇女、尊老爱幼、爱护公物、遵守秩序、救死扶伤等。

② 遵时守信。在旅游接待服务中,与宾客约定的时间或做出的承诺,一般不要轻易变更。

③ 真诚友善。以诚待人,是礼仪的本质特征。在旅游业中,旅游服务礼仪不是虚伪的客套,而是表达对游客的尊重和友好,需要以诚心待人,表里如一。

④ 谦虚随和。谦虚随和的旅游服务人员,处事自然大方,待人态度亲切,善于听取游客的意见,有事能与游客商量,表现出虚怀若谷的胸襟,容易与游客建立亲近的关系。

⑤ 理解宽容。理解,就是要求旅游服务人员懂得游客的思想感情,意识到和理解游客的立场、观点与态度,能够根据具体的情况体谅游客、尊重游客,心领神会地理解游客心灵深处的喜怒哀乐。

⑥ 热情有度。旅游服务人员的热情会使游客感到亲戚、温暖,从而拉近彼此之间的感情距离。

⑦ 注意小节。所谓细节体现教养,细节展示素质。从小节处,可以看出一个人的修养水平。作为旅游服务人员,注意小节、彬彬有礼是最起码的行为修养和礼仪要求。

2. 科学文化素质

游客大多具有较高的文化修养,所以,只有具有现代科学文化知识的旅游服务人员,才能掌握科学的操作技术,为游客提供优质的服务。

3. 业务技术素质

旅游服务人员应具备良好的业务技术素质,这对于提高旅游业的服务质量和工作效率、降低成本、增强竞争力、提高宾客满意度有着重要作用。

4. 形象礼仪

旅游服务人员作为游客直接审视体察的最初对象,留给客人的第一印象是至关重要的,第一印象主要来自于服务人员的仪容、仪表和仪态,它往往影响到对游客的接待效果。

5. 礼貌用语

礼貌用语具有体现礼貌和提供服务的双重特性,是旅游服务人员向宾客表达意愿、交流思想感情和沟通信息的重要工具,旅游接待服务的过程,就是从问候宾客开始,到告别宾客结束,语言是完成各项接待工作的重要手段。

二、旅行社服务礼仪

在整个旅游活动中,旅行社的接待处于主导地位,它在游客与旅游饭店、旅游交通部门及旅游景点之间起着沟通和桥梁的作用。

1. 门市接待

门市部是旅行社接待的前沿场所,做好接待服务至关重要。门市部接待的主要要求为:

① 进门问候。游客走进门市后,旅游门市部门服务人员首先要仔细观察,判断游客进入门市的意图并向游客用眼神表达关注和欢迎,同时,面带微笑距对方三步时热情问候"您好,欢迎光临"并用手势语言请客人坐下,主动提供服务。

② 主动引导。在游客表明对某种旅游产品产生兴趣时,服务人员要立即取出该产品的宣传资料递给游客,以促使其产生联想,刺激游客的购买欲望。

③ 积极介绍。在游客比较、判断的阶段刺激游客购物欲望,向游客说明、列举旅游产品的一些卖点或者亮点,促成购买。

④ 达成协议。当推销成功后,旅行社门市部应当依法与游客订立书面旅游合同,其目的是维护旅游公司和游客的合法权益。

⑤ 收款付票。游客一旦签好旅游合同,服务人员就应该开好发票、收取费用。

⑥ 提醒事项。服务人员在为游客开好发票、结束服务时,还应该询问游客是否有亲人或者朋友一起去旅游,告知游客出发前和旅游途中要注意的相关事项。

2. 景区景点服务

景区景点的导游,应能根据游客的不同需求提供相应的浏览方案,供游客选择。

3. 旅游投诉处理

一般来说,游客投诉的原因,多为旅游服务人员对游客不尊重、态度不好、工作不负责任、服务技能低,旅游产品价格高,服务质量差,服务项目少及与他人纠纷等。

对于处理解决游客投诉问题,世界旅游业通用的处理方法是:平息游客激动情绪,迅速解

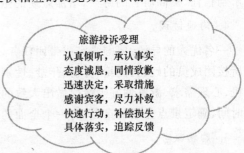

旅游投诉受理
认真倾听,承认事实
态度诚恳,同情致歉
迅速决定,采取措施
感谢宾客,尽力补救
快速行动,补偿损失
具体落实,追踪反馈

决游客问题。

三、导游员服务礼仪

导游员,是向游客提供知识与文化的高智能、高技能的服务人员。为了使游客满意,导游员除了与其他旅游服务人员一样必须具有良好的礼节、礼貌、修养外,还必须在迎送游客、带客游览、带客购物、导游讲解全过程的工作中,提供热情、周到的礼仪服务。

1. 迎送规范

旅游团队接送是导游人员的一项十分重要的工作,接团工作的礼仪是否周全,直接影响着旅行社和导游本人在客人心目中的第一印象;而送团则是带团的最后一项工作,如果在前面的工作中客人都非常满意,但送团工作出现了礼貌不周的问题,同样会破坏旅行社和导游人员在客人心目中的整体印象,并使陪团前期的努力前功尽弃。

① 迎客。迎客工作是导游人员与游客接触的第一步,做好迎导工作可以提升旅行社在游客心目中的形象。所以,导游人员要注意迎客的各个环节。

② 送客。为游客提前做好准备工作,待旅游结束,再为游客做出各种友情提示并送上美好的祝福,让游客感到旅程的贴心服务。

2. 带团游览

在中国旅游的宾客尤其是外国宾客,对要旅游的城市及景点往往不甚熟悉或一无所知,需要导游员在带团游览过程中细致周到地服务。

① 乘车服务。出发乘车时,导游员应站在车门口照顾好游客上车,要主动帮助游客提拿物品,并轻轻地放在车上。对游客中的老幼弱残者,要特别细心地予以照顾,上下车时主动照顾,搀一把或扶一程。

引导游客乘车,要注意位次。若乘小轿车,应安排年长或位尊者坐在车后排右边位置,导游员坐在后排左侧位置或司机旁边。中型或大型巴士,以司机座后第一排,即前排为尊,后排依次为小。其座位的尊卑,依每排右侧往左侧递减。

② 途中服务。在去旅游点的路上,导游员切忌沉默不语,要向游客介绍本地的风土人情、自然景观,特别是沿途的景象并给游客答疑解惑。

③ 游览服务。导游过程中可适当做些手势,但不宜太多,动作不要过大,不要手舞足蹈、指手画脚,要根据不同的文化背景来使用手势。

3. 语言服务

良好的语言能力是导游员最重要的基本功之一。导游员通过语言可以建立与游客之间的了解与信任,提高游客的游兴,增加旅途的生机与活力。

4. 沟通协调

一名优秀的导游,要圆满完成带团任务,并尽量使每个游客玩得开心、游得满意,应详细了解所接团成员的姓名、国籍、身份、年龄、性别、职业、文化程度等方面的资料,并对他们的旅游动机、心理需求、游览偏好等情况做出大致的预测,从而对合理安排旅游路线、合理分配景点停留时间、确定景点介绍的重点,有一个全面的把握,以使整个接团工作做到心中有数。

5. 购物服务

旅游购物是旅游活动的一个组成部分,是旅游过程的延伸和物化。在购物过程中,导游要十分重视和讲究礼仪礼貌,以坦诚的态度、周到的服务,合理地安排好此项活动。

参考文献:

【1】金正昆.行业服务礼仪.北京:北京大学出版社,2009.

【2】张志.汽车服务礼仪.上海:上海交通大学出版社,2012.

【3】石虹.汽车销售礼仪.北京:北京理工大学出版社,2013.

【4】王华.金融职业服务礼仪.北京:中国金融出版社,2009.

第十单元
涉外商务礼仪

本章导学

学习目标：
1. 了解涉外商务礼仪的内涵。
2. 熟悉涉外商务礼仪的基本原则。
3. 了解部分国家和地区的习俗和礼仪规范。
4. 掌握涉外工作的一般礼仪。

重要知识点：

涉外礼仪 涉外礼仪的原则 迎送礼仪 西餐礼仪

[导入]

中国游客在海外的陋习

前不久有媒体报道，我国有关部门拟修订"中国护照法"来限制一些国民出境旅游。据说此举是为了防止那些"丑陋的中国人"在国外做出有损中国"礼仪之邦"形象的事情。到过国外旅游的中国人也许会发现，泰国清迈餐厅里悬挂有简体中文的"请勿吸烟"，法国巴黎街头有"请勿喧哗"的中文标识，美国纽约地铁站悬挂着中文"请勿插队"……这些标语的确让中国人感到十分尴尬！

对此，中央文明办等部门开展了提升公民旅游文明素质的行动。有媒体指出，这是自1952年的"爱国卫生运动"和1981的"五讲四美三热爱"活动之后，又一场自上而下的中国人生活习惯改良运动。

一些中国游客在海外最易显露的七种陋习：

一脏：一些内地游客缺乏公德心，不注意公共卫生，所到之处留下满地垃圾。

二吵：一些游客在飞机上、车船上、餐厅，甚至在酒店大开着房门，毫无顾忌地大声喧哗。

三抢：在航班上时常看到游客争抢行李箱空位。有的还任意摆放行李，堵塞通道，影响后来者。

四粗：在一些游客身上，看不到对他人起码的尊重及礼仪。如问完路没说一句"谢谢"就扬长而去。

五俗：一些中国游客将家乡习以为常但难与国际接轨的行为举止带出国门，比如在豪华酒楼赴宴，竟脱了鞋赤脚搁在椅子上，或盘腿而坐。

六窘：衣着不整为不雅，衣着光鲜却举止不当，同样令人尴尬。如有的人西装革履蹲在街头，有些人身穿睡衣在入住酒店的房间串门，引起其他旅客误解。

七泼：一些游客在海外遇到纠纷的时候，显得火气特别大，碰到不顺心的事，不是粗言恶语就是拳脚相加。

（资料来源：http://cq.qq.com/zt2013/ctour/index.htm）

你是如何看待上述现象的？

你对涉外礼仪掌握多少？

处在21世纪的信息时代，全球各个国家、地区和民族的交往越来越频繁。随着对外开放的深入，随着我国政治、经济与世界的接轨，我国各行政部门、机关单位、公司和企业的涉外商务活动也越来越多。在不同性质、不同形式、不同层次的国际交往中，涉外礼仪无疑是增加双方相互理解和友谊的重要影响因素。但由于历史、文化、宗教、习俗等方面的差异，不同国家和地区在对外交往中的礼仪有很大差异，这就使得涉外礼仪更具特殊性和复杂性。因此，了解和掌握跨国交往中的涉外礼仪，懂得相关习俗和规范，对发展国际友谊、进行商务洽谈和合作具有很重要的意义。

模块一　涉外礼仪的基本原则

[导入]

一家日本公司和一家美国公司的代表将在夏威夷进行商务洽谈，双方都想表示对对方风俗和文化的尊重。因为日本人着装一般比美国人正式，见面鞠躬是日本的传统问候礼节。美国公司的总裁要求其代表团成员穿着三件套西装，并且在会晤时行鞠躬礼，而日本总裁则向他的代表团强调美国人很随便，要求着装要随便些，见面时与他们握手就可以了。

可想而知，双方的第一次会面有多么的幽默，当穿着夏威夷花衬衫的日本代表伸出手的时候，那些西装笔挺的美国人正准备鞠躬。双方都意识到，尽管彼此的行为方式不同，但都显示出愿与对方合作的诚意，从而使双方的关系更为融洽。

（资料来源：张卫东，武东莲.现代商务礼仪.电子工业出版社，2010）

讨论

为什么尽管双方初次见面的场景十分滑稽,但合作却顺利进行?

这个案例说明了什么?

所谓涉外礼仪,通常是指商务人员在参与涉外活动时所必须遵守的基本行为规范,即对参与涉外活动者提出的最基本的要求。一般而言,它对于参与涉外活动的任何商务人员都有普遍的指导意义。

涉外礼仪是在长期的国际交往中形成和逐渐发展起来的。在涉外接待方面,各国礼仪既有一些相同的地方,也有各自不同的一些特点。其中,相同或相似的部分慢慢演化为一些国际惯例,为各国所共同遵守。而由于文化传统、风俗习惯等方面的差异,各国在礼仪工作上的具体做法,也具有本土民族和本土文化的特色。在对外交往中,各式各样的礼节尽管纷繁复杂,但万变不离其宗,只要我们掌握在涉外商务礼仪中的一些基本原则,就能够理解涉外礼仪的内涵实质,也可以在行动中更加文雅大方、彬彬有礼。

一、维护国家利益原则

维护国家利益是我国涉外活动必须遵守的基本准则,任何组织和个人在涉外交往活动中都必须贯彻执行。该原则强调在尊重他国基本利益和尊严的基础上,更要维护本国的利益和尊严。要做到这一点,最重要的是要热爱祖国和人民,时刻不忘祖国的利益高于一切。在参与涉外交往活动时,应时刻意识到在外国人眼里,自己是国家、民族、单位组织的代表,做到不卑不亢。自己的言行应当从容得体,堂堂正正。在外国人面前,既不应该表现得畏惧自卑、低三下四,也不应该表现得自大狂妄、放肆嚣张。应表现得既谨慎又不拘谨,既主动又不盲动,既注意慎重自律又不是手足无措、无所事事。

二、互相尊重,求同存异原则

在国际交往中,既要维护本国和本民族的尊严,塑造本企业的形象,又要尊重对方的国家尊严;既要尊重对方的高层商务人员,又要尊重对方一般的商务代表;既要尊重对方的风俗习惯及对方的国格、人格,又要体现自己的国格、人格,展示国人的风采。只有严格遵守规范的涉外商务礼仪,彼此相互尊重,才能更好地维护双方的尊严,使商务合作关系更为融洽、友好。

在涉外商务工作中,要尊重本国和他国的国格,这是国际商务活动中友好往来的基本前提,否则,不仅会有损个人和企业形象,而且还会引起国际纠纷。不论国家大小、肤色、种族、文化习俗有何差异,都要互相尊重、平等相待、以礼相待。涉外商务人员还要尊重个人人格,维护自己和他人的尊严。任何丧失自己人格或蔑视他人人格的行为,都会给涉外商务活动带来危害。在涉外商务交往中,要学会尊重对方、理解对方。不仅要尊重对方的风俗、习惯、民族特征,还要尊重对方的个人隐私,如收入、年龄、恋爱、婚姻、身体状况、家庭住址、宗教信仰、政治爱好、个人经历等。这些问题均被外国人视为隐私问题,不能按中国人的习惯予以关注。在对待礼仪和风俗差异问题,应该遵循互相尊重、求同存异的原则。求同:就是要遵守国际惯例的有关礼仪,按国际惯例处理国际事务;存异:即对他国的风俗习惯应"入乡随俗",不可忽视交往对方独有的礼俗,对对方的"个性"要表示尊重。比如,在涉外交往中最多用的见面礼节,世界各国均不相同:中国采用的是拱手礼或作揖礼,日本人和韩国人采用的是鞠躬礼,欧美人见面礼为亲吻,泰国、印度等伊斯兰国家采用的却是合十礼,阿拉伯人则是合胸等。所有这些均显礼仪"个性"。但在国际交往中,对于不同的交往礼仪分歧,在礼仪的应用上"遵守惯例"就显得尤其重要,即国际惯例的通用性,如见面礼中,握手是适用于世界各国的见面礼仪。

三、维护形象,信守约定原则

所谓形象是指在国际交往中,留给交往对象的第一印象以及由此而产生的评价。在国际交往中遵照规范,以得体的方式塑造、维护个人形象,尤其是要注意自己在正式场合的仪容、仪表、举止、谈吐、待人接物等,力求给初次见面的外国友人留下良好的第一印象。因为,在国际交往中,每一个人的个人形象都代表其企业形象与国家形象,因此,要严格、规范地维护自身形象。信守约定是指在涉外商务交往中,必须认真而严格地遵守自己的所有承诺,言而有信。信守约定要做到:谨慎许诺,一旦约定,务必践行;如有意外,尽快说明,郑重致谦,主动承担后果,以维护企业的声誉和形象。

四、好礼尚客,女士优先原则

在涉外商务活动中,为了表示对海外客商的尊重与友好,对他们的迎送、会见、会谈、宴请、参观访问以及生活接待等,都应掌握适当的礼仪规格。有时候,还应注意把这些活动安排得更亲切一些,以示相互关系的亲近友好。但商界人士交往的礼遇规格应同"官方代表"有所区别,还应按照交往对象的不同情况,以"从简求实"的原则,做出恰如其分的安排,充分体现地方特色和民族特色。如地方和单位对外商的宴请,应多注意地方风味,切忌追求过分排场和豪华;介绍情况,应着重介绍本地方、本单位的特点,多说实质性话语,少说一般性的套话;赠送礼品,应多考虑送地方特产,勿一味追求价格的昂贵。尚礼好客,必须做到恰到好处,才能有助于双方互相学习、互相借鉴及经济信息上的互补,才能收到较好的实际效果。

女士优先是国际社会公认的一条重要礼仪原则,女士优先要求每一名成年男子要用自己的实际行动尊重、照顾、关心、体谅、保护妇女,并对所有的妇女都一视同仁。女士优先的主要注意事项为:进出门时,男士应为女士开关门;在女士面前,男士不可以吸烟;女士落座或起立时,男士应为其拉椅或推椅;女士手提笨重物品时,男士应趋前效劳;女士遭遇尴尬或难堪之时,男士应主动出面为女士排忧解难等。但要注意,女士优先原则适用的是社交场合,在公务活动中未必强调女士优先。如商务会谈和宴请时,座次的安排并不强调女士优先,依然是身份和地位为首先考虑因素。

五、热情有度,不必过谦原则

涉外交往是面对全球的跨文化活动,是一种双向互动交流活动。它要求涉外商务人员在商务往来中,对外商既要热情友好,诚心诚意为其提供一切力所能及的帮助和服务,又要讲究分寸,不卑不亢。中华民族是一个热情友善的民族,但在与外商交往中要注意,对热情的具体表现形式上,是中外有别的,在国际交往中,待人接物必须有所适"度"。所以,在涉外礼仪中,遵循热情有度、不必过谦原则尤为必要。热情有度,就是要求人们在涉外社交活动中,不仅要热情友好待人,还要把握好待人热情的具体分寸,即一切都必须以不妨碍对方,不给对方增添麻烦,不令对方感到不安。如一厢情愿地过"度"热情,处处"越位",必然会引起外国友人的反感或不快。

在一般情况下,中国人讲究含蓄和委婉。在对自己的所作所为进行评价时,中国人大都主张自谦、自贬,不提倡多作自我肯定,尤其是反对张扬。但是国际交往实践证明,中国人的这种美德并不为外国人所理解,也不为其所认可。在许多情况下,非但不会得到好评,还极有可能自讨麻烦。因此,不必过谦,即在国际交往尤其是涉及自我评价时,虽不应自吹自擂、自我标榜,但是也绝对没有必要妄自菲薄、自我贬低,对外国人过度地谦虚、客套。在实事求是的前提下,要敢于并且善于对自己进行正面的评价或肯定。这不仅可避免不必要的误解,树立起相互间坦诚的印象,还是贯彻国际交往行为习惯的实际行动。

六、入境问禁,入乡随俗原则

世界上的各个国家、地区和民族,在其历史发展的具体进程中,形成了各自的宗教、语言、文化、风俗和习惯,并且存在着不同程度的差异。这种差异是不以人的主观意志为转移的,也是世间任何人都难以强求统一的。注意尊重外国友人所特有的习俗,将易于增进中外双方之间的理解和沟通,有助于更好地表达亲善友好之意。因而,入境问禁、入乡随俗原则,成为中外人士彼此之间相互理解与沟通的一条最佳坦途。

在涉外交往中,要真正做到尊重交往对象,就必须理解和尊重对方所独有的风俗习惯。做不到这一点,对于交往对象的尊重、友好和敬意,便无从谈起。这就要求首先必须充分地了解与交往对象相关的习俗,即在衣食住行、言谈举止、待人接物等方面所特有的讲究与禁忌。其次必须要充分尊重交往对象所特有的风俗习惯,既不能少见多怪,妄加非议,也不能以我为尊,我行我素。

七、严守机密,依法办事原则

在涉外商务活动中,要严格遵守外事活动纪律,严守国家机密和商业秘密,维护国家、企业利益。在涉外活动中,要遵守外事纪律,它包括组织纪律、保密纪律、财经纪律和宣传纪律。尽管涉外商务活动虽然与涉外政务活动有区别,但同样要遵守和重视外事纪律。在海外客商面前,切忌信口开河,切不可在利益驱动下泄露商业机密或偷窃外商秘密,要严格遵守《中华人民共和国保密法》。作为我国的涉外商务人员,要牢固树立民族自尊心、自信心和自豪感,绝不能做出任何有失国格、人格的事情。在处理进出口业务时,严格把关,警惕国际贸易诈骗。在自身利益受到侵害时,注意遵守国际惯例和国际条约,善于拿起法律武器,维护自己的合法权益。在涉外商务活动中,涉外商务人员经常周旋于复杂的社会关系和微妙的人际关系之中,为平衡和处理好各方面的关系往往会采取一些中庸之策,但在重大原则问题上则要立场坚定,因为他代表的不仅是个人,而且是国家和企业。

在涉外交往中,除了要注意上述七条原则外,还应注意坚持灵活性原则。在活动形式上不必拘泥于常规俗套,可以根据不同对象的不同习俗、爱好、兴趣,采取灵活、多样、简便的方式。

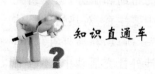

知识直通车

距离礼仪

根据惯例,在涉外交往中,人与人之间的正常距离大致可以划分为四种,它们各自适用不同的情况。

(1) 亲密距离。其距离在0.5米以内。仅适用于家人、恋人与挚交。

(2) 社交距离。其距离大于0.5米,小于1.5米。适用于一般性的交际应酬。

(3) 礼仪距离。其距离大于1.5米,小于3米。适用于会议、演讲、庆典、仪式及接见,意在向交往对象表示敬意。

(4) 公共距离。其距离在3米开外。适用于在公共场所与陌生人相处。

模块二 涉外商务迎送、会见和洽谈礼仪

[导入]

周总理送客

1957年国庆节后,周总理去机场送一位外国元首离京。当那位元首的专机腾空起飞后,外国使节、武官的队列依然整齐,并对元首专机行注目礼。而我国政府的几位部长和一位军队的将军却疾步离开了队列。他们有的想往车里钻,有的想去吸烟。周总理目睹这一情况后,当即派人把他们叫回来,一起昂首向在机场上空盘旋的飞机行告别礼。随后,待送走外国使节和武官,总理特地把中国的送行官员全体留下,严肃地给大家上了一课:外国元首的座机起飞后绕机场上空盘旋,是表示对东道国的感谢,因此,东道国的主人必须等飞机从视线里消失后才能离开,否则就是礼貌不周。我们是政府的工作人员和军队的干部,我们的举动代表人民和军队的形象,虽然这只是几分钟的事,但如果我们不加以注意,就很可能因小失大,让国家的形象受损。

周总理对外事礼仪的细节与认真可谓至深至真。外事无小事,事事是大事,也只有充分表示自己对外宾的热忱与礼节,才会赢得对方的好感与认同,这也是周总理的人格魅力所在。

(资料来源:http://book.ifeng.com/psl/sh/200810/1023_3556_843627_1.shtml)

讨论

上述案例,周总理为何批评中国的送行官员?

你认为在涉外活动中需要注意哪些礼节?

迎来送往是涉外商务活动中首尾两个重要环节,这不仅是整个社交活动的开始和结束,还是对不同身份的外宾表示相应尊重的重要方式。一个精心安排的欢迎仪式能为客人创造良好的第一印象,良好的开端是成功的一半;一个周到完美的欢送仪式,也能为客人留下一个美好的回忆,为涉外商务活动画上一个圆满的句号。

一、涉外迎送礼仪

在涉外商务活动中,对外国来访的客商,一般应视其身份和来访性质等因素,安排相应的迎送活动,与中国的礼仪习俗和国际迎宾礼仪有机地结合起来,认真做好迎送工作。

(一) 确定迎送规格

涉外商务礼仪工作的基础设施是食宿和交通,这是礼待宾客的基本条件,也是反映迎送规

格和标准的直接体现。因此,做好迎送工作的第一步是确定迎送规格。涉外商务客人来访,主人首先必须清楚来访者的身份和地位,并以此确定迎送规格和档次。无论是迎送外商,还是外国官员,是个人还是团体,其身份和地位是确定迎送规格的唯一标准。迎送规格宜采用对口、对等的原则,主人和来客的身份与职位应该对等,这是对来宾的礼遇。因为特殊原因不能完全采用对等原则的,双方身份、职位相差也不宜过大,应该灵活变通、综合平衡,由职位相当的人士或副职来替代。如果来访者是总裁,那么接待方也应是总裁、董事长或企业最高负责人;如果来访者是财务总监,那么接待方也应是财务总监或与其职位相同的人事总监或营销总监。如果被确定前去迎送的人,由于某种特殊原因,不能或不便前去迎送,替代者在迎送客人时应向对方做出解释,以示对客人的尊重。一般而言,商务接待不需要破格接待。

(二)迎送准备

确定了迎送规格之后,接下来就要周密布置迎送准备工作。迎送准备工作主要包括:

1. 事先与来访者确定商务活动日程安排,并通过电子邮件或传真确认

确定迎送规格,首先必须确定外宾状况和要求,因此事先必须通过确认,了解外方来访目的、要求,明确来访者的身份、地位、性别、人数、主要目的、来访具体时间及停留时间,以便做相应的准备工作,同时安排身份、地位与之对等的人员前往迎接。在了解和掌握对方情况的基础上,草拟一份周详的接待计划和日程安排,并预先通过电子邮件或传真与对方确认,如对方有特殊要求,也需列入计划,这样有助于接待迎送工作有条不紊地进行。

2. 为来访者预定住宿

根据来访者的身份、地位、来访者的人数及要求安排好宾馆,在与对方确认日程安排时,问清客人对住宿有何要求和住宿标准,一般为外宾安排住宿应考虑具备三星级以上标准的宾馆,应设施完备、富有特色、绿色环保、交通便利。如果对方是初次来华,对我国的情形较为生疏,那么最好代为预订在国外闻名的国内宾馆、饭店。如日本客人初次到北京,长富宫饭店是一个比较理想的酒店,该酒店在日本人中有较高的知名度,酒店的日餐厅又是北京市标志性餐馆,许多日本名人到北京均下榻该酒店。对于初次来华的客商,在其入住的酒店,预先为客人准备一份具有所在国风土人情的礼物放在客房,会给客商一个意外的惊喜,产生一种宾至如归的感觉,让他体会到主人对他的重视,给对方留下良好印象。预订宾馆要预先了解该宾馆的主要设施、服务项目,同时预先准备好地图、名胜古迹说明、日程安排表等,以便在来宾到来后,为其作介绍,并将材料交给来宾。为外宾安排住宿要注意以下三个方面:

1) 充分了解外宾的生活习惯。一般而言,外宾对住宿地的卫生要求较高,宾馆一定要有随时可洗澡的独立卫生间。

2) 住宿地理位置、价位、服务质量要综合考虑。一般外宾住宿要选择在条件设施完备的三星级以上的涉外饭店,同时考虑经费预算、住宿地的口碑与服务质量、周边环境、交通条件、住宿地与工作地的距离、安全性等。

3) 热情照顾外宾的生活需要,关心照顾有度,不妨碍外宾的私生活和个人自由。

3. 预先安排好交通工具,选派合适人员提前到达迎送地点

涉外迎接的车辆安排,要体现出规格,否则既失礼又失格。因此,迎送客人应提前准备好适当的交通工具,以便顺利地迎送客人,不可临时调动,给人以仓促之感。同时要根据来宾的身份、地位、人数及对车子的嗜好准备好交通工具,预先要确定每一位客人的坐车次序,如果是

商务代表团,预先安排车辆和住房,以便抵达时迅速通知每个人具体的乘车座号和住房号码,这直接关系到客商的满意度,对合作的成败起着一定的作用。迎送人员必须准确掌握来宾乘坐的飞机或火车、船舶的抵离时间,安排与客人身份、职位相当的人员前往迎接,为便于交流,可带翻译。迎送人员应提前到达,恭候客人的到来,特别是重要的客商或者是初次来华的客人,迎送人员一定要前往迎送。如果由于某种原因,相应身份的主人不能前往迎接,前往迎接的代替者应向客人做出礼貌的解释。如果要迎接的客人素未谋面,一定要事先了解其外貌特征,并准备一块迎客牌(接站牌,特别隆重的可用横幅),用中英文书写上"欢迎××先生(小姐、女士)"及本组织的名称;如果是团队客人,最好准备欢迎横幅;若有重要客人光临,应预先准备花束。

(三)迎宾礼仪

1. 介绍与行礼的要求和具体操作方式

迎接时,客人走下飞机、火车或轮船时,应热情迎上去,说问候语,行见面礼。首次见面的客人应先确定身份,确认后,主人应主动与来宾行见面礼。见面礼的形式应根据来宾国家民族的风俗习惯或国际惯例来确定,一般以握手礼为国际通用。现在许多国家的迎宾场合,宾主往往是握手、拥抱、左右吻面或贴面等连贯性礼节。行见面礼后,双方开始互相介绍。通常由迎接方身份最高者或熟悉客商的人员出面介绍,将前往欢迎的人员按身份高低依次介绍给客商,也可由礼宾交际工作人员、接待翻译来介绍。若宾主早已认识,不必介绍,双方直接行见面即可。

有的国家(如日本)的客人习惯于以交换名片来介绍自己的姓名和身份,如果双方是初次见面,主人应首先将自己的名片递给对方,使对方一目了然。如果安排献花,应该用鲜花或由鲜花扎成的花束,花要整洁、鲜艳,要根据来宾的国家和民族的喜好与禁忌,确定鲜花的品种和颜色,忌用菊花、杜鹃花、石竹花和黄色花朵。献花通常要安排在宾主见面和相互介绍完毕之后,由少年儿童或年轻女士将花献上,并行礼。

2. 陪车要求及操作要领

在客人抵达或离开之时,要专车接送,并由有关人员陪同乘车。车辆应先于来宾到达机场、车站或码头,不能出现让客人等候的现象。遵循乘车的礼节和规范也是涉外迎宾礼仪的一个重要方面。座位的尊卑,是以其是否安全舒适和上下方便为衡量标准。车辆款型的不同,尊卑座位的位置也不相同。上车时要"尊者先行"、"女士优先",即请长辈、身份高者、女士先上车。座位安排遵守"以右为尊"原则,主人陪车,应请主宾坐在主人右侧,随员或翻译坐在司机旁边,一般客人在右侧门上车,主人则在左侧门上车,待来宾坐定方可关门;重要客人,如高级领导、重要企业家的座位应安排在司机后面的位置,该座位隐秘性好,安全系数高。若是主人亲自驾车,主宾则坐在司机右侧座位上。下车时,要"尊者居后",即长辈、身份高者、女士后下车。迎宾者应提前下车,为来宾打开车门,用手挡住车门上框,协助其下车。

值得一提的是,我国乘车时座次安排与欧美有些国家不同,所以一定要根据客商的习惯来安排车子座位。宾主上车后,主人应通过交谈来活跃车内气氛,主要话题是本地风土人情、人文景观等,也可介绍沿路景点。还可将日程表送到客人手中,以便其安排私人活动或团访、宴请等。

迎接人员在接待外商的过程中,要注重精神风貌,要做到表情明朗、面带微笑、端正有礼、和蔼可亲,切不可目无表情,轻浮无礼。

3. 服饰要求及准备

在涉外商务活动中,服饰的选择要注意所处的场合,并依照礼仪规范和惯例,选择不同的款式出席不同的场合。涉外商务活动中商务人员出入的场合主要分三类:公务场合、社交场合、休闲场合。其中公务场合和社交场合属于正式场合,服饰要正规、讲究,体现稳重端庄的风格,休闲场合属于非正式场合,服饰可以随意、自便,体现舒适自然的风格。

1) 公务场合,主要是指工作地点或用于处理公务活动的时间,如商务会谈、迎送会见、签字仪式、上班时间等。这种场合,男士以深色西服配白色衬衫、系领带、着深色袜子、黑色皮鞋为最佳衣着;女士以毛、麻质地的单色套裙配质地轻薄柔软与外套色泽协调的衬衣,着肉色长筒丝袜、黑色浅口高跟皮鞋为最佳。男士不宜着休闲服饰,如夹克衫、运动装等,女士不宜穿超短裙或皮裙,最好也不要穿裤装套服。

2) 社交场合,主要是指以交际应酬联络感情为目的的活动场合,如出席宴会、舞会、观看文艺表演等。这种场合,男士服饰与公务场合区别不大,但注意较为隆重的晚宴、音乐会、剧院演出等,男士根据要求有时要着燕尾服或小礼服,此时要注意礼服的质地要精良,款式要时尚。女士以中国传统的单色旗袍或下摆在膝部以下的连衣裙为佳,注意不得着制服、牛仔裤,忌穿皮质超短裙。

3) 休闲场合,主要是指非正式场合,如旅游观光、购物、休闲等时间。此时休闲服饰是最佳选择,最好避免穿套装或套裙。

二、涉外会见、洽谈礼仪

会见,国际上一般称接见或拜会。凡身份高的人士会见身份低的人士,或是主人会见客人,这种会见一般称为接见或召见。凡身份低的人士会见身份高的人士,或是客人会见主人,这种会见,一般称为拜会或拜见。拜见君主,又称谒见、觐见。我国国内不作上述区分,一律统称会见。接见和拜会后的回访,称回拜。

会谈是指双方或多方就某些重大的政治、经济、文化、军事问题,以及其他共同关心的问题交换意见。会谈也可以是指洽谈公务,或就具体业务进行谈判。会谈,一般来说内容较正式、专业性较强。我们在此主要以商务会谈为主。

东道国对来访者,从礼节及两国关系上考虑,一般均根据对方身份及来访目的,安排相应公司领导和部门负责人会见。来访者也可根据国家关系和本人身份以及业务性质,主动提出拜会东道国相关公司领导和部门负责人。一般来说,礼节性拜会,身份低者拜见身份高者,来访者拜见东道主,如是正式访问或专业访问,则应考虑安排相应的会谈。

1. 会见座位的安排

会见通常安排在会客室或办公室,宾主各坐一边。我国习惯在会客室会见,客人坐在主人的右边,译员、记录员安排坐在主人和主宾的后面。其他客人按礼宾顺序在主宾一侧就座,主方陪同会见的人在主人一侧就座。座位不够可在后排加座。

2. 会谈座位的安排

双边会谈通常用长方形、椭圆形或圆形桌子,宾主相对而坐,以正门为准,主人占背门一侧,客人面向正门,主谈人居中。我国习惯把译员安排在主谈人右侧,但有的国家也让译员坐在后面,一般应尊重主人的安排。其他人按礼宾顺序左右排列。记录员可安排在后面,如参加会谈人数少,也可安排在会谈桌就座。

小范围的会谈,也可不用长桌,只设沙发,双方座位按会见座位安排。

3. 会见和会谈中的几项具体事务

(1) 提出会见要求,应将要求会见人的姓名、职务以及会见什么人、会见的目的告知对方。接见一方应尽早给予回复,约妥时间。如因故不能接见,应婉言解释。

(2) 作为接见一方的安排者,应主动将会见(会谈)时间、地点、主方出席人、具体安排及有关注意事项通知对方。作为前往会见一方的安排者,则应主动了解上述情况,并通知有关的出席人员。

(3) 准确掌握会见、会谈的时间、地点和双方参加人员的名单,及早通知有关人员和有关单位做好必要安排。主人应提前到达。

(4) 会见、会谈场所应安排足够的座位。如双方人数较多,厅室面积大,主谈人说话声音低,宜安装扩音器。会谈如用长桌,应事先排好座位图,现场放置中外文座位卡,卡片上字体应工整清晰。

(5) 如有合影,事先排好合影图,人数众多应准备架子。合影图一般由主人居中,按礼宾次序,以主人右手为上,主客双方间隔排列。第一排人员既要考虑人员身份,也要考虑场地大小,即能否都摄入镜头。一般来说,两端均由主方人员把边。

(6) 客人到达时,主人在门口迎候,可以在大楼正门迎候,也可以在会客厅门口。如果主人不到大楼门口迎候,则应由工作人员在大楼门口迎接,引入会客厅。如有合影,宜安排在宾主握手之后。合影后再入座。会见结束时,主人应送至车前或门口握别,目送客人离去后再回室内。

(7) 领导人之间的会见或是会谈,除陪见人和必要的译员、记录员外,其他工作人员安排就绪后均应退出。如允许记者采访,也只是在正式谈话开始前采访几分钟,然后离开。在谈话过程中,旁人不要随意进出。

(8) 会见时招待用的饮料,各国不一。国内一般只备茶水,夏天加冷饮。会谈如时间过长,可适当上咖啡或红茶。

一般官员、民间人士的会见,安排大体上相同,也要事先申明来意,约妥时间、地点,通知来人身份和人数,准时赴约。礼节性的会见,一般不要逗留过久,半小时左右即可告辞,除非主人特意挽留。日常交往,客人来访,相隔一段时间后,应予回访。如果客人为祝贺节日、生日等喜庆日来访,则可不必回访,而在对方节日、生日时应前往拜望,表示祝贺。

 案例

会谈大事

1964年4月,科威特外交大臣、王位第六继承人贾比尔,作为13个阿拉伯国家的代表访问日本,向日本通报第一届阿拉伯国家首脑会议关于对以色列使约旦河水倒流的决议。日本外务省将贾比尔与大平正芳外相会谈的时间定为10分钟,一过10分钟,大平外相就看看手表说:"对于这些问题,待日后再回答吧!"就结束了会谈。加之科威特对贾比尔抵日时所受的礼遇和接待不满,于是,科威特政府宣布在签证、日货进口、石油出口和日侨地位等方面,对日本实行限制,两国关系处于低潮。一直到大平离职,日本继任外相就贾比尔访日一事向科威特深表歉意,科日之间的紧张关系才得以缓和。

模块三 涉外商务宴请礼仪

[导入]

吃了一半的西餐

某公司的业务员陈先生晚饭时走进一家西餐厅就餐。服务员很快便把饭菜端上来了,陈先生拿起刀叉,使劲切割食物,刀盘摩擦发出阵阵刺耳的响声,他将食物切成一块块后,接着用叉子叉起一大块、一大块的食物塞进嘴里,狼吞虎咽,并将鸡骨、鱼刺吐于洁白的台布上。中途陈先生随意将刀叉并排往餐盘上一放,顺手将餐巾放到餐桌上,起身去了趟洗手间。回来后发现饭菜被端走,餐桌已收拾干净,服务员站在门口等着他结账。陈先生非常生气,在那儿与服务员争吵起来。

(资料来源:http://ly.haosou.com/s? q=&src=tab_wenda)

讨论

陈先生的行为符合西餐礼仪规范吗?
你认为到底是谁错了? 为什么?

一、涉外商务宴请

涉外商务宴请是在涉外商务活动中,因商务交往的需要而设宴招待客人的礼仪活动,这是涉外商务活动中常见的一项交际活动,特别是接风宴请和答谢宴请,它不是一般简单的吃喝,而是涉外礼仪的一个重要组成部分,涉外宴请本身就是一次商务活动或社交活动。在宴请活动中,宾主共享一席精美的烹调佳作,主人视客人的需要高于一切,由衷地表达自己的诚意;客人则以自己落落大方的举止,不辜负主人的一片热情。宾主通过宴请互传真情,使双方的友谊在融洽的气氛中得以发展。

(一)涉外宴请的形式

1. 宴会

宴会是外事宴请中最正式、最隆重的设宴活动。按其规格,宴会有国宴、正式宴会、便宴之分。按宴请时间,宴会分午宴、晚宴,以晚宴最为隆重。午宴通常在中午或下午举行,一般持续两个小时左右。晚宴通常在晚上八点左右,如果晚宴后还有舞会,可持续到深夜结束。

2. 招待会

招待会是一种不备正餐、较为灵活的宴请形式。在招待会上通常不安排座位,宾主可以自由活动,不拘于形式,但备有食品、汽水、饮料等。招待会通常有冷餐会和酒会两种。

3. 茶会

茶会是一种特别简便的宴请方式。茶会是请客人品茶,因而对茶具、茶叶要有所要求。一般茶具用陶瓷器皿而不用玻璃杯,用茶壶而不用热水瓶。外国人一般选用红茶备点心及地方风味小吃,还有的用咖啡代替茶叶。

(二) 涉外宴请礼仪

1. 做好宴请的准备

(1) 确定宴请对象和宴请范围

首先应根据宴请的目的确定宴请名义和宴请对象。正式宴请外商,多以个人名义或单位名义发出邀请,要注意的是邀请人的身份应该与邀请对象身份对等,如果邀请方身份低,客人会觉得受到冷遇。同时要考虑好邀请对方哪些人以及主方哪些人员作陪,原则上,宾主双方身份相当。宴请范围的确定是根据宴请目的而定,并由此确定宴请对象名单。

(2) 确定宴请时间,选择宴请场所

宴请时间的确定,原则上选择双方适合的时间。确定宴请时间,最好事先征求被邀主宾的意见,以示尊重。涉外宴请最好避开对方国内重大节假日;回避选择禁忌日,如恰逢"13"日的星期五。

根据宴请规格及人数选择合适地点,场所的选择应依据以下原则:

1) 宴请的场所应充分表达出主人对客人的敬意。
2) 宴请的场所应根据宴请的目的和宾客中的主宾的社会地位与身份来确定。
3) 宴请的场所也可按来宾的意愿和地方特色来确定。
4) 应优先考虑交通方便、环境幽雅、菜肴精美、价格合理、服务优良、负有盛名的老字号或名酒家的宾馆饭店作为宴客的场所。这些场所会恰当地体现出主人对客人的敬意,增添宴请的愉快和喜庆的气氛,同时举办者对该饭店要熟悉。

(3) 发出正式邀请

无论何种形式的宴请都应发出正式邀请,邀请形式可多种多样,有正式邀请函、请柬、电话邀请、口头约定等。按照国际礼仪惯例,正式宴请在当面宴请或电话邀请后,一定要发请柬,以示真诚和郑重,被邀者在收到请柬后,必须就是否参加也须回帖。发帖和回帖是涉外正式宴请的基本礼仪。邀请函及请柬上应说明举行宴会的目的,如欢迎某人或庆祝双方正式签约等;注明主办人的姓名或单位、宴会的时间(包括年月日、星期几、上午或下午、几点开始,如果是酒会必须注明几点几分到几点几分)、地点、服装要求。正式宴请应在发请柬前排定席位,并在信封右下角注明。涉外请柬一般采用中英文对照形式。请柬应在宴请前1~2周发出,以便使被邀请者有所准备。

(4) 选订菜单和排定座次

选订菜单关键是了解宾主不能吃什么,排除民族禁忌、宗教禁忌、个人禁忌,照顾客人口味,体现地方餐饮文化特色。涉外宴请的酒菜应根据宴请规格或形式确定。西方人饮食禁忌主要有忌食动物的内脏、动物的头部和脚爪,不吃稀有动物和宠物。穆斯林和信奉犹太教的人饮食禁忌更多,订菜时都应予以尊重。如果有的客人有特殊要求,应给予满足。菜肴、酒水的数量宜少而精,以不铺张浪费为原则,要考虑开支的标准,做到丰俭得当,菜单应有冷有热、有荤有素、有主有次、营养丰富、味道多样,要尽量用本地特产和地方风味来招待外商。注意晚宴比午餐、早餐要隆重，菜单应丰富一些。

在正式的涉外商务宴请时，位次的排列往往比菜肴的选择更引人注目，无论是一桌宴请还是多桌宴请，都会有排定座次的问题，正式宴会均应安排座位。位次安排时，先排席次（桌次），不同餐桌数目的安排；再排座次，每张餐桌上具体的座位。桌次排列的基本要求是：居中为上；以右为上；以远为上，即离房间正门越远，位置越高。座次排列的要求是：面门居中者为上，房间正门中央位置的人是主位；主人右侧是主宾位；客人一方的人在主人右侧，主人一方的客人在主位左侧，即主左宾右。

知识直通车

桌次和座次排定的注意事项

如席设两桌，男女主人应分开主持。职位或地位高者为尊，高者坐上席，依职位高低定位，不能逾越；职位或地位相同时，则依官职传统习惯定位。女士以夫为贵，其排名的秩序与其丈夫相同，例如，在受邀宾客中，史密斯先生是第一男主宾，史密斯夫人则排第二位；但如果邀请对象是女宾，而其丈夫官位不显，则排位可以在后，夫不见得与妻同贵。宴请外宾时，男女分座，排位时男女互为间隔；夫妇、父子、母女、兄妹等必须分开；外宾与宴请方人员杂座；座位的末座不能安排女宾。如果男女主人邀请了顶头上司参加宴会，则男女主人须谦让其应坐的尊位，改坐次位，不可逾越。

2. 宴会进行时的礼仪

在宾客陆续到来后，主人要热情招待，尽可能聊一些轻松的话题，保持宴会的热烈气氛，来达到预期的目的。礼仪方面应该注意以下几点：

（1）引客入座

宴会开始前，主人要对所有的客人表示热烈欢迎，必要时还可安排几个主要人员陪同迎接，不能够冷落任何一位客人。如果客人相互间有不熟悉的，主人要逐一介绍，使彼此有所了解，以增进宴会的友好气氛。然后按预先安排的座位，依次引客入座。如果客人有坐错座位的，一般应"将错就错"，或者巧妙地加以换座，要以不挫伤客人的自尊心为宜。

（2）按时开席

客人落座后，主人要按时开席。不能因个别客人迟到而影响整个宴会的进行。如系主要客人，或是主宾，到开席时尚未到达，应尽快与其取得联系，在弄清楚原因后，根据情况采取应急措施，并向其他客人表示歉意。一般来说，宴会开席延迟10～15分钟是允许的，万不得已时最多不能超过30分钟，否则将冲淡宾客兴致，影响宴会气氛。

（3）致辞祝酒

宴会开始时，主人应站起向全体宾客敬酒，并致以简短的祝酒辞，如"欢迎诸位光临！现在我向大家敬个酒，祝各位事业兴旺，合家安康"，祝酒辞视宴会性质而定。

（4）介绍菜肴

当第一道热菜（主菜）上桌时，在饭店一般由服务员报菜名，并介绍这道菜在制作及色、香、味方面的特色。此时，主人应举箸请宾客品尝。当客人互相谦让、不肯下箸时，主人可站起来用公筷、公匙为客人分菜。分菜时注意先分主宾或长者，并注意分得均匀，以免有厚此薄彼、不一视同仁之嫌。如系家宴,应精心制作几道拿手菜,请大家品尝后,要虚心征求宾客的意见。

(5) 亲切交谈

在宴会进行中,主客双方应该就彼此都感兴趣的话题亲切交谈。交谈的范围不妨广一些,一切从增进友谊来考虑。对一方避讳的事情,特别是涉及个人隐私的话题,切不可在酒席间谈起。对一些要达到一定目的的宴会,宴会中不宜作深入具体的、实质性的交谈,要"只叙友情,不谈工作",切不可把餐桌变成谈判桌,以免陷入窘境,使双方不快。

(6) 适时结束

一般宴会应掌握在 90 分钟左右,最多不超过 2 小时。过早结束,会使客人感到不尽兴,甚至对主人的诚意表示怀疑;时间过长,主客双方都感到疲劳,反而会冲淡宴请的气氛。宴会结束最适当的时机,应是宴会达到最高潮时戛然而止,这是再美好不过的事。因此,主人应掌握最好的时机,宣布宴会到此结束,给大家留下美好的回忆。

外国人的日常宴请在女主人为第一主人时,往往以她的行动为准。入席时女主人先坐下,并由女主人招呼客人开始用餐。餐毕,女主人起立,邀请女宾与其共同退出宴会厅。然后男宾起立,尾随进入休息厅或留下吸烟。男女宾客在休息厅会齐,即上茶或咖啡。主宾告辞时,主人把主宾送至门口。主宾离去后,原迎宾人员按次序排列,与其他宾客握别。如有礼物互相赠送,应认真处理好赠礼和回礼。当众赠送的礼物,应该统一规格,以免产生误会。

如果安排有其他活动,比如卡拉 OK、舞会、打牌等,可挽留有兴趣的来宾自由参加,主随客便。

3. 赴宴礼仪

宴请,作为重要的社交活动,涉及主、客双方。不仅主人要注意宴请活动中的礼仪要求,客人也应注意赴宴的礼节、礼貌,向主人和其他来宾展示自己良好的礼仪修养,塑造良好的职业形象。

(1) 充分准备

出席宴会前,一般应梳洗打扮,女士要适当化妆,男士要梳理头发并剃须。衣着要求整洁、大方、美观,使仪容、仪表打扮符合宴请场合的要求。国外宴请非常讲究服饰,往往根据宴会的正式程度,在请柬上注明着装要求。在我国虽然没有具体要求,但作为应邀者也应该穿一套合体入时的整洁服装。参加喜庆宴会,女宾可以穿着色彩鲜艳的裙子或套装,男宾可以着西装或中山装;参加丧宴时,可穿黑色或其他素色的服装,不可穿着过分华贵的服装(以不超过主人为度)。

(2) 准时赴宴

接到宴会邀请后,能否出席应尽早答复对方,以便主人作出安排。接受邀请后不要随意改动。万一遇到特殊情况不能出席时,尤其作为主宾,应尽早向主人郑重解释、道歉,甚至亲自登门致歉。出席宴请活动,抵达时间的迟早、逗留时间的长短,在一定程度上反映出对主人的尊重。过早、过迟或逗留时间过短,不仅是对主人的失礼,也有损自己的形象。按时出席宴请是最基本的礼貌。一般来说,出席宴会要根据各地的习惯,正点或提前或晚于规定时间的 2~3 分钟抵达。身份高者可略晚些到达,一般客人宜略早些到达。

(3) 按位落座

所谓按位落座,指的是宴会所请客人分别按主人预先的安排,准确落座。一般客人到达宴请场所时,不要急于找座位坐下,应等主人引座。如其他客人已相继坐下,而一时无人给自己引座时,可选择较下的位置先行坐下,待主人发现时,再正式引座。大型宴会一般都分主宾席和一般宾客席,被请者应考虑个人的身份,分别在主宾或一般宾客席入座。

(4) 举止文明

在宴会进行过程中,赴宴者要做到举止文明。这就要求做到当主人或其他宾客讲话、敬酒、介绍菜肴时,应停止进食,正坐恭听,不可和旁人交头接耳,更不要摆弄餐具。一般情况下,宴会中不要高声谈笑,更不要喧宾夺主或反客为主。要注意自己饮酒、进食时的仪态。在宴会中,主人示意举杯时,宾客才能举杯。夹菜时要待菜肴转到自己面前或主人、主客、长者先夹以后,自己再夹;吃菜、吃饭时,要细嚼慢咽;喝汤时嘴中不要发出"咕噜、咕噜"或"叭叭"的声音。饮酒要留有余地,慢酌细饮。不要逞强好胜,相互灌酒,喝得酩酊大醉,甚至口出秽言,那样是非常失礼的。一般对外商务宴会,要求掌握在自己酒量的1/3范围内饮用即可。不善饮酒者,主人敬酒时,可婉言解释,或用淡酒、饮料象征性地表示一下。

就餐要注意"吃有吃相"。注意中餐礼仪和西餐礼仪的区别,不清楚要问别人,或者采取"慢半拍"宴请的习俗。

(5) 热情话别

当宾客酒足饭饱后,应及时向主人表示感谢与道别,使宴会能够按时结束。这时,宾客不得因贪杯而拖延不散,也不能因余兴未尽而迟迟不走。那样做不仅是对主人的失礼,也是对众宾客的不敬。在宴会结束时,应热情与主人话别,也要与其他客人道别。如果主人有一般礼物馈赠,应十分高兴地将礼物收下,并表示感谢,绝不能不屑一顾。

有时为使礼数周到,可在宴会后发出致谢信,最好是第二天就发出,一般有一个星期的时限。信中应再次对主人的盛情表示感谢,特别是应该把自己的愉快心情表达出来,这样礼貌的表示会使主人铭记在心。

二、西餐礼仪

 案例

老张的儿子留学回国,还带了洋媳妇回来。为了讨好未来的公公,这位洋媳妇一回国就诚惶诚恐地张罗着请老张一家到当地最好的四星级饭店吃西餐。

用餐开始了,老张为在洋媳妇面前显示出自己也很讲究,就用桌上一块"很精致的布"仔细地擦了自己的刀、叉。吃的时候,学着他们的样子使用刀叉,既费力又辛苦,但他觉得自己挺得体的,总算没丢脸。用餐结束了,吃饭时喝惯了汤的老张盛了几勺精致小盆里的"汤"放到自己碗里,然后喝了。洋媳妇先一愣,紧跟着也盛着喝了,而他的儿子早已满脸通红。

老张闹了两个笑话,一个是他不应该用"很精致的布"(餐巾)擦餐具,那只是用来擦嘴或手的;二是"精致小盆里的汤"是洗手的,而不是喝的。

(一) 餐巾的使用

(1) 餐巾主要是防止弄脏衣服,兼作擦嘴及手上的油渍。用餐巾擦嘴,只能轻按擦拭,不得横向大面积擦拭,不得用餐巾擤鼻涕。

(2) 必须等大家都坐定后,才可使用餐巾,餐巾摊开后,放在双膝上端的大腿上,勿系入腰带或挂在西装领口。

(3) 勿用餐巾擦拭餐具。

(4) 餐毕,宜将餐巾折好,放置在餐桌上再离席,中途离开西餐桌,餐巾放在椅子上。

(二) 喝汤的礼仪

(1) 喝汤用汤匙,不得端碗喝汤。

(2) 用汤匙舀汤,应由内向外舀。汤将见底,可将汤盆用左手拇指和食指托起,向桌心,即向外倾斜,以便取汤。

(3) 第一次舀汤送入口中,量宜少,浅尝以测试温度,喝汤时不得发出声响。

(4) 喝汤时,不得任意搅动或用口吹凉。

(5) 汤舀出来后应一次喝完,不得分几口喝,喝完汤后,汤匙应搁在汤盘上或汤杯的碟子上。

(三) 吃面包的礼仪

(1) 面包要撕成小片吃,撕一片吃一片,不得用口咬,更不能用刀子切割。

(2) 撕面包时,碎屑应用碟子盛接,切勿弄脏餐桌。

(3) 如要涂黄油或牛油,并非整片先涂再撕下来吃,宜先撕下小片,再涂在小片上送入口中食用。

(4) 如果面包和饼干是烤热的,可以整片先涂牛油,再撕成小片吃。

(四) 吃肉类的礼仪

(1) 认识牛排的熟度。"Rare"表示带血的;"medium"表示半生的;"rare medium"表示七分熟的;"welldone"表示熟透的。

(2) 牛排要切一块、吃一块,右手拿刀,左手持叉。

(3) 切牛排应由外侧向内侧切。不得用拉锯式方式切,也不得拉扯,不得发出声响。

(4) 切肉大小适度,以正好入口为宜,不要过大。

(5) 猪排和羊肉都要熟透,吃法与牛排相同。

(6) 烤鸡或炸鸡,在正式场合用刀叉吃,左手用叉压住,右手持刀割肉,不要去翻身。

(7) 切忌先将肉全部切成碎块再一块一块地吃,此法颇为不雅,且肉汁流失,影响口味。

(8) 食肉时,双唇合拢,不得发出声响。口中食物咽下,才能吃下一块食物。

(五) 吃水果的礼仪

(1) 多汁的水果应用匙取食,如西瓜、柚子等。

(2) 粒状水果可用手抓来吃,不算失礼,但欲吐籽时应吐于掌中再放入碟中。

(3) 汁少较脆的水果如苹果、柿子、梨,可将之切成四片,再削皮用刀叉取食。

(4) 桃及瓜类,削皮切片后,用刀叉取食。

(5) 香蕉可用刀从中划开,将皮向两旁剥开后,用刀切一口吃一口。

(6) 我国台湾地区的柑用手剥皮后,可用手一片一片地撕下来吃。

(7) 草莓类多放于小盘中,用匙或叉取食。

(8) 在吃水果时,如果上洗手钵,所盛的水,常撒一枚花瓣,系供洗手用。但记住,只用来洗手指尖,切勿将整个手伸进去。因此,刚吃完水果的手,不宜用餐巾擦手,应先洗手指,再用餐巾擦干。

(六) 吃甜点的礼仪

(1) 一般的蛋糕、饼、派,用叉分割取食,较硬的用刀切割后,用叉取食。

（2）冰淇淋、布丁等，用匙取食。
（3）小块的硬饼干，可用手取食。

 知识直通车

情人节的由来

情人节的原名叫"圣瓦伦丁节"，起源于古罗马时代，于每年2月14日举行。这是为了纪念一位叫瓦伦丁的基督教殉道者，他因带头反抗罗马统治者对基督徒的迫害而被捕入狱，并于公元270年2月14日被处死。行刑前，瓦伦丁给典狱长的女儿写了一封情书，表明了自己光明磊落的心迹和对她的一片痴情，典狱长及其女儿看后无比感动。后来基督教徒为了纪念他，把每年的2月14日定为"圣瓦伦丁节"。每逢这一天，青年情侣们就要互送印有各种象征爱情图案的圣瓦伦丁卡和精心挑选的其他礼物。该习俗随基督教一起由欧洲传入美洲后，逐渐演变成了今天的"情人节"。

模块四　涉外礼仪禁忌

 [导入]

"兔子"惹的祸

中国某公司在一个豪华酒店宴请澳大利亚的客户，由于临近春节，来年是兔年，兔子在中国人眼里，也是可爱的代名词，酒店就给每个包间摆放了一个流氓兔的毛绒玩具。谁知澳大利亚的客人看见之后，脸色大变，非常不满。中方询问后，翻译告知大家不愿意看见兔子，服务员急忙解释为什么摆放兔子，以及这个毛绒玩具的精致可爱之处。澳大利亚代表越发生气，最终宴会不欢而散。

（资料来源：http://www.dlgxw.com/thread-8789-1-1.html）

 讨论

澳大利亚代表为什么会生气？
你了解不同国家和地区的礼俗和禁忌吗？

由于历史传统、宗教信仰、民族心理、道德意识、审美观念、自然环境等诸多因素的影响，各个国家和地区都形成了一些特殊的风俗习惯，包括一些民族特有的讲究与忌讳。我们在涉外工作中应该了解和尊重对方的各种习俗，以免触犯禁忌，导致不快的后果。现将国外有关数字、颜色、花卉与动物及其图案的一些禁忌介绍如下。

一、数字的忌讳

大多数国家，尤其是西方人普遍认为"13"这个数字是凶险而不吉利的，是不幸的象征。西方人还普遍认为"星期五"也是不吉利的,是死亡的日子。

西方人在13日一般不举行活动,甚至门牌号、旅馆房号、楼层号、宴会桌号、车队汽车的编号等都不用"13"这个数字。宴请也不安排在13日举行,更忌讳13人同席共餐,如果"13"日与"星期五"碰巧在同一天,那这天就被称为"黑色星期五",有些人对这深感可怕,噤若寒蝉,惶惶不可终日。原因是,按照迷信的说法,只要到每月的13日这一天,12个巫婆都要举行狂欢夜会,第13个魔鬼撒旦就会在夜会高潮时出现,给人们带来灾难。因此,西方人不仅忌讳"13"日,也忌讳有数字"13"。典型的例子就是:西方许多楼房都没有第13层。另一个说法是在任何场合都极力避开它,楼层中的12上面便是14,宴会厅的餐桌14号紧接12号,每月13日,西方人都感到惴惴不安,西方人认为13是个不幸的、凶险的数字,它源于《最后的晚餐》,耶稣和弟子们一起吃晚饭,第13个人是弟子犹大,他为贪图三十块银币,将耶稣出卖了,使耶稣被钉在十字架上,这个故事流传很广,影响极深,西方人憎恶犹大,故把"13"这个数字当作"不幸的象征"。所以到西方旅游要了解这一禁忌。

有些西方人还忌讳"3"。特别是点烟时,当点到第三人时,往往会面露难色甚至会礼貌地拒绝,他们认为给自己或朋友点第三支烟是不吉利的。

非洲大多数国家认为奇数带有消极的色彩,而亚洲一些国家如日本则把奇数看作是吉祥的数字。新加坡人认为"3"表示"升","9"表示"久",都是吉祥数字。东方一些国家如日本、韩国、朝鲜、新加坡等,特别忌讳"4",因为"4"和中文、日语的"死"字音相近,所以将"4"视为预示厄运的数字。美国有家高尔夫球制造厂,将4个球组装成一组销往日本,但日本的"4"与"死"发音相同,所以,一般4个一组的商品销路很差。在数字方面,"9"的发音与日语"苦"相近,所以日本也很忌讳"9"。

另外,印度对"1"、"3"、"7"三个数字视为不吉利,巴基斯坦人则认为"420"这个数字给人们带来灾难与厄运,碰见它,巴基斯坦人会很不高兴。

"四"字在朝鲜语中发音、拼音与"死"字完全一样,韩国人认为是不吉利的,因而,楼房没有四号楼,旅馆不称第四层,宴会里没有第四桌,医院里绝不设四号病房,军队里没有四师四团,吃东西不吃四盘四碗,喝酒绝不肯喝四杯。朝鲜有岷李姓,但绝不能说"十八子"李,因在朝鲜语中"十八子"与一个淫荡词相近,绝对不能在妇姓面前说此话,否则会被认为有意侮辱人。

马来西亚人禁忌0、4、13,新加坡禁忌4、7、8、13、37和69,印度人喜爱3、7、9数字,阿富汗消极的数字是13、39,在伊拉克等国13为禁忌数字。

二、颜色的忌讳

由于各国的民族习俗和历史背景的差异,迷信的事物及忌讳的内容也不尽相同,某个事物在这个国家被认为是美好的,而在另一国家可能被认为是不祥的象征。

在禁忌的奇风异俗中,颜色的禁忌就是其中的一种。很多民族和国家都有自己禁忌的颜色。

我国人们以红色为喜庆、热烈、高贵的颜色,因此,新娘穿红衣服。而在西方国家,新娘的婚纱则是白色,以此象征爱情的纯洁、忠贞。

不少国家和民族都以黑色作为丧服的颜色,因为黑色显得严肃、庄重,穿黑色丧服可以表示对死者的爱戴和尊敬。但在西方,新郎的结婚礼服却用黑色。而蒙古人却对黑色异常厌恶,把黑色视为不祥之兆,认为它意味着不幸、贫穷等。俄罗斯人也忌讳黑色,有些人连黑猫也讨厌。传说黑猫会给人带来厄运,如果在路上遇见黑猫就可能大祸临头。

许多国家都喜欢绿色,特别是居住在沙漠里的阿拉伯人视绿色为生命,把绿色当作生命的象征,用于国旗上。但日本人却忌讳绿色,认为绿色是不吉祥的。

埃及人则视绿色为恶魔。英国人也厌恶绿色,因为他们以橄榄色作为裹尸布的颜色。在法国和比利时,人们都厌恶墨绿色。因为在第二次世界大战期间,两国曾饱受德国纳粹占领之苦,而纳粹的军服色是墨绿色。

比利时人还忌讳蓝色,如果遇到不祥都用蓝色为标志。

紫色是秘鲁平时禁用的,只有在10月份举行宗教仪式时才开禁。

在巴西,人们则以棕色为凶色,他们认为,死人好比黄叶飘落,所以忌讳棕黄色。

叙利亚忌用黄色,人们认为它表示死亡。

埃塞俄比亚人出门做客不穿浅黄色衣服,因为他们穿浅黄色服装是表示对死者的哀悼。

日本忌绿色,认为它是一种不吉利的颜色,但在爱尔兰、意大利、马来西亚、新加坡、叙利亚、埃及、奥地利、挪威、瑞典、保加利亚等国家,绿色受到普遍的欢迎。

欧美许多国家以黑色为丧礼颜色,普遍认为黑色用于丧葬活动,并表示对死者的悼念和尊敬。德国对黑色较喜欢,但对于红黑相间之色又不感兴趣,西班牙认为黑色象征庄重。阿富汗则喜爱黑色,认为是一种谦逊的颜色,象征着隆重。

三、花卉的忌讳

花,虽然是受人喜欢的,但不同的国家和民族对花却存在着不同的忌讳。

荷花在日本被认为是不吉祥之物,意味着祭奠,同在亚洲的印度最受珍爱的却是荷花。瑞典与埃及对莲花也十分喜爱。

百合花在印度忌讳送人,在巴西白色百合花绝不可作礼物相送,因为该花主要用于悼念死者的。英国则最忌讳百合花,视其为死亡象征。

菊花在欧美大多数国家都被当作"丧葬之花",在拉丁美洲一些国家还被看成是"妖花",他们以菊花祭灵。室内不摆菊花,更不作为礼花送人。但在日本菊花则是皇室的标志,瑞典人则深喜白菊花。

玫瑰花在英国、美国、伊朗等国都广为被人喜爱,奉若国花。但在法国玫瑰花却不宜随意送人。意大利、德国等也认为玫瑰为示爱之花,不宜随便送人。

郁金香花在荷兰、匈牙利、土耳其等国被认为是最美的鲜花,而在德国喜郁金香者极少。

蔷薇花在德国专用于悼亡之用,而伊朗却广为喜爱。

黄色的花在法国被视为不忠诚,在墨西哥却意味着死亡;日本对淡黄色的花极不欢迎。绛紫色的花在巴西是用于葬礼的;在墨西哥红色的花意味着会给他人带来晦气,是遭禁送的。

在国际交际场合,忌用菊花、杜鹃花、山竹花、纸绢花、塑料花等献给客人已成为惯例。但尼泊尔却将杜鹃花视为国花,称为"高山玫瑰",对其十分钟爱。朝鲜对杜鹃花(即金达莱花)则有着特殊的感情。

四、动物及其图案的忌讳

在英国,知更鸟被称为"上帝之鸟",而孔雀、猫头鹰则名声不佳,山羊更是被看作不正经男人的象征。对狗和猫都较宠爱,但对黑猫十分厌恶。不喜欢大象,对大象、孔雀、猫头鹰及人像制作的图案都大为反感,对出现类似十字架的图案也认为十分晦气。

澳大利亚人最喜爱的动物是袋鼠与琴鸟,他们认为兔子是一种不吉利的动物,碰到它厄运将临。

在意大利,动物与鸟类图案最受欢迎,而仕女图、十字花图案最为忌讳。

日本人喜爱猕弦和绿雉,对鹤与龟也好评如潮,认为二者都是长寿、吉祥的代表。但是日本人对金色的猫、狐狸和獾极为反感,认为它们是"晦气"、"贫婪"与"狡诈"的化身。因而,对这类图案制品也敬而远之。

土耳其人对于骆驼及其图案很是欣赏。但是,他们是见不得猪、猫、熊猫及其图案的。印度人最崇拜的动物有蓝孔雀和黄牛,不喜龟、鹤及其图案,忌讳弯月图案。

印度尼西亚有敬蛇之习,将蛇视为"智慧"、"本领"、"德性"的象征,最忌乌龟与老鼠。

埃及人认为猫是神圣的精灵,是幸运的吉祥物,喜欢美丽华贵的仙鹤,认为其代表喜庆与长寿,对猪及与其相近似的大熊猫颇反感。

俄罗斯人非常崇拜马。对兔子印象极坏,将其作为不花钱买票人的称呼,十分厌恶黑猫。

美国人普遍爱狗,认为它是人类最忠实的朋友。美国人眼里驴代表坚强,象代表稳重,蝙蝠被视为吸血鬼是凶神恶煞,对其最为反感。

法国人认为公鸡是勇敢、顽强的直接化身。仙鹤在法国被视为淫妇的化身,孔雀被看作是祸鸟,大象象征着笨拙,它们都是很令人反感的动物,法国人对黑桃图案也深为厌恶。

在非洲一些国家及泰国,对狗的图案、商标都是忌用的。

伊斯兰教盛行的国家和地区,忌用猪作图案,也不用猪皮制品,以及与猪近似的熊猫类的图案。

拉美的墨西哥人最喜欢雄鹰图案,并喜爱将骷髅图案作为装饰用,对蝙蝠及其图案却很忌讳。

知识直通车

穆斯林麦加朝觐大典简介

朝觐既是伊斯兰教徒的宗教义务,也是穆斯林一生中的最大愿望。朝觐一般在伊斯兰教历的12月上旬举行,历时一周,是全世界穆斯林最盛大的隆重聚会。

朝觐实际上是朝拜名叫"克尔白"的方形石殿和参加祭奠真主的典礼的合称。朝觐者在朝觐途中,禁止捕杀动物、行房事、打斗等言行,反复念叨"主啊,为了您的召唤,我来了"。要于12月7日抵达麦加,脱去俗服,换上朝觐戒服,脚穿拖鞋,净身,抹香水,染指甲等。

第一天,进入麦加大清真寺,逆时针绕克尔白7圈,抚摸黑石(镶嵌在清真寺东南面的墙壁上,相传为一块从天而降的"神石"),再去易卜拉欣立足地礼拜,饮圣泉水,在塞珐、麦尔维山之间往返7次。

第二天,再去绕行克尔白,去麦加郊外做正午祈祷,呼喊"真主伟大",并登山,露宿于野外。

第三天,是最隆重的一天,在麦加城外的阿尔法特山举行阿尔法特大典,相传这是安拉真主宽恕穆斯林的日子,朝觐者奔向米纳山,在山脚下露宿。

第四天,宰牲节,举行投射仪式,每人捡49颗小石子,念着"奉安拉真主之命,我憎恶魔鬼及其阴谋诡计",并将石子投向象征魔鬼的柱子。然后,宰牲献祭,祭祀真主。祭祀仪式结束,即可开戒,象征性地剪发、剪指甲,换上便服。

第五天、第六天,再去米纳山投石打鬼。

第七天,巡游克尔白。

知识一：信奉佛教国家的禁忌

佛教于公元前6世纪发源于古印度南部的迦毗罗卫国,亚洲是佛教的发源地。大乘佛教和小乘佛教国家都很多,汉传佛教分支、藏传佛教分支、上座部佛教分支都有分布。在与信奉佛教的国家的贸易伙伴进行商务往来时,必须尊重佛教禁忌和习俗,否则会出现不必要的误解。

一、僧尼戒规

(一)"四威仪"

"四威仪"是指僧尼的行、站、坐、卧应该保持的威仪德相,不容许表现举止轻浮,一切都要遵礼如法。所谓"行如风、站如松、坐如钟、卧如弓",都是僧尼应尽力做到的。这是因为所受"具足戒"戒律上对行、站、坐、卧的动作都有严格的规定,如果举止违反规定,就不能保持其威严。

(二)"十重戒"

"十重戒"即戒杀生、戒偷盗、戒淫欲、戒妄语、戒饮酒、戒说过罪、戒自赞毁他、戒悭、戒嗔、戒谤三宝。此外,饮食戒有三项,着装戒有一项。具体如下：

(1) 过午不食。按照佛教教制,比丘每日仅进一餐,后来也有进两餐的,但必须在午前用毕,过午则不能进食。这是佛教中对僧尼的一个戒条,叫"过午不食戒"。在东南亚一带,僧尼和信徒一日两餐,过了中午不能吃东西,午后只能喝白开水。我国汉族地区因需要自己在田里耕作,体力消耗较大,晚上非吃东西不可,所以少数寺庙里开了"过午不食戒",但晚上所吃的东西称为药食。然而,在汉地寺庙的僧尼中,持"过午不食戒"的人仍不少。

(2) 不吃荤腥。荤食和腥食在佛门中是两个不同的概念。荤专指葱、蒜、辣椒等气味浓烈、刺激性强的东西。因为吃了这些东西不利于修行,所以为佛门所禁食。腥则指鱼、肉类食品。东南亚国家僧人多信仰小乘佛教,或者到别人家托钵乞食,或是由附近人家轮流送饭,无法挑食,所以无论素食、肉食,只能有什么吃什么。我国大乘佛教的经典中有反对食肉的条文,汉地僧人是信奉大乘佛教的,所以汉族僧人和很多在家的居士都不吃肉。在我国蒙藏地区,僧人虽然也信奉大乘佛教,但是由于气候和地理原因,缺乏蔬菜,所以食肉。但无论食肉与否,大小乘教派都禁忌荤食。

(3) 不喝酒。佛教徒都不饮酒,因为酒会乱性,不利于修行,所以严格禁止。

(4) 不着杂色衣。佛教戒律规定,佛教僧人只能穿染衣,不能用杂色。

二、其他禁忌

(一) 交往禁忌

佛教徒内部不用握手礼节,不要主动伸手与僧众相握,尤其注意不要与出家的尼众握手。非佛教徒对寺院里的僧尼或在家的居士行礼,以合十礼为宜。

(二) 行为禁忌

佛寺历来被佛教视为清净圣地。所以,非佛教徒进入寺庙时,衣履要整洁,不能着背心、打赤膊、穿拖鞋。当寺内要举行宗教仪式时,不能高声喧哗以及做出其他干扰宗教仪式或程序的举动。未经寺内执事人员允许,不可随便进入僧人寮房以及其他不对外开放的坛口。另外,为保持佛门清净,严禁将一切荤腥及其制品带入寺院。

(三)祭拜禁忌

入寺拜佛一般要烧香,这是为了袅袅香烟扶摇直上,把诉诸佛的"信息"传递给众佛。但在拈香时要注意香的支数,由于佛教把单数看成吉数,所以烧香时,每炷香可以有很多支,但必须是单数。

(四)国别禁忌

在缅甸,佛教徒忌吃活物,有不杀生与放生的习俗。忌穿鞋进入佛堂与一切神圣的地方。他们认为制鞋用的是皮革,是杀生所得,并且鞋子踏在脚下是肮脏的物品,会玷污圣地,遭到报应。

在日本,有佛事的祭祀膳桌上禁忌带腥味的食品,同时忌食牛肉。忌妇女接触寺庙里的和尚,忌妇女送东西给和尚。

在泰国,佛教徒最忌讳别人摸他们的头。即使是大人对小孩的抚爱也忌讳摸头顶,因为按照传统的佛俗认为头部是最高贵的部位,抚摸或其他有关接触别人头部的动作都是对人的极大侮辱。同时还忌讳当着佛祖的面说轻率的话。佛教徒购买佛饰时忌说"购买",只能用"求租"或"尊请"之类的词,否则被视为对佛祖的不敬,会招来灾祸。

在中国,佛教徒忌别人随意触摸佛像、寺庙里的经书、钟鼓以及活佛的身体、佩戴的念珠等被视为"圣物"的东西。流行于傣、布朗、德昂等少数民族中的"南传上座部佛教"另有一些禁忌。如在德昂族中,在"进洼"(关门节)、"出洼"(开门节)和做摆(庙会)等宗教祭日里,都要到佛寺拜祈三天,忌讳农事生产;进佛寺要脱鞋;与老佛爷在一起时,忌吃马肉与狗肉;妇女一般不能接触佛爷,也不能与老佛爷谈话。德昂族传说"活佛"飞来时先落于大青树上,然后才由佛爷请进佛寺,故视大青树为"神树",忌砍伐。

知识二:信奉伊斯兰教国家的禁忌

伊斯兰教发源于7世纪的阿拉伯半岛,主要传播于亚洲、非洲,以西亚、北非、西非、中亚、南亚次大陆和东南亚最为盛行。亚洲是伊斯兰教的发源地,有诸多国家全国信奉伊斯兰教或者部分信奉伊斯兰教。调查表明,伊斯兰教是世界三大宗教中传播速度最快、教民增长速度最快的宗教。我们与中东地区、阿拉伯国家、中亚地区等进行商务交往时,需要尊重穆斯林的宗教信仰和禁忌,这样才有利于双方达成商贸协议。

一、信仰主要纲领

伊斯兰教的信仰主要包括理论和实践两个部分。理论部分包括信仰(伊玛尼),即信安拉、信天使、信经典、信先知、信后世、信前定(简称"六大信仰")。实践部分包括伊斯兰教徒必须遵行的善劝和五项宗教功课(简称"五功")。所谓的五功即念"清真言"、礼拜、斋戒、天课、朝觐,简称"念、礼、斋、课、朝"。

二、六大信仰

伊斯兰教基本信条为"万物非主,唯有真主,穆罕默德是安拉的使者",这在中国穆斯林中视其为"清真言",突出了伊斯兰教信仰的核心内容,具体而言又有六大信仰之说。

(1)信安拉。伊斯兰教是严格的一神教,要相信除安拉之外别无神灵,安拉是宇宙间至高无上的主宰。《古兰经》第112忠诚章称:"安拉是真主,是独一的主,他没生产,也没有被生产;没有任何物可以做他的匹敌。"

(2)信天使。认为天使是安拉用"光"创造的无形妙体,受安拉的差遣管理天国和地狱,并向人间传达安拉的旨意,记录人间的功过。

(3)信经典。认为《古兰经》是安拉启示的一部天经,教徒必须信仰和遵奉,不得诋毁和篡改。《古兰经》是包罗其他一切经典的意义,信徒即应依它而行事。

(4)信先知(圣人)。《古兰经》中曾提到了许多位使者,使者中最后一位是穆罕默德,他也是最伟大的先知,是最尊贵的使者,也是安拉"封印"的使者,负有传达"安拉之道"重大使命,因为他是被安拉派遣到人神两类的使者,只要信仰安拉的人都应服从他的使者。

(5)信后世。伊斯兰教认为:整个宇宙及一切生命,终将有一天全部毁灭。然后安位使一切生命复活,即复活日来临。从某种意义上讲,相信后世可以制约人们今生的行为。

(6)信前定。认为世间的一切都是由安拉预先安排好的,任何人都不能变更,唯有对真主的顺从和忍耐才符合真主的意愿。

三、五功

伊斯兰教学者根据《古兰经》内容,将五项基本功课概括为:念、礼、斋、课、朝。穆罕默德谓:"伊斯兰建筑于五项基础之上:诚信除安拉外,别无他主,穆罕默德是主的使者,履行拜功,完纳天课,朝觐,封莱麦丹月之斋。"中国伊斯兰教学者王岱舆译著的《正教真诠·五常章》谓:"正教之五常,乃真主之明命,即念、施、戒、拜、聚之五事也。"

(1)念功:信仰的确认。即念清真言。"万物非主,唯有真主,穆罕默德是安拉的使者"。这是信仰的表白(即"作证")。当众表白一次,名义上就是一名穆斯林了。

(2)礼功:信仰的支柱。每日五次礼拜,每周一次的聚礼拜(即主麻拜),一年两次的会礼拜(即古尔邦节和开斋节的礼拜)。礼功是督促穆斯林坚守正道,对自己过错加以反省,避免犯罪,给社会减少不安定因素,为人类和平共处提供条件。

(3)斋功:寡欲清心,以近真主。即成年的穆斯林在伊斯兰教历的莱麦丹月"回历九月",白昼戒饮、食和房事一个月。黎明前而食,日落后方开。但封斋有困难者,如病人、年老体弱者和出门旅行者、孕妇和哺乳者可以暂免,或过时再补,或纳一定的济品施舍。

(4)课功:课以洁物。课功也称天课,是伊斯兰对占有一定财力的穆斯林规定的一种功修。伊斯兰认为,财富是真主所赐,富裕者有义务从自己所拥有的财富中,拿出一定份额,用于济贫和慈善事业。"营运生息"的金银或货币每年抽2.5%,农产品抽十分之一;各类放牧的牲畜各有不同的比例。天课的用途,《古兰经》有明确的规定,但是随着社会经济的变化,天课的用途在各国或各地区不完全相同。

(5)朝功:复命归真。这是指穆斯林在规定的时间内,前往麦加履行的一系列功课活动的总称。教历的每年12月8~10日为法定的朝觐日期(即正朝)。在此时间外去瞻仰麦加天房称为"欧姆尔"(即"副朝")。所谓"朝觐"一般是指"正朝"。凡身体健康,有足够财力的穆斯林在路途平安的情况下,一生中到圣地麦加朝觐一次是必尽的义务。不具备此三个条件之一者则可以进行代朝。

四、禁忌

伊斯兰教的禁忌习俗,主要有三大类:在饮食方面,禁食猪、狗、驴、骡、马、猫及一切凶猛禽兽,自死的牲畜、动物以及非伊斯兰教徒宰的牲畜,禁止抽烟、喝酒等;在信仰方面,禁止崇拜偶像等;在社会行为等方面,禁止放高利贷、赌博等。

伊斯兰教的禁猪习俗。猪是伊斯兰教最为敏感的一个问题,也是伊斯兰教风俗习惯中最主要的问题之一。长期以来,无论遇到什么压力和阻力,始终未改变回族禁养猪、禁食猪肉的习惯。穆斯林必须无条件接受和遵守,不能有半点的怀疑。

伊斯兰教禁食自死物及其他习俗。伊斯兰教在饮食方面,除了禁食猪肉外,还禁食狗、驴、骡等不反刍动物的肉,禁食凶猛禽兽和自死的牛、驼、羊等牲畜,禁食一切动物与飞禽、家禽的血,禁食非穆斯林和诵非真主之名屠宰的动物等。伊斯兰教对食海里的动物也有很多讲究,不吃形状不端的水族鳞蚧、螃蟹、魟鲨、鲸、鳖等,不吃那些食小鱼的大鱼。要吃有头有尾、脊有刺、腹下有翅、身上有鳞的鱼,如鲤鱼、鲫鱼、草鱼、链鱼等鱼。

伊斯兰教禁烟酒习俗。伊斯兰教徒不喝酒,在家里也不备酒具,家里来客人一律不摆酒,有时为了接待客人,在参加宴会时,别人敬酒和碰杯时,多以水、橘子汁、高橙等饮料代替。伊斯兰教徒也不抽烟,认为抽烟,特别是抽鸦片是一种犯罪,所以过去回族抽鸦片的人很少,"百里无一",男女老少皆知道它的毒害。

伊斯兰教禁求签、玩赌、拜偶像习俗。

在商业交往中,禁止在商品中掺假、以次充好;禁止囤积财富垄断市场;禁止缺斤少两;禁止发誓推销商品;禁止购买偷窃、抢夺来的物品;严禁出售违禁物品;禁止经商中使用欺骗手段。

伊斯兰教是一个重视交往、强调人情的宗教,提倡高尚的道德。《古兰经》倡导人际交往原则是诚实守信、克以忍耐、宽恕待人、互相合作、谦让利他、语言优美、结交好人、重视礼节等。严禁作伪证、严禁说谎、严禁诬蔑、严禁谗言、严禁诽谤、严禁讥笑并以秽名相称、禁止恶意猜测、禁止偷窥他人隐私、禁止嫉妒、禁止妄言嬉行、禁止背后非议。

穆斯林的宗教习惯很多,因此,我们在涉外商务活动中,如果与穆斯林打交道,就一定要注意细节。例如:用右手拿东西、递东西和握手;与穆斯林见面,女士应尽可能避免穿着无袖、超短裙或透明的衣物;男士避免穿背心和短裤。未经本人许可,不得给穆斯林妇女拍照。按穆斯林习俗,男士不应与妇女有任何身体接触,一些受过西式教育的穆斯林妇女可能会主动伸手,此时可以轻握一下。

知识三:各国生活禁忌表

适用对象	禁忌事项	禁忌俗由
印尼中爪哇人	晚间出门吹口哨	招鬼遇灾
泰国人	触摸头部	大不敬
印度人	忌送烟酒	宗教信仰
不丹人	留山羊胡子	越轨行为
印度人	丧礼中节哀	有悖礼教
巴基斯坦人	海参、鱼肚等食物	有悖教俗
沙特妇女	公共场合露面	有悖教俗
沙特人	客人随意进主人房间	男女用房有别
中东地区	左手递物	不洁
伊拉克人	使用蓝色	魔鬼象征
土耳其人	用花的颜色装饰房子	不吉利的象征
捷克人	用红色三角标记	剧毒的标示

续表

适用对象	禁忌事项	禁忌俗由
巴西人	OK手势	下流动作
英国人	橄榄绿装饰	悲凉之色
匈牙利人	打破玻璃器皿	逆运先兆
法国人	用核桃待客或者装饰	不吉利
希腊人	猫	引人至阴间
意大利人	菊花图案礼物	赠与死人
意大利人	送手帕	亲友分离
罗马尼亚人	房间、门厅、过道、车内吹风	招致疾病
埃塞俄比亚人	穿黄色衣服做客	哀悼死者
南美印第安人	陌生人面前说出自己名字	带来不幸
巴西人	黄色与紫色	引起灾祸